新编经济与管理教程

（第三版）

主　编　杨　青
副主编　戴淑芬　刘明珠　王震勤　朱晓宁

科学出版社
北　京

内 容 简 介

本书由经济学、管理学和技术经济评价理论的基础和核心内容构成，经济学部分主要包括需求与供给分析、生产理论、成本理论等；管理学部分主要包括什么是管理和管理者、生产管理和质量管理的理论与方法；技术经济评价理论部分主要包括资金的时间价值分析、投资方案的经济评价和项目管理。本书内容涵盖了经济和管理学科中最基本、最重要的理论、方法与工具，通过这些内容的学习，有助于提升学生在将来解决工作和生活中所面临的经济与管理问题的能力。另外，本书各章均有导入案例，以便帮助学生理解相关概念、方法。

本书可作为大学非经济、管理专业本科和专科学生的教材，尤其是工科专业的学生了解基本的经济与管理概念、理论和方法。也可供对经济管理感兴趣的社会人士阅读参考。

图书在版编目（CIP）数据

新编经济与管理教程/杨青主编. —3 版. —北京：科学出版社，2019.3

ISBN 978-7-03-059785-4

Ⅰ. ①新… Ⅱ. ①杨… Ⅲ. ①经济管理-高等学校-教材 Ⅳ. ①F2

中国版本图书馆 CIP 数据核字（2018）第 269977 号

责任编辑：方小丽 / 责任校对：王丹妮
责任印制：张 伟 / 封面设计：蓝正设计

科学出版社 出版
北京东黄城根北街 16 号
邮政编码：100717
http://www.sciencep.com
北京凌奇印刷有限责任公司 印刷
科学出版社发行 各地新华书店经销

*

2008 年 5 月第 一 版 开本：787×1092 1/16
2014 年 3 月第 二 版 印张：17
2019 年 3 月第 三 版 字数：379 000
2023 年 2 月第十八次印刷

定价：52.00 元

（如有印装质量问题，我社负责调换）

第三版前言

教育部明确要求高等院校要为非经济、管理专业的学生开设一定课时的经济管理课程。这既是高等院校开展经济管理知识教育的重要指导方针，又是国家对各高等院校教育改革提出的具体要求。

改革开放以来，我国的社会、经济和科学技术发生了巨大变化，社会和经济的发展客观上需要一大批具有科学技术知识和经济管理知识，并掌握跨学科知识结构的复合型人才。因此，各高等院校对大学生的培养也要从过去单一封闭的专业教育转向复合型和素质型教育，经济与管理方面的知识也就成为本科教育的一个重要内容。

在社会经济不断发展的现代社会，以往工程技术教育与经济管理教育相互分离的教育模式，使工程技术专业的学生不懂经济与管理方面的知识，他们走上工程技术岗位之后，由于缺少经济与管理知识，不了解与所从事工作有关的经济与管理问题，缺乏经济意识，影响了自身的发展。

《经济与管理教程》第一版于 2002 年 11 月出版，第二版于 2005 年 1 月出版，均受到了广大读者的欢迎。为了使《经济与管理教程》一书更好地满足高等院校非经济、管理专业本科生对“经济与管理”课程的教学需要，2008 年我们在第一版和第二版的基础上，重新编写了《新编经济与管理教程》第一版，2014 年又编写了《新编经济与管理教程》第二版，本书是在前两版基础上的修订，并改编出版的第三版。

本书适合作为高等院校非经济、管理专业本科生的“经济与管理”课程教材，其内容体系是在教育部“经济管理基础课程基本要求”的框架下，考虑到合理的学时要求、适当的内容深度、易于理解的内容编排方式等而重新编写的，也是在五位编者长期从事“经济与管理”课程教学经验积累的基础上形成的。

本书第 1 章、第 3 章由戴淑芬教授编写，第 5 章、第 7 章由杨青教授编写、第 2 章由刘明珠副教授编写，第 4 章由朱晓宁副教授编写，第 6 章由王震勤副教授编写。在本书编写过程中，参考了许多文献，在此向各位文献的作者表示诚挚的谢意！

编　者

2019 年 2 月

目　录

第1章

经济学概论

➢ 本章要点：

· 需求及影响需求的因素
· 需求函数和需求曲线
· 供给及影响供给的因素
· 供给函数和供给曲线
· 均衡价格的形成及供给、需求变动对均衡价格的影响
· 需求与供给弹性

下面这段文字是美国哈佛大学著名经济学教授 N.格里高利·曼昆（N.Gregory Mankiw）在他的著作《经济学原理》的前言中致学生的一段话。

19 世纪伟大的经济学家阿尔弗雷德·马歇尔在他的教科书《经济学原理》中这样说：“经济学是一门研究人类一般生活事务的学问。”虽然自马歇尔那个时代以来，我们对经济了解得更多了，但这个经济学的定义在今天依然如同在 1890 年他的教科书第 1 版出版时一样正确。

作为一个 21 世纪初的学生，为什么你应该学习经济学呢？我们总结了三个原因。

学习经济学的第一个原因是经济学有助于你了解你生活的世界。有许多经济问题会激起你的好奇心。为什么在纽约市场找公寓如此困难？为什么如果旅客周六停留一个晚上，航空公司对往返机票的收费就要低？为什么罗宾·威廉姆斯（Robin Williams）作为电影明星得到的报酬如此之高？为什么许多非洲国家的生活水平如此低下？为什么一些国家通货膨胀率高，而另一些国家物价稳定？为什么在一些年份找工作容易，而在另一些年份困难？这些都是经济学课程可以帮助你回答的问题。

学习经济学的第二个原因是经济学能使你更精明地参与经济。日常生活中你要做出许多经济决策。当你是学生时，你要决定在学校学习多少年。一旦你

参加了工作，你要决定把多少收入用于支出，多少用于储蓄，以及把你的多少储蓄用于投资。有一天当你发现你要管理一家小企业或一个大公司时，你要决定对你的产品制定多高的价格。本书各章提出的观点将使你从一个新角度去思考如何最好地做出这些决策。学习经济学本身不会使人富有，但它将提供一些有助于你努力致富的方法。

学习经济学的第三个原因是它能使你更好地理解经济政策的潜力与局限性。作为一个选民，你要帮助选择指导社会配置资源的政策。当决定支持哪一种政策时，你会发现自己提出了各种经济学问题：与不同形式赋税相关的负担是多少？与其他国家自由贸易的影响是什么？保护环境的最好方法是什么？政府的预算赤字如何影响经济？这些以及类似问题总是被市政机关、州长办公室和白宫等组织的决策者牵挂着。

因此，经济学原理可以运用到生活中的方方面面。

曼昆教授的这段文字用浅显而通俗的方式告诉学生学习经济学的重要性。本章是经济学最为经典的原理和内容之一——供给与需求：市场如何运行。

1.1 计划经济与市场经济

人类社会解决生产什么和生产多少、如何生产及为谁生产这三个基本问题的方法有自然经济方式、市场经济（market economy）方式和计划经济（planned economy）方式三种。

在自给自足的自然经济中，家庭或经济单位（如原始公社、封建庄园）为直接满足自己本身的需要而生产，自耕而食，自织而衣。生产什么和生产多少、如何生产及如何分配，由家长、首领或者有发言权的团体根据自己掌握的资源、自己的需要及经验来决定。随着社会生产力的发展，自然经济逐渐瓦解，让位于市场经济方式。但是，在许多欠发达国家的农村，一定程度的自然经济方式仍然大量存在。

下面我们分析决定现代经济运行的计划经济方式和市场经济方式。

1.1.1 市场经济

市场经济作为一种体制，是在西方随着自然经济的瓦解而逐步形成的。市场经济是在财产权利的制度制约下，通过个人和企业在市场上自愿交换、分散决策来解决经济上的三个基本问题。

千千万万的消费者根据自己的爱好和需要在市场上选购产品和服务，千千万万的生产者生产不是自己所需要的各种材料、半成品和成品，在没有人进行统一的指挥和调度的情况下，整个经济是怎样实现有序、协调和有效率的发展呢？在通常情况下，不用担心服装店里全是上衣而买不到裤子，超市里只卖白酒而没有饮料，或者医院里全是牙科大夫而找不到能治感冒的内科医生。是什么在引导着千千万万分散的决策者？

用于解释市场经济机制的一个最简单的模型是这样的：市场活动的主体是大量分散决策的消费者和生产者；有产品市场和要素市场两类市场。在产品市场上，生产者是产品供给方，而消费者是产品需求方；在要素市场上，消费者是要素供给方，而生产者是要素需求方。消费者在要素市场上提供要素服务取得收入，而在产品市场上支出，以换取自己需要的产品；生产者在产品市场上销售产品取得收入，而在要素市场上支出，以换取生产所需的要素和服务。每个消费者通过市场交换使自己得到最大的满足，而每个生产者则力求得到最大的利润（图1-1）。

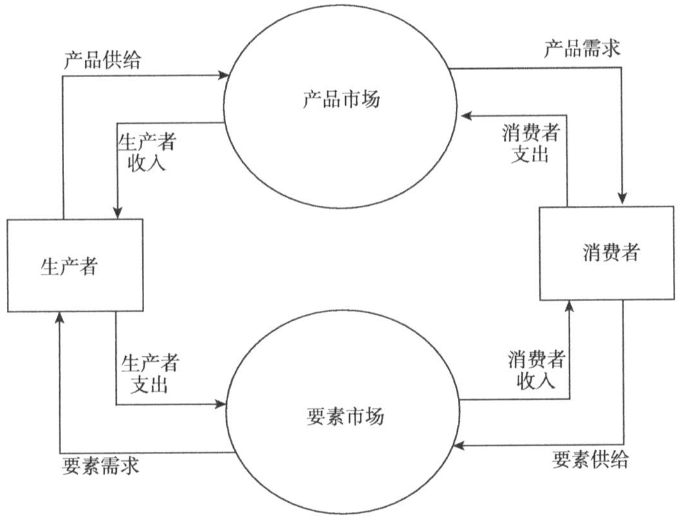

图1-1 市场经济模型概图

市场机制是产生均衡价格（即供需数量相等的价格）的机制。当供大于求时，价格下跌；当供不应求时，价格上升。这并不是人为规定的法则，而是供需双方在市场中讨价还价的结果。根据各自追求最大利益的行为准则，价格较低时需求增加或供给减少或两者同时发生，而价格较高时则相反。当所有市场上都形成了均衡价格时，市场就同时解决了经济上的三个基本问题：产品市场上各种产品的均衡产量，是生产什么和生产多少的答案；生产者为取得最低成本而采用的技术和企业组织方式，是如何生产的答案；要素的价格和数量则解决了为谁生产的问题。

对市场体制的理论分析，是以下列假定为基础的。

1. 理性选择

这是最基本的假定。人是理性的，即每个人都会在一定的约束条件下争取自身的最大利益。这是经济生活中的基本事实。在支出大于收入时当然会寻找一个最能使自己满意的方式，同样的商品，你会有意去买贵的那个吗？在求职的时候当然希望得到包括物质和精神在内的最高报偿的工作，没有必要无缘无故地选择最不使自己愉快的工作并且只肯接受一半工资。如果经济中多数人的行为准则是多工作、少拿钱、把财富分给邻居，那么就要寻找另外的评价经济有效性的标准，需要重写经济学，但这毕竟不是事实。

经济学分析是在理性人的假定下的资源配置机制及其效率，并非一定在推崇自私自利的价值观，也并不必然否定人的社会性的一面和利他的高尚行为。反过来，社会上合理的利他行为的存在，也不否定经济学在理性假定下得到的资源配置效率的结论——除非有人专门把自己的劳动或资金放在最没有生产率的地方。对这条假定的批评或者担心，有许多时候是由于对这个假定的含义和所起的作用的误解。

2. 自由和自愿的选择

在人们自愿前提下自由选择，是另一个基本的假定。自愿保证了交易是增进交易双方利益的；而自由则使得所有可能的这样的交易都可以进行，从而把社会总体的利益增加到最大限度。这里有时还有一个隐含的假定，就是选择的交易活动没有溢出交易双方之外的效果；否则“自愿”进行的香烟交易会使第三者“不自愿”地吸到二手烟，带来选择者并不给予补偿的他人的损失。

3. 权利界定清晰

经济学一般假定在市场经济中，每个行为主体选择的权利是明确界定的。你只能用你拥有支配权的东西做交易，而所有经济物品的权利归属是清晰的。任何人不能侵犯他人的权利：不能强迫、不能盗窃、不能抢劫、不能欺诈，在现实的市场体制中，这些是靠法律来界定和保护的。当然，难免有权利界定不清的情况出现，这时交易就会存在困难。显然，对权利的法律界定和保护是市场机制得以顺利运转的基础条件。

有了这些基本假定，经济学证明，在满足完全竞争、信息完备、没有外部性等条件时，市场机制可以使资源在一定意义上得到最优配置；“看不见的手”将引导个体的自利行为，增进社会总体的利益。

然而，在现实世界里，上面所说的那些条件并不完全具备，这使得市场经济的运行绝不像前面描述得那样美妙和谐。垄断、经济活动的外部性、信息的不完备，使得市场机制无法实现通过价格来有效配置资源的功能。收入的不平均，甚至部分人连生存的基本需求也得不到保障，市场导致的这种分配是社会所不能接受的。分散的经济决策可能引起总体经济产出和物价的严重波动。自由放任的市场机制无法解决这些问题，经济需要“看得见的手”——代表社会公共利益的政府的干预。世界上没有哪个国家是纯粹的市场经济，市场机制必须由代表国家意志的计划手段加以补充。

1.1.2 计划经济

如果说市场经济体制是非人为设计、自然形成的资源配置方式，那么，计划经济体制就是人为设计的替代市场体制的另一种资源配置方式。

当人们看到私有制基础上的市场体制带来的种种弊端，特别是一个世纪到半个世纪前一些严重的弊端，如巨大的贫富差距、社会的不公正、人对人的压迫、周期性萧条和经济混乱等，希望有一种新的能够直接代表社会利益和愿望的制度取而代之。于是，通过社会革命消灭了私有制以后建立了社会主义公有制的国家就选择了计划经济体制。

在纯粹的计划经济体制中，生产资料归国家所有。政府在了解国民当前和今后、私人消费和公共消费的需要的基础上，通过指令性计划安排生产要素在各个行业、各种产品之间的分配，安排消费品在全体居民中的分配。这样，政府的计划部门就集中地解决了经济上生产什么和生产多少、如何生产及为谁生产这三个基本问题。

事实上，没有一个社会主义国家实行过这种纯粹的计划经济方式。在我国实行的计划体制中，生产资料并不是完全归中央政府所有，许多是归各级地方政府和劳动者集体所有的。中央计划并不规定一切，各级地方政府、企业和劳动者集体有一定的根据市场需要安排生产的余地。特别是消费者有一定的用货币投票的权利，可以在一定程度上根据自己的偏好选择使用手中货币的方式，这种选择会通过市场上消费品供需的矛盾给政府计划部门提供一些信息。但是从总体上看，决定劳动、资本、土地的配置及收入分配的主要力量是国家计划。

计划经济方式有它的优点。对于一些明显有益于社会公众的事业、工农业基本建设、投资巨大且回收期长的项目，通过计划的集中决定方式比从自利出发的分散个体决定方式效率更高、速度更快。计划方式不用担心分散的个体对经济前景乐观或悲观的估计而引起宏观经济波动。计划方式有利于实现比较平均的收入分配。

但是，社会主义国家的实践表明，计划经济方式存在着难以解决的问题，这些问题严重影响了社会经济的发展。

首先，计划经济存在着信息方面的困难。制订一个有效的社会经济计划，必须详尽地了解消费者的需求、各种生产要素的数量、各种生产要素在不同产品生产中的生产率，以及所有这些数据的变化趋势。我们通过后面的学习就会了解，消费者的需求是一组复杂的关系，要素的生产率取决于不同的要素组合，人们的爱好和生产技术的变化更是难以预计。中央计划部门能够得到完全的信息吗？有能力处理这些信息吗？在没有充分信息和无力迅速处理信息的情况下，计划偏离实际、僵化和低效率就是不可避免的。

其次，更本质的困难来源于人的积极性。在计划体制下，企业努力开发新产品、创造新工艺、改进管理、降低成本的动力从哪里来？一名农村公社社员努力劳动所增加的收益，他只能拿到其中的几百分之一，他会持久地付出这种努力吗？计划体制在激励人们持久地努力工作和创新从而保持经济活力方面，很不成功。

最后，问题还来源于政府计划部门自身。如何保证政府决策者的偏好与公众的偏好一致？政府决策者的意愿与消费者实际的利益不一致所带来的问题，在实行计划经济体制的国家中屡见不鲜。

计划经济体制实践的结果表明，在当前条件下，占国民产出绝大部分的产品采用计划经济的方式生产和分配不如采用市场经济的方式有效。

这并不是说计划是完全不需要的，有一些重要的产品和服务必须由政府集中组织供给，政府还需要用自己掌握的资源和权力来有效地达成社会公共目的，纠正分散的市场选择可能带来的收入分配的不公平、总体经济波动和对社会总体利益的损害，这些都要靠计划的方式来实现。

市场经济和计划经济是配置资源的不同方式。如果多采用一些市场经济的方式对国民有好处，受到国民的欢迎，以国民的利益为宗旨的党和国家为什么不能这样做呢？

1.2 需求与供给分析

1.2.1 需求理论和影响需求的因素

1. 需求

商品是用来交换的劳动产品，而交换是通过市场进行的。在市场上，每一种商品都有其供给一面和需求一面。需求是指消费者在一定的价格水平上对某种商品有支付能力的需要。

这个定义说明，一方面，需求是以消费者的货币购买力为前提的，没有这个前提，任何需要只能是对某物的占有欲望，而不是需求；另一方面，需求是相对于商品的某一价格水平而言的，特定的价格形成特定的需求。

需求量是指在一定价格水平下，社会上所有的居民所希望购买的某种商品的总量。

一种产品的需求数量并不是固定不变的，它要受很多因素的影响。对于不同的产品，其影响因素是不同的，但通常以下几个因素是共同的。

1）产品的价格

一般情况下，价格上涨，消费者的需求量就减少；价格下降，消费者的需求量就增加。例如，棉布提价，化纤布降价后，对棉布的需求量就减少，对化纤布的需求量就增加，这使消费者的购买结构发生了变化。

2）其他商品的价格

商品之间的关系可分为互补与替代。互补关系是指两种商品共同满足一种欲望（如录音机与磁带即为互补关系）。互补关系的商品之间价格变动对需求量的影响是：当一种商品的价格上升时，对另一种商品的需求量就减少；反之，当一种商品的价格下降时，对另一种商品的需求量就上升。替代关系是指两种商品可以互相代替来满足同一种欲望（如牛肉和羊肉即为替代关系）。替代关系的商品之间价格变动对需求量的影响是：当一种商品的价格上升时，对另一种商品的需求量就增加；反之，当一种商品的价格下降时，对另一种商品的需求量就减少。所以，其他商品的价格是影响产品需求量的另一个重要因素。

3）消费者喜好的变动

现实社会中消费者的喜好（包括习惯）可能会发生变化。例如，在我国，过去对咖啡的需求量较小，因为中国人习惯喝茶。但是，现在很多年轻人喜欢喝咖啡，这使得对咖啡的需求量大大上升。随着消费者喜好的变动，对某种产品的需求量也会发生变化。

4）消费者的个人收入

一般来说，随着个人收入的提高，对产品的需求量就会增加；反之，就会减少。例如，近年来，我国居民对轿车的需求量迅速增加，因为居民的收入提高了。

5）广告费

一般来说，广告费支出得越多，人们对产品的需求量也越大。但当广告费增加到一定数量时，因广告而引起的需求量的增加却变得有限。

6）对价格变化的期望

人们对产品将来价格的期望如何，也影响对产品的需求量。如果人们对价格看涨，需求量就会增加；如果看跌，需求量就会减小。

除此之外，社会人口的数量及其组成、消费者对未来的看法、节假日制度、地域等也会影响产品的需求数量。

2. 需求函数

如果把影响需求的因素作为自变量，而把需求量作为因变量，则可以用函数关系来表示影响需求的因素与需求量之间的关系。这种函数就是需求函数（demand function）。用 D 代表需求，则需求函数为

$$D_x=f(P_x,\ P_S,\ T,\ I,\ E,\ A,\ \cdots)$$

式中，D_x 表示对某产品的需求量；P_x 表示某产品的价格；P_S 表示替代产品的价格；T 表示消费者的喜好；I 表示消费者的个人收入；E 表示对价格的期望；A 表示广告费。

但这种需求函数仅是最一般的表达式，它并没有表示出因变量与自变量之间的确定关系。所以，在决策时，为了具体计算需求量，必须估计出具体的需求函数。例如，某洗衣机厂的需求函数估计为

$$D=-200P+200I+0.5A$$

式中，D 表示顾客对该厂洗衣机的需求量；P 表示洗衣机的价格（单位：百元）；I 表示居民的平均收入（单位：百位）；A 表示广告费用（单位：百元）；−200、200 和 0.5 是这个需求函数各自变量的参数。

上式告诉我们：价格每增加 100 元，对该洗衣机的需求将减少 200 台；居民收入每增加 100 元，需求量将增加 200 台；广告费每增加 100 元，需求量将增加 0.5 台。现在，我们假定计划年度 P、I、A 的值分别预计为 12、25、800。那么，计划年度某洗衣机厂洗衣机的预计需求量为 3 000 台，即

$$D=-200\times 12+200\times 25+0.5\times 800=3\ 000\text{（台）}$$

3. 需求曲线

如果假定其他因素不变，只考虑商品本身的价格与该商品的需求量的关系，并以 P 代表价格，则需求函数为

$$D=f(P)$$

需求曲线（demand curve）就是假定在除价格以外的其他因素均保持不变的情况下，反映需求量与价格之间关系的曲线。

表明商品的价格与需求量关系的表就称为需求表（demand schedule），根据表 1-1 的资料，可以得到图 1-2。

表 1-1 对某商品的需求表

状态	价格/元	需求量/吨
a	20	110.0
b	40	90.0
c	60	77.5
d	80	67.5
e	100	62.5
f	120	60.5

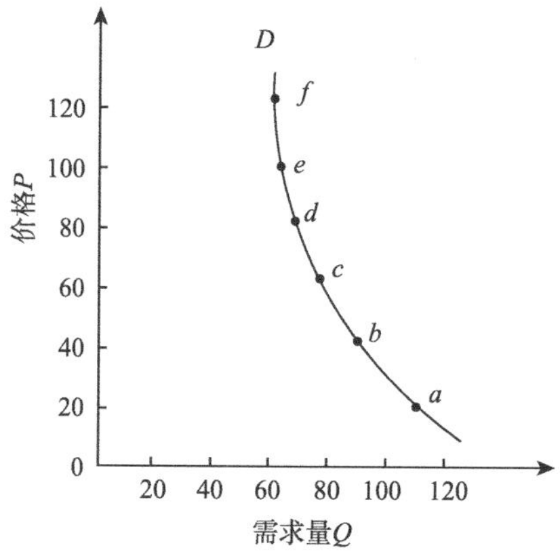

图 1-2 对某商品的需求曲线

在图 1-2 中，横轴代表需求量，纵轴代表价格，*D* 为需求曲线。需求曲线是根据需求表画出的，表示价格与需求量关系的曲线。以上述洗衣机的需求为例，假设在诸自变量中，居民收入与广告费是固定不变的，只有价格是变动的。那么，洗衣机的需求函数就为

$$D=K-200P$$

式中，*K* 为常数。用图形表示，这条需求曲线则是一条倾斜的直线，如图 1-3 所示。需求曲线上的各点反映了洗衣机的价格与需求量之间的关系。

需求曲线可以分为个人需求曲线（individual demand curve）和行业需求曲线（market demand curve）。个人需求曲线表示单个消费者愿意购买某种产品的数量与其价格之间的关系。行业需求曲线表示市场上全体消费者愿意购买某种产品的总数与其价格之间的关系。行业需求曲线可由行业内单个消费者的需求曲线横向相加求得。如果一个行业只有两个消费者，这两种需求曲线的关系如图 1-4 所示。

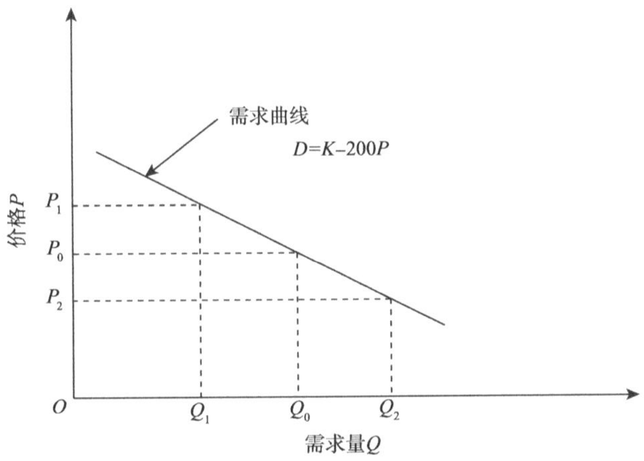

图 1-3　对洗衣机的需求曲线

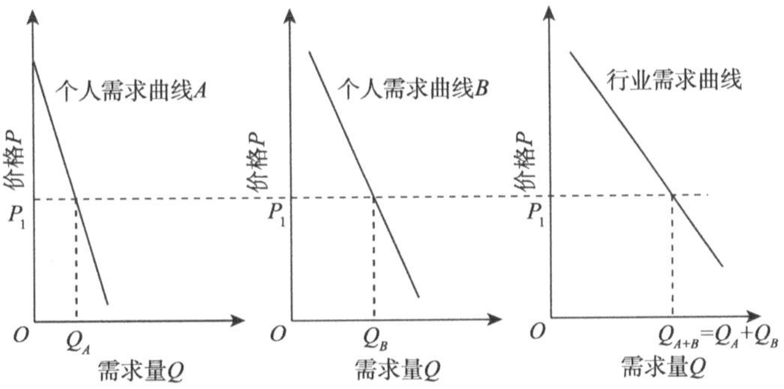

图 1-4　个人需求曲线与行业需求曲线

从图 1-2 和图 1-3 可以看出，需求曲线是一条向右下方倾斜的曲线（或直线）。这表明价格与需求量之间存在反方向变动的关系，即在其他条件不变的情况下，需求量随着价格的上升而减少，随着价格的下降而增加。价格与需求量之间的这种关系对于经济中的大部分物品来说都是正确的，因此经济学家称之为需求定理。

4. 需求量和需求的变动

需求和需求量是两个不同的概念。需求是指需求量与价格之间的关系，它不是一个单一的数，实际上它是一个需求表，或一个方程，或一条需求曲线。当影响需求的其他因素不变时，商品本身价格的变动所引起的需求量的变动是在同一条需求曲线上的移动，这种变动称为需求量的变动。如图 1-5 所示，在需求曲线 D_0 上，从 A 点到其他各点的变动就是需求量的变动，向左上方变动表示需求量减少，向右下方变动表示需求量增加。

当商品本身的价格不变时，其他因素的变动所引起的需求量的变动是整个需求曲线的移动。这种变动称为需求的变动，可以用图 1-5 来说明需求的变动。

因为只有非价格因素变动，所以只有需求曲线方程的常数项发生了变动。而需求曲线的形状（即斜率）不变，故这三条需求曲线位置不同，但互相平行。这种由非价格因

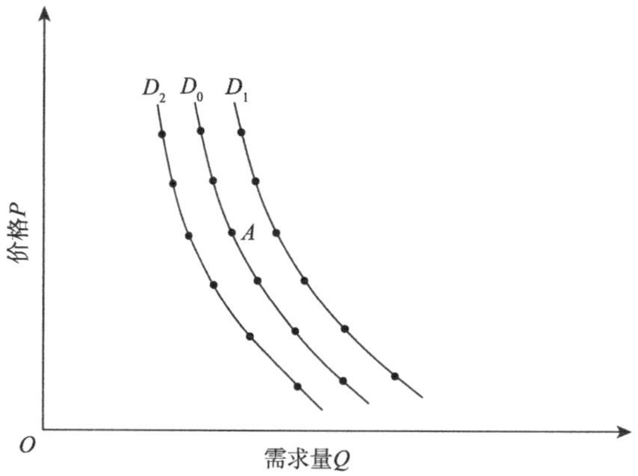

图 1-5 沿需求曲线的移动和需求曲线的移动

素的变化而引起需求曲线的平行位移，属于需求的变动，如图 1-5 所示，需求曲线由 D_0 移至 D_1 或 D_2。一旦需求发生了变动，即使价格不变，也会引起需求量的增减。当需求曲线向右移动时（从 D_0 移至 D_1）表示需求的增加，当需求曲线向左移动时（从 D_0 移至 D_2）表示需求的减少。

1.2.2 供给理论和影响供给的因素

1. 供给

供给是生产者或销售者在一定价格水平上提供给市场的商品量。作为供给也要具备两个条件：第一，有出售愿望；第二，有供应能力。两者缺一不可。在厂商的供给中既包括了新生产的产品，也包括了过去生产的存货。

影响企业（或行业）供给的因素很多，但主要有以下几点。

1）产品的价格

产品的价格越高，企业的利润就越多，企业为了增加利润，就愿意生产更多的产品。所以，价格上涨，供给量就会增加；价格下降，供给量就会减少。

2）产品的成本

如果产品的价格既定，成本越高，利润就越少，从而企业的供给量就会减少；反之，成本越低，利润就越多，供给量就会增加。企业产品成本的高低又受企业生产技术水平、原材料价格和工资水平的影响。所以，如果企业的生产技术有了改进，原材料价格下降或工人工资率下降，都会导致产品成本的降低，从而扩大企业的供给量。

3）生产者对未来价格的期望

如果生产者对产品未来的价格看涨，厂商就会多生产；反之，就会少生产。

4）其他商品的价格

如果其他商品的价格高，企业就会获得更大利润，生产者就会少生产当前产品。

除此之外，供给量还受厂商所要达到的目的、现有的技术水平以及厂商对未来的预期等因素的影响。

2. 供给函数

如果把影响供给的因素作为自变量，把供给量作为因变量，则可以用函数关系来表示影响供给的因素与供给量之间的关系。这种函数就是供给函数（supply function）。用 S 代表供给，P、C、E 代表影响供给的因素，则供给函数为

$$S=f(P_x,\ P_S,\ C,\ E,\ \cdots)$$

式中，S 表示某产品的供给量；P_x 表示某产品价格；P_S 表示其他产品的价格；C 表示某产品成本；E 表示生产者对产品价格的预期。

在影响供给量的诸因素中，价格是最灵敏、最重要的因素，如果我们假定其他因素不变，仅研究价格与供给量之间的关系，则供给函数为

$$S=f(P)$$

3. 供给曲线

把生产者在不同价格水平下对某商品的供给用表 1-2 来表示。

表 1-2　对某商品的供给表

状态	价格/元	供给量/吨
a	20	5.0
b	40	46.0
c	60	77.5
d	80	100.0
e	100	115.0
f	120	122.5

这种表明商品的价格与供给量之间关系的表称为供给表（supply schedule），根据表 1-2 可以得到图 1-6。

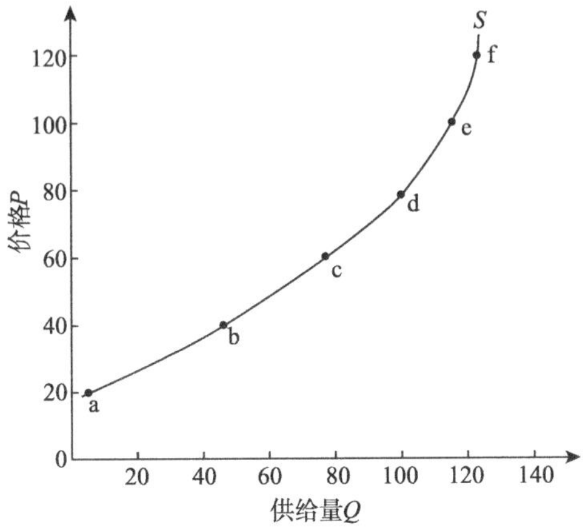

图 1-6　对某产品的供给曲线

在图 1-6 中，横轴代表供给量，纵轴代表价格，S 即供给曲线（supply curve）。供给曲线就是根据供给表画出来的，它是表示价格与供给量关系的曲线。

供给曲线可以分为企业供给曲线和行业供给曲线，它们分别表示企业和行业对某种产品的供给量与价格之间的关系。在作图时，行业供给曲线是由行业内各企业的供给曲

线横向相加而得（图 1-7）。

从图 1-6 和图 1-7 中可以看出，供给曲线是一条向右上方倾斜（斜率为正）的曲线（或直线），这表明价格与供给量之间存在同方向变动的关系，即在其他条件不变的情况下，供给量随着价格的上升而增加，随着价格的下降而减少。为什么价格上涨会使供给量增加？因为价格提高，企业的利润就会增大，原来生产这种产品的企业为了追求更多的利润，就会扩大生产；同时，有的企业原来因成本高，不生产这种产品，现在价格提高，有利可图，也来生产这种产品。价格与供给量之间的这种关系被称为供给定理。

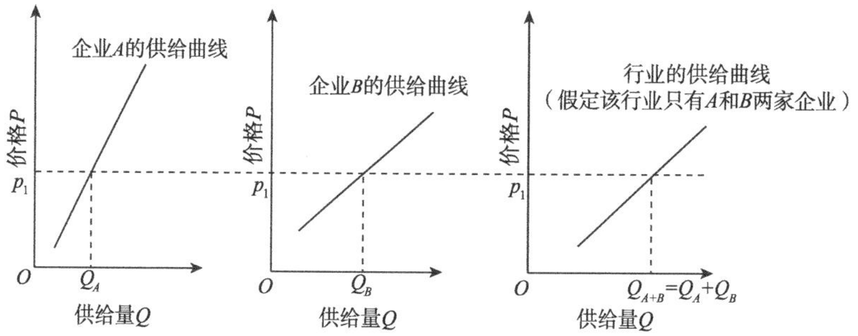

图 1-7　企业供给曲线与行业供给曲线

4. 供给量和供给的变动

同需求量的变动和需求的变动一样，供给量的变动（change in quantities supplied）和供给的变动（change in supply）也是两个不同的概念。供给量的变动是指供给曲线不变（所有非价格因素不变），因价格变化，供给量沿着原供给曲线而变化。如图 1-8 所示，当价格从 P_1 提高到 P_2 时，供给量从 Q_1 增加到 Q_2。供给的变动则是指因非价格因素发生变化而引起供给曲线的位移。如图 1-9 所示，因非价格因素变动，供给曲线从 S_0 变动到 S_1 或 S_2，均属供给的变动。这里需要注意的是：供给和供给量也是两个不同的概念。供给不是一个单一的数，而是指一个供给表，或一条供给曲线，或一个供给方程。供给量则是在一定价格水平上，一个特定的供给量。当然，由于供给发生了变化，即使价格不变，供给量也会增减。如图 1-9 所示，当供给曲线向右下方移动时（由 S_0 移至 S_2）表示供给的增加，当供给曲线向左上方移动时（由 S_0 移至 S_1）表示供给的减少。

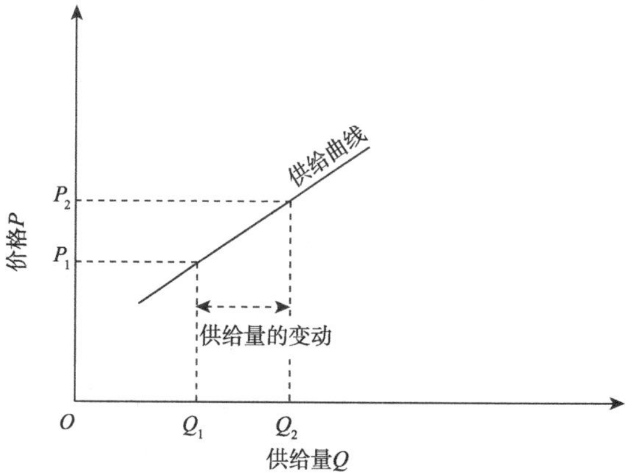

图 1-8　沿供给曲线的移动

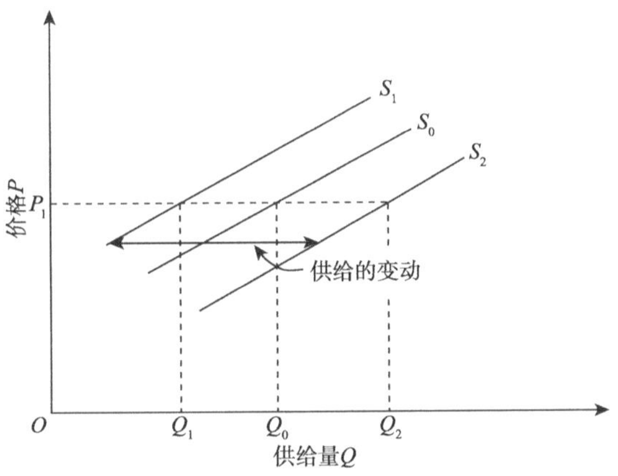

图 1-9　供给曲线的移动

1.2.3　均衡价格的决定与变动

1. 均衡价格的决定

均衡是物理学中的名词，是指当一物体同时受到方向相反的两个外力的作用，这两种力量恰好相等时，该物体由于受力相等而处于静止的状态，这种状态就是均衡。马歇尔把这一概念引入经济学中，主要指经济中各种对立的、变动着的力量处于一种力量相当、相对静止、不再变动的境界。“这种均衡是和一条弹线所系的一块石子或一个盆中彼此相依的许多小球所保持的机械均衡大体上一致的。”①均衡一旦形成之后，如果有另外的力量使它离开原来均衡的位置，则会有其他力量使它恢复到均衡。“正如同一条线所悬着的一块石子，如果离开了它的均衡位置，地心引力将立即有使它恢复均衡位置的趋势一样。”②

经济学中的均衡又分为局部均衡与一般均衡。局部均衡是假定其他条件不变的情况下，分析一种商品或一种生产要素的供给与需求达到均衡时的价格决定。一般均衡是假定在各种商品和生产要素的供给、需求、价格相互影响下，分析所有商品和生产要素的供给和需求同时达到均衡时的价格决定。需要说明的是，这里所讲的均衡价格是属于局部均衡的分析，且只适用于完全竞争的市场结构。完全竞争的市场结构是指在一个行业内，企业数目很多，以至于任何一个企业所生产的产品数量在整个市场上所占的份额都是微不足道的，而且它们都生产同质的产品。所以任何一个企业都无力左右市场，操纵市场的价格。此时，市场价格的形成完全取决于供需双方。如果用图表示，也就是市场需求曲线和市场供给曲线的交点决定该产品的市场价格，在这个交点上，商品的需求价格与供给价格相一致，商品的需求量与供给量也一致。这时的价格为均衡价格，这个量为均衡数量。

均衡价格理论，是根据需求与供给的变动来说明价格的决定的，下面我们用图 1-10来说明均衡价格的决定。

---

① 马歇尔·A. 经济学原理（下册）. 陈良璧译. 北京：商务印书馆，1981：17.

② 马歇尔·A. 经济学原理（下册）. 陈良璧译. 北京：商务印书馆，1981：37.

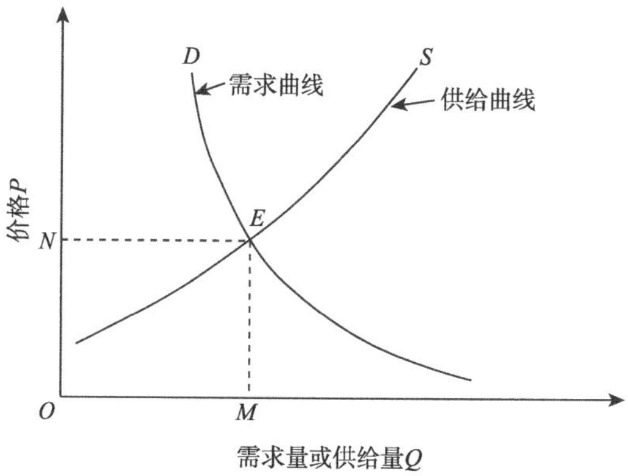

图 1-10　供给与需求的均衡

在图 1-10 中，横轴代表需求量或供给量，纵轴代表价格，*D* 代表需求曲线，*S* 代表供给曲线，*D* 与 *S* 相交于 *E* 点，这时需求等于供给，决定了均衡价格为 *ON*，均衡数量为 *OM*。

均衡价格是通过市场供求关系的自发调节而形成的，由于供求的相互作用，一旦市场价格背离均衡价格，则有自动恢复的趋势。

首先，可以用表 1-3 来说明均衡价格的形成。在表 1-3 中，当价格低于 60 元时，需求大于供给，这时价格必然上升；当价格高于 60 元时，需求小于供给，这时价格必然下降；只有当价格等于 60 元时，需求等于供给，这时才能实现均衡，均衡价格为 60 元，均衡数量为 77.5 吨。

表 1-3　供给量、需求量的变化与均衡价格

供给量/吨	价格/元	需求量/吨
5.0	20	110.0
46.0	40	90.0
77.5	60	77.5
100.0	80	67.5
115.0	100	62.5
122.5	120	60.0

其次，可以用图 1-11 和图 1-12 来说明均衡价格的形成。

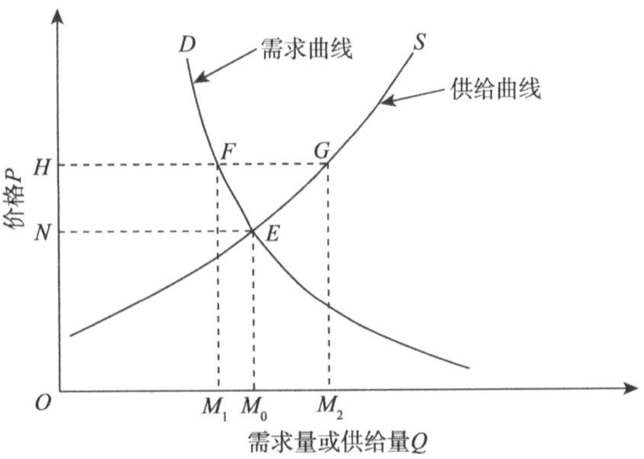

图 1-11　非均衡市场——超额供给

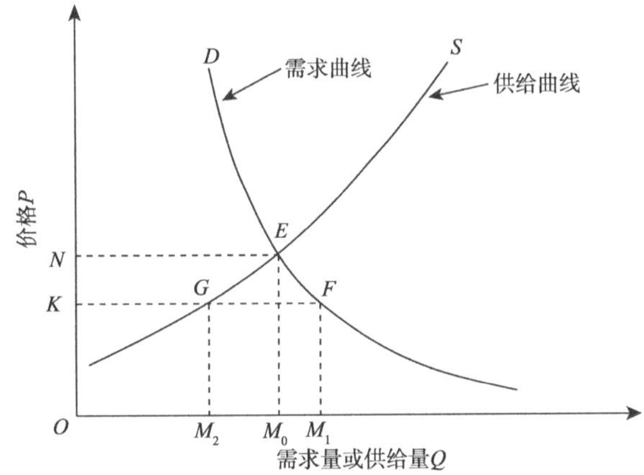

图 1-12　非均衡市场——超额需求

第一种情况：市场价格高于均衡价格。在图 1-11 中，ON 为均衡价格，OM_0 为均衡数量，市场价格为 OH，这时 $OH>/<ON$，需求量为 OM_1，供给量为 OM_2，$OM_2>/<OM_1$（$OM_2-OM_1=M_1M_2$ 为供给过剩部分）。这样，市场价格又必然下降，一直下降到 ON，这时供给与需求相等，又恢复了均衡。

第二种情况：市场价格低于均衡价格。在图 1-12 中，ON 为均衡价格，OM_0 为均衡数量，市场价格为 OK，这时 $OK>/<ON$，需求量为 OM_1，供给量为 OM_2，$OM_1>/<OM_2$（$OM_1-OM_2=M_2M_1$ 为供给不足部分）。这样，市场价格又必然上升，一直上升到 ON，这时供给与需求相等，又恢复了均衡。

2. 需求与供给的变动对均衡的影响

市场上价格与数量的均衡是由需求与供给所决定的，因此，任何一方的变动都会引起均衡的变动。

先用图 1-13 说明需求的变动对均衡的影响。

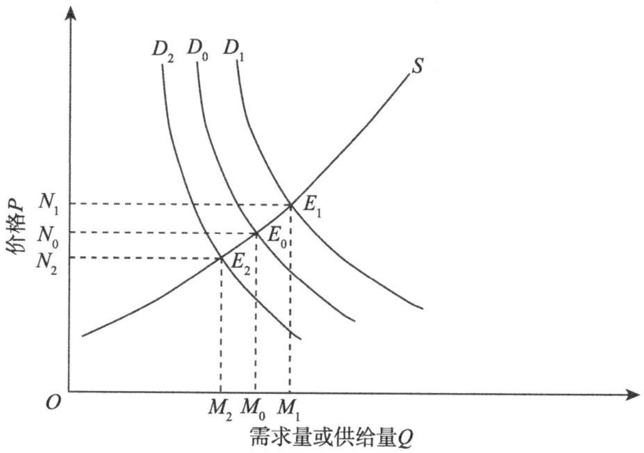

图 1-13 需求增减如何影响均衡

在图 1-13 中，D_0为原来的需求曲线，D_0与供给曲线 S 相交于 E_0，决定了均衡价格为 ON_0，均衡数量为 OM_0。需求曲线由 D_0移动到 D_1意味着需求的增加，这时 D_1与 S 相交于 E_1，决定了新的均衡价格为 ON_1，均衡数量为 OM_1，ON_1>/<ON_0，OM_1>/<OM_0。这表明由于需求的增加，均衡价格上升了，均衡数量也增加了。

需求曲线由 D_0移动到 D_2意味着需求的减少，这时 D_2与 S 相交于 E_2，决定了新的均衡价格为 ON_2，均衡数量为 OM_2，ON_2>/<ON_0，OM_2>/<OM_0。这表明由于需求的减少，均衡价格下降了，均衡数量也减少了。

再用图 1-14 说明供给的变动对均衡的影响。

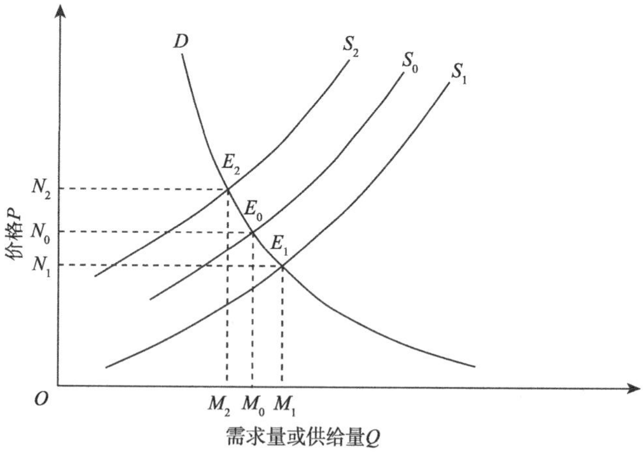

图 1-14 供给增减如何影响均衡

在图 1-14 中，S_0是原来的供给曲线，S_0与需求曲线 D 相交于 E_0，决定了均衡价格为 ON_0，均衡数量为 OM_0。供给曲线由 S_0移动到 S_1意味着供给的增加，这时 S_1与 D 相交于 E_1，决定了新的均衡价格为 ON_1，均衡数量为 OM_1，ON_1>/<ON_0，OM_1>/<OM_0。这表明由于供给的增加，均衡价格下降了，均衡数量增加了。

供给曲线由 S_0移动到 S_2意味着供给的减少，这时 S_2与 D 相交于 E_2，决定了新的均

衡价格为 ON_2，均衡数量为 OM_2，ON_2>/<ON_0，OM_2>/<OM_0。这表明，由于供给的减少，均衡价格上升了，均衡数量减少了。

从以上的分析可以得出：①需求的增加引起均衡价格上升，需求的减少引起均衡价格下降；②需求的增加引起均衡数量增加，需求的减少引起均衡数量减少，需求的变动引起均衡价格与均衡数量同方向变动；③供给的增加引起均衡价格下降，供给的减少引起均衡价格上升；④供给的增加引起均衡数量的增加，供给的减少引起均衡数量的减少，供给的变动引起均衡价格反方向的变动，而引起均衡数量同方向的变动。

但是，这里需要指出如下两点：第一，上述定理只适用于完全竞争的情况，如果不是完全竞争[①]，企业由于多少有控制价格的能力，便有可能根据利润最大化的原则来定价；第二，这里所用的供给曲线和需求曲线都是整个行业的曲线，不是企业的供给曲线和需求曲线。

以上介绍的是经济学中的“供求定理”。这个理论告诉我们以下内容：

（1）影响价格的因素很多，但归根结底都是通过供给和需求来影响价格的。例如，企业产品质量提高了，会促使企业产品涨价，但它是通过成本提高，供给曲线发生位移而影响价格的。又如，在供给不变的情况下，过量地发行货币会使产品价格上涨，从供求关系上解释就是大量发行货币使消费者收入增加，从而造成需求曲线的位移，引起价格的上涨。正因为这个道理，我们可以通过绘制供给曲线和需求曲线来分析许多有关的经济问题，不仅可以分析供需双方与价格之间的关系，而且还可以用来分析供需曲线背后诸多因素对价格的影响。这就是均衡理论的实质。

（2）在完全竞争的市场经济中，一方面，供需关系决定市场价格；另一方面，价格反过来又起着调节供需关系的作用。产品涨价能刺激生产、抑制消费；产品降价能抑制生产、刺激消费。产品价格如果离开了均衡价格，就会造成供需之间的不平衡。

3. 均衡价格理论的运用

均衡价格理论是了解市场机制、分析市场效果的一个重要工具。西方经济学家也经常用均衡价格来分析政府的各种价格政策对经济的影响。下面我们举例来说明它的应用。

1）分析政府为某些产品规定法定价格的效果

无论在东方或西方国家，政府往往对某些产品规定法定价格，这种价格或者高于，或者低于均衡价格。此时，经济工作人员必须了解和分析因实行法定价格而可能带来的各种影响，以便拟订对策。关于支持价格（support price）与限制价格（ceiling price）的分析即是一例。

支持价格是政府为了扶持某一行业的生产而规定的该行业产品的最低价。在这方面，典型的例子是美国对农业产品规定支持价格。最近几十年来，美国农业生产技术发展很快，产量大幅度增长，但是农产品的需求却增长很慢，结果造成农产品市场价格的下跌，严重影响了农场主的生产积极性。在这种情况下，政府为了保障农场主的合法收益，经常为某些谷物规定最小限度的支持价格，如图 1-15 所示。

---

① 按照西方经济学的观点，市场结构可以分为完全竞争、完全垄断、垄断性竞争和寡头垄断四种。后三者均不属于完全竞争。

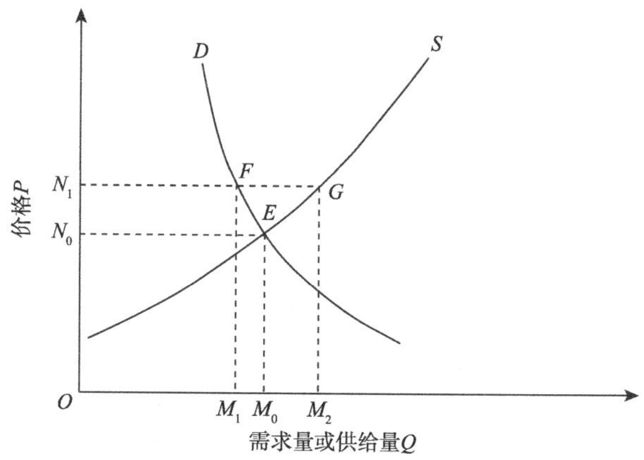

图 1-15 支持价格导致供给过剩

图 1-15 中，假定某谷物在正常市场条件下，供给曲线为 S，需求曲线为 D，均衡点为 E，均衡价格为 ON_0，均衡数量为 OM_0。但政府为了支持该行业的生产，确定了支持价格 ON_1，ON_1>/<ON_0，即支持价格高于均衡价格。这时需求量为 OM_1，而供给量为 OM_2，OM_2>/<OM_1，即供给大于需求，$OM_2-OM_1=M_1M_2$，M_1M_2 为供给过剩部分。为了能维持支持价格，政府必须考虑对策。在美国，通常采用以下方法：由政府收购过剩产品，用于储备、出口或援外；通过限制农民的耕地面积来限制农产品的产量；加强科学研究工作，扩大农产品的用途，以刺激需求。

限制价格是政府为了限制某些生活必需品的物价上涨而规定的这些产品的最高价格。例如，在战争或其他时期，由于物资短缺，很容易引起一些基本生活资料价格的涨价。这时，政府为了保障人民起码的生活水平，就往往对一些基本消费品（如糖、肉、奶等）规定低于均衡价格的最高价格。我们用图 1-16 来说明限制价格政策所产生的后果。

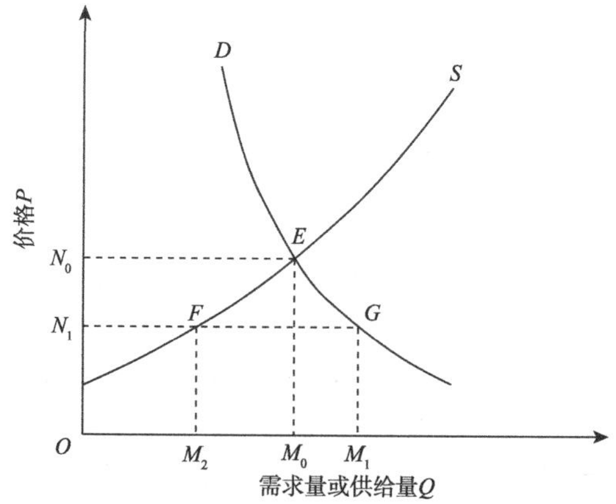

图 1-16 限制价格导致商品短缺

从图 1-16 可以看出，某种产品的均衡价格为 ON_0，均衡数量为 OM_0。但政府为了防止物价上涨，确定这种产品的限制价格为 ON_1，如果市价超过 ON_1 就是非法的。因为 $ON_1 < ON_0$，即限制价格低于均衡价格，又因为这时需求量为 OM_1，而供给量为 OM_2，$OM_1 > OM_2$，即需求大于供给，所以就发生了供不应求的情况，出现了商品短缺的现象，

其短缺部分为 $OM_1-OM_2=M_2M_1$。商品短缺可能在市场上引起一系列反常现象，如排队、走后门、搭配次货、黑市交易等。为了避免这些情况，保证公平分配，政府往往要实行配给制，凭票供应。

2）分析征税（或补贴）对价格和销售量的影响

在市场经济中，对产品征税会导致产品价格上涨、销售量减少。我们也可以用均衡价格理论来说明它并分析其影响的大小。

先假定某产品原来的供给曲线为 S，需求曲线为 D，均衡价格为 ON_0，如图 1-17 所示。

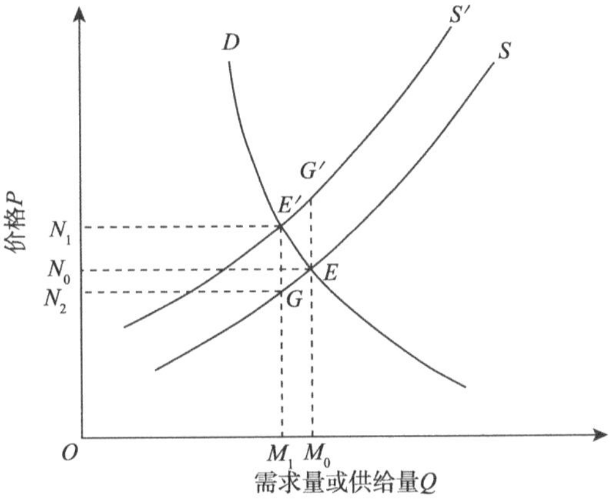

图 1-17　征税导致供给曲线移动

现在假定政府对这种产品征税，办法是按单位产品征一定量的税。显然，这种征税对需求曲线不会有影响，因为税是由销售者或生产者付给国家的，购买者对于价格中是否包括税金并不关心，他们关心的只是价格的高低。价格如果高了，需求量就减少；反之就增加。所以，征税对需求曲线没有影响，但征税对供给曲线有影响。在征税前，生产者生产 OM_0 数量的产品，要求的价格是 ON_0。征税后，假定单位产品的税额是 $G'E$，那么价格必须是 $G'E+EM_0=G'M_0$ 时，生产者才能净收到原来的价格数 ON_0，才愿意生产 OM_0 数量的产品。同样，在征税前，生产 OM_1 数量的产品的相应价格是 M_1G，征税后（假定税额为 $E'G$），价格必须提高到 $E'G+GM_1=E'M_1$ 时，生产者才愿生产 OM_1 数量的产品。把 E'、G' 等点连接起来就是征税后的新供给曲线 S'。可见，由于征税，供给曲线就会向左上方平行移动（从 S 移到 S' 位置）。原供给曲线 S 与新供给曲线 S' 之间的距离（不是指垂直距离）$G'E=E'G$=单位产品税额。

所以，征税后，由于供给曲线发生位移（需求曲线不动），均衡点就从 E 移到 E'，产品价格从原来的 ON_0 提高到 ON_1，供给量和需求量从 OM_0 减少到 OM_1。这样，征税使产品价格提高了（提高的数量为 $ON_1-ON_0=N_0N_1$），使销售量减少了（减少的数量为 $OM_0-OM_1=M_1M_0$）。那么，税金由谁担负？从图 1-17 中可以看出：消费者负担 N_1N_0 部分（$E'M_1-EM_0$），生产者负担 N_0N_2 部分（EM_0-GM_1）。

以上是税收对价格和销售的影响。同理，政府对企业的产品进行补贴，就会产生相反方向的影响（图 1-18）。由于补贴，供给曲线就会向右下方移动到 S'，结果使价格从

ON_0下降到ON_1，销售量从OM_0增加到OM_1。在有补贴的情况下，消费者受益为EF，生产者受益为FG。

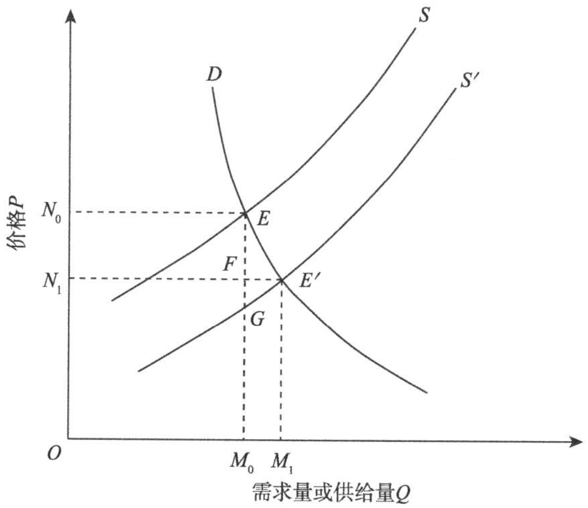

图 1-18　补贴导致供给曲线移动

有时，政府对一些高级消费品（如小汽车等）征税过高，就会使产品的零售价定得很高，使销售量减少。此时，解决的简单办法是减少税收和降低价格，以扩大销售量。但如果政府怕影响国库收入不愿意这样做，替代的办法是采取措施扩大需求，如实行分期付款等，使需求曲线外移。如果政府因某项资源缺乏，需要限制某种消费品的消费量，则可以采取增加税收的办法。

均衡价格理论是西方经济学的价值理论，它以价格来代替价值，又用供求来解释价格的决定。马克思的理论告诉我们，商品的价格是由价值决定，并受到币值、供求的影响，但供求决不能单独决定价格。在价格决定于价值的基础上，假定其他条件不变，市场价格就会以价值为基础（或中心），由供求双方的力量共同决定。这时，如果供求一致，市场价格就等于市场价值，这样的价格便是均衡市场价格；如果供大于求，市场价格就会低于市场价值；如果供不应求，市场价格就会高于市场价值。

1.2.4　需求与供给弹性

价格的变动会引起需求量（或供给量）的变动。但是，不同的商品，需求量（或供给量）对价格的反应是不同的。有的商品价格变动幅度大，而需求量（或供给量）变动幅度小；有的商品价格变动幅度小，而需求量（或供给量）变动幅度大。弹性理论正是说明价格的变动比率与需求量（或供给量）的变动比率之间的关系。

1. 需求弹性

需求弹性（elasticity of demand）说明需求量对某种影响因素变化的反应程度。用公式表示就是：需求量变动率与影响因素变动率之比，即

$$E = \frac{Q\text{变动百分比}}{X\text{变动百分比}} \tag{1-1}$$

式中，E 表示需求弹性的弹性系数；Q 表示需求量；X 表示影响需求量的某因素。

需求弹性也可理解为影响需求量的某因素每变化 1%，需求量将变化百分之几。例如，价格每下降 1%，可使需求量增加 2%，则弹性系数为 2。

影响需求量的因素很多，如产品价格、居民收入、相关产品的价格等。所以，需求弹性可以分为需求的价格弹性（price elasticity of demand）、需求的收入弹性、需求的交叉弹性等。其中，主要的是需求的价格弹性，所以，一般说需求弹性就是指需求的价格弹性。

1）需求的价格弹性

需求的价格弹性是用来衡量价格变动的比率所引起的需求量变动的比率，即衡量需求量变动对价格变动的反应程度，或者说，价格变动 1%会使需求量变动百分之几，其计算公式可表示为

$$\text{需求的价格弹性系数} = \frac{\text{需求量变动百分比}}{\text{价格变动百分比}} = \frac{\Delta Q / Q}{\Delta P / P} = \frac{\Delta Q}{\Delta P} \cdot \frac{P}{Q} \tag{1-2}$$

式中，Q 表示需求量；ΔQ 表示需求量变动的绝对数量；P 表示价格；ΔP 表示价格变动的绝对数量。

式（1-2）是计算价格弹性系数的一般公式。但在具体计算时，又可以有两种算法。一种是计算它的点弹性系数，即计算需求曲线上某一点的弹性系数（这时意味 ΔQ 和 ΔP 的量极小，接近于零），如图 1-19 所示，点价格弹性系数的计算公式为

$$\varepsilon_P = \lim_{\Delta P \to 0} \frac{\Delta Q}{\Delta P} \cdot \frac{P}{Q} = \frac{\mathrm{d}Q}{\mathrm{d}P} \cdot \frac{P}{Q} \tag{1-3}$$

式中，ε_P 表示点价格弹性系数。

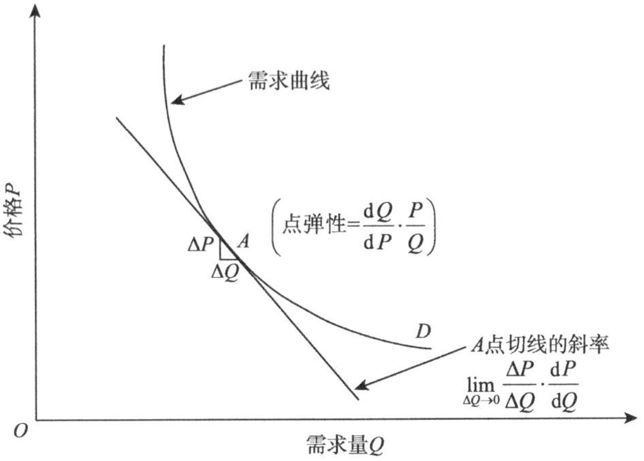

图 1-19　点弹性系数示意图

点价格弹性系数也可以用几何方法来求。从一定意义上说，用几何方法求更为直观，更为简便。如果需求曲线为一条直线（图 1-20），按几何方法，则 B 点上的点弹性系数

为 $\frac{BC}{AB}$。如果需求曲线为一条曲线（图 1-21），AC 为 R 点的切线，R 点上的点弹性系数为 $\frac{RC}{AR}$。

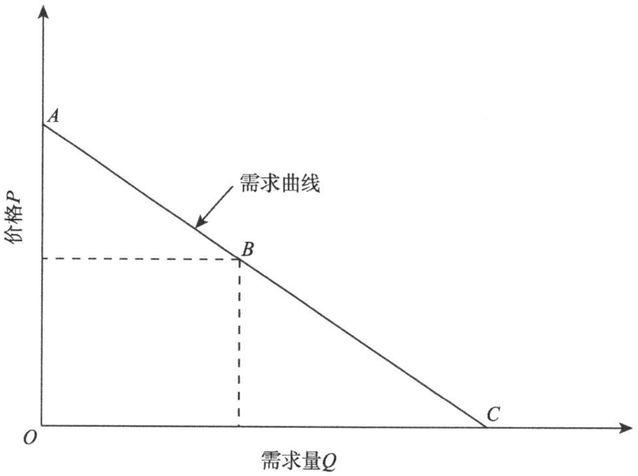

图 1-20　需求曲线为直线的点弹性系数示意图

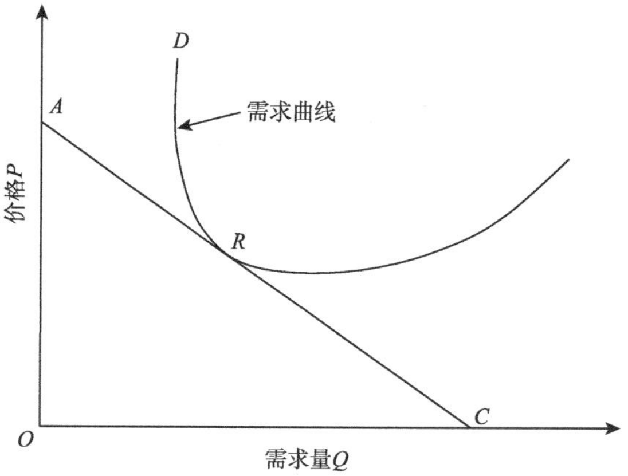

图 1-21　需求曲线为曲线的点弹性系数示意图

下面证明当需求曲线为直线时，为什么 B 点的点弹性系数等于 $\frac{BC}{AB}$，如图 1-22 所示。已知价格弹性系数的公式为

$$价格弹性系数=\frac{\Delta Q}{\Delta P}\cdot\frac{P}{Q} \tag{1-4}$$

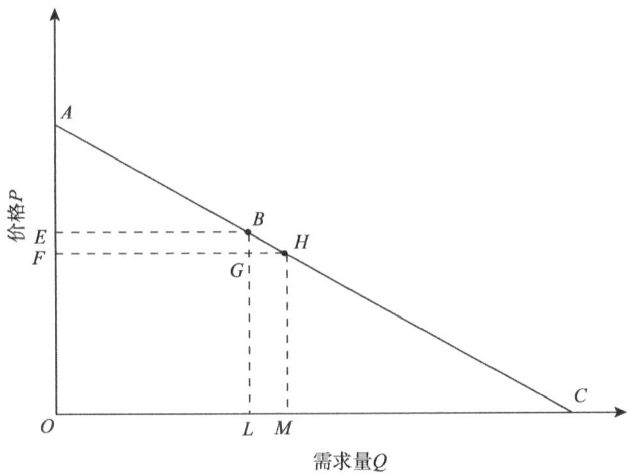

图 1-22　需求曲线为直线的点弹性系数推导示意图

在图 1-22 中

$$\Delta Q = LM = GH,\quad Q = OL,\quad \Delta P = EF = BG,\quad P = OE$$

以上代入式（1-4）得

$$\varepsilon_P = \frac{GH}{BG}\cdot\frac{OE}{OL} \tag{1-5}$$

因为$\Delta BGH \sim \Delta BLC$，$BL=OE$，所以

$$\frac{GH}{BG} = \frac{LC}{BL} = \frac{LC}{OE}$$

代入式（1-5）得

$$\varepsilon_p = \frac{LC}{OE}\cdot\frac{OE}{OL} = \frac{LC}{OL} = \frac{BC}{AB}$$

要计算点弹性系数，其前提是需求曲线的方程必须已知。如果我们不知道需求曲线的方程，但知道需求曲线上两点的坐标（更多的是这种情况），那么，就要用另一种方法来计算弹性，即计算需求曲线上这两点之间的平均弹性（图 1-23），弧价格弹性的计算公式为

$$E_{dP} = \frac{\Delta Q / Q}{\Delta P / P} = \frac{(Q_2 - Q_1)\Big/\dfrac{(Q_1 + Q_2)}{2}}{(P_2 - P_1)\Big/\dfrac{(P_1 + P_2)}{2}} = \frac{Q_2 - Q_1}{P_2 - P_1}\cdot\frac{P_1 + P_2}{Q_1 + Q_2} \tag{1-6}$$

式中，E_{dP}表示需求的弧价格弹性。

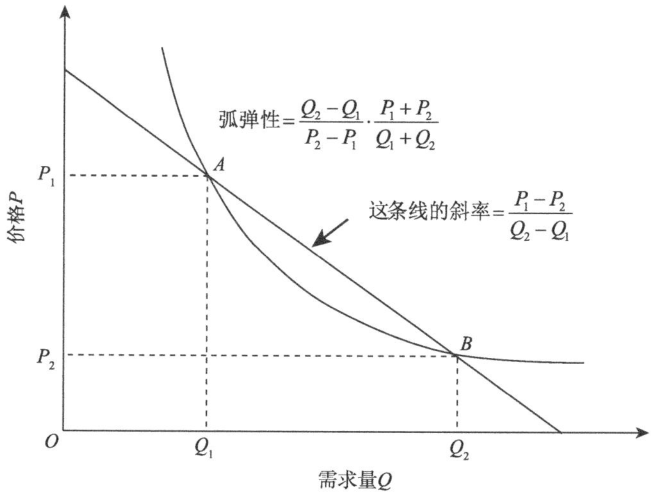

图 1-23　弧弹性系数示意图

下面举两个例子说明两种弹性的求法。

【例 1-1】 假定某企业的需求曲线方程为 $Q=30-5P$。求 $P=2$，$Q=20$ 处的点价格弹性。

解

$$\frac{\mathrm{d}Q}{\mathrm{d}P}=-5$$

$$\varepsilon_P=\frac{\mathrm{d}Q}{\mathrm{d}P}\times\frac{P}{Q}=-5\times\frac{2}{20}=-0.5$$

所以在 $P=2$，$Q=20$ 处的点价格弹性为 0.5。

【例 1-2】 假定在某企业的需求曲线上，当 $P=2$ 时，$Q=20$；$P=5$ 时，$Q=5$。求价格为 2~5 时的弧价格弹性。

解

题中，$Q_1=20$，$Q_2=5$；$P_1=2$，$P_2=5$

$$E_{dP}=\frac{Q_2-Q_1}{P_2-P_1}\times\frac{P_1+P_2}{Q_1+Q_2}=\frac{5-20}{5-2}\times\frac{5+2}{5+20}=-1.4$$

所以价格为 2~5 时的弧价格弹性为 1.4。

在计算价格弹性时，必须注意以下问题。

第一，因为在价格弹性公式中，分子（需求量变动的百分比）和分母（价格变动的百分比）是按相反方向变动的，即价格上升时，需求量下降；价格下降时，需求量上升。所以，计算出来的价格弹性是负值，但通常我们使用绝对值来比较弹性的大小。当我们说某产品的价格弹性大时，是指其绝对值大。

第二，价格弹性与斜率完全是不同的。从公式上看，斜率值只是弹性公式中的一项，因此，两者的计算方法与数值不同。从图形上看（图 1-24），一条直线形的需求曲线上的任一点的斜率的绝对值都是相等的，但这条需求曲线上不同点的弹性值是不相同的，如图 1-24 中的 A、B、C 点的弹性分别为 3、1、0.33。

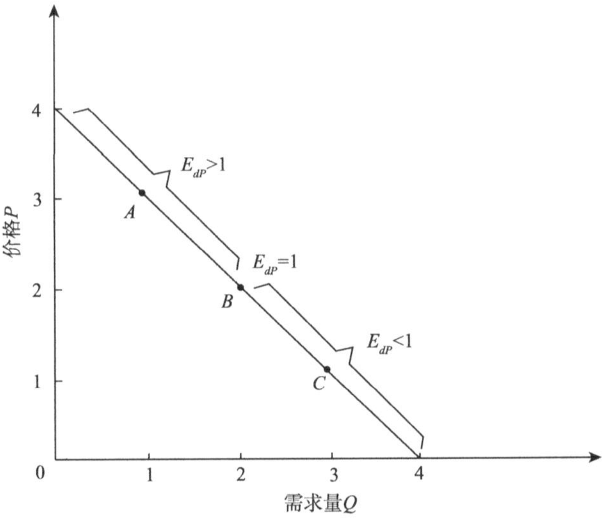

图 1-24　对某商品的需求曲线

第三，因为弹性系数是用百分比（无名数）表示的，那么弹性值不受价格与需求量单位选择的影响，而斜率涉及单位选择，P 与 Q 的单位不一样，反映为曲线的斜度不一样，从而斜率不同。在弹性为无穷大（反映在坐标上是一条与横轴平行的水平线）和弹性为零（反映在坐标上是一条垂直于横轴的垂线）的极端条件下，斜率与弹性是完全相反的。但是，一般情况下，平坦的需求曲线弹性大，陡峭的需求曲线弹性小。

2）需求价格弹性的分类

对于不同的商品来说，其价格弹性是不同的，根据弹性系数的大小可以分为五种情况。

第一种情况：$E_{dP}=0$，又称完全无弹性，即需求量对价格的任何变动都不发生反应，反映在图形上是一条垂直于横轴的垂线（图 1-25）。它说明，价格升降后，需求量并不发生变动，因而总支出的实际水平不变。但名义总支出（用货币代表的总支出）会改变（这就是物价上涨或下跌）。这是一种极端情况，比较罕见，如骨灰盒、火葬这样的商品或劳务的价格。

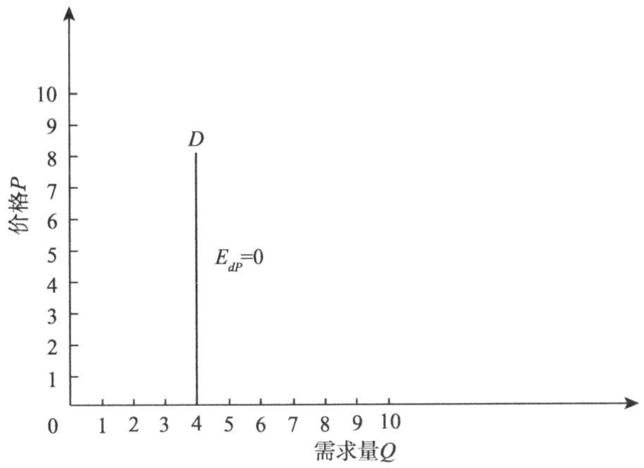

图 1-25　完全无弹性的需求

第二种情况：$E_{dP}=\infty$，即价格既定，需求量就趋于无穷大，反映在图 1-26 上，是一条与横轴平行的直线，这也是一种极端情况。例如，1979 年世界经济危机期间，美元与 1 盎司黄金的比价突破 800 美元大关，这时人们出于挤兑动机，对黄金的需求量无穷大。

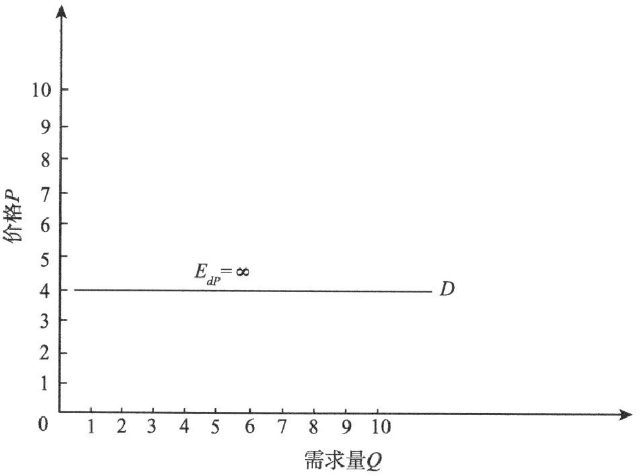

图 1-26 完全富有弹性的需求

第三种情况：$E_{dP}=1$，又称单位弹性，需求量与价格按同一比率变动，即价格涨跌 1%，需求量减增 1%。这时的需求曲线是一条正双曲线，如图 1-27 所示。

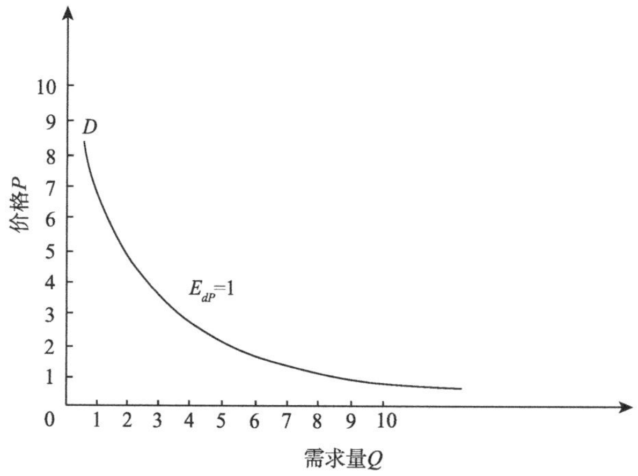

图 1-27 单位弹性的需求

第四种情况：$E_{dP}>1$，又称弹性充足，需求量变动的比率大于价格变动的比率，反映在图形上是一条坡度平滑的曲线，如图 1-28 所示。它表明，价格变动 1%后，需求量的变动幅度将大于 1%。

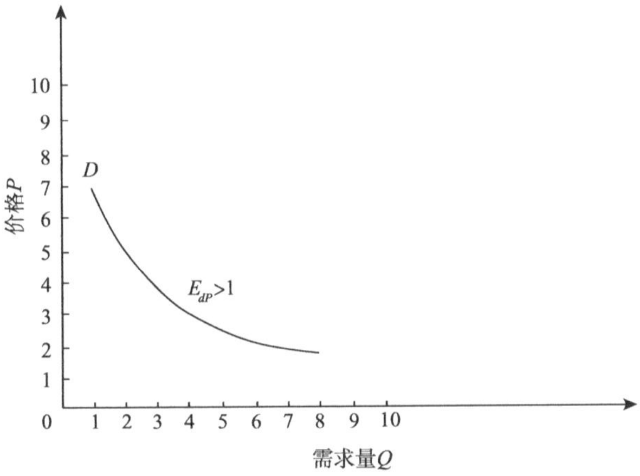

图 1-28　弹性充足的需求

$E_{dP}>1$ 是日常生活中常见的情况，如高级小汽车、名贵珠宝、高水平音乐会等奢侈品和费用昂贵的享受性劳务等。

第五种情况：$E_{dP}<1$，又称弹性不足，需求量的变动比率小于价格的变动比率，反映在图形上是一条较陡的曲线，如图 1-29 所示。它表明，价格变动 1%后，需求量的变动幅度将小于 1%。

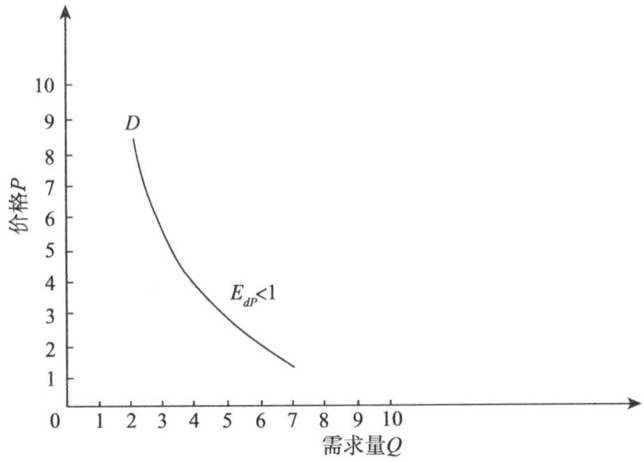

图 1-29　弹性不足的需求

3）价格弹性与销售收入之间的关系

在价格弹性与销售收入之间存在着一种简单而又很有用的相互关系。这种关系可以描述如下：如果某商品的需求是富有弹性的，当该商品价格下降时，需求量（销售量）增加的幅度大于价格下降的幅度，从而总销售收入增加。

可以以电视机为例来说明这一点。假定电视机的需求是富有弹性的，$\varepsilon_P=2$，原来的价格 P_1=5 000 元，这时销售量 Q_1=100 台，总收入 $TR_1=P_1 \cdot Q_1=5\,000\times100=500\,000$ 元。现在价格下降 10%，即 P_2=4 500 元，因为 $\varepsilon_P=2$，所以销售量增加 20%，即 Q_2=120 台，这时总收入 $TR_2=P_2 \cdot Q_2=4\,500\times120=540\,000$ 元。

$$TR_2-TR_1=540\,000-500\,000=40\,000\text{（元）}$$

这表明由于电视机价格下降，总收入增加了。

如果某商品的需求是富有弹性的，当该商品的价格上升时，需求量（销售量）减少的幅度大于价格上升的幅度，从而总收入就会减少。

仍以上述电视机的例子来说明这一点。假定现在电视机的价格上升了10%，即P_2=5 500元，因为ε_P=2，所以销售量减少20%，即Q_2=80台，这时总收入$TR_2=P_2 \cdot Q_2$=5 500×80=440 000元。

$$TR_2-TR_1=440\ 000-500\ 000=-60\ 000（元）$$

这表明由于电视机价格上升，总收入减少了。

还可以用图1-30来说明这一问题。在图1-30中，*D*是富有需求弹性商品的需求曲线。当价格为*OC*时，销售量为*OE*，总收入为*OEAC*；当价格为*OK*时，销售量为*OF*，总收入为*OFBK*。由图1-30可以看出*OFBK*＞*OEAC*，因此，当价格由*OC*降为*OK*时，*OFBK*−*OEAC*＞0，总收入增加；反之，当价格由*OK*上升为*OC*时，*OEAC*−*OFBK*＜0，总收入减少。

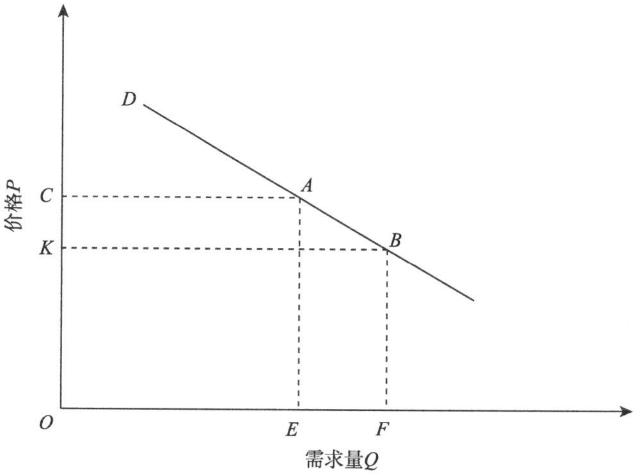

图1-30 价格变动时总收益的变动：富有弹性的需求

综上可以得出，如果某商品的需求是富有弹性的，则价格与总收入呈反方向变化，即价格上升，总收入减少；价格下降，总收入增加。如果某商品的需求是缺乏弹性的，当该商品的价格下降时，需求量（销售量）增加的幅度小于价格下降的幅度，从而总收入就会减少。

可用面粉为例来说明这一点。假定：面粉的需求是缺乏弹性的，ε_P=0.5，原来的价格P_1=2元，这时销售量Q_1=100千克，总收入$TR_1=P_1 \cdot Q_1$=2×100=200元。

现在价格下降10%，即P_2=1.8元，因为ε_P=0.5，所以销售量增加5%，即Q_2=105千克，这时总收入$TR_2=P_2 \cdot Q_2$=1.8×105=189元。

$$TR_2-TR_1=189-200=-11（元）$$

这表明由于面粉价格下降，总收入减少了。

如果某商品的需求是缺乏弹性的，当该商品的价格上升时，需求量（销售量）减少的幅度小于价格上升的幅度，从而总收入会增加。

仍以上述面粉的例子来说明这一点。假定现在面粉的价格上升了 10%，即 P_2=2.2 元，因为 ε_p =0.5，所以销售量减少了 5%，即 Q_2=95 千克，这时总收入 $TR_2=P_2\cdot Q_2=2.2\times 95=209$ 元。

$$TR_2-TR_1=209-200=9\ (元)$$

这表明由于面粉价格上升，总收入增加了。

还可以用图 1-31 来说明这一问题。在图 1-31 中，*D* 是缺乏需求弹性商品的需求曲线。当价格为 *OC* 时，销售量为 *OE*，总收入为 *OEAC*；当价格为 *OK* 时，销售量为 *OF*，总收入为 *OFBK*。由图 1-31 可以看出，*OEAC*＞*OFBK*。因此，当价格由 *OC* 降为 *OK* 时，*OFBK*−*OEAC*＜0，总收入减少；反之，当价格由 *OK* 上升为 *OC* 时，*OEAC*−*OFBK*＞0，总收入增加。

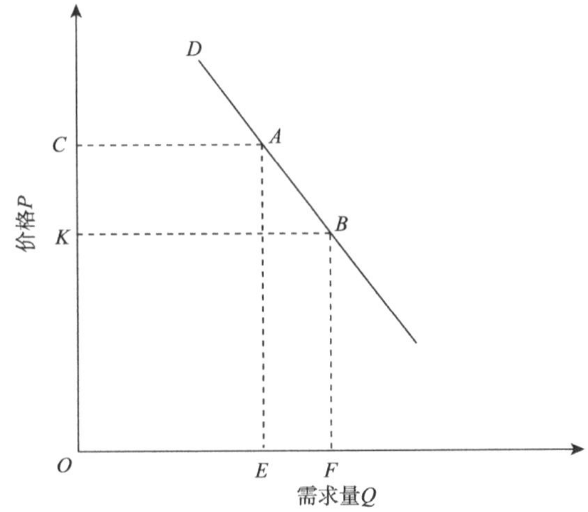

图 1-31　价格变动时总收益的变动：缺乏弹性的需求

综上可以得出，如果某商品的需求是缺乏弹性的，则价格与总收入呈同方向变化，即价格上升，总收入增加；价格下降，总收入减少。

归结起来，不同需求弹性下，价格与销售收入之间的相互关系如表 1-4 所示。

表 1-4　需求弹性与销售收入的变化

价格	弹性		
	需求弹性充足 $\|\varepsilon_P\|>1$	单位需求弹性 $\|\varepsilon_P\|=1$	需求弹性不足 $\|\varepsilon_P\|<1$
价格上升	销售收入下降	销售收入不变	销售收入上升
价格下降	销售收入上升	销售收入不变	销售收入下降

这种关系告诉我们：通常人们认为要增加销售收入就只有提高价格的想法是不正确的。在一定条件下，降低价格，即采取薄利多销，也能增加销售收入。在这里，一定条件就是指当价格弹性的值大于 1 时。

4）影响价格弹性的因素

决定商品价格弹性的因素主要有以下几个方面。

（1）商品是生活必需品还是奢侈品？生活必需品的价格弹性小，奢侈品的价格弹性大。例如，粮食、食盐是生活必需品，它们涨价，人们对它们的需求量不会减少很多；它们降价，人们对它们的需求量也不会增加很多。但装饰品等则不同，它们属于奢侈品，如果涨价，需求量就会大量减少；如果降价，需求量就会大幅度增加。

（2）可替代的物品越多、性质越接近，弹性就越大。也就是说，对某种商品进行替代的难易程度决定这种商品价格弹性的大小。如果一种商品有好几种替代品，而且这些替代品的价格不变，那么，一旦这种商品涨价，消费者就会很快把购买力从这种商品转向替代品，使这种商品需求量迅速减少；一旦跌价，消费者就会很快把购买力从替代品转向这种商品，使需求量迅速增加，所以，这一类商品的价格弹性就大。例如，毛织品可以由多种织品（如棉织品、丝织品或化纤织品）来替代，所以，弹性就大；食盐几乎没有什么别的食品可以替代，所以弹性就小。

（3）购买商品的支出在人们收入中所占的比重。所占比重大的商品，其价格弹性就大，比重小的价格弹性就小。例如，火柴、食盐等物品原来价格低，即使上涨一倍，对需求量也不会有多大影响。因为这笔支出在人们的收入中所占比重很小，涨价不会影响个人总的经济状况。但如果是房产、汽车等商品涨价一倍，需求量就会大量减少。因为购买这些商品的支出在人们的收入中占很大比重，它们的价格高低对于个人的经济状况是举足轻重的。

（4）时间因素也影响弹性的大小。同样的商品，从长期看，其弹性就大；如果只看短期，其弹性就小。例如，石油涨价，从短期看，人们也会注意节省石油，但不会节省得太多，因为许多工厂使用的烧油设备，短期内改装不过来。所以，对石油的需求量在短期内不会减少太多。但从长期看，许多烧油设备可以改装为烧煤或其他燃料，因此，对石油的需求量就可以进一步减少。由此可见，如果时间长，消费者就有可能有足够的时间通过改变他们的爱好、习惯和技术条件去使用替代品，因而，其价格弹性就大；否则其价格弹性就小。

5）价格弹性应用举例

（1）用于价格和销售量的分析与估计。

【例 1-3】 某国为了鼓励本国石油工业的发展，采取措施限制石油进口，估计这些措施将使可得到的石油数量减少 20%，如果石油的需求价格弹性为 0.8~1.4，问：该国石油价格预期会上涨多少？

解

因为

$$\text{需求的价格弹性}=\frac{\text{需求量变动的百分比}}{\text{价格变动的百分比}}$$

所以

$$\text{价格变动的百分比}=\frac{\text{需求量变动的百分比}}{\text{需求的价格弹性}}$$

当需求的价格弹性为 0.8 时，价格变动=$\frac{20\%}{0.8}$=25%；当需求的价格弹性为 1.4 时，价格变动=$\frac{20\%}{1.4}$=14.3%。所以，预期该国石油价格上涨幅度为 14.3%~25%。

【例 1-4】 某企业某产品的价格弹性为 1.5~2.0，如果第二年把价格降低 10%，问销售量预期会增加多少？

解

需求量变动的百分比=价格变动的百分比×需求的价格弹性

当需求的价格弹性为 1.5 时，需求量变动=10%×1.5=15%；当需求的价格弹性为 2.0 时，需求量变动=10%×2.0=20%。所以，第二年该企业销售量预期增加 15%~20%。

（2）用于决策分析。价格弹性对有些经济决策是很有用的。例如，怎样给出口物资定价。如果出口的主要目的在于增加外汇收入，那么对价格弹性大的物资应该规定较低的价格，对价格弹性小的物资应规定较高的价格。又如，为了提高生产者的收入，人们往往对农产品采取提价的办法，对小汽车、手表等高级消费品采取降价的办法，就是因为前者弹性小，后者弹性大。

2. 需求的收入弹性和交叉弹性

需求的收入弹性（income elasticity of demand）是用来衡量收入变动的比率所引起的需求量变动的比率，即需求变动对收入变动的反应程度。需求量变动比率与收入变动比率的比值就是需求的收入弹性系数，公式为

$$\text{需求的收入弹性系数}=\frac{\text{需求量变动的百分比}}{\text{收入变动的百分比}}=\frac{\Delta Q/Q}{\Delta Y/Y}=\frac{\Delta Q}{\Delta Y}\cdot\frac{Y}{Q}$$

式中，Q 表示需求量；ΔQ 表示需求量变动的绝对数量；Y 表示消费者的收入；ΔY 表示消费者收入变动的绝对数量。

在这里，因为收入与需求量同方向变动，所以需求的收入弹性系数应为正值。

需求的交叉弹性（cross elasticity of demand）是用来衡量其他商品价格变动所引起的某商品需求量变动的比率，即某商品需求量变动对其他商品价格变动的反应程度。某商品需求量变动比率与另一种商品价格变动比率的比值就是需求的交叉弹性系数，公式为

$$\text{需求的交叉弹性系数}=\frac{X\text{商品需求量变动百分比}}{Y\text{商品价格变动百分比}}$$

如果以 E_{dc} 代表需求的交叉弹性系数；P_y 代表 Y 商品的价格；ΔP_y 代表 Y 商品价格的变动量；Q_x 代表对 X 商品需求量；ΔQ_x 代表对 X 商品需求的变动量；则需求的交叉弹性系数计算公式为

$$E_{dc}=\frac{\Delta Q_x}{Q_x}\Bigg/\frac{\Delta P_y}{P_y}=\frac{\Delta Q_x}{\Delta P_y}\Bigg/\frac{Q_x}{P_y}=\frac{\Delta Q_x}{\Delta P_y}\cdot\frac{P_y}{Q_x}$$

对于不同的商品关系而言，需求的交叉弹性系数是不同的。互补商品之间价格与需求量的变动呈反方向，所以弹性系数为负值；替代商品之间价格与需求量的变动呈同方向，所以弹性系数为正值。

3. 供给弹性

供给弹性（supply elasticity）是指供给的价格弹性，即用来衡量价格变动所引起的

供给量变动的比率，即衡量供给量变动的反应程度。供给量变动比率与价格变动比率的比值就是供给弹性的弹性系数，公式为

$$\text{供给弹性的弹性系数}=\frac{\text{供给量变动的百分比}}{\text{价格变动的百分比}}$$

如果以 E_S 代表供给弹性的弹性系数；P 代表价格；ΔP 代表价格的变动量；Q 代表供给量；ΔQ 代表供给的变动量；则供给弹性的弹性系数计算公式为

$$E_S=\frac{\Delta Q}{Q}\bigg/\frac{\Delta P}{P}=\frac{\Delta Q}{\Delta P}\bigg/\frac{Q}{P}=\frac{\Delta Q}{\Delta P}\cdot\frac{P}{Q}$$

价格与供给量同方向变动，所以供给弹性的弹性系数为正值。

供给弹性也可以分为五种情况：①供给完全无弹性（$E_S=0$，无论价格如何变，供给量不会发生变化）；②供给完全有弹性（$E_S\to\infty$，价格既定，供给量无限）；③单位供给弹性（$E_S=1$，供给量变动的幅度等于价格变动的幅度）；④供给富有弹性（$1<E_S<\infty$，供给量变动的幅度大于价格变动的幅度）；⑤供给缺乏弹性（$0<E_S<1$，供给量变动的幅度小于价格变动的幅度）。一般的情况是供给富有弹性或供给缺乏弹性。

影响商品供给弹性大小的因素，就长期来说比较复杂；就短期来说，主要取决于某商品生产的难易程度。一般来说，劳动密集型产品生产规模变动容易，供给弹性就大；资本密集型产品生产规模变动困难，供给弹性就小。

1.3 企业

企业是一种经济组织，它自主地决策如何取得生产要素（生产所需要的资源，如资本、管理人员和工人），并把它们结合起来生产出产品和劳务，通过供应给社会，从而达到自身的目的。

1.3.1 经济学中的企业

经济学这样模型化地理解企业：一个一无所有的人，以市场价格从消费者那里购买所需要的一切要素，如雇佣劳动（包括管理人员的劳动）并付给他们工资，从资本拥有者那里租赁厂房和机器设备并付给他们利息，从土地所有者那里租用土地并付给他们租金。这些要素提供服务的时候，就是生产。从产品出售得到的收入中减去付给要素的报酬，就是利润。这个人的目的是使利润最大化。这个人，或者说是一台知道价格信息、生产技术、会做利润最大化计算的计算机，就是企业。

在许多情况下，如像本书这样想要介绍市场机制的基本原理的时候，这样看待企业大体是可以的。然而，现实世界中的企业，作为组织，是由有各自独立利益和目标的群体构成的，企业的组织方式、权利分配方式与企业表现出来的目标和经营效果有密切的关系。企业内部交易，是人们交易的重要方式，是对市场交易方式的替代。企业内部的

问题与整个经济系统的资源配置效率有密切的关系。经济学当然不满足于把企业看成无内部结构的一个追求利润最大化的“点”，而要深入地剖析企业。被称为企业理论的微观经济学分支就在做这项工作。

企业理论首先深入地探讨企业的本质，究竟什么是企业？企业与市场的边界在哪里？

企业理论研究企业内部信息和组织结构设计，如何激励员工的积极性？如何有效地利用信息？如何通过制度的设计防止“偷懒”？

企业理论研究企业的资本结构，股票和债券的比例是如何确定的？它对企业经营者的行为有什么影响？

企业理论还研究企业所有权与控制权分离所带来的问题，股东和市场是如何制约经营者的？不同所有者的利益是如何协调的？

这些研究大大地扩展了传统的微观经济学的视野。

1.3.2 现实中的企业

企业是把生产要素（如劳动力、厂房、机器、原材料）结合起来生产产品或提供服务的经济组织。在我国，有大大小小数以千万计的各种企业。其中，大部分是不断开张又不断关闭的小企业，也有拥有数万名甚至数十万名员工的稳定的大企业。小企业使大量的人口得以就业，大企业作为国民经济的支柱，高效率地提供了大量的产品。

在发达的市场经济国家，企业组织通常采用三种法律形式。

1. 个人独资企业

只有一个所有者，他同时也是企业的经营者。他对企业的债务负无限责任，独自享有全部经营成果。他可自行制定经营策略，决策过程简单，又没有与他人分享利益、权利的法律问题，这是这种企业的优点。但个人无法筹集巨额资金，企业的规模比较小。

2. 合伙制企业

有两个或更多的人合伙出资、分享利润、共同管理。与独资企业相比，这种形式便于集资，便于发挥合伙人的才干。但也有缺点：决策复杂，因为合伙人之间难免有意见分歧；每个人对企业负有连带的无限责任；企业的稳定性差，一个人要退出，企业就要重组或者关闭。

3. 公司制

公司的多个所有者通过持有股份的方式拥有公司的所有权，通过转让股份转让所有权，根据股份分享企业的盈利并决定对于企业决策的发言权。这种方式便于筹集大量资金。有限责任公司中每个股东只对公司负限于其股份的有限责任，而不会涉及股份以外的其他财产。大公司的所有权与经营权分离，便于专业化的管理人员高效地经营企业。企业最终所有人的变更并不影响企业稳定的存在。

我国的国有企业在计划经济体制下实质上只是政府的一个部门，并不是现代市场经济意义上的企业。20 世纪 80 年代以后的不断改革，一步一步地改变着我国国有企业附属于政府的地位。1991 年以后我国逐步推行现代企业制度，并借鉴国际上通行的现代公司制度，重建能够适应市场经济体制要求的企业组织。

思 考 题

1. 需求和需求量、供给和供给量有什么区别?
2. 需求曲线和供给曲线为什么分别向右下方和右上方倾斜?
3. 均衡价格是怎样形成的? 它在供给和需求发生变化的情况下将怎样变化?
4. 描述市场经济中价格的作用。
5. 在现代西方经济学教科书中，关于需求的价格弹性有以下两个公式:

$$E_1 = \frac{Q_2 - Q_1}{Q_1} \div \frac{P_2 - P_1}{P_1}$$

$$E_2 = \frac{Q_2 - Q_1}{\frac{Q_1 + Q_2}{2}} \div \frac{P_2 - P_1}{\frac{P_1 + P_2}{2}}$$

式中，Q_1 和 Q_2 分别为需求量变化前后的数值；P_1 和 P_2 分别为价格变化前后的数值。这两个公式有什么区别? 应该怎样运用?

6. 市场中许多商品会随着一年中时间的变化（如节假日、季节性变化等）而发生可预见的变化，请举例，并利用供给和需求理论解释其价格的变化。
7. 过去 30 年间，技术进步降低了电脑芯片的成本。你认为这会对电脑市场产生怎样的影响? 对电脑软件产生怎样的影响?
8. 科学家发现：多吃橘子可以降低患糖尿病的风险；同时农民用了新的肥料，提高了橘子的产量。说明并解释这些变化对橘子的均衡价格和均衡数量有什么影响。
9. 假定某商品的需求价格弹性为 1.6，现售价格为 P=4。求：该商品的价格下降多少，才能使得销售量增加 10%?
10. 消费者喜好的变化引起了沿着需求曲线的变动，还是需求曲线的移动? 价格的变化引起了沿着需求曲线的变动，还是需求曲线的移动?
11. 在中国，假定啤酒和花生米是互补品，当啤酒价格上升时，花生米市场的供给、需求、供给量、需求量以及价格会发生什么变动?
12. 假定 2008 年是一个孩子出生的暂时高峰。这种婴儿高峰对 2013 年和 2023 年的保姆服务价格有什么影响（提示：5 岁的孩子需要保姆，而不小于 15 岁的人可以作为保姆）?
13. 市场研究显示出以下有关巧克力饼干市场的信息：需求表可以表示为方程式 Q_D=1 600−300P，式中，Q_D 为需求量；P 为价格。供给表可以表示为方程式 Q_S=1 400+700P，式中，Q_S 为供给量；P 为价格。计算巧克力饼干市场的均衡价格和均衡数量。
14. 作图（根据已知条件作图）。

（1）根据给定的需求表和供给表（表 1-5）画出需求曲线和供给曲线，求出均衡价格和均衡交易量。

表 1-5　某商品的需求表和供给表

每单位的价格/美元	需求量	供给量
1.4	200	1 000
1.3	300	900
1.2	400	800
1.1	500	700
1.0	600	600
0.9	700	500
0.8	800	400
0.7	900	300
0.6	1 000	200

（2）假定供给不变，需求增加了 100 单位，在题（1）的图像中求出新的均衡价格和均衡交易量。
（3）假定需求不变，供给减少了 100 单位，在题（1）的图像中求出新的均衡价格和均衡交易量。
（4）假定需求和供给分别增加了 100 单位和 200 单位，在题（1）的图像中求出新的均衡价格和均衡交易量。
（5）假定政府对供给者出售的每单位商品征税 0.2 美元，利用题（1）的图像求出新的均衡价格和均衡交易量。

15. 作图（根据已知条件作图）。

（1）将价格弹性和总收入的数值填入表 1-6 中，然后画出需求曲线和总收入曲线。

表 1-6　需求弹性与总收益的关系

价格/美元	需求量	需求的价格弹性	总收入/美元
11	1		
9	3		
7	5		
5	7		
3	9		
1	11		

（2）在题（1）中，当需求曲线上的点沿着需求曲线向右下方移动时，需求的价格弹性和总收入发生了什么变化？为什么？

第2章

生产与成本

➢ **本章要点：**

· 生产要素与生产函数
· 成本与成本曲线
· 收入曲线与利润
· 企业经营决策方法

浙江吉利控股集团（以下简称吉利）总部位于中国杭州，是一家拥有多个国际知名汽车品牌，集汽车整车、动力总成和关键零部件的研发、设计、试制、生产、销售和服务为一体的全球汽车集团。旗下的品牌包括沃尔沃汽车、吉利汽车、LYNK & CO、伦敦出租车及远程新能源商用车等。

20多年前，本着“为老百姓造买得起的好车，让吉利汽车走遍全世界”的初衷，董事长李书福开始踏入汽车制造行业。1998年8月8日，在缺技术、缺人才、缺资金的背景下，第一辆两厢“吉利豪情”车下线，预示着吉利正式进入汽车制造业。2010年，吉利出乎所有人的意料，完成了对具有百年历史的沃尔沃汽车品牌的并购，华丽转型，走上一条品牌向上及全球扩张的道路。也正是这次的牵手，带给吉利巨大的改变。沃尔沃一万多项专利、全球一流的整车研发体系、先进的工厂，都为吉利日后的发展提供了帮助和支持。

时至今日，以自主研发为导向，吉利控股集团遵循通用化、平台化、模块化的战略路线，有效优化成本控制体系。同时，加强内部协同，提高管理效率，实现持续盈利。2017年度《财富》杂志世界500强排行榜中，吉利控股集团以314.298亿美元的营收位列第343位，强势攀升67位，这也是其自2012年首次进入榜单以来连续6年上榜。而在净资产收益率榜上，吉利在中国公司中排名第四，中国车企中排名第一。

吉利汽车自踏入汽车制造业起，就深深懂得，制造业是立国之本、兴国之器、强国之基。一个自主的、强大的、具有国际竞争力的制造业是现代化强国的重要标志，汽车制造业责无旁贷。面向未来，吉利控股集团致力于成为全球领先汽车制造商前十强，用全球领先的科技平台“造最安全、最环保、最节能的好车”，以提升中国汽车行业整体水平为己任，保持富有创业精神的企业文化，高度重视科技研发水平，同时积极推动旗下国际著名汽车品牌的发展，面向全球多个细分市场提供高品质产品，以满足不同层次消费者需求。

经济是由成千上万个生产我们每天享用的物品与劳务的企业组成的。一些企业是大型的，如吉利，它们雇用成千上万名的工人。另一些企业是小型的，如许多网店，它们只雇用几个工人。在第 1 章中，我们用供给曲线总结了企业的生产决策。根据供给定理，当一种物品的价格高时，企业愿意生产并销售更多的这种物品，而且，这种反应引导我们推出了向右上方倾斜的供给曲线。在分析许多问题时，供给定理是你了解企业行为所需要的一切。在本章中，我们将考察企业的生产与成本，因为，生产与成本是企业生产和定价决策的关键决定因素。

2.1　生产决策分析

第 1 章，我们对需求进行分析和估计，主要是为了解决企业生产什么、生产多少的问题，接着就要解决怎样组织生产才能使生产效率最高的问题。生产是指把投入物（如原材料、设备、劳动力等）转变为产出（如产品或服务）的过程。研究生产效率的高低，就是要研究如何用最少的投入生产出同样多的产出，或用同样多的投入生产出最多的产出。这就要研究生产的投入与产出之间的关系。本节的目的就是研究这一关系以谋求生产效率最高（或利润最大）。

2.1.1　生产要素与生产函数

生产要素是指生产中所使用的各种资源。一般包括劳动力、资本、土地、企业家才能四大要素。其中，劳动力是生产过程所消耗的人的体力和脑力，是人类在生产过程中提供的体力和脑力的总和。资本是带来剩余价值的价值，它体现了投资者的投资能力。资本的内容比较广泛，对厂商来说，一般是指用于生产的物品，如厂房、机器、车辆、原材料，也包括商标、版权等。尽管这些东西往往用货币来计量，但是，货币、股票一类的金融资产并不能直接用于生产，它们不是这里所指的资本。土地不仅指土地本身，还包括地上和地下的一切自然资源，如森林、江河、湖泊、矿藏等。企业家才能是指企业家对整个生产过程进行组织和管理工作的能力。仅有生产要素是不够的，只有通过企业家的组织，将其他三种要素有机地结合起来，才能生产出人们所需要的产品或劳务。

生产中要素投入的量是指要素所提供的服务的量，如多少机器工作了多少时间，多少工人做了多少小时等，所以应当用月平方米（土地的服务）、台时（机器的服务）、人时（劳动力的服务）等单位来计量。

在企业家的组织下，将各种要素有机组合，经过一定的生产过程，就会生产出有用的劳动成果。产品或劳务的量可以用数量来表示，如多少吨、多少立方米、多少小时，也可以用货币形式的数量来表示。

生产函数是指在一定的技术条件下，一定数量的多种要素的组合与使用可以得到一定产量之间的对应关系。在一定时点上技术所处的水平，决定着一定量的投入在最大限度上能得到多少产出。

假定有两种投入要素：资本（K）和劳动力（L），生产函数可以表达为

$$Q=f(K, L) \tag{2-1}$$

这个表达式显示了产出量Q与劳动力和资本这两种投入要素之间的数量关系。例如，它可能描述的是一家有特定厂房和特定工人的工厂所生产的机器的总数。

需要注意的是，随着科学的发展、生产技术水平的不断提高，生产函数也会发生变化，即生产厂商可以用相同的投入要素生产出更多更好的产品。

柯布-道格拉斯生产函数是由美国的数学家柯布和经济学家道格拉斯于 1928 年在 *America Economic Review* 正式发表的。它是用来预测国家、地区的工业系统或者企业的生产，以及分析发展生产的途径的一种经济数学模型。其基本形式为

$$Q = AL^{\alpha}K^{\beta} \tag{2-2}$$

式中，Q 为产量；A 为综合技术水平；L 为投入的劳动力数量；K 为投入的资本数量；α、β为常数。

柯布和道格拉斯从 1899~1922 年美国经济发展的资料中，用经验估计方法得出美国在这一期间的生产函数为

$$Q = 1.01L^{0.75}K^{0.25}$$

式中，Q 为国民生产总值；A 为 1.01；α为 0.75；β为 0.25；且$\alpha+\beta=1$。

柯布-道格拉斯生产函数的性质指出：在综合技术水平条件一定的情况下，劳动的收入占总收入比重为α，资本的收入占总收入比重为β。从这个模型可以看出，决定工业系统发展水平的主要因素是投入的劳动力数量、资本数量和综合技术水平（包括管理水平、劳动者素质、技术创新等）。对生产函数$Q = AL^{\alpha}K^{\beta}$来说，L、K 的指数α、β，正好分别是L、K的产量弹性，即如果L增长 1%，产量将增长α%；如果K增长 1%，产量将增长β%。这样，只要把参数α和β估计出来，就能很容易地根据L和K的变化来预测Q的变化。

在柯布和道格拉斯之后，有许多经济学家对不同国家的国民经济及其各部门的生产函数进行了经验估计，虽然得到的指数α和β的值有所不同，但$\alpha+\beta$的值都在 1 附近。

2.1.2 单一可变投入要素的最优利用

假定只有一种投入要素的数量是可变的，其他投入要素的投入量不变，研究这种投入要素的最优使用量（即这种使用能使企业的利润最大），就属于单一可变投入要素的最优利用问题。这类问题在短期决策中经常遇到。例如，在短期内现有企业的厂房、设备都无法变更，要增加产量，只有增加劳动力，那么，增加多少劳动力才是最优的呢？这就属于单一可变投入要素的最优利用问题。为了探讨这个问题，需要先了解总产量（total product）、平均产量（average product）和边际产量（marginal product）这

三者的相互关系。

1. 总产量、平均产量和边际产量的相互关系

1）总产量

总产量反映一个生产函数中某一生产要素投入量与产出量之间的关系。总产量与投入量之间的函数关系用公式表示为

$$Q=f(x) \tag{2-3}$$

式中，Q 表示总产量；x 表示生产要素。

2）平均产量

平均产量是指总产量除以单一可变生产要素的投入量所得之商，表达式为

$$\mathrm{AP}=\frac{Q(x)}{x} \tag{2-4}$$

式中，AP 表示平均产量。

3）边际产量

边际产量是指在其他投入要素不变的情况下，其投入要素增加一个单位的投入量所带来的总产量的变化。如果用 MP 表示边际产量，则

$$\mathrm{MP}=\frac{\Delta Q(x)}{\Delta x} \quad 或 \quad \mathrm{MP}=\frac{\mathrm{d}Q(x)}{\mathrm{d}x} \tag{2-5}$$

下面举例说明这三者之间的关系。

假定某企业的一个车间，拥有 4 台设备。如果该车间只有 1 名工人，这名工人的产量一定有限，因为他不能利用他的全部时间来操作机器，他还必须亲自做许多辅助工作，如取原料、搬运等。

现假定此时上述工人的日产量为 13 单位。如果车间增加到两名工人，尽管第二名工人的能力与第一名工人相同，但增加这名工人所增加的产量会超过第一名工人原来的产量。这是因为有两个人就可以进行协作，协作可以产生新的生产力。现假定增加第二名工人所增加的日产量为 17 单位。此时总产量从每天 13 单位提高到 30 单位。同理，假定增加到 3 名工人时，总产量达到每天 60 单位。增加到 4 名工人时，即每人操作 1 台设备时，总产量上升到每天 104 单位。如果车间工人数增加到 5 名，总产量继续上升，因为新增的第五名工人可专做搬运辅助工作，第五名工人增加的产量会少于第四名工人增加的产量。现假定第五名工人使日产量增加 30 单位，使总产量达 134 单位。如果工人数目增加到 6 名，第六名工人可能是个替换工，即当其他工人需要休息或患病时由他来替代，这样，也能增加产量，但增加的量更少了。如果工人继续增加下去，可以设想一定会达到这样的阶段，即增加工人不仅不会增加产量，而且还会使产量减少。例如，工人太多，许多人人浮于事、到处闲逛，以致影响生产正常进行。

现在把这个例子中的数据列表，如表 2-1 所示。在这里，总产量 Q 是指一定数量的工人所能生产的全部产量；平均产量 AP 是指每一个工人的平均产量（总产量 / 工人数=Q/L）；边际产量 MP 是指在一定数量的劳动力下，增加 1 名工人引起的总产量的变化（总产量的变化/工人人数的变化=$\Delta Q/\Delta L$）。

表 2-1　某车间每天的总产量、平均产量和边际产量

工人人数	总产量	平均产量	边际产量
0	0	0	0
1	13	13	13
2	30	15	17
3	60	20	30
4	104	26	44
5	134	26.8	30
6	156	26	22
7	168	24	12
8	176	22	8
9	180	20	4
10	180	18	0
11	176	16	–4

需要指出的是，边际产量在生产决策分析中是一个很重要的概念。在这个例子中，它告诉我们随着车间工人人数的增加，工人人数的变化会给总产量带来什么影响。这一点对于如何寻求资源最优利用十分有用。

根据表 2-1 又可画出总产量、平均产量和边际产量的关系图（图 2-1）。

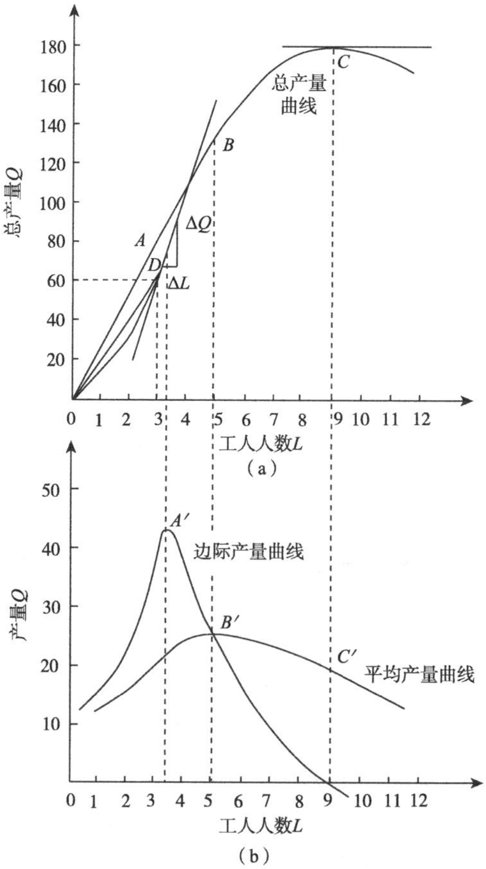

图 2-1　总产量、平均产量和边际产量关系图

从图 2-1 中，可以看出在总产量、平均产量和边际产量之间存在着三种关系。

（1）工人人数取某值时的边际产量等于总产量曲线上该点的切线的斜率。因为根据边际产量的定义，边际产量=$\Delta Q/\Delta L$。也就是说，当 ΔL 取很小时，边际产量=$\dfrac{\mathrm{d}Q}{\mathrm{d}L}$。按照微分学知识，$\dfrac{\mathrm{d}Q}{\mathrm{d}L}$ 就是总产量曲线上工人人数取某值时该点切线的斜率。

因此，图 2-1（a）总产量曲线上的拐点 A（即斜率最大之点），也就是图 2-1（b）边际产量曲线的顶点 A'；总产量曲线上的顶点 C（即斜率为零之点），也就是边际产量曲线上边际产量为零的点 C'。

边际产量与总产量之间的关系告诉我们：当边际产量为正值时，总产量曲线呈上升趋势（斜率为正值），此时增加工人能增加产量；当边际产量为负值时，总产量曲线呈下降趋势（斜率为负值），此时增加工人反使产量减少；当边际产量为零时，总产量为最大（斜率为零），此时增加工人不会使产量发生变化。

（2）工人人数取某值时的平均产量等于总产量曲线上该点与原点的连接线的斜率。因为，平均产量=Q/L，而 Q/L 也正是总产量曲线上该点与原点之间的连接线的斜率。例如，在图 2-1（a）中，车间拥有 3 名工人时的平均产量，即等于原点与 D 点的连接线 OD 的斜率，也即等于 60/3=20 单位。

因此，如图 2-1（a）中的 B 点，由于在这一点上总产量曲线的切线和其与原点的连接线重合（即两条线的斜率相等），所以在这一点的平均产量等于边际产量。表现在图 2-1（b）中，平均产量曲线和边际产量曲线相交于 B'。

（3）当边际产量大于平均产量时，平均产量呈上升趋势；当边际产量小于平均产量时，平均产量呈下降趋势；当边际产量与平均产量相等时，平均产量为最大。

这是因为边际产量是指新增 1 名劳动力会使总产量增加多少。如果边际产量大于以前的平均产量，它必然会使平均数上升。反之，如果边际产量小于以前的平均产量，就必然使平均数下降。如果边际产量等于平均产量，这说明平均产量在这一点上既不上升，也不下降，正好处于顶峰（或谷底），这时的平均产量为最大（或最小）。

在图 2-1（b）中，我们看到，当边际产量曲线在平均产量曲线之上时，平均产量曲线呈上升趋势；当边际产量曲线在平均产量曲线之下时，平均产量曲线呈下降趋势；在 B' 点，两者相交（即其值相等时），平均产量的值最大。

从上面的例子中可以看到，只要车间面积、设备台数等生产要素固定不变，随着劳动力的增加，在开始时，劳动力能与大量丰富的固定生产要素相结合，所以，其边际产量是递增的；但随着劳动力的继续增加，能与新增劳动力结合的固定生产要素越来越少，这时边际产量就会递减。这是各行各业的一个普遍规律，人们称之为边际收益递减规律或“规模经济”理论。

2. 单一可变投入要素的最优投入量确定

假如企业的其他投入要素（如厂房设施、设备等）的投入量是固定的，只有一种投入要素（如劳动力）的投入量是可变的，要确定最优的可变投入要素，必须清楚可变投入要素的边际产量收入（marginal revenue product，MRP）和可变投入要素的边际支出。

边际产量收入是指在可变投入要素投入量一定的基础上，再增加一单位的投入量会使企业的总收入增加多少。MRP=MP×MR，式中，MP（marginal product）为边际产量，MR（marginal revenue）为边际收入。

可变投入要素的边际支出（maginal expenditure，ME）是指在可变要素投入量一定的基础上，再增加一单位的投入量会使企业的总成本增加多少。在企业的诸多投入要素中，如果确定只有一种可变投入要素，那么边际支出就是可变投入要素的价格 *P*。如果可变投入要素是劳动力，那么边际支出就是劳动力的价格，即工资；如果可变投入要素是资本，那么边际支出就是资本的价格，即贷款利率。

如果边际产量收入>边际支出，说明此时企业的利润不是最大的，因为再增加可变要素的投入还能增加利润；如果边际产量收入<边际支出，说明此时企业的利润也不是最大的，因为减少可变要素的投入，反而能再增加利润。因此，企业应当使边际产量收入=边际支出，这时，企业的利润最大，可变要素的投入量最优。

在上文有关车间的例子中，见表 2-1，假定单位产品的价格为 15 元，工人的日工资为 120 元，且假定工人是该车间唯一的可变投入要素，那么该车间雇用工人人数的最优量就可以通过计算出各种工人人数的边际产量收入和边际支出得到。具体见表 2-2。

表 2-2　工人人数与边际产量、边际产量收入、边际支出的数据表

工人人数（1）	0	1	2	3	4	5	6	7	8	9	10
边际产量（2）		13	17	30	44	30	22	12	8	4	0
边际产量收入=15×（2）		195	255	450	660	450	330	180	120	60	0
边际支出（4）=120		120	120	120	120	120	120	120	120	120	120

根据表 2-2，当边际产量收入=边际支出=*P*=120 元时，工人人数为 8 人。所以，最优雇用的工人人数为 8 人。

2.1.3　边际报酬递减规律和规模报酬

1. 边际报酬递减规律

通过上述分析和研究，就可以发现在大多数生产过程中，都存在着劳动力和其他投入要素的边际产出递减的现象。西方经济学家指出，在生产中普遍存在这样一种现象：在技术水平不变的条件下，在连续地、等量地把某一种可变生产要素增加到其他一种或几种数量不变的生产要素上的过程中，当这种可变生产要素的投入量小于某一特定值时，增加一单位该生产要素的投入量所带来的边际产量是递增的；当这种可变要素的投入量连续增加并超过这个特定值时，增加一单位该要素的投入量所带来的边际产量是递减的。这就是边际报酬递减规律，又称边际收益递减规律。

我们知道，考察生产要素投入量的变动对产量的影响要区分两种不同的情况：一种是所有生产要素投入量都按同一比例变动；另一种是其他生产要素投入量都不变，只有一种生产要素的投入量发生变动。边际报酬递减规律研究的是后一种情况。

边际报酬递减规律发生作用的前提是技术水平不变。现实中，技术进步的速度虽然很快，但并不是每时每刻都会有重大的技术突破，整个社会的技术水平的发展有一个相对平衡的阶段。所以，在一定时期内技术水平不变是边际报酬递减的前提。

边际报酬递减规律研究的是将不断增加的可变生产要素连续投入其他不变的生产要素上时对产量所产生的影响。例如，在农业生产中，当土地等生产要素不变时，连续地追加劳动力，所生产出的农产品的产量便要经历递增、递减、成为负数的过程，如表 2-3 所示。

表 2-3　某农场某月人数与产量数

人数	0	1	2	3	4	5	6	7	8
总产量	0	52	124	204	280	340	372	364	304
边际产量	0	52	72	80	76	60	32	−8	−60
人均产量	0	52	62	68	70	68	62	52	38

从表 2-3 中数据可以看出，假定每人月工资额为 6 000 元，每一个产出单位的价格为 100 元，则当人数为 5 人时，边际收入为 6 000 元，边际支出为 6 000 元；当人数为 6 人时，边际收入为 3 200 元，而边际支出为 6 000 元，显然最佳人数为 5 人。

边际报酬递减规律揭示了投入与产出之间的客观联系，因此，对于研究投入和产出之间的关系是很重要的。它告诉我们，并不是任何投入都能带来最大的收益，更不是投入越多收益一定越大。因此，尊重这一规律，对企业的投入数量和组合进行科学的分析，对于提高经济效益和做出正确决策是十分必要的。

2. 规模报酬

根据边际报酬递减规律，我们知道该规律反映了短期内，劳动的边际产量与劳动投入之间的关系，它是在生产要素分为可变投入和固定投入的基础上得出的结论。但是，从长期来看，企业的生产要素都会发生变化。因此，规模报酬就是研究当企业所有投入要素的使用量都按同样的比例增加时，这种增加对总产量的影响。

假定 L 单位的劳动力和 K 单位的资本相结合可以生产 Q 单位产品，即 $L+K\to Q$。规模报酬要探讨的问题是：如果 L 和 K 都增加到原来的 a 倍，产量 Q 将发生什么变化。假定 $aL+aK=bQ$，那么，根据 b 值的大小，我们可以把规模报酬分为三种类型。

第一种类型：$b>a$，即产量增加的倍数大于投入要素增加的倍数。例如，人工和资本增加 1 倍，能使产量增加 2 倍。这种类型称为规模报酬递增。

第二种类型：$b=a$，即产量增加的倍数等于投入要素增加的倍数。例如，人工和资本增加 1 倍，能使产量增加 1 倍。这种类型称为规模报酬不变。

第三种类型：$b<a$，即产量增加的倍数小于投入要素增加的倍数。例如，人工和资本增加 2 倍，却只能使产量增加 1 倍。这种类型称为规模报酬递减。

导致规模报酬递增的原因有以下几方面：①专业化程度的提高，生产规模大的厂商能引进更多的、专业化程度更高的机器设备和雇用更多的具有不同专业知识的劳动力；②资源的集约化使用，同时使用数量众多且性能相同的机器的厂商能获得更多的收益；③不可分性，不可分性意味着设备在一定的限度和范围内才能发挥最大的生产能力，生产规模大的厂商比生产规模小的厂商更能使设备得到充分的使用；④降低了生产成本，生产规模大的厂商能以较低的价格购买大批量的生产要素，从而降低了生产成本，使收益大幅度提高。

规模报酬递减主要基于两个原因：①生产要素可得性的限制，随着厂商经营规模的扩大，受地理位置等方面的限制，许多重要的生产资源不能满足厂商的需要；②管理的困难，生产规模大的厂商对于生产上的协调和监督会面临越来越多的困难。

规模报酬概念和规模经济概念的区别之处在于：前者考察的是实物产出，后者考察的是成本。

一般认为，在一定科学技术水平条件下，随着一个企业生产规模的扩大，最初往往是规模报酬递增；当规模扩大到一定程度，就会出现规模报酬不变现象；如果规模继续扩大，超过一定的限度，会出现规模报酬递减现象。

无论一个厂商、一个工程项目还是一个行业，在一定生产技术水平前提下，都有一个适度规模区域。在这个适度区域内，可以取得较好的经济效益，适度生产规模确定的原则是：尽可能使规模报酬递增，起码应使规模报酬不变，避免规模报酬递减。

2.2 成本利润分析

成本利润分析在经济学中占有重要地位，因为任何企业的决策都要对成本和利润进行分析，只有能降低成本和增加利润的方案，才是可接受的方案。

成本的概念是比较广泛的，不同社会制度的国家，不同经营行为的企业对其有不同的解释。成本的一般概念是指为进行某项生产经营活动（如原材料采购、产品生产、劳务供应、销售、工程建设等）所发生的全部费用。

产品成本是产品价值的一部分。产品生产的劳动消耗（物化劳动和活劳动消耗）表现为产品价值。产品价值由 $c+v+m$ 三部分构成，c（物化劳动的转移价值）包括原材料费、燃料和动力费、折旧费等；v（工资）是劳动者为个人需要新创造的价值；m（税金和利润）是劳动者为社会需要新创造的价值。产品成本是 $c+v$ 的货币表现。

资源的稀缺性使得生产者必须考虑为自己的生产投入精打细算，因为在市场需求确定的情况下，成本的增加便是利润的减少。

总之，成本就是企业为获得所需的各项资源而付出的代价。但是，成本的具体内涵的确定取决于是出于会计目的还是决策目的。

本节从企业决策的需要出发，探讨几个基本的成本概念。

2.2.1 企业决策中几个重要的成本概念

1. 相关成本和非相关成本

相关成本（relevant cost）是指适用于做决策用的成本。非相关成本（irrelevant cost）是指不适用于做决策的成本。例如，过去买进的 10 吨钢材，每吨价格为 3 800 元，现在市价为 5 200 元/吨。如果利用这批钢材承包一项工程，在决策时，应当用什么价格来计算成本？应该用现在的市价（5 200 元/吨），而不是用过去进货时的价格（3 800 元/吨）。那么，用现在市价计算出的成本就是相关成本，用过去买进价格计算出的成本是非相关成本。在企业决策中，正确区分相关成本和非相关成本十分重要。

2. 机会成本和会计成本

一种资源可以有多种用途，但资源的稀缺性决定了资源如果用于某一用途就不能同时作为他用，即失去了投入其他用途的机会。机会成本（opportunity cost）是指如果一项资源既能用于甲用途，又能用于其他用途（由于资源的稀缺性，如果用于甲用途，就必须放弃其他用途），那么资源用于甲用途的机会成本，就是资源用于次好的、被放弃的其他用途本来可以得到的净收入。

在现实生活中有很多机会成本的现象，如某人大学毕业，可以选择继续在国内读研究生，也可以出国继续深造，也可以工作；对一个企业的一笔资金来说，也存在很多投资机会，但最终只能选择一个方案。这样由于多个机会的存在，在决策分析中，从多个方案中选取最优方案，必然会有一些次优方案（机会）被放弃。但是，被放弃的方案也会取得一定的收益，这些被放弃的潜在收益应从被选用的最优方案的收益中得到补偿。这样，才能对最优方案的经济效益做出全面的、合理的评价。在这里，被放弃的次优方案的可能收益就是被选用的最优方案的机会成本。

尽管机会成本不构成企业的实际支出，也无须记入账册。但它是正确决策分析必须认真加以考虑的现实因素。忽视了机会成本，可能会造成决策失误。例如，某企业有一台机器原生产 A 产品，每件需要工时 12 分钟，每件产品能产生的利润为 2 000 元。现在销售部门建议用该机器生产 B 产品，因为它每件产生的利润是 A 产品的一倍，为 4 000 元。制造 B 产品每件需要工时 30 分钟。在生产 B 产品时将停止生产 A 产品而放弃的潜在利益每工时为 $2\ 000\times\dfrac{60}{12}=10\ 000$ 元，这是生产 B 产品的机会成本。而 B 产品每工时产生的利润总额为 $4\ 000\times\dfrac{60}{30}=8\ 000$ 元。现在减去机会成本 10 000 元后，则每工时要亏损 2 000 元，显然是不利的。这样，销售部门所建议的改产 B 产品的方案在考虑了机会成本以后，就会被否定。

会计成本（accounting cost）是会计师在账面上记录下来的成本，是一种历史成本，它反映企业的实际支出需要严格按照国家有关财会制度记录生产者在某一时期内所发生的成本费用。企业的会计成本一般包括企业根据合同必须支付给要素所有者的费用，有工资、借入资金的利息、租地支付的地租、购入的原材料、燃料、动力和服务等费用，还包括依据法规计提的固定资产折旧及相关税金。会计成本的目标是考察企业在经营过程中资产和负债的变化，以便对经营状况做出正确的评估，减少未来经营的风险。

因此，机会成本是相关成本，会计成本是非相关成本。会计成本虽不直接用于决策，但它是确定机会成本的基础。决策所用的机会成本往往要通过对会计成本的调整来求得。所以，会计成本的准确性也很重要。

3. 增量成本和沉没成本

1）增量成本

增量成本（incremental cost）也称差量成本（differential cost），是由于做出某项决策而带来的总成本的变化。例如，由于一项新决策可能需要增加更多的设备、人力和物力。它既可以是变动的，也可以是固定的。增量成本属于相关成本，是决策时必须考虑的。

由于决策而带来的总收入的变化称为增量收入。把增量成本与增量收入相比，可以看出一项决策是否有利可图。

【例 2-1】 某企业原是通过零售商出售产品。现在要改变销售方式，改成自销。改变销售方式后的增量收入与增量成本的比较如表 2-4 所示。

表 2-4 不同销售方式增量收入与增量成本的比较 单位：元

项目	通过零售商出售	自销建议	增量收入与增量成本
收入	7 000 000	8 000 000	1 000 000
出售产品的成本	3 500 000	4 000 000	500 000
广告费	800 000	450 000	−350 000
佣金	—	400 000	400 000
仓库折旧	500 000	800 000	300 000
其他费用	600 000	600 000	—
成本总计	5 400 000	6 250 000	850 000
净利润	1 600 000	1 750 000	150 000

从表 2-4 可知，提出的自销建议将带来增量收入 1 000 000 元，增量成本 850 000 元。增量收入减去增量成本得增量利润 150 000 元。所以，改变销售方式是可以接受的方案。

2）沉没成本

凡过去已经发生的费用支出，不是现在或将来任何决策所能改变的成本，称为沉没成本（sunk cost）。它经常用来说明固定资产的历史成本，这种历史成本一经发生，便无法改变。沉没成本是非相关成本，是决策时不予考虑的。

经济活动在时间上是连续的，但从决策的角度看，以往发生的费用只是造成当前状态的一个因素，而当前状态是决策的出发点，但当前决策所要考虑的是未来可能发生的费用以及所能带来的收益，不用考虑以往发生的费用。例如，一个企业花了 100 万元购买了一台设备，因为费用已经支付，这 100 万元的设备投资就成了沉没成本。事后，任何决策都不能取消这项成本。

为了充分利用原有设备的生产能力，在对是否接受追加订货进行决策时，只需考虑接受和不接受订货的增量成本，而不必考虑原来支付的固定资产的成本（沉没成本）。具体问题将在后面章节中介绍。

4. 固定成本、变动成本和总成本

1）固定成本

固定成本（fixed cost）是在一定时期和一定生产规模限度内，不随产量变动而变动的费用，即不管这时期的产量多少，这部分费用总要发生。它一般包括在制造费用项目中，如生产单位固定资产折旧费、修理费、管理人员的工资及职工福利费、办公费和差旅费等。这些费用的特点是：当产品产量增加时，费用总额保持不变，而体现在单位产品成本上的固定费用会越来越少；同样，当产品产量减少时，费用总额并不减少，而体现在单位产品成本上的固定费用会越来越多。例如，某汽车制造厂生产某种型号卡车，车间所使用的机器设备是向租赁公司租用的。每半年订租约一次，每月租金为 60 000 元。假定这些设备的最大生产能力为 5 000 辆，当该厂每月汽车产量在 5 000 辆以内时，固定资产租金一般不随产量的变动而变动。因此，固定资产租金是该厂生产汽车的一项固定成本。

设 F 表示固定成本（即租金 a），x 表示汽车产量，则固定成本 $F=a$（a 在此例中表示租金），每辆卡车的固定成本（单位固定成本）$f=a/x$。固定成本、单位固定成本和产量之间的关系如表 2-5 所示。

表 2-5　某汽车厂固定成本、单位固定成本与产量的关系

汽车产量 x/ 辆	固定成本 F（租金 a）/元	单位固定成本 f/元
1 000	60 000	60
2 000	60 000	30
3 000	60 000	20
4 000	60 000	15
5 000	60 000	12

从表 2-5 中的数据可以看出，当月产量限定在 5 000 辆以内时，无论该企业生产与否，总是要发生 60 000 元的固定成本，而随着产量的增加，分摊在每辆汽车上的固定成本会越来越少，当产量达到最大规模时，其分摊的单位固定成本最少。这也说明了规模效益的原理。

固定成本曲线和单位固定成本曲线分别如图 2-2 和图 2-3 所示。

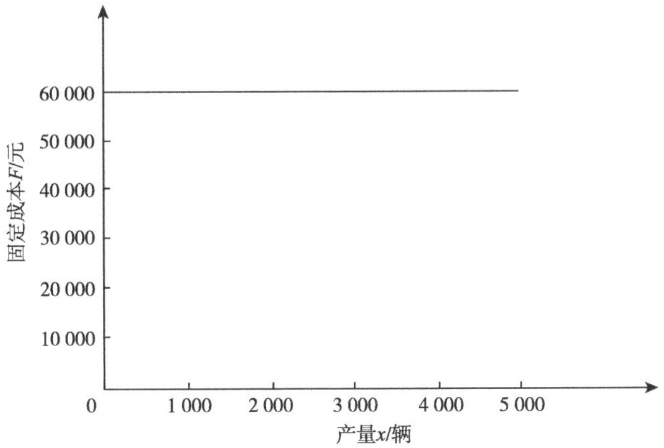

图 2-2　固定成本曲线

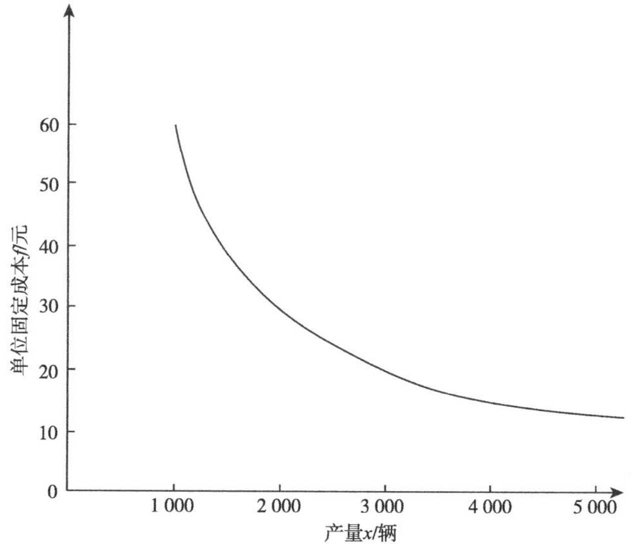

图 2-3 单位固定成本曲线

2）变动成本

变动成本（variable cost）是指产品成本中随产量变化而变化的成本，如用于产品生产的直接原材料费、直接燃料和动力费、辅助材料支出费、直接工人工资等。这部分费用的特点是：当产量发生变化时，费用总额也随着呈比例地发生变化，而体现在单位产品上的成本是不变的。例如，每件产品需零件费 180 元，其他材料费 170 元，在计件工资制条件下，每件产品的工资费为 250 元。这样，每件产品的变动成本合计就是 600 元。假定一个月生产 10 000 件产品，那么这个月的变动成本就是 6 000 000 元。设 V 表示变动成本总额，b 表示单位产品的变动成本，x 表示产量，则变动成本总额用公式表示为

$$V=bx \tag{2-6}$$

变动成本与产量的关系如表 2-6 所示。

表 2-6 变动成本与产量的关系

产量 x/件	变动成本总额 $V=bx$/元	单位产品变动成本 b/元
2 000	1 200 000	600
4 000	2 400 000	600
6 000	3 600 000	600
8 000	4 800 000	600
10 000	6 000 000	600

变动成本总额曲线和单位变动成本曲线分别如图 2-4 和图 2-5 所示。

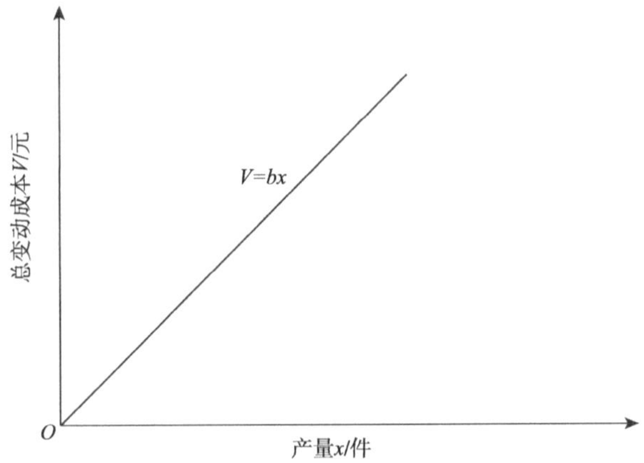

图 2-4　变动成本总额曲线

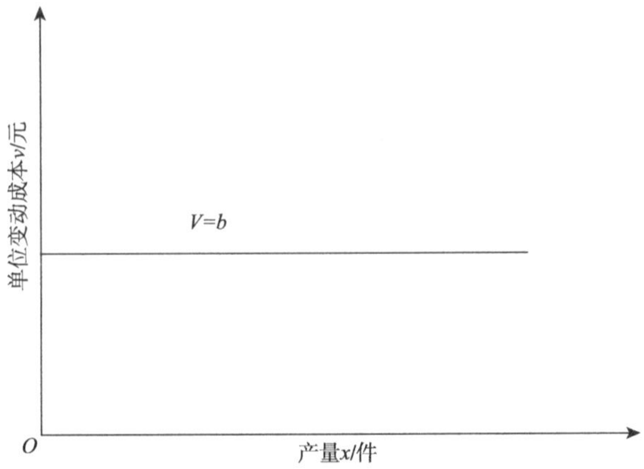

图 2-5　单位变动成本曲线

3）总成本

总成本（total cost）为固定成本与变动成本之和，若以 TC 代表总成本，则

$$TC=F+V \tag{2-7}$$

5. 平均成本和边际成本

平均成本（average cost）是平均每个单位产品的成本。平均成本也称单位成本。

$$平均成本=\frac{总成本}{产量}=\frac{固定成本+变动成本}{产量} \tag{2-8}$$

若以 AC 表示平均成本，则

$$AC=\frac{TC}{x}=\frac{F+V}{x}=f+v \tag{2-9}$$

即平均成本等于单位固定成本加上单位变动成本。

边际成本（marginal cost）是每增加或减少一个单位产品而使总成本变动的数值，即

$$MC=\frac{\Delta TC}{\Delta x} \tag{2-10}$$

6. 短期成本与长期成本

在一个指定的时期内，企业往往来不及改变某些要素投入的量。例如，某钢铁厂要新增加一条轧钢生产线，不是短期就能完成的，需要较长的时间。当有些要素投入量固定，企业只能改变其他要素投入量来改变产量时，产量与成本之间的关系与全部要素投入量都可以改变时的情况相比是有差异的。我们把至少有一种要素投入量不能变化的时期称为“短期”，所有要素投入量都可以改变的时期称为“长期”。因此，短期成本（short run cost）与长期成本（long run cost）是以期限为标志划分的，而时期长短的区别在于这一时期内是否有相对固定的成本因素。

短期是指在这个时期内厂商不能根据它所要达到的产量来调整其全部生产要素。具体来说，在短期内它只能调整原材料、燃料及工人的数量，而不能调整固定设备、厂房和管理人员的数量。所以，只有短期成本才区分为固定成本与变动成本。

长期是指在这个时期内厂商可以根据它所要达到的产量来调整其全部生产要素。这样，长期成本就无所谓固定成本与变动成本之分，因为一切成本都是可以变动的。

对生产者而言，在一定的产量下，短期成本是在存在固定要素条件下的最小成本组合，而长期成本则是所有要素的最小成本组合。所以，短期成本一定不低于长期成本。长期成本函数可以理解为企业规划人员使用的成本函数，而一旦确定了生产规模和相应的固定投入后，企业经营人员只能在短期成本函数上运作。

7. 生产成本与制造费用

1）生产成本

生产成本是生产单位为生产产品或提供劳务而发生的各项生产费用，包括各项直接支出和制造费用。直接支出包括直接材料（原材料、辅助材料、备品备件、燃料及动力等）、直接工资（生产人员的工资、补贴）。制造费用是指企业内的分厂、车间为组织和管理生产所发生的各项费用，包括分厂和车间管理人员工资、折旧费、维修费及其他制造费用（办公费、差旅费、劳保费等）。

2）生产成本的作用

在市场经济条件下，产品成本是衡量生产消耗的补偿尺度，企业必须以产品销售收入补偿产品生产过程中的各项支出，才能确定盈利，因此在企业成本管理中生产成本的控制是一项极其重要的工作。生产成本法是目前世界各国普遍采用的一种成本计算方法，用生产成本法计算成本时，只将生产经营过程中发生的直接材料费用、直接工资费用和制造费用计入产品成本，而管理费用、财务费用和销售费用不计入产品成本，而是作为当期费用直接计入当期损益。

生产成本是工业企业为生产一定种类、一定数量的产品所发生的直接费用、直接人工和间接制造费用的总和。企业原材料消耗水平、设备利用好坏、劳动生产率的高低、产品技术水平是否先进等，都会通过生产成本反映出来。换言之，生产成本的控制能反映企业生产经营工作的效果。

3）生产成本的构成

生产成本由直接材料、直接工资和制造费用三部分组成。直接材料是指在生产过程中通过劳动对象加工使之成为半成品或成品的材料，它们的使用价值随之变成了另一种使用价值；直接工资是指生产过程中所耗费的人力资源，可用工资额和福利费等计算；制造费用则是指生产过程中使用的厂房、机器、车辆和设备等设施及机物料和辅料，它们的耗用一部分是通过折旧方式计入成本，另一部分是通过维修、定额费用、机物料耗用和辅料耗用等方式计入成本。

4）制造费用

制造费用是企业为生产产品和提供劳务而发生的各项间接成本。制造费用包括产品生产成本中除直接材料和直接工资以外的其余一切生产成本，主要包括以下内容。

（1）车间管理人员工资，是指生产车间管理人员、辅助后勤人员等非一线直接从事生产的人员工资。一线直接生产人员非生产期间的工资也计入本项目，非一线生产人员提供直接生产时，其相应的工资应从本项目转入生产成本中的直接工资项目。

（2）职工福利费，按第一项所定义的生产管理人员工资的14%提取。

（3）交通费，是指企业为车间职工上下班而发生的交通车辆费用，主要指汽油费、养路费等。

（4）劳动保护费，是指按照规定标准和范围支付给车间职工的劳动保护用品，防暑降温、保健饮食品（含外购矿泉水）的费用和劳动保护宣传费用。

（5）折旧费，是指车间所使用固定资产按规定计提的折旧费。

（6）修理费，是指生产车间所用固定资产的修理费用，包括大修理费用支出。

（7）租赁费，是指车间使用的从外部租入的各种固定资产和用具等按规定列支的租金。

（8）物料消耗，是指车间管理部门耗用的一般消耗材料，不包括固定资产修理和劳动保护用材料。

（9）低值易耗品摊销，是指车间所使用的低值易耗品的摊销。

（10）生产用工具费，是指车间生产耗用的生产用工具费用。

（11）试验检验费，是指车间发生的对材料、半成品、成品、仪器仪表等试验检验费。

（12）季节性修理期间的停工损失，是指因生产的季节性需要而必须停工，生产车间停工期间所发生的各项费用。

（13）取暖费，是指车间管理部门所支付的取暖费，包括取暖用燃料、热水、炉具等支出。

（14）水电费，是指车间管理部门由于消耗水、电和照明用材料等而支付的非直接生产费用。

（15）办公费，是指车间生产管理部门的通信费用以及文具、印刷、办公用品等办公费用；政府部门的宣传经费，包括学习资料、照相洗印费及按规定开支的报刊订阅费等。

（16）差旅费，是指按照规定报销生产车间职工因公外出的各种差旅费、住宿费、助勤费；市内交通费和误餐补贴；按规定支付职工及其家属的调转、搬家费；按规定支付患职业病的职工去外地就医的交通费、住宿费、伙食补贴等。

（17）运输费，是指生产应负担的厂内运输部门和厂外运输机构所提供的运输费用，包括其办公用车辆的养路费、管理费、耗用燃料及其他材料等费用。

（18）保险费，是指应由车间负担的财产保险费用。

（19）技术组织措施费，是指因生产工艺布局调整等发生的费用。

（20）其他制造费用，除前述 1~19 项所列的，零星发生的其他应由车间负担的费用。

2.2.2 成本函数

成本函数反映产品的成本 C 与产量 Q 之间的关系。

企业产品的成本函数取决于：①产品的生产函数；②投入要素的价格。投入与产出之间的技术关系与投入要素的价格相结合，就决定了产品的成本函数。成本函数分长期成本函数和短期成本函数。短期和长期并不是以日历时间的绝对长度来划分的。短期是指这个期间很短，以至于在诸多投入要素中至少有一种或若干种投入要素的数量固定不变。这样形成的产量和成本之间的关系称为短期成本函数。长期是指这个时间很长，以至于所有的投入要素的数量都是可变的。在这样的条件下形成的产量和成本之间的关系就是长期成本函数。短期成本函数主要用于日常经营决策，而长期成本函数一般用于长期规划。我们只简单介绍一下短期成本函数中常见的两种形式。

1. 线性方程

当 $F=a$，$V=bx$，其中 a、b 为常数时，总成本函数是一条直线，即

$$\mathrm{TC}=a+bx \tag{2-11}$$

$$\mathrm{AC}=\frac{a}{x}+b \tag{2-12}$$

这种成本函数的特点是 MC 是常数。当 x 相当大时，AC≈MC=b（图 2-6）。

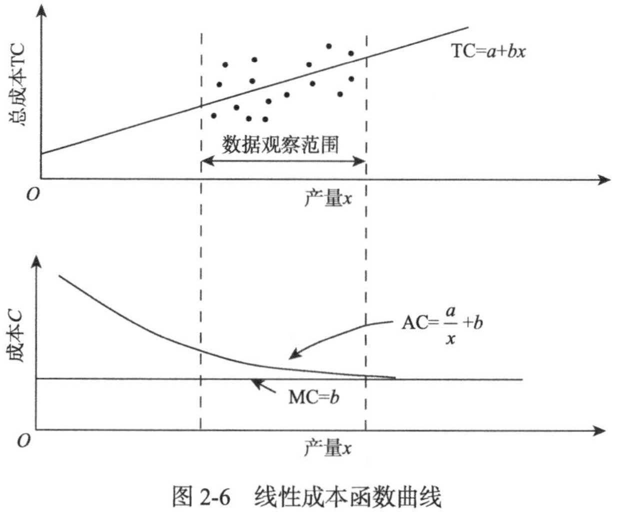

图 2-6 线性成本函数曲线

2. 二次方程

当 $F=a$，$V=bx+cx^2$，其中 a、b、c 为常数时，总成本函数是一条曲线，即

$$\mathrm{TC}=a+bx+cx^2 \tag{2-13}$$

二次方程成本函数曲线如图 2-7 所示。

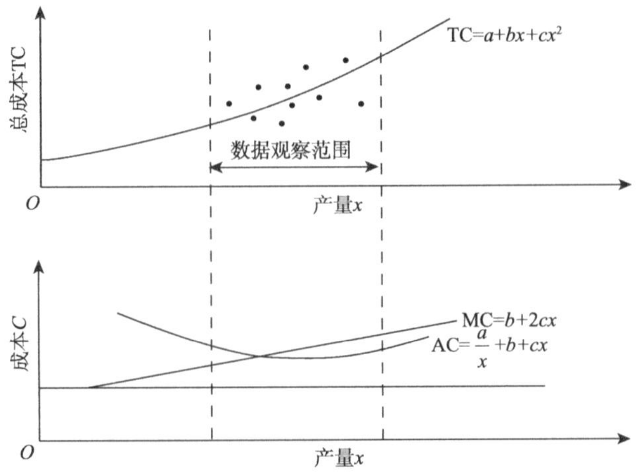

图 2-7　二次方程成本函数曲线

这时，有

$$\mathrm{AC}=\frac{a}{x}+b+cx \tag{2-14}$$

$$\mathrm{MC}=b+2cx \tag{2-15}$$

这种成本函数的特点是 MC 是一条倾斜的直线（图 2-7）。

2.2.3　成本利润分析法

成本利润分析在经济学中占有重要的地位，因为任何企业决策都要对成本和利润进行分析，只有能降低成本和增加利润的方案，才是可接受的方案。

1. 利润最大化原则

一个企业应当怎样确定它的产量才能获得最大的利润？假定投资一定，就要看收入和成本之间有何关系。现在，我们假定总成本函数与总收入函数都是曲线，如图 2-8 所示。

在图 2-8 中，横轴代表产量，纵轴既代表收入又代表成本，TR 为总收入曲线，TC 为总成本曲线。从图 2-8 中可以看出在 *PB* 之间 TR−TC 的值最大，也就是说，这时所获得的利润最大。所以，把 *PB* 延伸下去与横轴相交于 *E*，*OE* 为最合适的产量。

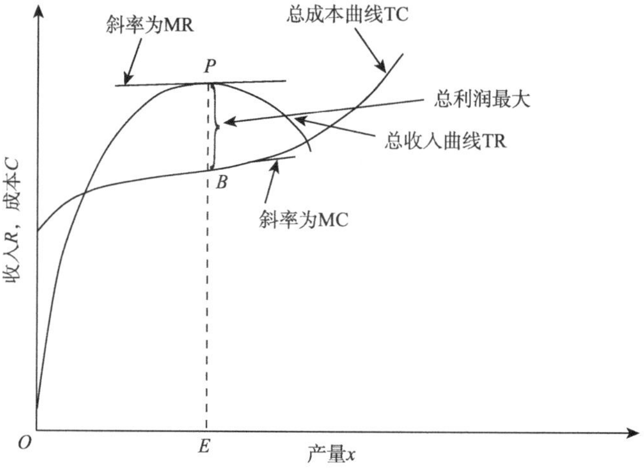

图 2-8 总收入曲线和总成本曲线

如果用 π 代表利润，x 代表产量，TR 代表总收入，TC 代表总成本，则

$$\pi = \mathrm{TR}(x) - \mathrm{TC}(x)$$

要使利润达到最大，则要求

$$\frac{\mathrm{d}\pi}{\mathrm{d}x} = \frac{\mathrm{dTR}(x)}{\mathrm{d}x} - \frac{\mathrm{dTC}(x)}{\mathrm{d}x} = 0$$

由以上可以得出，利润最大化的条件是

$$\frac{\mathrm{dTR}}{\mathrm{d}x} = \frac{\mathrm{dTC}}{\mathrm{d}x} \tag{2-16}$$

式中，$\frac{\mathrm{dTR}}{\mathrm{d}x}$ 为边际收入；$\frac{\mathrm{dTC}}{\mathrm{d}x}$ 为边际成本。所以，利润最大化的条件是边际收入等于边际成本。即

$$\mathrm{MR} = \mathrm{MC}$$

不通过求导的方法，利润最大化的条件也是比较容易理解的。下面分两种情况来分析。

第一种情况：如果是 MR>MC，表明每多生产一单位产品所增加的收入大于生产这一单位产品所消耗的成本，这时还有潜在利润没有得到，企业增加生产是有利的。所以，企业必然增加生产，其结果是供给增加，价格下降，边际收入减少，边际成本增加，直到两者相等时，企业才不再增加生产。

第二种情况：如果是 MR<MC，表明每多生产一单位产品所增加的收入小于生产这一单位产品所消耗的成本，这时有亏损，企业增加生产是不利的。所以，企业必然减少生产，其结果是供给减少，价格上升，边际收入增加，直到两者相等时，企业才不再减少生产。

只有在 MR=MC 时，厂商把该赚到的利润都赚到了，这时就实现了利润最大化，企业既不会增加生产也不会减少生产。

2. 边际分析法

边际分析法在决策分析中是十分有用的。因为在大多数管理决策问题中，我们宁可

关心将来而不关心过去。在大多数情况下，如果下一步是有利的，我们就采用它。边际分析可以使我们决定在一个已知的方向中寻求一个决策点，以及从哪一点开始进一步向下走是不利的，以及哪一点之前也是不利的。下面举例说明边际分析法的应用。

【例 2-2】 某车间每名工人的日工资为 200 元，每件产品的价格为 50 元，每增加 1 名工人的总产值和边际产值如表 2-7 所示。问雇用几个工人最合算？

表 2-7 每增加 1 名工人的总产值和边际产值

工人数/名	1	2	3	4	5	6	7
总产值/（元/日）	350	750	1 100	1 400	1 650	1 850	2 000
边际产值/（元/日）	350	400	350	300	250	200	150

解

因为当工人人数为 4 人时，再增加 1 人带来的边际收入为 250 元，而边际支出为 200 元，此时 MR＞MC，应继续增加工人；当工人人数为 6 人时，再增加 1 人带来的边际收入为 150 元，而边际支出为 200 元，此时，MR＜MC，应减少工人人数；而只有当工人人数是 6 人时，边际收入和边际支出恰好都是 200 元，即 MC=MR。

所以，雇用 6 个工人最合算。

【例 2-3】 某企业根据销售记录，得到销售收入函数为 $TR=100x-0.001x^2$，成本函数为 $TC=0.005x^2+4x+200\ 000$。问利润最大时的月产量应为多少？最大利润为多少？

解

$$MR=\frac{dTR}{dx}=100-0.002x$$

$$MC=\frac{dTC}{dx}=0.01x+4$$

在最大利润点，MR=MC，即

$$100-0.002x=0.01x+4$$

得到

$$x=\frac{96}{0.012}=8\ 000\text{（件）}$$

此时的利润为

$$\begin{aligned}\pi &= TR-TC\\ &=100x-0.001x^2-0.005x^2-4x-200\ 000\\ &=-0.006x^2+96x-200\ 000\\ &=-0.006\times 8\ 000^2+96\times 8\ 000-200\ 000\\ &=184\ 000\text{（元）}\end{aligned}$$

3. 盈亏平衡点分析法

盈亏平衡点分析法（break-even analysis）常用来研究产量、成本和利润三者之间的关系。但它的用途不仅局限于制订产量、成本和利润计划，它对制订其他计划也同样有用。因为计划一切是否合理，归根结底要看它对产量、成本和利润会产生什么影响。

盈亏平衡点分析法的核心是寻找盈亏平衡点在哪里，即确定能使盈亏平衡的产量是多少。这里，盈亏平衡的产量，是指在这个产量水平上，总收入等于总成本。确定盈亏平衡点对决策者来说至关重要。因为如果决策的产量超过了这一点，说明收入大于成本，这样的决策是有利可图的。如果决策的产量小于这个分界点，说明这种决策会导致亏本，因而是不可取的。

盈亏平衡分析可用盈亏平衡图表示出来。该图由企业的总成本曲线和总收入曲线构成。横坐标表示产品产量（或销售量），纵坐标表示产品总成本和销售收入。销售收入等于总成本的点称为盈亏平衡点。图 2-9 和图 2-10 为两种不同情况下的盈亏平衡图。

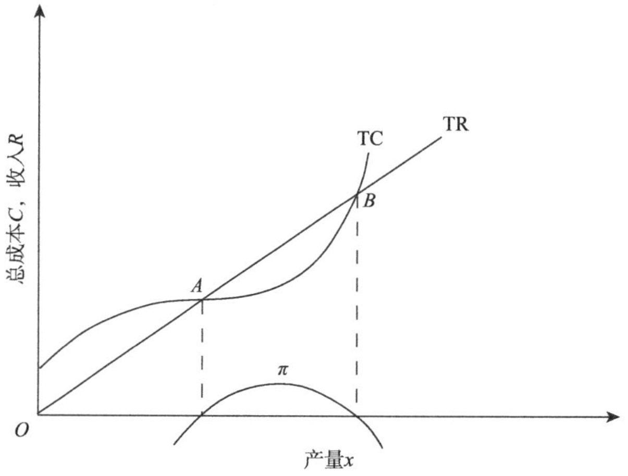

图 2-9　盈亏平衡图（一）

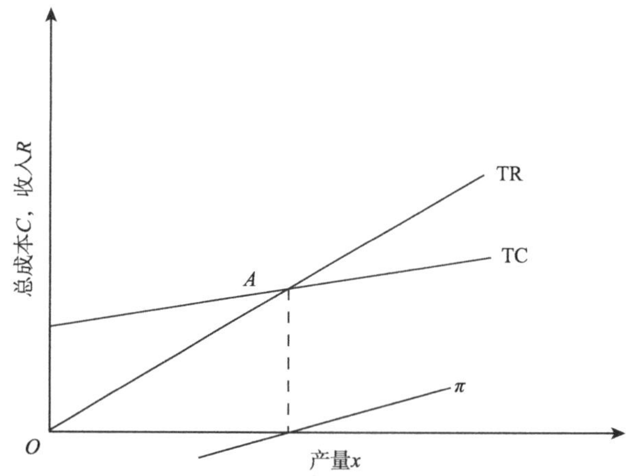

图 2-10　盈亏平衡图（二）

图 2-9 中，总收入与总成本曲线相交于两个不同的产量水平（有两个平衡点），在 *AB* 之间企业获得利润，利润大小如曲线 π 所示。在 *A* 点左侧与 *B* 点右侧区域企业亏损。

图 2-10 是常见的线性盈亏平衡图。在此情况下，销售价格与单位变动成本均保持不变，因而利润函数是一条直线。销售总收入 *R* 与总成本曲线只有一个交点。

盈亏平衡分析是企业经营决策的重要分析技术之一，它可以帮助企业制定适时适宜的产量决策。除此之外，这种分析方法也是投资者对投资项目进行不确定性分析的一种方法（将在第 7 章讨论）。这里主要介绍在两种情况下的盈亏平衡分析。

1. 简单线性情况下盈亏平衡分析

假定在整个可能的产量范围内，成本与收入之间存在着一种线性关系。我们可以画出盈亏平衡图。为了对盈亏平衡进行数学运算，先用代数式加以确定。

设：x 为每期生产（或销售）数，P 为产品单价，R 为每期收入，$R=Px$，F 为每期的固定成本，V 为单位变动成本，则 x 个产品的固定成本和变动成本之和为

$$\mathrm{TC}=F+Vx$$

x 个产品的每期利润为

$$\pi=R-\mathrm{TC}$$

如果 π 为负值时，则表示亏损。

下面介绍在线性情况下的盈亏平衡点的确定方法以及企业所应采取的应对决策。盈亏平衡点的确定有图解法和计算法两种。

第一种方法，图解法。根据产品产量（销售量）、产品价格以及固定总成本费用和可变总成本费用等，以产品产量（或销售量）为横坐标，以总成本费用或销售收入的金额为纵坐标，分别绘出总成本费用与产量、销售收入与产量的关系线，如图 2-11 所示，两线相交于 G 点，G 点为所求的盈亏平衡点。在绘制盈亏平衡图时，销售税金及附加通常可视为项目必要的固定支出，此时，将使盈亏平衡点向上移动。

绘制步骤大致如下。

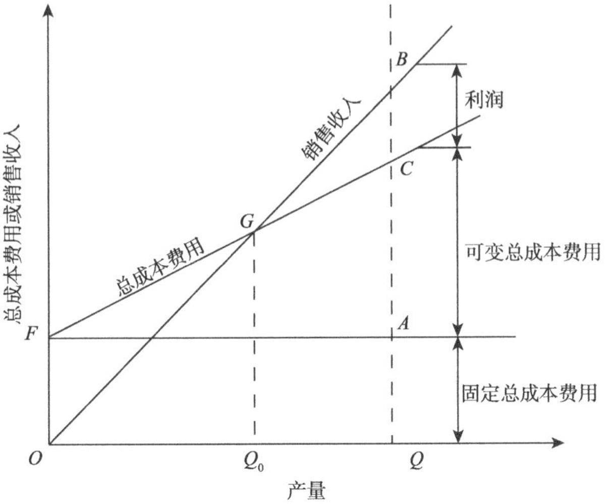

图 2-11　盈亏平衡图的绘制

第一步，画平面直角坐标。以产量（销售量）为横坐标，总成本费用或销售收入的金额为纵坐标。

第二步，确定所分析的某一产量 Q 的固定总成本费用、可变总成本费用和利润。

第三步，绘制在该产量 Q 下的固定总成本费用、可变总成本费用和利润点 A、C、B。

第四步，连接固定总成本费用线 FA、总成本费用线 FC 和销售收入线 OB。

第五步，总成本费用线 *FC* 与销售收入线 *OB* 的交点 *G* 即所求的盈亏平衡点。*G* 点所对应的产量即盈亏平衡时的产量 Q_0，也称临界产量。

【例 2-4】 某企业生产能力为年产量 4 200 台，预计售价为 6 000 元/台，固定总成本费用为 630 万元，单位产量可变成本费用为 3 000 元（未考虑销售税金及附加）。试用图解法求盈亏平衡点的产量。

解

第一步，画直角坐标图，如图 2-12 所示。

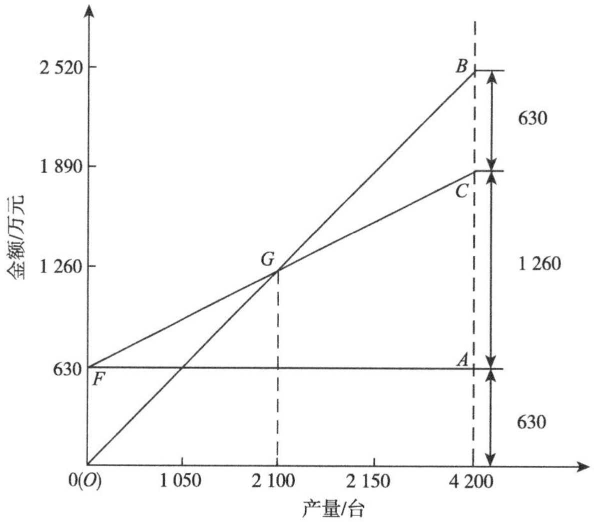

图 2-12 盈亏平衡点的图解法

第二步，确定产品产量为 4 200 台时的固定总成本费用（630 万元）、可变总成本费用（3 000×4 200=1 260 万元）和利润。

$$
\begin{aligned}
\text{销售利润} &= \text{销售收入}-\text{可变总成本费用}-\text{固定总成本费用} \\
&= 6\,000\times 4\,200-12\,600\,000-6\,300\,000 \\
&= 6\,300\,000\ (\text{元})
\end{aligned}
$$

第三步，确定 *A*、*C*、*B* 三点。

第四步，连接 *FA*、*FC*、*OB* 三条线。

第五步，找出 *FC* 与 *OB* 的交点 *G*，其对应的产量为 2 100 台，即所求盈亏平衡点的产量。

第二种方法，计算法。在线性盈亏平衡模型中，产品的总成本费用、销售收入与产量（销售量）呈线性关系，即

$$R=PQ-DQ$$

式中，*R* 表示扣除销售税金及附加后的销售收入；*P* 表示产品单价；*Q* 表示产品产量；*D* 表示单位产品销售税金及附加。

$$\text{TC}=F+VQ \qquad (2\text{-}17)$$

式中，TC 表示总成本费用；*F* 表示固定总成本费用；*V* 表示单位产品可变成本费用。

根据盈亏平衡点的定义 *R*=TC，则

$$PQ_0=F+VQ_0+DQ_0$$

$$Q_0=\frac{F}{P-V-D} \tag{2-18}$$

式中，Q_0表示盈亏平衡点产量。

【例 2-5】　某企业生产能力为年产某产品 4 200 台，预计售价为 6 000 元/台，固定总成本费用为 630 万元，单位产品可变成本费用为 3 000 元，如不考虑销售税金及附加，试用计算法计算盈亏平衡产量。

解

盈亏平衡点产量为

$$Q_0=\frac{F}{P-V}=\frac{6\ 300\ 000}{6\ 000-3\ 000}=2\ 100(\text{台})$$

以下讨论几种非正常情况的决策。

（1）超越正常能力的生产决策。这种情况的示意图如图 2-13 所示，假定 x' 和 v' 代表超出正常生产能力范围的产量和单位产品的变动成本。那么，包括正常生产能力的总成本为

$$\mathrm{TC}=F+vx+v'x'$$

总收入为

$$R=P(x+x')$$

盈利额为

$$\pi=P(x+x')-F-vx-v'x'$$

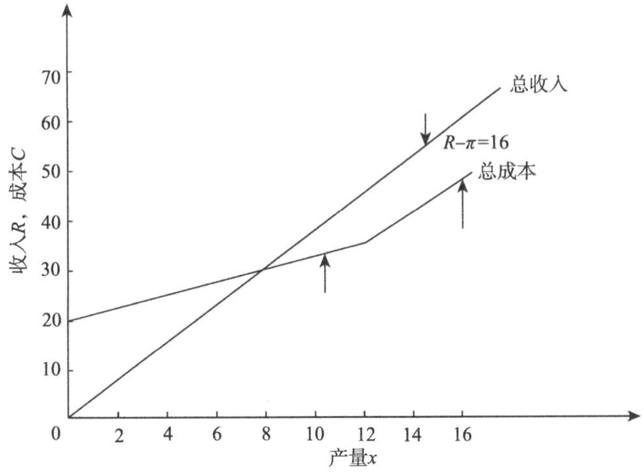

图 2-13　超越正常生产能力的盈亏平衡图

【例 2-6】　假定在正常生产能力范围内（0~12 个），每个产品的变动成本 V=1 500 元，单价 P=4 000 元。在正常生产能力范围以外，多生产 4 个产品，在不增加固定资产投资的情况下，固定成本不发生变化，而由于燃料动力的紧缺或人力成本的上升，会使单位变动成本变为 2 500 元。计算盈亏平衡点的产量水平及产销量分别为 12 个和 16 个

时的利润（在 0~16 个范围内，固定成本 F=20 000 元）。

解

首先计算盈亏平衡点的产量为

$$x_0 = \frac{20}{4-1.5} = 8(\text{个})$$

产销 12 个产品的盈利额为

$$\pi = 12\times\left(4\,000-1\,500\right)-20\,000 = 10\,000(\text{元})$$

产销 16 个产品的盈利额为

$$\pi = 4\,000\times(12+4)-20\,000-1\,500\times12-2\,500\times4 = 16\,000(\text{元})$$

从本例可以看出，只要收入函数的斜率大于成本函数的斜率，那么，扩大生产就会增加盈利。

（2）减价倾销的作用。在某些情况下，产品的销售单价在整个可能的产量范围内不可能始终保持不变。产量中有些产品可以做到按牌价售出，而剩余部分的产品却必须以较低的价格销售。该种情况的计算思路与方法如下。

设产品中按牌价出售的销售量为 x，单价为 P，而剩余产品的销售量为 x'' ，单价为 P'' 。因此，减价倾销后的实际收入为

$$R = Px + P''x''$$

总盈利为

$$\pi = Px + P''x'' - F - xV - x''V \tag{2-19}$$

像超越正常生产能力的生产那样，如果减价销售的价格高于产品的变动成本，则减价销售是有利的。下面举例说明。

【例 2-7】 某产品，固定费用 F=1 000 元，生产 0~225 个时，单位变动成本 V=15 元，产品销售单价 P=20 元。在 0~225 个范围外，另增加生产 50 个产品，每个产品的变动成本为 18 元，其中 40 个产品以单价 20 元销售，剩余的 10 个产品以单价 15 元减价销售。试求盈亏平衡点的产量及企业产品在 225 个和 275 个时的盈利额。

解

首先计算盈亏平衡点的产量为

$$\text{盈亏平衡点产量} = \frac{F}{P-V} = \frac{1\,000}{20-15} = 200(\text{个})$$

产品在 225 个时的盈利额为

$$\pi_{225} = x(P-V)-F = 225\times5-1\,000 = 125(\text{元})$$

产品在 275 个时的盈利额为

$$\pi_{275} = 225\times20+40\times20+10\times15-1\,000-225\times15-50\times18 = 175(\text{元})$$

但是，值得注意的是，在另增加生产的 50 个产品中，每个产品的变动成本为 18 元，其中前 40 个产品以单价 20 元销售，这时边际收入 20 元大于边际成本 18 元，这时增加产量会增加盈利额，剩余的 10 个产品其变动成本仍是 18 元，但其单价变为 15 元，这时边际收入 15 元小于边际成本 18 元，即生产这 10 个产品将会导致盈利额下降。因此，利润最大时是产销 265 个而不是产销 275 个。

产销 265 个时的盈利额为

$$\pi_{265}=225\times20+40\times20-1\,000-225\times15-40\times18=205(\text{元})$$

（3）生产技术选择。选用什么样的技术（工艺）来生产某种产品？假定有一种产品，市场价格为 4 元，可以用三种不同的技术来生产。这三种技术的盈亏平衡点如图 2-14 所示。

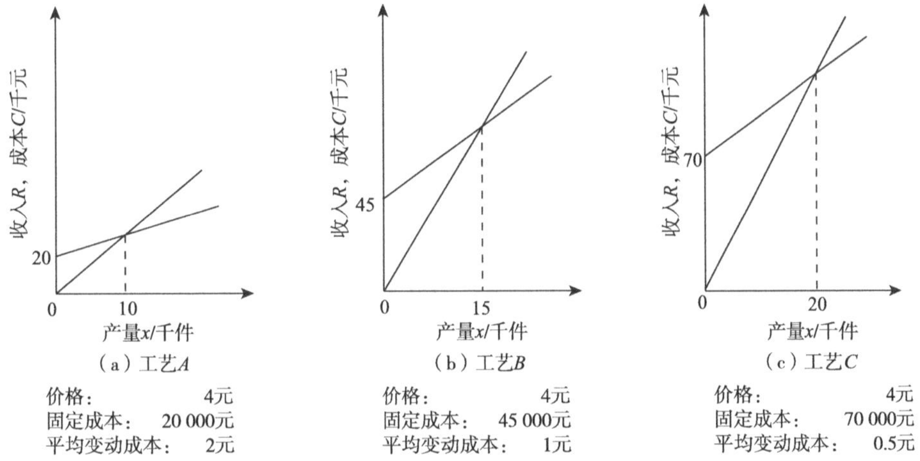

图 2-14　三种生产技术的盈亏平衡图

在图 2-14 的三个图中，收入函数是相同的，因为市场价格都相同。工艺 A 固定成本为 20 000 元，平均变动成本为 2 元，说明技术装备程度最低。工艺 B 固定成本为 45 000 元，平均变动成本为 1 元，说明技术装备程度是中等的。工艺 C 固定成本为 70 000 元，平均变动成本为 0.5 元，说明技术装备程度是最高的。根据以上资料可分别求得它们的盈亏平衡点产量分别为 10 000 件、15 000 件、20 000 件。

假定决策者估计将来的销售量在 12 000 件左右，那么，工艺 A 的方案是较优的。因为工艺 A 的盈亏平衡点产量在 12 000 件以内，是有利可图的；而工艺 B、工艺 C 的盈亏平衡点产量则都在 12 000 件以上，因而是会亏本的。

把这三种技术水平，在不同销售水平下的利润都计算出来，见表 2-8。

表 2-8　不同销售水平下三种生产技术的盈利额

预期销售水平/件	利润/元		
	工艺 A	工艺 B	工艺 C
10 000	盈亏平衡点	−15 000	−35 000
15 000	10 000	盈亏平衡点	−17 000
20 000	20 000	15 000	盈亏平衡点
25 000	30 000	30 000	17 000
30 000	40 000	45 000	35 000
40 000	60 000	75 000	70 000
50 000	80 000	105 000	105 000
60 000	100 000	135 000	140 000

从表2-8中根据利润的多少可以看出：当销售量在25 000件以内时，工艺A方案最优；当销售量在25 000~50 000件时，工艺B方案最优；当销售量超过50 000件时，工艺C方案最优。

2. 非线性情况下盈亏平衡分析

在非线性平衡模型中，产品的总成本费用、销售收入与产量（销售量）成非线性关系，即

$$S(x)=P(x)Q-DQ \tag{2-20}$$

式中，$S(x)$表示扣除销售税金及附加后的销售收入函数；$P(x)$表示产品单价；Q表示产品产量；D表示综合销售税率。

$$C(x)=F+V(x)Q \tag{2-21}$$

式中，$C(x)$表示成本函数；F表示固定总成本费用；$V(x)$表示单位产品可变成本费用。

根据盈亏平衡点的定义，当$C(x)=S(x)$时，两条曲线平衡并相交。相交点即盈亏平衡点，如图2-15所示。

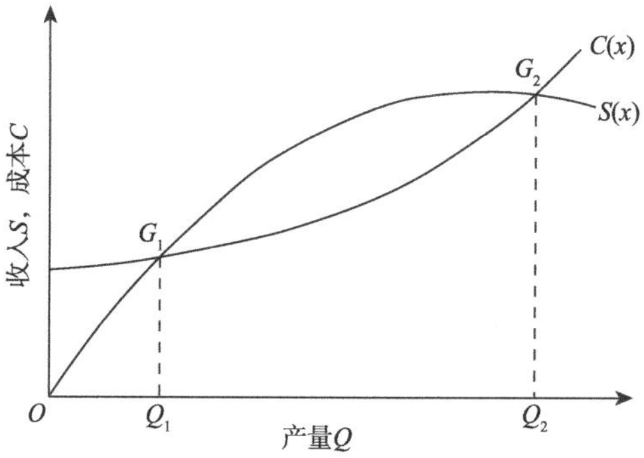

图2-15 非线性情况下的盈亏平衡图

【例2-8】 某产品的固定费用为66 000元，单位产品可变费用为28元，销售单价为55元，由于大量采购材料，单位产品可变费用随产量的增加以0.001的比例下降，因为销售额较大，产品销售价格随销售量增加以0.003 5的比例下降，未考虑销售税金及附加，求盈利的范围区。

解

由于大量采购材料，费用可减少0.001，单位产品的可变费用为28−0.001Q，则

$$C(x)=66\ 000+(28-0.001Q)Q$$
$$=66\ 000+28Q-0.001Q^2$$

由于产品销售价格可降低0.003 5，产品的年销售单价为55−0.003 5Q，则

$$S(x)=(55-0.003\ 5Q)Q=55Q-0.003\ 5Q^2$$
$$C(x)=S(x)$$

因为，$66\ 000+28Q-0.001Q^2=55Q-0.003\ 5Q^2$，所以

$$0.002\ 5Q^2-27Q+66\ 000=0$$

$$Q_1=3\ 740$$

$$Q_2=7\ 060$$

故销售量为 3 740~7 060 单位时可盈利。

2.3　市场结构与产量决策

在市场经济条件下，不同的市场结构将影响企业的生产和组织行为，给企业的决策带来不同的影响。本节将介绍市场结构的四种情况及相应的产量决策。

2.3.1　市场结构

市场结构是指买方和卖方数量的多少、产品之间相互差别的程度以及新的生产者能够进入一个市场的难易程度。西方经济学家把市场结构分为四种情况，即完全竞争、完全垄断、垄断竞争和寡头垄断。在完全竞争的市场条件下，任何一个卖方和买方都无法以自身的行动影响产品的市场价格，任何买方可按市场既定价格来购买他愿意购买的产品量。完全垄断是指一种产品的产销量完全由一个厂商所控制，并且这种产品没有现成的替代品。在完全垄断的市场条件下，产品的价格完全由垄断者决定，垄断者可根据利润最大化的原则选择对自己最有利的产品价格。垄断竞争是指存在着竞争和垄断因素相结合特点的市场结构。在垄断竞争条件下，每个厂商对自己所经营的产品都有一定的垄断因素，这是因为在垄断竞争市场上，每个厂商生产的是“有差别的产品”，即同种产品在质量、包装、品牌等方面不同，或是同种质量产品销售条件不同，故有一定的垄断因素，因此厂商可通过变动其产销量等办法影响市场价格。寡头垄断是指某种产品的绝大部分由少数几家大企业生产和销售。在寡头垄断条件下，价格的决定不是通过市场的供求作用，而是由少数几家大企业通过协议或默契规定的。四种市场结构的基本特征如表 2-9 所示。

表 2-9　四种市场结构的基本特征

市场结构	特征向量		
	卖者的数量	产品性质	长期市场进入
完全竞争市场	大量	同质	容易
垄断竞争市场	大量	差异	容易
寡头垄断市场	少数	同质或差异	有障碍
完全垄断市场	一个	差异	不能进入

完全竞争市场和完全垄断市场是两个极端。虽然在现实中完全符合这两种市场条件的行业是很罕见的，但在经济学的理论分析中它们十分重要。这两种市场结构代表着现实市场中存在的两种对立的特征：竞争和垄断。大部分现实的市场在这两个极端之间，对这两种市场结构的分析可以帮助我们认识现实世界中形形色色不完全的竞争。

垄断竞争市场和寡头垄断市场是在上述两个极端之间，分别比较接近于完全竞争一端和完全垄断一端的另外两种结构。我们可以看到在现实生活中有很多市场的确与它们很近似。然而，由于现实的复杂性，对这两种市场，尤其是对寡头垄断市场的理论分析，没有得到完全竞争市场和完全垄断市场那样清晰而确定的结论。

一个企业如何确定产量，其决策要受所处的市场结构的影响，下面将讨论在不同的市场条件下，企业如何决定产品的产量。

2.3.2 完全竞争条件下企业的产量决策

完全竞争，是指在市场上没有任何垄断的因素，产品的市场价格既不是卖者决定的，也不是买者决定的，而是完全由市场决定的。一般来说，完全竞争的市场结构需要具备这样几个条件：一是有众多小规模的生产者和消费者，这说明该市场的规模没有一定大小的要求；二是市场上的产品都是同质的，即在相同价格水平下，消费者所购买的产品没有质的区别；三是该市场可以自由进入或退出，这说明该市场或行业没有进入壁垒也没有退出壁垒；四是该市场的信息是完全的，即生产者和消费者对市场的信息是完全了解的。从这四个条件就可以判断，在现实生活中很难找到属于完全竞争的市场，只有某些农产品有时候会符合前三个条件。但是虚拟这样一个几乎不存在的市场结构对研究企业经营行为、消费者行为等问题是非常有意义的。因为即使一个模型的某些假定不能实现，但这个模型也可能是相当有用的，正如很多数学模型一样，而完全竞争市场结构就属于此类模型。传统的西方经济学认为，完全竞争市场能够使资源达到最优的配置，因此，完全竞争市场可以看作一种理想模型。对企业来说，市场条件已定，但生产条件不同，就存在决策问题。下面分两种情况分别介绍。

1. 单位变动成本不变条件下的产量决策

当单位变动成本不随产量（销售量）变化时，产品总成本与产量呈线性关系，总成本的形式为

$$\mathrm{TC}=a+bx$$

式中，a、b 表示常数（b 为单位变动成本）；x 表示产量。

总收入函数为

$$\mathrm{TR}=Px$$

式中，P 表示单位产品的价格。

收入函数和成本函数如图 2-16（a）所示，MC 和 MR 如图 2-16（c）所示，公式为

$$\mathrm{MC}=\frac{\mathrm{dTC}}{\mathrm{d}x}=\frac{\mathrm{d}(a+bx)}{\mathrm{d}x}=b$$

$$\mathrm{MR}=\frac{\mathrm{dTR}}{\mathrm{d}x}=\frac{\mathrm{d}P(x)}{\mathrm{d}x}=P$$

利润函数为

$$\pi=\mathrm{TR}-\mathrm{TC}=Px-a-bx=(P-b)x-a \tag{2-22}$$

利润函数如图 2-16（b）所示，可得出：当 $P>b$ 时，即价格大于单位变动成本时，产量 x 越大，利润 π 越大，为获得最大利润，最佳产量 x 为企业的生产能力；当 $P<b$

时，生产越多，亏损越大，最佳产量 x=0，即应停产。

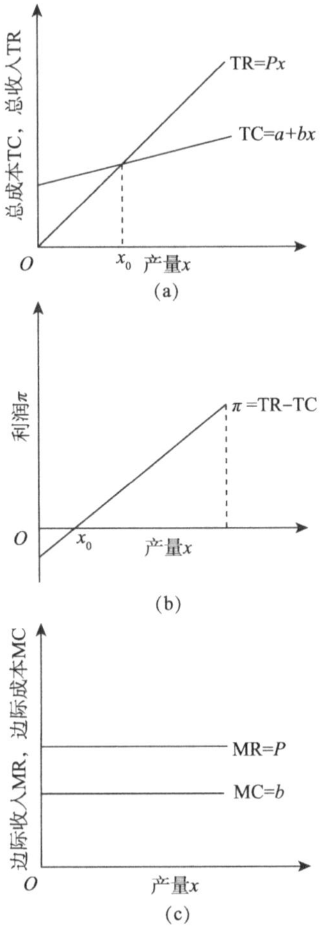

图 2-16　线性情况下的收入、利润、边际收入、边际成本曲线

2. 总成本为非线性函数时的最佳产量决策

在这种情况下，成本函数的形式如图 2-17（a）所示。

边际成本函数为

$$\mathrm{MC}=\frac{\mathrm{dTC}}{\mathrm{d}x}$$

由图 2-17（c）可知，当 $x=x_3$ 时，MC 有一个极小值。

边际收入函数为

$$\mathrm{MR}=\frac{\mathrm{dTR}}{\mathrm{d}x}=P$$

平均收入函数为

$$\mathrm{AR}=\frac{\mathrm{TR}}{x}=\frac{Px}{x}=P$$

MR 和 AR 如图 2-17（c）所示。

利润函数为

$$\pi = \mathrm{TR} - \mathrm{TC}$$

图 2-17（b）是由图 2-17（a）得来的，所以，在 x_2 与 x_5 两点利润为零；在 $x<x_2$ 的区域中，利润为负；在 $x_2<x<x_5$ 的区域中，利润为正；当 $x>x_5$ 时，利润又为负。对于最大利润点与最小利润点，必有

$$\pi' = (\mathrm{TR})' - (\mathrm{TC})' = 0$$

即 $(\mathrm{TR})' = (\mathrm{TC})'$，$\mathrm{MR} = \mathrm{MC}$。

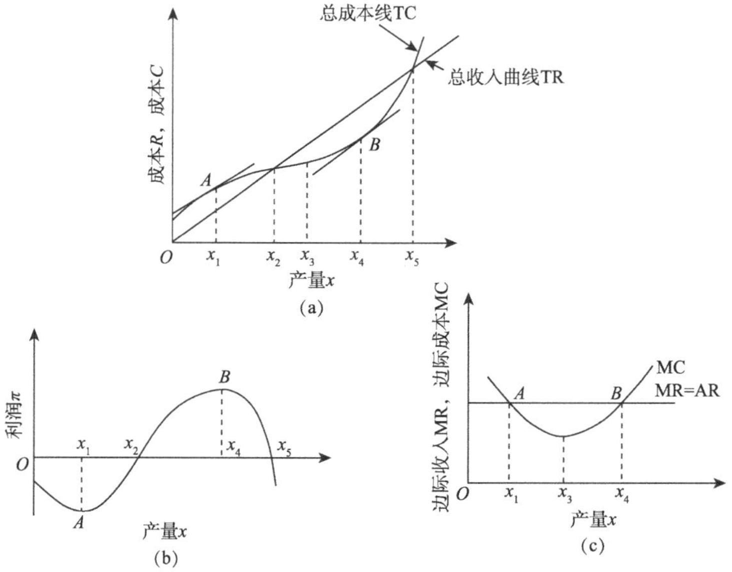

图 2-17　非线性情况下的收入、利润、边际收入、边际成本曲线

换句话说，总成本线上的切线平行于总收入曲线之点（A 与 B），对应最小利润（亏损）与最大利润。理论上要检验最大亏损，只有检验此点 $\pi''(x)$ 是否大于零；而检验最大利润点，只需要检验此点 $\pi''(x)$ 是否小于零。

由上面的分析可知，在完全竞争的情况下，企业只有在 $x_2<x<x_5$ 的产量范围内生产，而最佳的生产量是 $x=x_4$，此时利润最大。

【例 2-9】 设完全竞争条件下企业的总收入函数与成本函数分别为

$$\mathrm{TR}=18x$$
$$\mathrm{TC}=x^3-9x^2+33x+10$$

求：最大利润时的生产量和最大利润。

解

$\pi=\mathrm{TR}-\mathrm{TC}=18x-(x^3-9x^2+33x+10)=-x^3+9x^2-15x-10$

令 $\pi'=-3x^2+18x-15=0$，得

$$x_1=1,\ x_2=5$$

当 $x_1=1$ 时

$$\pi''=-6x+18=-6+18=12>0$$

当 $x_2=5$ 时

$$\pi''=-6x+18=-30+18=-12<0$$

可见，$x_2=5$ 为最大利润产量，最大利润为

$$\pi=-5^3+9\times5^2-15\times5-10=15$$

总之，在完全竞争条件下，企业无力定价，但能根据市场价格的高低调整自己的产量。如果市场上需求增加或供给减少而导致价格上涨，企业就可以做出增产的决策，反之，就可做出减产的决策。

2.3.3 不完全竞争条件下企业的价格和产量决策

不完全竞争市场是指除完全竞争市场以外的其他市场结构类型，即完全垄断、垄断竞争和寡头垄断。其统一的特征是：不完全竞争下厂商对产品的价格有一定的控制能力，市场需求随着厂商对价格的影响发生变化。从行业的角度分析，如果个别厂商在一定程度上能控制某行业产品的价格水平，那么该行业就处于不完全竞争。这里所说的不完全竞争并不意味着市场没有竞争。不完全竞争者通常会通过竞争来占领市场，只不过他们对产品的价格有部分的决定权。而完全竞争条件下，产品的价格是由市场决定的，厂商和消费者都是价格的接受者，这在现实生活中也是很常见的。

下面介绍在不完全竞争条件下企业的价格和产量决策。

在不完全竞争的情况下，企业总收入、总成本、利润、边际收入和边际成本如图 2-18 所示。

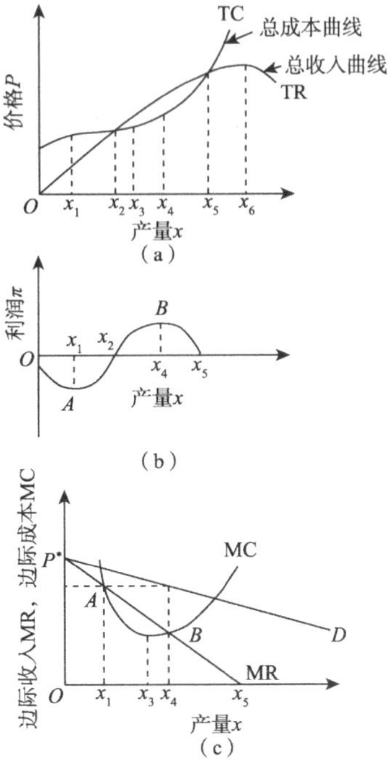

图 2-18 不完全竞争下总收入、总成本、利润及相关曲线

可以看出，与完全竞争条件下相比，总成本曲线可以不发生变化，而总收入曲线却不同，当市场需求特性为线性关系，即 $P(x)=a-bx$ 时，总收入曲线形式为

$$\mathrm{TR}=ax-bx^2 \tag{2-23}$$

如图 2-18（a）所示，对应每一个产量，取 TR 与 TC 之差，就得到利润，如图 2-18（b）所示。对于最大利润点，第一个条件是要求 $\pi'(x)=0$，即

$$\pi'(x)=\frac{\mathrm{dTR}}{\mathrm{d}x}-\frac{\mathrm{dTC}}{\mathrm{d}x}=\mathrm{MR}-\mathrm{MC}=0$$

所以，MR=MC，满足这个条件的有两点，即 A 与 B。

最大利润点的第二个条件是 $\pi''(x)<0$，而这个对应点为 B，即产量为 x_4。

【例 2-10】 假定总收入函数 $\mathrm{TR}=33x-4x^2$，总成本函数 $\mathrm{TC}=x^3-9x^2+36x+6$，求：最大利润产量、最大利润和最大利润产量时的产品价格。

解

$$\begin{aligned}\pi&=\mathrm{TR}-\mathrm{TC}=33x-4x^2-(x^3-9x^2+36x+6)\\&=-x^3+5x^2-3x-6\end{aligned}$$

由 $\pi'(x)=-3x^2+10x-3=0$，求得

$$x_1=\frac{1}{3},\quad x_2=3$$

由 $\pi''(x)=-6x+10$，可知

$$\pi''(x_1)>0,\quad \pi''(x_2)<0$$

因此，最大利润产量为 $x_2=3$，最大利润 $\pi(3)=-3^3+5\times3^2-3\times3-6=3$。

最大利润点的产品定价为

$$P=\frac{\mathrm{TR}}{x}=33-4x=33-4\times3=21$$

近年来，由于经济全球化的影响，市场变得越来越复杂，竞争者的数目增加，竞争加剧，对生产经营的每个环节，包括制造、分销、研发、管理、方法等，企业都要进行合理的决策，不断寻求组织生产的新途径，以提高效率。

思考题

1. 简述总产量、平均产量和边际产量三者之间的关系。
2. 边际报酬递减规律对企业生产经营有何现实意义？
3. 边际报酬递减与规模报酬递减有何区别？
4. 利润最大化的条件是什么？用经济含义进行说明。
5. 什么是机会成本？举例说明它对人们经营决策的意义。
6. 试举出现实生活中四种市场结构的例子。
7. 表 2-10 是某工段工人人数总产值的数据，人工费为 240 元/（日·人）。

表 2-10　工人人数与总产值

工人人数/人	10	11	12	13	14	15
总产值/（元/日）	2 400	2 800	3 200	3 600	3 880	4 080

问：雇用多少人最合算？

A. 11 人　　B. 12 人　　C. 14 人　　D. 15 人

8. 某企业成本函数为 $C=X^2+100$，式中，C 为总成本，X 为产品的产量。画出边际成本和平均成本曲线，若产品市场价格 P=40 元，那么产品产量 X 为多少？

9. 某企业设计能力年产量为 30 万吨，其中固定成本为 6 000 万元，产品售价为 700 元/吨，单位变动成本为 300 元/吨，产品综合销售税率不计。

（1）画出盈亏平衡分析图。

（2）计算该企业盈亏平衡产量。

10. 某企业年产量 4 万件，年固定成本为 20 万元，单位可变成本为 15 元/件，产品市场价格为 25 元/件，该企业当年免征销售税金，则该企业当年盈亏平衡价格为每件（　　）。

A. 16 元　　B. 18 元　　C. 20 元　　D. 24 元

11. 某新建项目生产一种电子产品，根据市场预测估计每件售价为 500 元，已知该产品单位变动成本为 400 元，固定成本为 150 万元，则该项目盈亏平衡产量为（　　）。

A. 12 000 件　　B. 15 000 件　　C. 18 000 件　　D. 8 000 件

第3章

管 理 概 述

➢ **本章要点：**

· 组织活动的构成及管理活动对组织的重要性
· 管理的含义及其应用范围
· 管理的性质，尤其是对管理的科学性和艺术性的理解
· 管理基本职能的构成、发展及各职能之间的关系
· 组织中管理者的主要类型及对管理者技能的要求
· 环境对管理的影响，组织一般环境的构成以及企业的市场环境要素
· 管理思想和理论的发展经历的主要阶段及各阶段的主要特点
· 在管理发展历史上，科学管理阶段的主要代表人物及其主要观点
· 现代管理理论的主要学派和主要特点
· 企业的社会责任和企业家创业精神的内涵

在当今激烈的市场竞争中，一个组织随时都有可能遭遇失败。组织成败的原因何在？其中最主要的原因是没有优秀的管理者。这些管理者工作于各行各业，他们的年龄、性别、肤色等虽然不同，但其工作目标都是创造收益和获取社会价值。然而，管理者仅仅凭借自己的力量还不够，只有通过与他人共同努力方能达到目标。管理者需要制订计划，控制经营活动，并创造富于产出的工作环境。马云就是这样的创业者和管理者。1999 年，已经经历了几次创业挫折的马云，带领一批跟随自己多年的合作伙伴，从北京回到杭州，创立了阿里巴巴。虽然屡屡碰壁，但“做中国最好的企业”一直是他们共同的理想。

马云曾说：“并不是阿里巴巴有多么了不起，也不是马云有多了不起，很长时间以来，很多人都不看好我，不相信 B2B（business-to-business，即企业对企业）模式能赚钱，可我们一直看好这个行业，始终没有改变。2002 年，网络经济泡沫破裂，许多做 B2B 贸易的网站一个个相继倒下，最后只剩下阿里巴巴。无论是互联网的冬天也好，泡沫期也好，我们都始终坚定地一路走来。有些人是晚上想试多条路，早上起来走原路，注定成功不了。”2002 年，在互联网最为困难的时候，多数企业全面收缩战线，马云并没有关闭阿里巴巴在美国、欧洲的办事处，反而继续四处参展，开拓市场。坚持到底的回报就

是阿里巴巴在海外培养了大批有实力的买家，为进出口贸易打下了基础。可见，企业成功的一个重要原则就是：确定好自己的目标和规划，然后坚持到底。

很难想象，阿里巴巴和淘宝网的创造者马云不懂电脑，对软件、硬件都不精通，但他懂得管理，尤其懂得用人。马云认为，组织最需要打造一个明星团队，而不只是拥有明星领导人。马云自己最欣赏的就是唐僧师徒团队。“唐僧是一个好领导，他知道孙悟空要管紧，所以要会念紧箍咒；猪八戒小毛病多，但不会犯大错，偶尔批评批评就可以；沙僧则需要经常鼓励一番。这样，一个明星团队就成形了。”在马云看来，一个企业里不可能全是孙悟空，也不能都是猪八戒，更不能都是沙僧，“要是公司里的员工都像我这么能说，而且光说不干活，会非常可怕。我不懂电脑，销售也不在行，但是公司里有人懂就行了”。马云认为造就一个优秀的企业，并不是要打败所有的对手，而是形成自身独特的竞争力优势，建立自己的团队、机制和文化。他的目标之一是在离开阿里巴巴、淘宝之前构建起其独特的竞争优势和企业成长机制，到时候，有没有马云并不重要。

随着中国电子商务的不断发展，阿里巴巴已经拥有 5 000 万中小企业会员，从 2002 年互联网最低谷时期盈利 1 元，到后来每天营业额 100 万元，再到每天利润 100 万元，成长速度惊人。他们相信互联网能够创造公平的竞争环境，让小企业通过创新与科技扩展业务，并在参与国内或全球市场竞争时处于更有利的位置。2016 年，阿里巴巴正式宣布成为全球最大的零售交易平台。

马云可谓一名成功管理者的典型。这仅仅是一桩成功的事例而已，成功的管理者并没有一个统一的模式。可能是 18 岁以下的小青年，也可能是 80 岁以上的老人；可能是男性，还可能是女性。他们管理着大公司、小公司、政府机构、医院、学校等。有些人位居企业高职，也有些人是中层管理者，还有些人是基层管理者。

本章讲述了有关马云以及成千上万像他这样的管理者的工作、活动。我们将介绍管理者与管理。至少我们会这样来提问：谁是管理者，他们在哪里工作，什么是管理，管理者都做些什么，为什么要花时间去学管理，等等。

3.1 管理的概念及性质

3.1.1 管理的含义和重要性

管理是人类各种活动中最重要的活动之一。自人们开始形成群体去实现个人无法达到的目标以来，管理工作就成为协调个人努力必不可少的因素。组成群体无非是为了集结个人的力量，以发挥集体的更大作用。这种群体实际上就是人类社会普遍存在的“组织”现象。

所谓组织是由两个或两个以上的个人为了实现共同的目标组合而成的有机整体。组织是一群人的集合，组织的成员必须按照一定的方式相互合作，共同努力去实现既定的组织目标。这样，组织才能形成整体力量，以完成单独个人力量的简单加总所不能完成的各项活动，实现不同于个人目标的组织总体目标。组织存在于日常生活和工作的各个方面。企业是一种组织，医院、学校和其他事业单位等也是组织的具体表现形式。任何一个组织都有其基本的使命和目标。例如，医院的使命和目标是治病救人；学校的使命和目标是培育人才；企业的使命和目标是满足用户的需要；等等。组织的使命和目标说明了组织存在的理由。

为了完成组织的使命和目标，组织需要开展业务活动（统称作业活动），如医院中的诊治、学校中的教学、工业企业中的生产等。组织直接通过作业活动来达成组织目标，而作业活动的开展自然离不开人力资源（人员）、物力资源（原材料、机器设备）和财力资源（资金）等的运用，否则作业活动就只能成为“无米之炊”。既然一个组织需要各种资源去完成作业活动，这些资源是否能够良好地协调和配合，直接影响了组织的作业活动能否有效而顺利地进行。对组织而言，这就需要开展另一项活动——管理。管理伴随着组织的出现而产生，是保证作业活动实现组织目标的手段，是协作劳动的必然产物。凡是需要通过集体努力去实现个人无法达到的目标时，管理就成为必要。因此，小至企业、大至国家，任何组织都需要管理，它是协调个人努力必不可少的因素。正如马克思指出的那样：一切规模较大的直接社会劳动或共同劳动，都或多或少地需要指挥，以协调个人的活动，并执行生产总体的活动所产生的各种一般职能。一个单独的小提琴手是自己指挥自己，一个乐队就需要一个指挥。指挥对于乐队，就像经理人员对于企业，他们的存在是确保组织各项活动实现预订目标的条件。

管理的重要性伴随着组织规模的扩大和作业活动的复杂化而日益明显。如果说简单的组织只需要简单的管理，因而管理的重要性还不十分突出的话，那么时至今日，科学技术和经济已获得高度发展，组织的规模越来越大，组织面临的环境越来越复杂，作业活动越来越现代化，在这样的时代中，管理就越来越成为影响组织生死存亡和社会经济发展的关键因素。国际上有许多著名的管理学家和经济学家都非常强调管理的重要性，如有人把管理看作工业化的催化剂和经济发展的原动力，同土地、劳动和资本并列成为社会的“四种经济资源”；或者同人力、物力、财力和信息一起构成组织的“五大生产要素”；还有的人则把管理、技术和人才的关系比喻为“两个轮子一个轴”。如同没有先进的科学技术，作业活动乃至管理活动无法有效地开展一样，没有高水平的管理相配合，任何先进的科学技术都难以充分发挥作用，而且，科学技术越先进，对管理的要求也越高。由此可见，管理活动对现代组织的重要性。组织中的活动包括作业活动和管理活动两大部分。组织是直接通过作业活动来达到组织目标的，但组织为了确保这一基本过程（对企业来说，该基本过程表现为生产过程）顺利而有效地进行，还需要开展管理活动，管理是促成作业活动顺利实现组织目标的手段和保证。

什么是管理？管理的定义，在中外许多管理学著作中均有描述。因为这些学者是从不同角度和侧面对管理加以解释，所以这些定义会有一些不同。综合这些定义，能够较为全面地概括管理这一概念的内涵和外延。管理，就是在特定的环境下，对组织所拥有的资源进行有效的计划、组织、领导和控制，以便达到既定的组织目标的过程。这个定义包含以下四层含义。

1. 管理活动是在特定的组织内外部环境的约束下进行的

任何组织存在于一定的内外部环境之中，并受到环境的约束。企业的生存离不开外部的原材料供应和顾客的需求，其生产经营活动要受到国家政策、法律等多种因素的影响。例如，学校的生存取决于学生求学的欲望和用人单位的需求。管理理论的学习和管理实践活动必须注重组织的内外部环境，适应环境，利用内外部环境的各种有利因素，并根据内外部环境的变化而不断创新。

2. 管理是为实现组织目标服务的

管理活动具有目的性，其目的是实现组织的目标。一个组织要实现的目标即使在同一时期也往往是多种多样的。企业的目标包括提高组织资源的利用效率和利用效果，主动承担社会责任以便获得更好的发展空间，不断开拓市场，最大限度地获取经济利益，创造条件促进职工发展等；学校的目标包括培养出高素质的毕业生，增强教师的教学科研水平等。不管是什么样的组织，都要重视效率和效果问题，效率和效果是衡量管理工作的重要标志。

3. 管理工作要通过有效利用组织的各种资源来实现组织目标

资源是一个组织运行的基础，也是开展管理工作的前提。传统意义上的资源主要是指人、财、物，强调的是内部的、有形的资源。现代意义上的资源远不止这些，组织管理成效的好坏、有效性如何，集中体现在它是否使组织花最少的资源投入，取得最大的、合乎需要的成果产出。产出一定、投入最少，或者投入不变、产出最多，甚至是投入最少、产出最多，这些都意味着组织具有较为合理的投入产出比，有比较高的效率。然而，仅仅关心效率是不够的，管理者还必须使组织的活动实现正确的目标，这就是追求活动的效果（效能）。效率和效果是两个不同的概念。效率涉及的只是活动的方式，它是与资源利用相关的，只有高低之分而无好坏之别；效果则涉及活动的目标和结果，不仅有高低之分，而且可以在好坏两个方面表现出明显的差别。高效率只是正确地做事，好效果则是做正确的事。效率和效果又是相互联系的。例如，如果某个人不顾效率，他很容易达到有效果。很多企业的产品如果不考虑人力和材料等投入成本的话，能被生产或制造得更精确、更吸引人。因此，管理不仅关系到使活动达到目标，而且要做得尽可能有效率。只有“正确地做正确的事”，组织才具有最大的有效性，把“效率”和“效果”结合起来。作为一个组织，管理工作不仅追求效率，更重要的是从整个组织的角度来考虑组织的整体效果，以及对社会的贡献。因此，要把效率和效果有机地结合起来，把管理的目的体现在效率和效果之中，即通常所说的绩效（图 3-1）。

4. 管理最终要落实到计划、组织、领导和控制等一系列管理职能上

管理职能是管理者开展管理工作的手段和方法，也是管理工作区别于一般作业活动的重要标志。这些管理职能是每个管理者都必须要做的事情，是管理理论研究和管理实践的重点，不受社会制度、组织规模和管理者的喜好所左右。

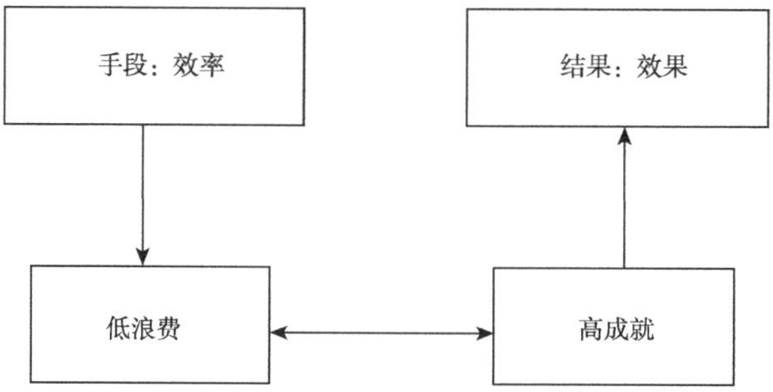

图 3-1 管理追求效率与效果

构成这一概念的四个要素的关系如图 3-2 所示。

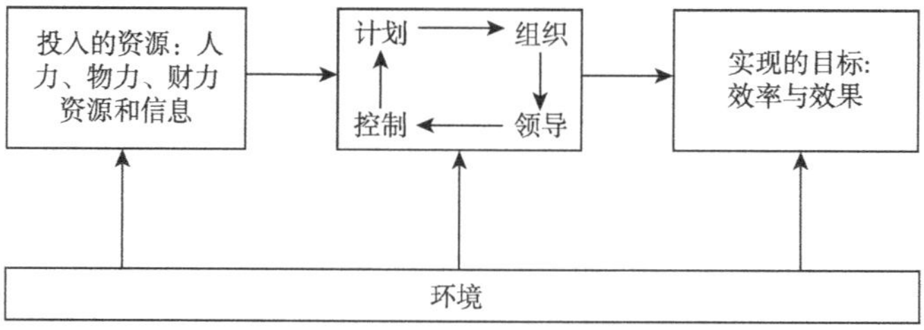

图 3-2 管理活动

从上文对管理的分析不难看出，管理普遍适用于任何类型的组织。因为任何组织都有特定的组织目标，都有其特定的资源调配和利用问题，因此，也就有管理问题。

营利性组织需要管理，这类组织十分重视投入与产出的比较，十分强调对资源的利用效果。但是，人们往往认为只有大企业才需要管理，因为大企业拥有更多的资源，职工人数更多，更需要有周密的计划和高效率的沟通与协调。事实上，小企业同样需要管理。每年都有大量的小企业破产倒闭，其原因并不仅是小企业拥有的资源少，更重要的是管理方面存在问题。

从非营利性组织来看，不仅政府、军队、公安等组织需要管理，学校需要管理，医院、诊所和医疗保险单位需要管理，研究所、报社、博物馆、大众性广播机构、邮电和交通服务单位需要管理，而且各种基金会、联合会、俱乐部及政治党派、学术团体和宗教组织等也都需要管理。管理活动遍布人类社会的方方面面，无时无处不在。

当然，不同类型的组织，由于其作业活动的目标和内容存在一些差异，管理的具体内容和方法也不尽相同。但从基本管理职能、管理原理和方法来看，各种不同类型的组织具有相似性和共通性。

3.1.2 管理的本质及性质

1. 管理的本质

学习和运用管理，首先要准确地把握管理工作的本质及特性。管理工作不同于生产、科研、教学、治疗等具体的作业活动，它具有一定的特殊性。要把握管理的本质和特性，可以从分析管理工作和作业活动的关系入手。

首先，管理工作是独立进行，有别于作业活动又为作业活动提供服务的活动。

其次，管理不是独立存在的，管理活动和作业活动并存于一个组织之中，才能保证组织目标的圆满实现。

最后，从事管理工作的人并不是绝对不可以做一些作业活动。对管理工作与作业活动的概念区分，并不意味着这两类活动一定要由截然不同的两批人去做。事实上，组织中有不少被列为“管理人员”的人有些时候也从事作业活动。医院院长可能有时也做手术，学校校长可能有时也从事教学工作，企业销售经理也可能参与业务谈判和签订销售合同等。在某些时候，管理者参与作业活动并非坏事，这样往往有利于促进领导者与下属人员之间的沟通和理解。但是，如果一位管理者把他的绝大部分时间和精力都用于从事作业活动而不是管理工作（新从基层提拔上来的管理者易出现这种情况），那么，他就忘记了自己的管理者身份，如果不了解管理工作与作业活动的区别，就不可能成为一个称职的管理者。

管理工作的本质，就是从事管理工作的人通过他人并使他人同自己一起实现组织的目标。在通常情况下，管理人员并不亲自从事具体工作，而是委托他人去干，自己花大量时间和精力进行计划安排、组织领导和检查控制其他人的工作。管理人员之所以在身份和地位上不同于其他人，就是因为其“分内”工作性质与这些人的作业活动有着迥然的差异，而且，管理人员还要对这些人的工作好坏负最终责任。正是在促成他人努力工作并对他人工作负责这一点上，管理人员与作业人员有所区别，他们构成了组织中相对独立的两大部分。

2. 管理的科学性与艺术性

关于管理的性质，许多管理学者从多方面进行过分析、总结，其中强调的管理工作具有科学性和艺术性的双重特征，最能刻画出管理工作的本质特性。对管理科学性的了解，可从以下两个方面来看。

第一，管理是一门科学，是指它以反映客观规律的管理理论和方法为指导，有一套分析问题、解决问题的科学的方法论。管理学发展到今天，已经形成了比较系统的理论体系，揭示了一系列具有普遍应用价值的管理规律，总结出许多管理原则。这些规律和原则是由大量的学者和实业家在长期总结管理工作的客观规律的基础上形成的，是理论与实践高度凝结的产物，不会因为地域、文化乃至社会制度的差异而不同，也不以人们的主观意志为转移。

第二，管理是一门不精确的科学，指导管理的科学比较粗糙，不够精确。这一方面是因为管理是一门正在发展的科学，与数学、物理学等自然科学相比，管理科学的发展历史相对较短，还需要一个逐步走向完善的过程；另一方面，因为管理工作所处的环境和要处理的许多事务常常是复杂多变的，管理科学并不能为管理者提供一切问题的标准答案，仅凭书本上的管理理论和公式进行管理活动是不能成功的。主管人员必须在管理实践中发挥积极性、主动性和创造性，因地制宜地将管理知识与具体的管理活动相结合，才能进行有效的管理。

第二个方面决定了管理的艺术性。管理的艺术性就是强调管理活动除了要掌握一定的理论和方法外，还要有灵活运用这些知识和技能的技巧与诀窍。管理的艺术性强调了其实践性，没有实践则无所谓艺术。无视实践经验的积累，无视对理论知识灵活运用能力的培养，管理工作注定要失败。基于对管理艺术性的认识，在20世纪70年代，权变管理理论在管理学界产生了极大的影响。对权变管理思想进行系统论述的是美国管理学家弗雷德·卢桑斯（Fred Luthans）。他在《权变管理理论：走出丛林之路》和《管理导论：一种权变学说》等论文和著作中，把权变管理思想归纳为管理理论方法和环境之间的函数关系，即管理理论方法=f（环境）。其中，环境是自变量，管理理论方法是因变量。这种函数理论关系可进一步解释为"如果—就要"模式，即如果某种环境存在或发生，就要采用某种相应的管理思想、管理方法和技术，以便更好地达到组织目标。权变理论认为没有一成不变的、普遍适用的、最好的管理理论和方法，一切应取决于当时的既定情况。这种强调应变性、灵活性的管理思想充分体现了管理工作的艺术性特点。

管理的科学性与艺术性并不是互相排斥而是互相补充的。不注重管理的科学性只强调管理工作的艺术性，这种艺术性将会表现为随意性；不注重管理工作的艺术性，管理科学将会是僵硬的教条。管理的科学性来自管理实践，管理的艺术性要结合具体情况并在管理实践中体现出来，二者是统一的。

3.2 管理的职能

3.2.1 管理的基本职能

关于管理的基本职能，在管理的定义中已经阐明，是计划、组织、领导和控制，也就是说管理是由这样一系列相互关联、连续进行的活动构成的，或者说管理作为一个过程，管理者在其中要发挥这样的作用。

在管理学的发展史上，一些学者对管理的基本职能做出了不同的描述。20世纪初期，法国工业学家亨利·法约尔（Henry Fayol）提出，所有的管理者都履行计划、组织、指挥、协调和控制五种管理职能。另一个比较有影响和代表性的是美国管理学家孔茨在20世纪50年代提出，管理包括计划、组织、人员配备、指导和领导、控制五项职能。除此以外，还有七项职能等观点，如美国的古利克在20世纪30年代提出，管理职能包括计划、组织、指挥、控制、协调、人事、沟通等。关于管理职能比较流行的观点是将其简化为计划、组织、领导和控制四个基本职能。

1. 计划

如果你在旅行时没有任何特定的目的地，那么任何路线你都可以选择。组织的存在是为了实现某些目的，因此，就需要有人来规定组织要实现的目的和实现目的的方案，这就是管理计划职能应做的工作。计划是管理的首要职能，管理活动从计划工作开始。具体来说，计划工作的程序和内容如下。

1）在研究活动条件的基础上，确定组织在未来某个时期内的活动方向和目标

组织的业务活动是利用一定条件在一定环境中进行的。活动条件研究包括内部能力研究和外部环境研究。内部能力研究主要是分析组织内部在客观上对各种资源的拥有状况和主观上对这些资源的利用能力；外部环境研究是要分析组织活动的环境特征及其变化趋势，了解环境是如何从昨天演变到今天的，找出环境的变化规律，并据以预测环境在明天可能呈现的状态。

2）制定业务决策

活动条件研究为业务决策提供了依据。所谓业务决策是在活动条件研究的基础上，根据这种研究揭示环境变化中可能提供的机会或造成的威胁及组织在资源拥有和利用上的优势与劣势。

3）编制行动计划

在确定了未来的活动方向和目标以后，还要详细分析为了实现这个目标，需要采取哪些具体的行动，这些行动对组织的各个部门和环节在未来各个时期的工作提出了哪些具体的要求。因此，编制行动计划的工作，实质上是将决策目标在时间上和空间上分解到组织的各个部门和环节，对每个单位、每个成员的工作提出具体要求。

2. 组织

再好的计划方案也只有落实到行动中才有意义。要把计划落实到行动中，就必须要有组织工作。组织工作决定组织要完成的任务是什么；谁去完成这些任务；这些任务怎么分类组合；谁向谁报告；各种决策应在哪一级上制定；等等。组织工作的具体程序和内容如下。

1）设计组织

设计组织包括设计组织的机构和结构。机构设计是在分解目标活动的基础上，分析为了实现组织目标需要设置哪些岗位和职务，然后根据一定的标准将这些岗位和职务加以组合，形成不同的部门；结构设计是根据组织业务活动及其环境的特点，规定不同部门在活动过程中的相互关系。

2）人员配备

根据各岗位所从事的活动要求及组织员工的素质和技能特征，将适当的人员安置在组织机构的适当岗位上，使适当的工作由适当的人承担。

3）组织变革

根据业务活动及其环境特点的变化，研究与实施组织结构的调整与变革。

3. 领导

每一个组织都是由人力资源和其他资源有机结合而成的，人是组织活动中唯一具有能动性的因素。管理的领导职能是指指导和协调组织中的成员，包括：管理者激励下属，指导他们的活动，选择最有效的沟通渠道，解决组织成员之间的冲突，等等，从而使组织中的全体成员以高昂的士气、饱满的热情投身到组织活动中去。

4. 控制

为了保证组织目标的实现和既定计划的顺利执行，管理必须监控组织的绩效，必须

将实际的表现与预先设定的目标进行比较。如果出现了任何显著的偏差，管理的任务就是使组织回到正确的轨道上来。内容包括行动偏离目标和标准时，对组织活动的纠正以及对目标和标准的修改与重新制定。后者是指当组织内外环境发生变化，原来制定的目标和标准已不再适用。

控制工作过程包括：衡量组织成员的工作绩效、发现偏差、采取矫正措施三个步骤。控制不仅是对以前组织活动情况的检查和总结，而且可能要求某时点以后对组织业务活动进行局部甚至全局的调整。因此，控制在整个管理活动中起着承上启下的联结作用。

计划、组织、领导和控制是最基本的管理职能，它们分别重点回答了一个组织要做什么、怎么做、靠什么做、如何做得更好及做得怎么样等基本问题（图 3-3）。管理各项职能不是截然分开的独立活动，它们相互渗透并融为一体。从管理职能在时间上的关系来看，它们通常按照一定的先后顺序发生，即首先计划，其次组织，再次领导，最后控制。对于一个新创建的企业往往更是如此。然而，这种前后工作逻辑在实践中并不是绝对的，没有哪个管理者是周一制订计划，周二开展组织工作，周三实施领导工作，周四采取控制活动。这些管理职能往往相互融合，同时进行。没有计划便无法控制，没有控制也就无法积累制订计划的经验。人们往往在进行控制工作的同时，又需要编制新的计划或对原计划进行修改。同样没有组织架构，便无法实施领导，而在实施领导的过程中，又可能反过来对组织进行调整。管理过程是一个各职能活动周而复始的循环过程，而且在大循环中套着小循环。

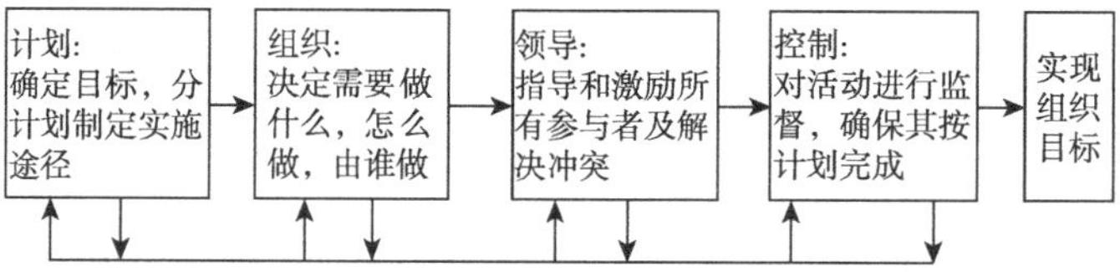

图 3-3 管理的职能

3.2.2 管理职能的发展

如 3.2.1 节所述，对计划、组织、领导和控制这四个基本职能，早在 20 世纪初管理界就已有认识。时至今日，这种认识也未发生根本性的变化，只是随着管理理论研究的深化和客观环境对管理工作要求的变化，人们对管理职能有了进一步的认识。这表现在：一方面，人们对于上述各项基本职能所涵盖的内容和使用的方法已经加深了理解，并在这四个职能的实施中有了很多的新方法，如计划工作中的网络计划技术、滚动计划等，组织工作中组织结构有了许多较新的形式，如事业部制组织结构和矩阵制组织结构等；另一方面，人们又在此基础上提出了一些新的管理职能，或者更准确地说，是对原有四个职能的某些方面进行强调，从中分离出新的职能，其中比较引人注目并得到一致认可的是决策和创新这两个职能。

从 20 世纪下半叶开始，决策和创新职能受到了管理界的普遍重视。管理者从某种意义上可以被看作决策者，从另一种意义上也可以被看作创新者，或者是具有企业家精神的管理者。

决策职能从20世纪50年代开始受到人们的重视。管理就是决策，决策贯穿于管理过程的始终。因为无论计划、组织、领导还是控制，其工作过程说到底都是由决策的制定和决策的执行两大部分活动所组成的。决策渗透到管理的所有职能中，所以管理者在某种程度上也被称为决策者。

所谓创新，顾名思义，就是使组织的作业工作和管理工作不断有所革新、有所变化。管理界对于创新职能的重视始于20世纪60年代。因为当时的市场正面临着急剧的变化，竞争日益激烈，许多企业感到不创新就难以生存下去，所以有不少管理学者主张将创新看成管理的一项新职能。创新是组织活力之源泉，创新关系到组织的兴衰成败。美国有位著名的管理学家说过："如果管理人员只限于继续做那些过去已经做过的事情，那么，即使外部条件和各种资源都得到充分利用，它的组织充其量也不过是一个墨守成规的组织。这样下去，很有可能衰退，而不仅是停滞不前，在竞争情况下尤其是这样。"在传统管理中，组织环境变化比较缓慢，问题多是重复的，创新并不显得十分突出。现代管理面临的是动荡的环境和崭新的问题，创新是保持组织立于不败之地的法宝。这种创新，不但基于技术和管理层面，更基于商业模式，乃至消费体验层面。很多活生生的例子摆在我们面前，有些之前我们印象中的"百年老店"，行业中的"航空母舰"式的老牌企业，在固执和傲慢中消失，但也有的在持续创新中重新焕发生机。虽然世间没有绝对的基业长青，企业的生死存亡充满了诸多的不确定因素。同样，创新和变化虽不能完全确保企业永立潮头，但是今天企业持续生存和发展的必要前提。任何固步自封不思创新均难以赢得未来，而傲慢和忽视消费体验更将令其难以持久。

除了决策和创新之外，现代管理对协调职能也十分看中。实际上，法约尔早已将协调列为管理的五大职能之一，今天更多人认为把协调看作管理的核心似乎更为确切。因为所谓协调，就是指组织的一切要素、工作或活动都要和谐地配合，以便组织的整体目标得到顺利实现。协调是管理活动力图要实现的根本要旨。管理者的任务，归根结底就是协调组织的各个部分及组织与环境的关系，以便更好地实现组织的目标。协调包括组织内部各个方面的协调、组织与外部环境的协调及组织的现实需要与未来需要之间的协调。因此可以说，每一项管理职能的开展，都是为了更好地促进协调。有了协调，组织可以收到个人单独活动所不能收到的良好的效果，这就是通常所说的"1+1＞2"的协同效应。

3.3 管理者及其应具备的技能

3.3.1 管理者和管理者的类型

管理活动通常是通过人来进行的，人是进行管理活动的主体，因此，把执行管理任务的人统称为"管理人员""管理者"。管理的任务当然也就是管理人员的任务。管理者是组织最重要的资源，其工作绩效的好坏直接关系着组织的兴衰成败。所以，美国管理学家德鲁克曾这样说："如果一个企业运转不动了，我们当然是去找一个新的总经理，而不是另雇一批工人。"那么，管理者在组织中具体扮演什么角色呢？

1. 管理者

20 世纪 60 年代末期，加拿大管理学家亨利 · 明茨伯格（Henry Mintzberg）对五位总经理的工作进行了一项仔细的研究，在此研究及大量观察的基础上，明茨伯格提出了一个管理者究竟在做什么的分类纲要。明茨伯格的结论是，管理者扮演十种不同但高度相关的角色。这十种角色可以进一步组合成三个方面：人际关系、信息传递和决策制定。

在人际关系方面，经理人员首先要扮演好挂名领导的角色。承担这种角色，经理要在所有的礼仪事务方面代表其组织。此外，经理还要扮演联络者和领导者的角色。作为联络者，经理要同组织以外的其他经理和其他人相互交往，维护自行发展起来的外部接触和联系网络。作为领导者，经理要处理好同下属的关系，对组织成员做好激励和调配工作。

在信息传递方面，经理人员主要扮演信息监听者、传播者和发言人的角色。作为监听者，经理要注意接收和收集信息，以便对组织和环境有彻底的了解，进而成为组织内外部信息的神经中枢。作为传播者，经理要把外部信息传播给他的组织，并把内部信息从一位下属传播给另一位下属。作为发言人，经理要把组织的有关信息传递给组织以外的人，既包括董事会和更上一层次的管理当局，也包括供应商、同级别的人、政府机构、顾客、新闻媒体及竞争对手。

在决策制定方面，经理人员又要扮演企业家、故障处理者、资源分配者和谈判者的角色，并相应执行四个方面的任务：一是寻求机会，制订方案，开拓事业，并对某些方案的设计进行监督；二是在组织面临重大的、出乎预料的故障时，采取补救措施；三是负责对组织的所有资源进行分配，事实上就是做出或批准所有重大的组织决定；四是代表组织参加与外界的重要谈判。

这些角色是一个相互联系的整体，虽然各种类型的管理者由于行业、层次和职能的不同，担任每一角色的分量也不完全相同，但总体来说，都或多或少地担任着这些角色。

因为了解和确定管理者在组织中的角色十分重要，所以，明茨伯格提出的关于管理者角色这一研究成果受到管理学界的较大关注。当然，管理学这一学科还处于发展之中，今后对管理者工作的理解还会不断地深入和扩充。

2. 管理者的类型

一个组织中从事管理工作的人可能有很多，可以从不同角度对管理者的类型进行划分。虽然前面提到组织中所有的管理者扮演的角色大体上差不多，但不同位置上的管理者工作的侧重点或者说扮演每一角色的分量会有很大的不同。因此，通过对管理者类型的划分，使不同层次、不同领域的管理者进一步明确自己所扮演角色的工作细节，对组织管理工作的完善十分重要。

1）管理者的层次分类

组织的管理人员可以按其所处的管理层次区分为高层管理者、中层管理者和基层管理者。同时，整个组织层次还包括作业人员，如图 3-4 所示。

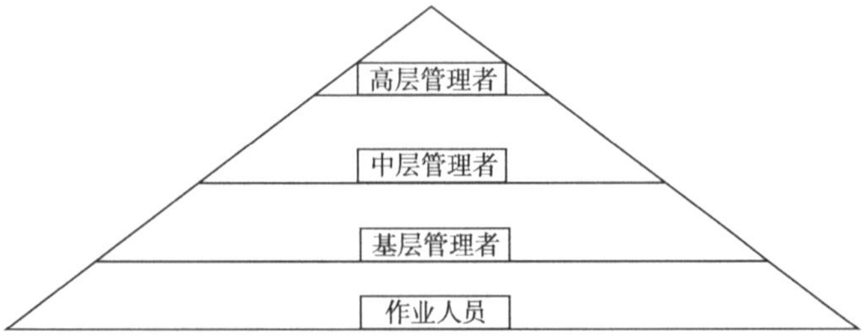

图 3-4 组织的层次

高层管理者是指对整个组织的管理负有全面责任的人，他们的主要职责是制定组织的总目标、总战略，掌握组织的大政方针并评价整个组织的绩效。他们在与外界交往中，往往代表组织以“官方”的身份出现。这些高层管理者的头衔有公司董事会主席、首席执行官、总裁或总经理、其他高级资深经理人员及高校的校长、副校长和其他处于或接近组织最高层位置的管理人员。

中层管理者通常是指处于高层管理者与基层管理者之间的一个或若干个中间层次的管理人员，他们的主要职责是贯彻执行高层管理者所制定的重大决策，监督和协调基层管理者的工作。中层管理者通常拥有部门或办事处主管、科室主管、地区经理、产品事业部经理或分公司经理等头衔。与高层管理者相比，中层管理者更注重日常的管理事务，在组织中起承上启下的作用。

基层管理者也称一线管理人员，也就是组织中处于最低层次的管理者，他们所管辖的仅仅是作业人员而不涉及其他管理者。他们的主要职责是给下属作业人员分派具体工作，保证各项任务的有效完成。在制造业，基层管理者可能被称为领班、工头或工段长；而在学校中则由教研室主任来担任。

作为管理者，不论在组织中的哪一层次上承担管理职责，其工作的性质和内容应该说基本上是一样的，都包括计划、组织、领导和控制等方面。不同层次管理者工作上的差别，不是职能本身不同，而是各项管理职能履行的程度和重点不同。

如图 3-5 所示，高层管理者花在计划、组织和控制职能上的时间要比基层管理者多，而基层管理者花在领导职能上的时间要比高层管理者多。即便是同一管理职能，不同层次管理者所从事的具体管理工作的内涵也并不完全相同。例如，就计划工作而言，高层管理者关心的是组织整体的长期战略规划，中层管理者偏重的是中期、内部的管理性计划，基层管理者则更侧重于短期的业务和作业计划。

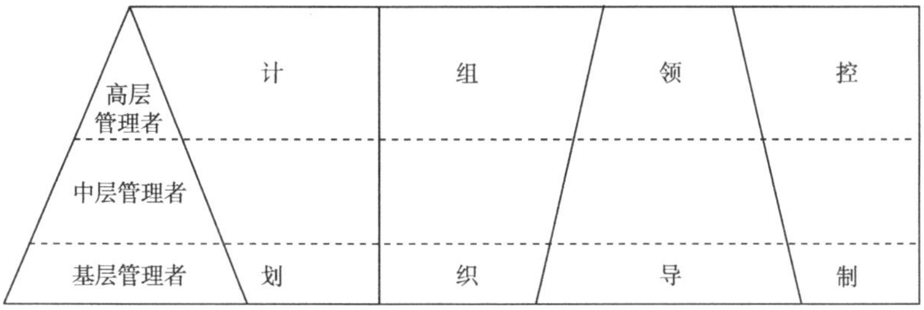

图 3-5 管理者的层次分类与管理职能

作业人员与管理者，即使是基层管理者也有本质区别。这种区别就在于管理者要促成他人努力工作并对他人工作的结果负责。当然，管理人员有时也可能参与作业活动。另外，在鼓励民主管理或参与管理的组织中，作业者也可能参与对自己工作或他人工作的管理。

2）管理者的领域分类

管理者还可以按其所从事管理工作的领域宽度及专业性质的不同，划分为综合管理人员与专业管理人员两大类，如图 3-6 所示。

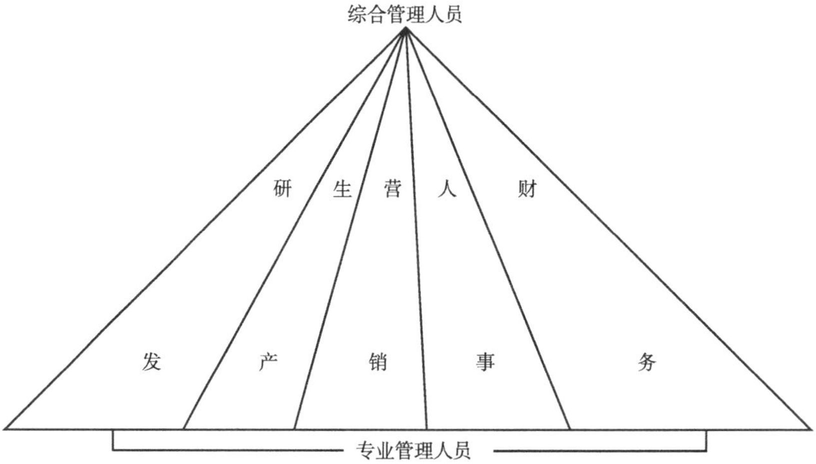

图 3-6　管理者的领域分类

综合管理人员是指负责管理整个组织或组织中某个事业部全部活动的管理者。对于小型组织（如一个小厂）来说，可能只有一个综合管理者，那就是总经理，他要统管该组织包括生产、营销、人事、财务等在内的全部活动。而对于大型组织（如跨国公司）来说，可能会按产品类别设立几个产品分部，或按地区设立若干地区分部，此时，该公司的综合管理人员就包括总经理和每个产品或地区分部的经理，每个分部经理都要统管该分部包括生产、营销、人事、财务等在内的全部活动。

除了综合管理人员外，组织中还可能存在专业管理人员，即仅仅负责管理组织中某一类活动（或职能）的管理者。根据这些管理者管理专业领域性质的不同，可以具体划分为生产部门管理者、营销部门管理者、人事部门管理者、财务部门管理者以及研究开发部门管理者等。对于这些部门的管理者，可以泛称为生产经理、营销经理、人事经理、财务经理和研究开发经理等。对于现代组织来说，随着其规模的不断扩大和环境的日益复杂多变，将需要越来越多的专业管理人员，专业管理人员的地位也将变得越来越重要。

3.3.2　管理者应具备的技能

管理人员的分类虽然很多，但他们的工作重点各有区别，通常他们所能发挥作用的大小，以及他们能否开展行之有效的管理工作，在很大程度上取决于他们是否真正具备了管理所需的相应管理技能。由于管理工作的复杂性，要把承担管理工作的全部技能都列出来是不大可能的。

管理者应具备的技能和管理者的角色相关。通常而言，一名管理人员应该具备的管理技能包括技术技能、人际技能、概念技能和政治技能四大方面。

1. 技术技能

技术技能是指使用某一专业领域内有关的工作程序、技术和知识完成组织任务的能力。例如，工程师、会计师、广告设计师、推销员等，都掌握了相应领域的技术技能，所以被称为专业技术人员。对于管理者来说，虽然没有必要使自己成为精通某一领域技能的专家（因为他可以依靠有关专业技术人员来解决专门的技术问题），但要掌握一定的技术技能，否则就很难与其所主管的组织内的专业技术人员进行有效的沟通，从而也就无法对其所管辖的业务范围内的各项管理工作进行具体的指导。医院院长不应该是对医疗过程一窍不通的人；学校校长也不应该是对教学工作一无所知的人；工厂生产经理更不应该是对生产工艺毫无了解的人，而如果是生产车间主任，就更需要熟悉各种机械的性能、使用方法、操作程序、各种材料的用途、加工工序、各种成品或半成品的指标要求等。

2. 人际技能

人际技能是指与处理人事关系有关的技能或者说是与组织内外的人打交道的能力。对一个组织而言，如一个企业，对于不同层次和领域，管理者可能分别需要处理与上层管理者、同级管理者及下属的人际关系，要学会说服上级领导，学会同其他部门的同事紧密合作，同时掌握激励和诱导下属的积极性和创造性的能力，以及正确指导和指挥组织成员开展工作的能力。人际技能要求管理者了解别人的信念、思考方式、感情、个性及每个人对自己、对工作、对集体的态度，个人的需要和动机，还要掌握评价和激励员工的一些技术和方法，最大限度地调动员工的积极性和创造性。

3. 概念技能

概念技能是指能够洞察企业与环境相互影响的复杂性，并在此基础上加以分析、判断、抽象、概括并迅速做出正确决断的能力。任何管理都会面临一些混乱而复杂的环境，管理者应能看到组织的全貌和整体，并认清各种因素之间的相互联系，如组织与外部环境是怎样互动的，组织内部各部分是怎样相互作用的，等等，经过分析、判断、抽象、概括，抓住问题的实质，做出正确的决策。这就是管理者应具备的概念技能。

概念技能包含一系列的能力：能够把一个组织看成一个整体的能力、能够识别某一领域的决策会对其他领域产生何种影响的能力、能够提出新想法和新思想的能力，以及能够进行抽象思维的能力。

4. 政治技能

政治技能是指强化个体在组织中的地位，建立权力基础并维系社会关系方面的能力。组织是人们竞夺资源的政治舞台，拥有较高政治技能的管理者可以比那些政治技能较差的管理者为其群体争取更多的资源，并有助于管理者得到更好的评价和更多的提升。成功的管理者通过他们的权利、政治影响力来影响与他人的网络关系及在其中的地位，从而实现其职业目标。第 4 章将更多地介绍管理学中关于权利的内涵。

上述四种技能是各个层次管理者都需要具备的，只是不同层次的管理者对这四个技能的要求程度会有区别。一般来说，越是处于高层的管理人员，越需要制定全局性的决策，所做的决策影响范围越广，影响期限越长。因此，他们需要更多地掌握概念技能，进而把全局意识、系统思想和创新精神渗透到决策过程中。由于他们并不经常性地从事具体的作业活动，因此，并不需要全面掌握完成各种作业活动必须具备的技术技能。但是，他们也需要对技术技能有基本的了解，否则就无法与他们所主管的专业技术人员进行有效的沟通，从而也就无法对他们所管辖的业务范围内的各项管理工作进行具体的指导。在现实生活中，对技术性能一窍不通的人不能成为高层管理者，但那些在某一专业领域是专家而对其他相关领域专业技术知识一无所知的人也绝对不会成为一名称职的高级管理人员。例如，医院的院长不应该对医疗过程一窍不通，但如果他仅仅精于外科手术而不具有基本的财务管理知识，他就不应该当院长，而应该在医生的职位上寻求发展。

作为基层管理人员，他们每天大量的工作是与从事具体作业活动的工作人员打交道。他们有责任检查工作人员的工作，及时解答并同工作人员一起解决实际工作中出现的各种具体问题。因此，他们必须全面而系统地掌握与本单位工作内容相关的各种技术技能。当然，基层管理人员也可能面临一些例外的、复杂的问题，也要协调好所管辖工作人员的工作，制订本部门的整体计划。为了做好这些工作，他们也需要掌握一定的概念技能。人际技能和政治技能是组织中各层管理者都应具备的技能。因为不管是哪一层次的管理者，都必须在与上下左右进行有效沟通的基础上开展管理工作，都必须具有影响力而使得下属愿意追随去共同完成组织目标。因此，人际技能和政治技能对高、中、基层管理者是同等重要的。

3.4 管理环境

任何组织都不是孤立存在、完全封闭的。组织存在于由外部各种因素构成的环境中，在与环境中其他组织之间的相互作用过程中谋求其自身目标的实现。要进行组织的管理，就必须了解和把握环境对组织的影响、环境要素的种类及特点等，需要对组织的环境进行研究。

3.4.1 环境对组织的影响

环境是组织生存的土壤，它既为组织活动提供条件，同时也必然对组织的活动起制约作用。以大量存在的从事经济活动的企业组织为例，企业经营所需的各种资源需要从属于外部环境的原料市场、能源市场、资金市场、劳动力市场中获取。离开外部的这些市场，企业经营便会成为无源之水、无本之木。与此同时，企业出售上述各种资源生产出来的产品或劳务也要在外部环境中实现。没有外部市场，企业就无法销售产品、得到销售收入，生产过程中的各种消耗就不能得到补偿，经营活动就无法继续。

外部环境为企业生存提供了条件，必然也会限制企业的生存。企业只能根据外部环境能够提供的资源种类、数量和质量来决定生产经营活动的具体内容和方向。既然企业的产品要通过市场才能实现，那么，在生产之前和生产过程中就必须考虑到这些产品能否被用户接受，是否受市场欢迎。因此，外部环境在提供了经营条件的同时，也限制了企业的经营。

对组织活动有着如此重要作用的环境是在不断变化的。如果环境是静态的，那它的影响再大，对其研究也无须反复强调、高度重视。因为在这种情况下，环境研究可以是一劳永逸的；对一成不变的外部环境进行一次深入的分析，便可把握它的特点，制定相应对策。然而，实际情况却并非如此，外部存在的一切环境都在不断变化，如技术在发展、消费者收入在提高、教育在不断普及等。

环境的种种变化，可能会给组织带来两种不同程度的影响：一种是为组织的生存和发展提供新的机会，如新资源的利用可以帮助企业开发新的产品，生态环境的变化可能导致环保政策的修订；另一种是环境在变化过程中对组织的生存造成某种不利的威胁，如技术条件或消费者偏好的变化可能会使企业产品不再受欢迎。企业要继续生存，要在生存的基础上不断发展，就必须及时地采取措施，积极地利用外部环境在变化中提供的有利机会，同时也要采取对策，努力避开这种变化可能带来的威胁。

要利用机会、避开威胁，就必须认识外部环境；要认识环境，就必须研究和分析外部环境。这种研究不仅可以帮助我们了解外部环境今天的特点，而且可以使我们认识外部环境是如何从昨天演变到今天的，从而揭示外部环境变化的一般规律，并据此预测它在未来的发展和变化趋势。

组织面对的环境非常复杂而且难以理解和预测，因此，如果能把环境区分成不同的部分，将十分有利于组织识别和预测环境的影响。环境是由众多因素交错而成的整体，难以准确而清楚地区分，所以，管理学界有许多环境分类结果。这里采用较常见的一种分类，即把环境分成一般环境或宏观环境、具体环境或微观环境、组织内部环境三大类。

3.4.2 组织的一般环境

极端地说，外部世界存在的一切均会或多或少地对组织活动产生一定影响，因而都在“外部环境研究”的对象范围内。但是，这个广义环境中存在的所有因素对组织活动的影响有直接或间接的区别，程度有深浅之分。因此，对于组织活动影响程度很低的因素似乎没有必要紧密跟踪、详细研究。同时，人力和经费的限制也决定了不能将外部环境的研究对象确定得过于宽泛，只能将这种研究集中于那些对组织活动影响程度较高、方式较为直接的因素。

就不同组织而言，环境中对其直接产生重要影响的因素是不同的，但一般来说，大致可归纳为政治环境、社会文化环境、经济环境、技术环境、自然环境五个方面。

1. 政治环境

政治环境包括一个国家的社会制度，执政党的性质，政府的方针、政策、法令等。不同的国家有着不同的社会制度，不同的社会制度对组织活动有着不同的限制和要求。即使社会制度不变的同一个国家，在不同时期，由于执政党的不同，其政府的方针特点、政策倾向对组织活动的态度和影响也是不断变化的。对于这些变化，组织可能无法预测，但一旦变化产生后，它们对组织活动的影响，组织是可以分析的。组织必须通过政治环境研究，了解国家和政府目前禁止组织干什么、允许组织干什么、鼓励组织干什么，从而使组织活动符合社会利益，受到政府的保护和支持。

2. 社会文化环境

社会文化环境包括一个国家或地区的居民教育程度、文化水平、宗教信仰、风俗习惯、价值观念、审美观念等。教育程度和文化水平会影响居民的需求层次；宗教信仰和风俗习惯会禁止或抵制某些活动的进行；价值观念会影响居民对组织目标、组织活动及组织存在的态度；审美观念则会影响人们对组织活动内容、活动方式及活动成果的态度。

3. 经济环境

经济环境是影响组织，特别是企业这样的经济组织的重要环境因素，主要包括宏观和微观两个方面的内容。

1）宏观经济环境

宏观经济环境主要是指一个国家的人口数量及其增长趋势，国民收入、国民生产总值及其变化情况，以及通过这些指标能够反映的国民经济发展水平和发展速度。例如，人口众多既为企业经营提供了丰富的劳动力资源，决定了总的市场规模庞大，又可能因其基本生活需求难以充分满足，从而成为经济发展的障碍。经济的繁荣显然能为企业的发展提供机会，而宏观经济的衰退则可能给所有经济组织带来生存的困难。

2）微观经济环境

微观经济环境主要是指企业所在地区或所服务地区消费者的收入水平、消费偏好、储蓄情况、就业程度等因素。这些因素直接决定着企业目前及未来市场的大小。假定其他条件不变，一个地区的就业越充分，收入水平越高，那么该地区的购买力就越强，对某种活动及其产品的需求就越大。一个地区的经济收入水平对其他非经济组织的活动也有重要影响。例如，在温饱没有解决之前，居民很难自觉主动地去关心环保问题，支持环保组织的活动。

4. 技术环境

任何组织的活动都需要利用一定的物质条件，这些物质条件反映着一定技术水平下社会的技术进步，从而影响利用这些条件的组织的活动效率。

技术环境对企业的影响更为明显。企业生产经营过程是一定的劳动者借助一定的劳动条件生产和销售一定产品的过程。不同的产品代表着不同的技术水平，对劳动者和劳动条件有着不同的技术要求。技术进步，可能使企业产品被那些反映新技术的竞争产品取代，可能使旧的生产设施和工艺方法显得落后，使生产作业人员的操作技能和知识结构不再符合要求。因此，企业必须关注技术环境的变化，及时采取应对措施。

研究技术环境，除了要关注与所处领域直接相关的技术手段的发展变化外，还应及时了解国家对科技开发的投资和支持重点、该领域技术发展动态和研究开发费用总额、技术转移和技术商品化速度、专利及其保护情况等。

5. 自然环境

中国人做事，向来重视天时、地利、人和。如果说“天时”主要与国家政策相关的话，那么，“地利”则主要取决于地理位置、气候条件、资源状况等自然因素。

地理位置是制约组织活动，特别是企业经营的一个重要因素，当国家在经济发展的某个时期对某些地区采取倾斜政策时尤其如此。例如，我国沿海地区由于实行了更加灵活的开放政策吸引了大批外资，促进了投资环境的改善，给这些地区的各类组织提供了充分的发展机会。此外，企业是否靠近原料产地或产品销售市场，也会影响到资源获取的难易程度和交通运输成本等。

气候条件及其变化也是自然环境要素之一。气候趋暖或者趋寒会影响空调生产厂家的生产或者服装行业的销售，而四季如春、气候温和则会鼓励人们远足郊外，从而为与旅行或郊游有关的产品制造业提供机会。

资源状况与地理位置有着密切的关系。资源特别是稀缺资源的蕴藏不仅是国家或地区发展的基础，而且为所在地区经济组织的发展提供了机会。没有地下蕴藏的石油，许多中东国家就难以在沙漠中建造绿洲。我国许多农村地区乡镇企业的发展，在初期也是靠优越的地理位置、靠资源开采而逐渐积累资金的。资源的分布通常影响着工业的布局，从而可能决定了不同地区不同产业企业的命运。

3.4.3　具体组织的特殊环境

组织不仅在一般环境中生存，而且在特殊领域内活动。一般环境对不同类型的组织均产生某种程度的影响，而与具体领域有关的特殊环境则直接、具体地影响着组织的活动。下面以企业为例来讨论具体组织的特殊环境。

企业是在一定行业中从事经营活动的。行业环境的特点直接影响着企业的竞争能力。美国学者波特认为，影响行业内竞争结构及其强度的主要有现有竞争对手、潜在竞争对手、替代品生产厂家、用户及供应商五种环境因素。

1. 现有竞争对手研究

企业面对的市场通常是一个竞争市场。从事同种产品制造和销售的通常不止一家企业。多家企业生产相同的产品，必然会采取各种措施争夺用户，从而形成市场竞争。对现有竞争对手的研究主要包括以下内容。

1）基本情况的研究

基本情况的研究包括竞争对手的数量有多少？分布在什么地方？它们在哪些市场上活动？各自的规模、资金、技术力量如何？其中哪些对自己的威胁特别大？基本情况研究的目的是找到主要竞争对手。

为了在众多的同种产品生产厂家中找出主要竞争对手，必须对它的竞争实力及其变化情况进行分析和判断。反映企业竞争实力的指标主要有以下三类。

（1）销售增长率。销售增长率是指企业当年销售额与上年相比的增长幅度。销售增长率为正且数值高，说明企业的用户在增加，反映了相关企业的竞争能力在提高；反之则表明企业竞争能力的衰退。这个指标往往在与行业发展速度和国民经济发展速度进行对比分析时才有意义。如果企业当年销售额比上年有所增加，但增加的幅度小于行业或国民经济的发展速度，则表明经济背景是有利的，市场总容量在不断扩大，但企业占领市场的能力相对地下降了。

（2）市场占有率。市场占有率是指市场总容量中企业所占的份额，或指在已被满足的市场需求中有多大比例是由本企业提供的。市场占有率的高低可以反映不同企业竞争能力的强弱。这是一个横向比较的指标。某企业占有的市场份额大，说明购买该企业产品的消费者多；消费者购买该企业而非其他企业的产品，说明该企业产品在价格、质量、售后服务等各方面的综合竞争能力比较强。同样，市场占有率的变化可以反映企业竞争能力的变动。如果一家企业的市场占有率本身虽然不高，但与上年相比有了进步，则表明该企业的竞争实力有所增强。

（3）产品的获利能力。这是反映企业竞争能力能否持续的指标，可用销售利润率表示。市场占有率只反映了企业目前与竞争对手相比的竞争实力，并未告诉我们这种实力能否维持下去；只表明企业在市场上销售产品的数量相对较多还是相对较少，并未反映销售这些数量的产品是否给企业带来了足够的利润。如果市场占有率高，销售利润率也高，则表明销售大量产品可给企业带来高额利润，从而可以使企业有足够的财力去维持和改善生产条件，因此较高的竞争能力是有条件持续下去的。相反，如果市场占有率很高，而销售利润率很低，那么则表明，企业卖出去的产品数量虽然很多，得到的收入却很少，在补偿了生产消耗后很少有（甚至没有）剩余，较高的市场占有率是以较少的利润为代价换取的。长此以往，企业的市场竞争能力是无法维持的。

2）主要竞争对手的研究

比较不同企业竞争实力，找出了主要竞争对手后，还要研究其对本企业构成威胁的主要原因，是技术力量雄厚、资金多、规模大，还是其他原因。研究主要竞争对手的目的是找出主要竞争对手具有竞争实力的决定因素，帮助企业制定相应的竞争策略。

3）竞争对手的发展方向研究

竞争对手的发展方向研究包括市场发展或转移动向，以及产品发展动向。要收集有关资料，密切注视竞争对手的发展方向，分析竞争对手可能开发哪些新产品、新市场，从而帮助本企业先走一步，争取时间优势，争取在竞争中的主动地位。根据波特的观点，在判断竞争对手的发展动向时，要分析退出某一产品生产的难易程度。下列因素可能妨碍企业退出某种产品的生产。

（1）资产的专用性。如果厂房、机器设备等资产具有较强的专用性，则其清算价值很低，企业既难用现有资产转向其他产品生产，也难以通过资产转让收回投资。

（2）退出成本的高低。某种产品停止生产，意味着原来生产线工人的重新安置。这种重新安置需要付出一定的费用（如新技能的培训）。此外，企业即使停止了某种产品的生产，但对在此之前已经销售的产品在相当长的时间内仍有负责维修的义务。职工安置、售后维修服务的维持等费用如果较高，也会影响企业的产品转移决策。

（3）心理因素。特定产品可能是由企业某位现任领导人组织开发成功的，曾在历史上对该领导人的升迁产生过重要影响，因此，该领导人可能对其有深厚的感情，即使已无市场前景，可能也难以割舍。考虑到这种因素，具体部门在决策时也可能顾虑重重。那些曾经作为企业成功标志的产品生产的中止，对全体员工可能带来很大的心理影响，因此，人们在决定让其“退役”时必然会犹豫不决。

（4）政府和社会的限制。某种产品生产的中止，某种经营业务的不再进行，不仅对企业有直接影响，可能还会引起失业，影响所在地区的社会安定和经济发展，因而可能遭到来自社区政府或群众团体的反对或限制。

2. 潜在竞争对手研究

一种产品的开发成功，会引来许多企业的加入。这些新进入者既可能给行业注入新的活力，促进市场竞争，也会给原有厂家造成压力，威胁它们的市场地位。新厂家进入行业的可能性大小，既取决于由行业特点决定的进入难易程度，又取决于原有企业可能做出的反应。原有企业可能采取的反击措施，迫使那些对某种产品生产跃跃欲试的企业不得不认真思考，慎重决策。

进入某个行业的难易程度通常受到下列因素的影响。

1）规模经济

这个概念实际上描述了两个相互联系的经济现象。

第一，它表明企业经营只有达到一定规模，才能收回经营过程中的各种耗费。小于此规模，企业经营不仅不能营利，反而会出现亏损。与之相应的经营规模称“保本产量”或“盈亏平衡产量”。这是由企业在生产经营中必须投入较高的固定费用所决定的。例如，在特定时期，不论某种产品的生产数量多少，这种产品的生产都要占用一定的生产设施和厂房。实际上，不仅产品的生产，而且物资的采购、资金的筹措、产品的销售、营销渠道的利用等均存在这样的最小规模。产品的性质不同、技术的先进程度不同，生产和经营的最小规模也会不一样。

第二，这个概念还表明，企业生产和经营在达到盈亏平衡点以后，在未超过某个上限之前（在产量的增加尚未引起生产设施的调整，从而追加投资之前），单位产品的生产成本随产量的增加而下降。在这种情况下，生产规模越大，企业就越具有成本优势。显然，达到这个上限以后扩大产量会对企业进入该行业后的投资量提出较高的要求，而并非所有希望进入的企业都能满足这种资本要求。

2）产品差别

不同企业提供的产品并不是完全均质的，必然存在着某种程度的差异。这种差异是客观存在的，既可能是由产品的材料性质、功能特点或外观形状决定的，也可能是由主观因素形成的。例如，由于广告宣传等因素某种产品对消费者具有一种特殊的魅力，如果原已生产这种产品的厂家，其市场地位已确定，其品牌已经获得了用户的广泛认同，甚至产生了一定感情，那么新进入者要想把用户吸引过去，就需要付出很大的代价。

3）在位优势

在位优势是指老厂家相对于新进入者而言所具有的综合优势。这种优势表现在多个方面。例如，原有企业已经拥有某种专利，从而可以限制他人生产相关产品；原有企业已经拥有一批熟练的工人和管理人员，从而具有劳动成本优势；原有企业已经建立了自己的进货渠道，从而不仅可以保证自己扩大生产的需要，甚至可以控制整个行业的原材料供应，限制新厂家的进入；原有企业已经建立的分销网络对新竞争者进入销售渠道也可能形成某种障碍。

3. 替代品生产厂家研究

企业生产的产品，从表面上看是具有一定外观形状的物质品，但抽象地分析，它们是能够满足某种需要的使用价值或功能。企业向市场提供的不是一种具体的物质品，而是一种抽象的使用价值或功能。不同的产品，其外观形状、物理特性可能不同，但完全可能具备相同的功能。例如，自行车、摩托车、汽车、轮船、火车、飞机，它们是一些外观形状、内部结构及物理性能等都有很大差异的产品，但它们都具有帮助人们在地球上两点之间移动的功能。产品的使用价值或功能相同，能够满足的消费者需要相同，在使用过程中就可以相互替代，生产这些产品的企业之间就可能形成竞争。因此，行业环境分析还应包括对生产替代品企业的分析。

波特认为："替代产品通过规定某个行业内企业可能获利的最高限价来限制该行业的潜在受益。"也就是说，由于替代品的存在，即使行业内只存在少数生产企业，几乎垄断行业市场，也不能随心所欲地制定价格，侵害消费者的利益。

替代品生产厂家的分析主要包括两方面内容。第一，确定哪些产品可以替代本企业提供的产品。这实际上是确认具有同类功能产品的过程。相对而言，这项工作是易于进行的。第二，判断哪些类型的替代品可能对本企业（行业）经营构成威胁。这项工作较为复杂。为此，需要比较这些产品的功能实现能够给使用者带来的满足程度与获取这种满足所需付出的费用。如果两种相互可以替代的产品，其功能实现可以带来大致相当的满足程度，但价格却相差悬殊，则低价产品可能对高价产品的生产和销售构成很大威胁。相反，如果这两类产品的功能价格大致相当，则相互间不会构成实际的威胁。

4. 用户研究

用户在两个方面影响着行业内企业的经营：第一，用户对产品的总需求决定着行业的市场潜力，从而影响行业内所有企业的发展边界；第二，不同用户的价格谈判能力会诱发企业之间的价格竞争，从而影响企业的获利能力。用户研究也因此而包括两个方面的内容：用户的需求（潜力）研究及用户的价格谈判能力研究。

1）用户的需求研究

（1）总需求研究。包括以下分析内容：市场容量有多大？总需求中有支付能力的需求有多大？暂时没有支付能力的潜在需求有多少？

（2）需求结构研究。需要回答的问题是：需求的类别和构成情况如何？用户属于何种类型，是机关团体，还是个人？主要分布在哪些地区？各地区比重如何？

（3）用户购买力研究。需要分析以下问题：用户的购买力水平如何？购买力是怎样变化的？有哪些因素影响购买力的变化？这些因素本身是如何变化的？通过分析影响因素的变化，可以预测购买力的变化，从而预测市场需求的变化。

2）用户的价格谈判能力研究

用户的价格谈判能力是众多因素综合作用的结果。这些因素主要有如下几个方面。

（1）购买量的大小。如果用户的购买量与企业销售量比较相对较大，是企业的主要顾客，他们则会意识到其购买对企业销售的重要性，因而拥有较强的价格谈判能力。同时，如果用户对这种产品的购买量在自己的总采购量或总采购成本中占有较大比重，必然会积极利用这种谈判能力，努力以较优惠的价格采购货物。

（2）企业产品的性质。如果企业提供的是一种无差异产品或标准产品，则用户坚信可以很方便地找到其他供货渠道，因此，也会在购买中要求尽可能优惠的价格。

（3）用户后向一体化的可能性。后向一体化是指企业将其经营范围扩展到原材料、半成品或零部件的生产。如果用户是生产性企业，购买企业产品的目的在于再加工或与其他零部件组合，又具备自制的能力，则会经常以此为手段迫使供应者压价。

（4）企业产品在用户产品形成中的重要性。如果企业产品是用户自己加工制造产品的主要构成部分，或对用户产品的质量或功能形成有重大影响，则用户可能对价格不甚敏感，这时他关注的首先是企业产品质量及其可靠性。相反，如果企业产品在用户产品形成中没有重要影响，用户在采购时则会努力寻求价格优惠。

5. 供应商研究

企业生产所需的许多生产要素是从外部获取的。提供这些生产要素的经济组织，类似于用户的作用，也在两个方面制约着企业的经营：一是这些经济组织能否根据企业的要求按时、按量、按质地提供所需生产要素，影响着企业生产规模的维持和扩大；二是这些组织提供货物时所要求的价格决定着企业的生产成本，影响着企业的利润水平。所以，供应商的研究也包括两个方面的内容：一是供应商的供货能力，或企业寻找其他供货渠道的可能性，二是供应商的价格谈判能力。这两个方面是相互联系的。综合起来看，需要分析以下因素。

1）是否存在其他货源

企业如果长期仅从单一渠道进货，则其生产和发展必然在很大程度上受制于后者。因此，应分析与其他供应商建立关系的可能性，以分散进货，或在必要时启用后备进货渠道，这样便可在一定程度上遏制供应商提高价格的倾向。

2）供应商所处行业的集中程度

如果该行业集中度较高，由一家或少数几家集中控制，而与此对应，购买此种货物的客户数量众多、力量分散，则该行业供应商将拥有较强的价格谈判（甚至是决定）能力。

3）寻找替代品的可能性

如果行业集中程度较高，分散进货的可能性较小，则应寻找替代品。如果替代品不易找到，那么供应商的价格谈判能力将是很强的。

4）企业后向一体化的可能性

如果供应商垄断控制了供货渠道，替代品又不存在，而企业对这种货物的需求量又很大，则应考虑自己掌握或自己加工制作的可能性。这种可能性如果不存在，或者企业对这种货物的需求量不大，那么，这时企业只能对价格谈判能力较强的供应商俯首称臣。

除了波特提出的五项具体环境要素之外，管理学界还有人提出其他要素，如管制机构、战略联盟等。管制机构与宏观环境中的政治环境不同，它主要指能够直接影响或控制企业行为的机构，如行业协会、工商行政部门、消费者协会、新闻机构等。企业之间存在竞争，也存在合作，企业与企业之间可以结成战略联盟，企业与科研机构、政府部门也可以在某一共同利益的联系下结成战略联盟。

3.4.4 两种环境分析方法介绍

1. 识别环境不确定程度的方法

对环境进行管理的核心是环境的不确定性。分析环境首先要识别环境的不确定性程度。美国学者邓肯（Duncan）提出从两个不同的环境层面来确定组织所面临的不确定性程度：一是环境变化的程度，即稳定（静态）—不稳定（动态）层面；二是环境复杂性程度，即简单复杂层面，进而得出一个评估环境不确定性程度的模型，如图 3-7 所示。

环境复杂程度	稳定（静态）	不稳定（动态）
复杂	Ⅱ.低中程度不确定 1.大量外部环境要素，而且要素不相似 2.要素维持不变和缓慢变化	Ⅳ.高不确定性 1.大量外部环境要素，而且要素不相似 2.要素常常变化且不可预测
简单	Ⅰ.低不确定性 1.外部环境要素少，而且要素相似 2.要素维持相同或缓慢变化	Ⅲ.高中程度不确定性 1.少量外部环境要素，而且要素相似 2.要素常常变化且不可预测

环境变化的程度

图 3-7 评估环境不确定性程度模型

如果组织面对常规的需求环境，如为相同或极其相似的顾客生产同一种产品或提供相同的服务，则组织面对的是一个稳定的环境，如公共事业行业。反之，如果企业面对变化极其快速的环境，而且不同的环境要素都在发生变化，则组织面对的是动态的、不稳定的环境，如计算机行业。

如果一个组织仅与很少的外界部门相关，其面临的环境属于简单类型；如果组织必须面对许多外界部门，其面临的环境属于复杂环境。一般而言，组织规模越大，面临的环境越复杂。

2. 内外部环境综合分析

管理要通过组织内部的各种资源和条件来实现，因此，组织在分析外部环境的同时，必须分析其内部环境，即分析组织自身的能力和限制，找出组织的优势和存在的劣势。

任何组织的经营过程，实际上是不断在其内部环境、外部环境及其经营目标三者之间寻求动态平衡的过程。组织的内外部环境绝对不能割裂开来。如果一个企业能力很强，竞争优势十分明显，那么外部环境中的不确定性对该企业便不会构成太大的威胁。相反，不具任何经营特色的企业，外部环境再有利，也不会快速发展。因此，应对比分析外部环境中存在的机会和威胁与组织内部的优势和劣势，以便充分发挥组织的优势，把握住外部的机会，避开内部的劣势和外部的威胁。

SWOT 分析是最常用的内外部环境综合分析技术。SWOT 分析是优势（strength）、劣势（weakness）、机会（opportunity）和威胁（threat）分析法英文首字母的缩写。

这种分析方法把环境分析结果归纳为机会、威胁、优势和劣势四部分，形成分析矩阵，如图 3-8 所示。

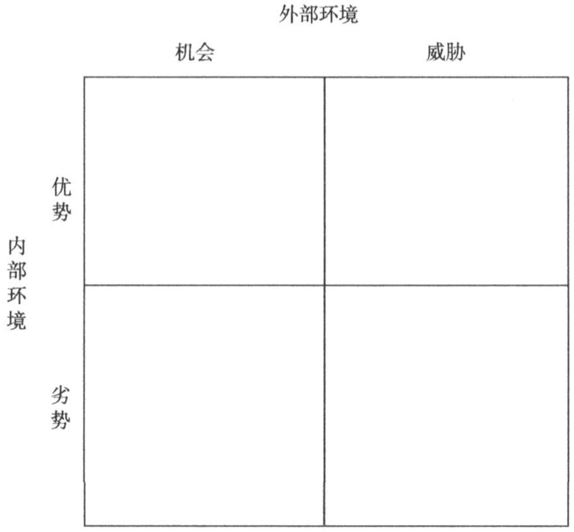

图 3-8 SWOT 分析矩阵

用 SWOT 分析模型进行管理环境分析，可以做到以下几个方面。

（1）它把内外部环境有机地结合起来，进而帮助人们认识和把握内外部环境之间的动态关系，及时地调整组织的经营策略，谋求更好的发展机会。

（2）它把错综复杂的内外部环境关系用一个二维平面矩阵反映出来，直观而且简单。

（3）它促使人们辩证地思考问题。优势、劣势、机会和威胁都是相对的，只有在对比分析中才能识别。例如，一般意义上讲，耐磨程度是衡量鞋的质量的重要指标，所以制鞋商会因自己生产的鞋经久耐用而骄傲，并将其看成自身的优势。然而，随着收入水平的提高，顾客已不关心鞋的耐用性，而是更关心款式。在这样的环境下，这家制鞋商原有的优势便不再是优势。目前，许多企业的管理人员都陷入“高质量的产品”没有人买的困境中，他们所谓的“高质量”大多是企业自我的感觉和判断。

（4）SWOT 分析可以组成多种行动方案供人们选择。这些方案是在认真对比分析的基础上产生的，因此可以提高决策的质量。SWOT 分析被广泛地应用于各行各业的管理实践中，成为最常用的管理工具之一。

3.5 管理主要思想及其演变

管理活动源远流长，自古即有，管理思想的发展可追溯到人类最初试图通过集体劳动来达到目标的年代。人类进行有效的管理实践，大约已超过 6 000 年的历史。早期的一些著名的管理实践和管理思想大都散见于埃及、中国、意大利等国的史籍和许多宗教文献之中。从历史记载的古今中外的管理实践来看，素以世界奇迹著称的埃及金字塔、巴比伦古城和中国的万里长城,其宏伟的建筑规模生动地证明了人类的管理和组织能力。无论是埃及的金字塔，还是中国的万里长城，在当时的技术条件下，如此浩大的工程，不但是劳动人民勤劳智慧的结晶，同时也是历史上伟大的管理实践。

3.5.1 早期的管理思想

我国古代典籍中有不少有关管理思想的记载，如《周礼》中有对行政管理制度和责任的具体叙述。《孟子》《孙子》等书对于管理的职能，如计划、组织、指挥、用人等，都有不少适用于今天的精辟见解。秦始皇修订李悝的《法经》，体现了古代管理思想中改革和创新的精神。它确立的中央集权体制，建立的一整套行政管理机构，统一的文字、货币、车轨、道宽及度量衡制度等，不仅在当时有巨大的生命力，而且对我国延续两千多年的封建制度也有着重大的影响。

在中世纪，管理实践和管理思想有了很大发展。15 世纪，世界最大的几家工厂之一的威尼斯兵工厂（Arsenal of Venice）就采用了流水作业，建立了早期的成本会计制度，并进行了管理的分工，其工厂的管事、指挥、领班和技术顾问全权管理生产，而市议会通过一个委员会来干预工厂的计划、采购、财务事宜。这又是一个管理实践的出色范例，体现了现代管理思想的雏形。

意大利佛罗伦萨的尼古拉·马基雅维利（Niccolò Machiavelli）于 16 世纪所著的《王子》一书，对统治者怎样管理国家、怎样更好地运用权威，提出了四条原则：①群众认可，权威来自群众；②内聚力，组织要能够长期存在，就要有内聚力，而权威必须在组织当中行使；③领导能力，掌权之后要能够维持下去，就必须具备领导能力；④求生存的意识，就是要“居安思危”。

3.5.2 管理学理论的萌芽

18~19 世纪中期，资本主义生产方式从封建制度中脱颖而出，这期间家庭手工业制逐步被工厂制所代替。始于英国的工业革命，其结果是机械动力代替部分人力。机器大生产和工厂制度的普遍出现，对社会经济的发展产生了重要影响。

随着工业革命及工厂制度的发展，工厂及公司的管理越来越突出。许多理论家，特别是经济学家，在其著作中越来越多地涉及有关管理方面的问题。很多实践者（主要是厂长、经理）则着重总结自己的经验，共同探讨有关管理的问题。这些著作和总结，为即将出现的管理运动打下了基础，是研究管理思想发展的重要参考文献。概括起来，其重要意义有三个方面：一是促使人们认识到管理是一门具有独立完整体系的科学，值得我们去探索、研究、丰富和发展；二是预见到管理学的地位将不断提高；三是区分了管理的职能与企业（厂商）的职能。

这一时期的著作，大体上有两类：一类偏重于理论的研究，即管理的职能和原则；另一类则偏重于管理技术和方法的研究。

1. *有关管理职能和原则方面*

这方面的学说散见于当时经济学家的一些著作，这些经济学家及其著作主要有：亚当·斯密（Adam Smith）及其《国富论》（1776年）；塞缪尔·纽曼（Samuel P. Newman）及其《政治经济学原理》（1835年）；约翰·穆勒（John S. Mill）及其《政治经济学原理》（1848年）；艾尔弗雷德·马歇尔（Alfred Marshall）及其《经济学原理》（1892年）。从管理学的观点看，这些经济学家的论述还比较零碎、就事论事，并且缺乏系统化、理论化和概括性。大体上来说，所涉及的管理问题，主要有四个方面：①关于工商关系；②关于分工的意义及其必然性，包括劳动的地域分工、组织分工、职业分工；③关于劳动效率与工资的关系，有所谓"劳动效率递减等级论"；④关于管理的职能。

对西方管理理论的形成具有启蒙作用的英国著名经济学家、资产阶级古典政治经济学的杰出代表人物亚当·斯密在其《国富论》一书中，分析了劳动分工的经济效益，提出了生产合理化的概念。

纽曼、马歇尔等则提出了对厂主（同时也是管理者）的要求：选择厂址、控制财务、进行购销活动、培训工人、分配任务、观察市场动向、富于新思想、开拓市场、具有对采用新发明的判断力等。

2. *有关管理技术和方法方面*

（1）普鲁士军事理论家卡尔·冯·克劳塞威茨认为："企业简直就是类似于打仗的人类竞争的一种形式。"因此，他关于军队管理的概念也适用于任何大型组织的管理。其主要观点如下：①管理大型组织的必要条件是进行精心的计划工作，并规定组织的目标；②管理者应该承认不肯定性，从而按照其在使不肯定性减少到最低限度的要求来全面分析与计划；③决策要以科学而不是以预感为根据，管理要以分析而不是以直觉为根据。

（2）英国数学家查尔斯·巴贝奇在亚当·斯密劳动分工理论的基础上，又进一步对专业化问题进行了深入研究。在他1832年出版的《论机器和创造业的经济》一书中，对专业化分工、机器与工具使用、时间研究、批量生产、均衡生产、成本记录等问题都做了充分的论述，并且强调要注重人的作用，分析颜色对效率的影响，鼓励工人提出合理化建议，等等。该书是管理史上的一部重要文献。另外，他发现了计算机的基本原理，发明了手摇台式计算机，解决了繁重的计算工作。因此，有人称巴贝奇是"计算机之父"。

（3）工业革命后的管理实践——苏霍制造厂（Soho Foundry）。人们都知道瓦特改良了蒸汽机，使蒸汽机成为生产动力从而促进了18世纪下半叶的工业革命，然而很少有人知道他在管理上的成就。1800年，英国博尔顿·瓦特（Boulton Watt）联合公司所属苏霍制造厂，是最早运用科学管理的工厂之一。它有科学的工作设计，更充分地根据机器的要求进行劳动分工和专业化；实行比较切合实际的工资支付办法；有着较完善的记录和成本核算制度。当代出现的许多管理问题，他们都曾遇到过，并努力加以解决。不过那时的管理还没有被系统化地称为一门科学。

（4）空想社会主义的代表人物之一，英国的罗伯特·欧文（Robert Owen）为实践自己的政治主张而进行的“纽兰纳克”（Newlanark）及“新协和村”（New Community）的试验虽然未获成功，但他的实践与思想却对管理学的形成做出了贡献。例如，就人和机器而言，他认为：“至少要像对待无生命的机器那样重视对于有生命的人的福利。”另外，他还注重对工人的行为教育。现代管理中的行为学派公认欧文为其先驱者之一。

以上介绍的这些有代表性的管理实践和管理理论，都是某个人或某个集团对某一活动单一管理实践和管理思想的体现，还没有形成一个完整的系统。管理理论的形成是在近代“科学管理”理论、管理过程与管理组织理论的研究中开始的。

3.5.3 管理学的产生与形成

19世纪末出现科学管理的开端，第一次利用了“科学管理”这一术语。随着企业规模的不断扩大和数量的不断增长，管理人员遇到了以前没有遇到过的许多问题。人们考虑问题的重点已经转移到厂商内部的各种问题中，如加工过程、设备排列、场地布置、生产技术、刺激制度等。管理已逐步转向注意“物”的管理。人们聚集在大集体中，这又突出了组织与效率的问题。对这些问题的关心表现在管理文献中。

因为认识到需要通过社会、出版物和会议来交流观点，所以，也开始了管理思想的传播和交流。人们对管理的认识已有了变化，把它看成是对人类经济活动有影响的一门完整知识。管理人员被公认为受尊敬的人。管理原理这一主题已经从工业界扩散到大学的课堂，管理终于成为一个独立的研究领域。

20世纪30年代，资本主义世界爆发了大危机，管理运动受到了影响。但是，历时四五十年的管理运动，改变了人们的观念，引起了人们思想上、观念上的转变，对经济的发展起到了重要作用。管理运动为管理学的形成和发展奠定了基础，它所提倡的并被普遍接受的“保存、调研、合作、渐进”的观点已经在人们心中、在社会土壤中扎下了根。

1. 科学管理——泰罗及其同代人

弗雷德里克·泰罗（Frederick W. Taylor）出生于美国费城一个富有的律师家庭，他中学毕业后考上哈佛大学法律系，但不幸因眼疾而被迫辍学。1875年，他进入一家小机械厂当徒工，1878年，转入费城米德维尔钢铁厂（Midvale Steel Works）当机械工人，他在该厂一直工作到1897年。在此期间，由于工作努力，表现突出，他很快被提升为车间管理员、小组长、工长、技师、制图主任和总工程师，并在业余学习的基础上获得了机械工程学士学位。1898~1901 年，泰罗受雇于伯利恒钢铁公司（Bethlehem Steel Company）。从在米德瓦尔钢铁厂担任工长开始，到后来受雇于伯利恒钢铁公司，泰罗一直都在进行着改进管理、提高生产效率的试验，这些试验集中于“动作”“工时”的研究，以及工具、机器、材料和工作环境等标准化研究，并根据这些成果制定了比较科学的工作定额和为完成这些定额的标准化工具。

泰罗一生致力于“科学管理”，但他的做法和主张并非一开始就被人们所接受，而是日益引起社会的种种议论。于是，美国国会于 1912 年举行对泰罗制和其他工场管理制的听证会，泰罗在听证会上做了精彩的证词，向公众宣传科学管理的原理及其具体的方法、技术，引起了极大的反响。

科学管理理论的主要内容可概括为以下八个方面。

1）科学管理的中心问题是提高效率

泰罗认为，要制定出有科学依据的工人的“合理的日工作量”，就必须进行工时和动作研究。方法是选择合适且技术熟练的工人，把他们的每一项动作、每一道工序所使用的时间记录下来，加上必要的休息时间和其他延误时间，就得出完成该项工作所需要的总时间，据此定出一个工人“合理的日工作量”，这就是工作定额原理。

2）为了提高劳动生产率，必须为工作挑选“第一流”的工人

所谓第一流的工人，泰罗认为：“每一种类型的工人都能找到某些工作使他成为第一流的，除了那些完全能做好这些工作而不愿做的人。”在制定工作定额时，泰罗是以“第一流的工人在不损害其健康的情况下维护较长年限的速度”为标准的。这种速度不是以突击活动或持续紧张为基础，而是以工人能长期维持的正常速度为基础。泰罗认为，健全的人事管理的基本原则是：使工人的能力同工作相配合，管理当局的责任在于为雇员找到最合适的工作，培训他成为第一流的工人，激励他尽最大的努力来工作。

3）标准化原理

要使工人掌握标准化的操作方法，使用标准化的工具、机器和材料，并使作业环境标准化，这就是标准化原理。泰罗认为，必须用科学的方法对工人的操作方法、工具、劳动和休息时间的搭配、机器的安排和作业环境的布置等进行分析，消除各种不合理的因素，把各种最好的因素结合起来，形成一种最好的方法。他把这看成是管理当局的首要职责。

4）实行刺激性的计件工资报酬制度

为了鼓励工人努力工作、完成定额，泰罗提出了这一原则。这种计件工资制度包含三点内容：①通过工时研究和分析，制定出一个有科学依据的定额或标准。②采用一种叫作“差别计件制”的刺激性付酬制度，即计件工资按完成定额的程度而浮动。例如，如果工人只完成定额的 80%，就按 80%的工资率付酬；如果超过了定额的 120%，则按 120%的工资率付酬。③工资支付的对象是工人而不是职位，即根据工人的实际工作表现而不是根据工作类别来支付工资。泰罗认为，这样做，既能克服消极怠工的现象，更重要的是能调动工人的积极性，从而促使工人大大提高劳动生产率。

5）工人和雇主都必须认识到提高效率对双方有利，相互协作去提高劳动生产率

在铁锹试验中，每个工人每天的平均搬运量从原来的16吨提高到59吨；工人每日的工资从1.15美元提高到1.88美元；而每吨的搬运费从7.5美分降到3.3美分。对雇主来说，关心的是成本的降低；而对工人来说，关心的则是工资的提高。所以，泰罗认为这就是劳资双方进行“精神革命”，从事合作的基础。

6）把计划职能同执行职能分开，变原来的经验工作法为科学工作法

所谓经验工作法是指每个工人用什么方法操作，使用什么工具等，都由他根据自己或师傅等的经验来决定。泰罗主张明确划分计划职能与执行职能，由专门的计划部门来从事调查研究，为定额和操作方法提供科学依据；制定科学的定额和标准化的操作方法及工具；拟订计划并发布指示和命令；比较“标准”和“实际情况”，进行有效的控制等工作。至于现场工人，则从事执行的职能，即按照计划部门制定的操作方法和指示，使用规定的标准工具，从事实际的操作，不得自行改变。

7）实行“职能工长制”

泰罗主张实行“职能管理”，即将管理工作予以细分，使所有的管理者只承担一种管理职能。他设计出八个职能工长，代替原来的一个工长，其中四个在计划部门，四个在车间。每个职能工长负责某一方面的工作，在其职能范围内，可以直接向工人发出命令。泰罗认为，这种“职能工长制”有三个优点：一是对管理者的培训花费的时间较少；二是管理者的职责明确，因而可以提高效率；三是由于作业计划已由计划部门拟订，工具与操作方法也已标准化，车间现场的职能工长只需进行指挥监督，非熟练技术的工人也可以从事较复杂的工作，从而可以降低整个企业的生产费用。后来的事实表明，一个工人同时接受几个职能工长的多头领导，容易引起混乱。所以，“职能工长制”没有得到推广。但泰罗的这种职能管理思想为以后职能部门的建立和管理的专业化提供了参考。

8）在组织机构的管理控制上实行例外原则

泰罗等认为，规模较大的企业组织和管理，必须应用例外原则，即企业的高级管理人员把例行的一般日常事务授权给下级管理人员去处理，自己只保留对例外事项的决定和监督权。这种以例外原则为依据的管理控制原理，以后发展成为管理上的分权化原则和实行事业部制管理体制。

泰罗在管理方面的主要著作有：《计件工资制》（1895年）、《车间管理》（1903年）和《科学管理原理》（其中包括在国会上的证词，1912年）。泰罗通过这一系列的著作，总结了几十年试验研究的成果，归纳了自己长期管理实践的经验，概括出一些管理原理和方法，经过系统化整理，形成了科学管理理论。泰罗在管理理论方面做了许多重要的开拓性工作，为现代管理理论奠定了基础。由于他的杰出贡献，他被后人尊为“科学管理之父”，这个称号被铭刻在他的墓碑上。

当然，由于泰罗的自身条件、背景及当时所处的社会条件，不可避免地会影响到其进行科学管理研究的方法、效率、思路等，使其对管理较高层次的研究相对较少，理论深度也显得不足。而科学管理理论或泰罗制也并非泰罗一个人的发明，就像英国管理学家林德尔·厄威克所指出的：“泰罗所做的工作并不是发明某种全新的东西，而是把整个19世纪在英美两国产生、发展起来的东西加以综合而形成一整套思想。他使一系列无条理的首创事物和实验有了一个哲学体系，称之为‘科学管理’。”

科学管理理论的其他主要代表人物包括美籍数学家卡尔·巴思（Carl George Langer Barth）、美国管理学家亨利·甘特、美国工程师吉尔布雷斯夫妇等。

尽管泰罗的追随者在许多方面不同程度地发展了科学管理的理论和方法，但总体来说，他们和泰罗一样，研究的范围始终没有超出劳动作业的技术过程，没有超出车间管理的范围。

2. 管理过程和管理组织理论

在泰罗等以如何在工厂中提高效率为重点进行科学管理研究的同时，法国人法约尔则以管理过程和管理组织为研究重点，着重研究管理的组织和管理的活动过程。除法约尔之外，管理过程和管理理论的主要代表人物还有德国著名的社会学家韦伯，美国的管理学家巴纳德、古利克，英国的管理学家厄威克等。

亨利·法约尔（Henry Fayol），法国人，1860年从圣艾帝安国立矿业学院毕业后进入科芒特里-富香博（Comentry-Fourchambault）采矿冶金公司，成为一名采矿工程师，并在此度过了整个职业生涯。从采矿工程师到矿井经理，直至公司总经理，由一名工程技术人员逐渐成为专业管理者，他在实践中逐渐形成了自己的管理思想和管理理论，对管理学的形成和发展做出了巨大的贡献。

法约尔于1916年问世的名著《工业管理与一般管理》，是他一生管理经验和管理思想的总结。他认为他的管理理论虽然是以大企业为研究对象，但除了可应用于工商企业之外，还适用于政府、教会、慈善团体、军事组织及其他各种事业。所以，人们一般认为法约尔是第一个概括和阐述一般管理理论的管理学家。他的理论概括起来大致包括以下内容。

1）企业的基本活动与管理的五项职能

法约尔指出，任何企业都存在着六种基本的活动，而管理只是其中之一。这六种基本活动是：①技术活动，指生产、制造、加工等活动；②商业活动，指购买、销售、交换等活动；③财务活动，指资金的筹措和运用；④安全活动，指设备维护和职工安全等活动；⑤会计活动，指货物盘存、成本统计、核算等；⑥管理活动，其中又包括计划、组织、指挥、协调和控制五项职能活动。在这六种基本活动中，管理活动处于核心地位，即企业本身需要管理；同样，其他五项属于企业的活动也需要管理。

2）法约尔的十四条管理原则

法约尔根据自己的工作经验，归纳出简明的十四条管理原则。

（1）分工。他认为这不仅是经济学家研究有效地使用劳动力的问题，而且也是在各种机构、团体、组织中进行管理活动所必不可少的工作。

（2）职权与职责。他认为职权是发号施令的权力和要求服从的威望。职权与职责是相互联系的，在行使职权的同时，必须承担相应的责任，有权无责或有责无权都是组织上的缺陷。

（3）纪律。纪律是管理所必需的，是对协定的尊重。这些协定以达到服从、专心、干劲以及尊重人的仪表为目的。也就是说，组织内所有成员通过各方所达成的协议对自己在组织内的行为进行控制，它对企业的成功与否极为重要，要尽可能做到严明、公正。

（4）统一指挥。它是指组织内每一个人只能服从一个上级并接受他的命令。

（5）统一领导。它是指一个组织，对于目标相同的活动，只能有一个领导，一个计划。

（6）个人利益服从整体利益，即个人和小集体的利益不能超越组织的利益。当三者不一致时，主管人员必须想办法使它们一致起来。

（7）个人报酬。报酬与支付的方式要公平，给雇员和雇主以最大可能的满足。

（8）集中化。这主要是指权力的集中或分散的程度问题。要根据各种情况，包括组织的性质、人员的能力等，来决定“产生全面的最大收益”的那种集中程度。

（9）等级链。这是指管理机构中，最高一级到最低一级应该建立关系明确的职权等级系列，这既是执行权力的线路，也是信息传递的渠道。一般情况下不要轻易违反它。

（10）秩序。它是指组织中的每个成员应该规定各自的岗位，做到“人皆有位，人称其职”。

（11）公正。主管人员对其下属仁慈、公平，就可能使下属对上级表现出热心和忠诚。

（12）保持人员的稳定。如果人员不断变动，工作将得不到良好的效果。

（13）首创精神。这是提高组织内各级人员工作热情的主要源泉。

（14）团结精神。这是指必须注意保持和维护每一集体中团结、协作、融洽的关系，特别是人与人之间的相互关系。

法约尔强调指出，以上十四条原则在管理工作中不是死板和绝对的，关键是尺度问题，应当注意各种可变因素的影响。因此，这些原则是灵活的，是可以适应于一切需要的，但其真正的本质在于懂得如何运用它们。这是一门很难掌握的艺术，它要求智慧、经验、判断和注意尺度（即“有分寸”）。

法约尔认为，人的管理能力可以通过教育来获得，可以也应该像技术能力一样，首先在学校里，然后在车间里得到。为此，他提出了一套比较全面的管理理论，首次指出管理理论具有普遍性，可以用于各个组织之中。他把管理视为一门科学，提出在学校设置这门课程，并在社会各个领域宣传、普及和传授管理知识。

综上所述，法约尔关于管理过程和管理组织理论的开创性研究，特别是其中关于管理职能的划分以及管理原则的描述，对后来的管理理论研究具有非常深远的影响。此外，他还是一位概括和阐述一般管理理论的先驱者，是一位伟大的管理教育家，后人称他为“管理过程之父”。

3. 人际关系学说和行为科学理论

以科学管理理论、管理过程与管理组织理论为代表的古典管理理论的广泛流传和实际运用，大大提高了组织的效率。但古典管理理论多着重于生产过程、组织控制方面的研究，较多地强调科学性、精密性和纪律性，对人的因素注意较少，把工人当作机器的附属品，不是人在使用机器，而是机器在使用人，这就激起了工人的强烈不满。20 世纪 20 年代前后，一方面，工人日益觉醒，工人阶级反对资产阶级剥削压迫的斗争日益高涨；另一方面，经济的发展和周期性危机的加剧，使西方资产阶级感到再依靠传统的管理理论和方法已不可能有效地控制工人来达到提高生产率和利润的目的。一些管理学家和心理学家也意识到，社会化大生产的发展需要有与之相适应的新的管理理论。于是，一些学者开始从生理学、心理学、社会学等方面出发研究企业中有关人的一些问题，如人的工作动机、情绪、行为与工作之间的关系等。研究如何按照人的心理发展规律去激发其积极性和创造性，于是行为科学就应运而生。这是继古典管理理论之后管理学发展的一个重要阶段，也是现代管理学的一个重要组成部分。

行为科学研究基本上可分为两个时期，前期叫人际关系学说（或人群关系学），它从20世纪二三十年代美国学者梅奥的霍桑试验（Hawthorne experiment）开始；后期是1949年在美国芝加哥讨论会上第一次提出的“行为科学”，于1953年在美国福特基金会召开的各大科学家参加的会议上，正式定名为行为科学。

1）梅奥及其霍桑试验

乔治·梅奥（George E. Mayo）是原籍澳大利亚的美国行为科学家。1924~1932年，美国国家研究委员会和西方电气公司合作，由梅奥负责进行了著名的霍桑试验，即在西方电气公司所属的霍桑工厂，为测定各种有关因素对生产效率的影响程度而进行的一系列试验，由此产生了人际关系学说。试验分四个阶段。

第一阶段，工厂照明试验（1924~1927年）。该试验是选择一批工人分为两组，一组为“试验组”，先后改变工厂照明强度，让工人在不同照明强度下工作；另一组为“控制组”，工人在照明度始终维持不变的条件下工作。试验者希望通过试验得出照明度对生产率的影响，但试验结果发现，照明度的变化对生产率几乎没有什么影响。这个试验似乎以失败告终。但这个试验得出了两条结论：一是工厂的照明只是影响工人生产效率的一项微不足道的因素；二是牵涉因素太多，难以控制，且其中任何一个因素足以影响试验结果，故照明对产量的影响无法准确测量。

第二阶段，继电器装配室试验（1927年4月）。旨在试验各种工作条件的变动对小组生产率的影响，以便能够更有效地控制影响工作效果的因素。通过材料供应、工作方法、工作时间、劳动条件、工资、管理作风与方式等各个因素对工作效率影响的实验，发现无论各个因素如何变化，产量都是增加的。其他因素对生产率也没有特别的影响，而似乎是由于督导方法的改变，工人工作态度有所变化，进而产量增加。

第三阶段，大规模的访问与调查（1928~1931年）。两年内他们在上述试验的基础上进一步开展了全公司范围的普查与访问，调查了两万多人次，发现所得结论与上述试验所得相同，即“任何一位员工的工作绩效，都受到其他人的影响”。于是研究进入第四阶段。

第四阶段，接线板接线工作室试验（1931~1932年）。由于集体计件工资制刺激，形成“快手”对“慢手”的压力以提高效率。公司当局给他们规定的标准是焊合7 312个接点，但他们完成的只有600~6 000个接点。试验发现，工人既不会为超定额而充当“快手”，也不会因完不成定额而成“慢手”。当他们达到他们自认为是“过得去”的产量时，就会自动松懈下来。其原因是，生产小组无形中达成默契的行为规范，即工作不要做得太多，否则就是“害人精”；工作不要做得太少，否则就是“懒惰鬼”；不应当告诉监工任何会损害同伴的事，否则就是“告密者”；不应当企图对别人保持距离或多管闲事；不应当过分喧嚷、自以为是和热心领导等。根本原因则有三点：一是怕标准再度提高；二是怕失业；三是为保护速度慢的同伴。这一阶段的试验，还发现了霍桑效应即对于新环境的好奇和兴趣，足以导致较佳的成绩，至少在初始阶段是如此。

通过以上四个阶段，历时几年的霍桑试验，梅奥等认识到：人们的生产效率不仅要受到生理方面、物理方面等因素的影响，更重要的是受到社会环境、社会心理等方面的影响。这个结论的获得是相当有意义的，这对科学管理只重视物质条件，忽视社会环境、社会心理对工人的影响来说，是一个重大的修正。

根据霍桑试验，梅奥于1933年出版了《工业文明的人类问题》一书，提出了与古典管理理论不同的新观点，其观点可以归纳为以下几个方面。

（1）工人是"社会人"，而不是单纯追求金钱收入的"经济人"。作为复杂社会系统的成员，金钱并非刺激积极性的唯一动力，他们还有社会、心理方面的需求。因此，社会和心理因素等方面所形成的动力，对效率有更大影响。

（2）企业中除了"正式组织"之外，还存在着"非正式组织"，这种非正式组织是企业成员在共同工作的过程中，由于具有共同的社会感情而形成的非正式团体。这种非正式组织有它特殊的感情、规范和倾向，左右着成员的行为。古典管理理论仅注重正式组织的作用，这是很不够的。非正式组织不仅存在，而且同正式组织相互依存，对生产率的提高有很大影响。

（3）新型的领导在于通过职工"满足度"的增加，来提高工人的"士气"，从而达到提高效率的目的。生产率的升降，主要取决于工人的士气，即工作的积极性、主动性与协作精神，而士气的高低，则取决于社会因素特别是人际关系对工人的满足程度，即他的工作是否被上级、同伴和社会所承认。满足程度越高，士气也越高、生产效率也就越高。所以，领导的职责在于提高士气，善于倾听下属的意见，使正式组织的经济需求和工人的非正式组织的社会需求之间保持平衡。这样就可以解决劳资之间乃至整个"工业文明社会"的矛盾和冲突，提高效率。

梅奥等的人际关系学说的问世，开辟了管理和管理理论的一个新领域，并且弥补了古典管理理论的不足，为以后行为科学的发展奠定了基础。

2）行为科学理论的研究内容及其发展

行为科学理论主要是对工人在生产中的行为及这些行为产生的原因进行分析研究。它研究的内容包括：人的本性和需要、行为的动机，特别是生产中的人际关系（包括领导同工人之间的关系）。行为科学理论在第二次世界大战以后的发展，主要集中在四个方面：①关于人的需要和动机的理论；②关于管理中的"人性"的理论；③关于领导方式的理论；④关于企业中非正式组织及人与人关系的理论。

从霍桑试验开始的"人际关系"研究到行为科学理论的研究，乃至管理社会学（即工效学）等方面的研究，不仅为管理理论的发展提供了许多有益的东西，而且在实际的管理中也产生了深刻的影响，同时在发展中其自身也得到不断的补充和完善。

3.5.4 现代管理理论丛林及其发展

第二次世界大战后，现代化科学技术日新月异的发展，生产和组织规模的急剧增大，生产力的迅速发展，生产社会化程度的日益提高，引起了人们对管理理论的普遍重视。在美国和其他许多国家，不仅从事实际管理工作的人和管理学家研究管理理论，而且一些心理学家、社会学家、人类学家、经济学家、生物学家、哲学家、数学家也都从各自不同的背景、不同的角度，用不同的方法对现代管理问题进行研究。这一现象带来了管理理论的空前繁荣，出现了各种各样的学派。已故美国著名管理学家哈罗德·孔茨（Harold Koontz）把这一现象形象地描述为管理理论的“丛林”。这些学派都是从各自的背景出发，以不同的理论为依据来研究同一对象——管理过程，因此，带来了一些概念、原理和方法上的混乱。近年来，许多学者都在力求将各派的观点兼容并蓄，为走出“丛林”，建立统一的管理理论寻找新的出路。

1. 现代管理理论丛林

20 世纪 50 年代以来，在已有的古典管理理论、行为科学理论和管理科学理论的基础上，又出现了许多新的理论和学说，形成了许多学派，这些学派大大小小加起来可能有 100 多个，其中的主要学派，有人将其概括为 6 个，也有人将其归纳为 8 个或 11 个。应该着重说明，所谓“学派”主要是指从什么角度或方面，运用什么样的理论去研究管理问题。下面介绍 8 个主要的学派。

1）社会合作系统学派

这个学派认为，人与人的相互关系就是一个社会系统，它是人们的意见、力量、愿望及思想等方面的一种合作关系。管理人员的作用就是要围绕着物质的（材料与机器）、生物的（作为一个呼吸空气和需要空间的抽象存在的人）和社会的（群体的相互作用、态度和信息）因素去适应总的合作系统。

这个学派是从社会学的角度来分析各类组织。它的特点是将组织看作一种社会系统，是一种人的相互关系的协作体系，它是社会大系统中的一部分，受到社会环境各方面因素的影响。美国的切斯特·巴纳德是这一学派的创始人，他的著作《经理的职能》对该学派有很大的影响。总起来看，该学派的理论有以下一些要点。

（1）组织是一个社会协作系统。这个系统能否继续生存，取决于：①协作的效果，即能否顺利完成协作目标；②协作的效率，即在达到目标的过程中，是否使协作的成员损失最小而心理满足较高；③协作目标是否能适应协作环境。

（2）指出正式组织存在的三个条件：①有一个统一的共同目标；②其中每一成员都能够自觉自愿地为组织目的的实现做出贡献；③组织内部有一个能够彼此沟通的信息联系系统。此外，在正式组织内部还存在着非正式组织。

（3）对经理人员的职能提出三点要求：①建立和维持一个信息联系的系统；②善于使组织成员自觉自愿为实现组织目标做出贡献；③规定组织目标。

此外，美国的怀特·贝克（White Bake）从社会学角度提出“组织结合力”的概念，对管理理论也有很大意义。贝克指出，企业中的组织结合力包括：①职能规范系统，即由于协作而划分和安排工作岗位所产生的合作系统；②职位系统，即直线的职权层次；③沟通联络系统；④奖惩制度；⑤组织规程，即使企业具有特征和个性的构想与手段。

这一学派主要以组织理论为研究重点，虽然组织理论并非全部的管理理论，但它对管理理论的贡献是巨大的，并对其他学派的形成（如社会技术系统学派、决策理论学派、系统理论学派）有很大影响。

2）经验或案例学派

这个学派主张通过分析经验（通常也就是一些案例）来研究管理问题。最早提出这一见解的是美国的彼德·德鲁克（Peter F. Drucker）、欧内斯特·戴尔（Ernest Dale）、艾尔福雷德·斯隆（Alfred P. Sloan）等。他们认为，应该从企业管理的实际出发，以大企业的管理经验为主要研究对象，通过研究各种各样成功和失败的管理案例，了解怎样管理。这一学派的主要观点如下。

（1）作为企业主要领导的经理，其工作任务着重于两方面：一是造成一个“生产的统一体”，有效调动企业各种资源，尤其是人力资源作用的发挥；二是经理做出每一项决策或采取某一行动时，一定要把眼前利益与长远利益协调起来。

（2）对建立合理组织结构总是普遍重视。例如，德鲁克认为，当今世界上管理组织的新模式可以概括为以下五种：①集权的职能性结构；②分权的联邦式结构；③矩阵结构；④模拟性分散管理结构；⑤系统结构。他还强调，各类组织要根据自己的工作性质、特殊条件及管理人员的特点，来确定本组织的管理结构，切忌照搬别人的模式。

（3）对科学管理和行为科学理论重新评价。这一学派中的许多人提出：科学管理和行为科学理论都不能完全适应企业实际需要，只有经验学派将这二者结合起来，才真正实用。

（4）提倡实行目标管理。德鲁克首先提出目标管理的建议，其后又有许多学者共同参与了研究。

总之，经验或案例学派并未形成完整的理论体系，其内容也比较庞杂，但其中的一些研究反映了当代社会化大生产的客观要求，值得注意。

3）社会技术系统学派

创立这一学派的是英国的特里斯特（E. L. Trist）及其同事。他们根据对煤矿中“长壁采煤法”研究的结果认为，要解决管理问题，只分析社会协作系统是不够的，还必须分析技术系统对社会的影响，以及对个人的心理影响。他们认为，管理的绩效，以至组织的绩效，不仅取决于人们的行为态度及其相互影响，而且也取决于人们工作所处的技术环境。管理人员的主要任务之一就是确保社会协作系统与技术系统的相互协调。

这个学派的大部分著作都集中于研究科学技术对个人、对群体行为方式，以及对组织方式和管理方式等的影响。因此，特别注重于工业工程、人机工程等方面问题的研究。其代表著作有《长壁采煤法的某些社会学和心理学的意义》《社会技术系统的特性》等。这个学派虽然也没有研究到管理的全部理论，但却首次把组织作为一个社会系统和技术系统综合起来考虑，填补了管理理论的一个空白，对管理实践也是很有意义的。

4）人际关系行为学派

这个学派的依据是，既然管理就是让别人或同别人一起去把事情办好，因此，就必须以人与人之间的关系为中心来研究管理问题。这个学派把社会科学方面已有的有关理论、方法和技术用来研究人与人之间及个人的各种现象，从个人的个性特点到文化关系，范围广泛，无所不包。这个学派的学者大多数都受过心理学方面的训练，他们注重个人，注重人的行为动因，把行为动因看成一种社会心理学现象。其中有些人强调，处理人的关系是管理者应该而且能够理解和掌握的一种技巧；有些人把"管理者"笼统地看成"领导者"，甚至认为管理就是领导，结果把所有的领导工作都当成管理工作；还有不少人则着重研究人的行为与动机之间的关系，研究有关激励和领导问题。这些研究提出了一些对管理人员大有助益的见解，如马斯洛的"需要层次理论"、赫茨伯格的"双因素理论"、布莱克和穆顿的"管理方格理论"。

5）群体行为学派

这个学派同人际关系行为学派密切相关，以致常常被混同。群体行为学派关心的主要是一定群体中的人的行为，而不是一般的人际关系和个人行为；它以社会学、人类文化学、社会心理学为基础，而不是以个人心理学为基础。这个学派着重研究各种群体的行为方式，从小群体的文化和行为方式到大群体的行为特点，均在研究之列。有人把这个学派的研究内容称为"组织行为"研究，其中"组织"一词被用来表示公司、企业、政府机关、医院及任何一种事业中一组群体关系的体系和类型。这个学派的最早代表人物和研究活动就是梅奥和霍桑试验。20 世纪 50 年代，美国管理学家克里斯·阿吉里斯（Chris Argyris）提出所谓"不成熟交替循环的模式"，指出："如果一个组织不为人们提供使他们成熟起来的机会，或不提供把他们作为已经成熟的个人来对待的机会，那么人们就会变得忧虑、沮丧，甚至还会按违背组织目标的方式行事。"

6）决策理论学派

该学派的主要代表人物是曾获诺贝尔经济学奖金的赫伯特·西蒙（Hrebert Simon）。这一学派是在社会合作系统学派的基础上发展起来的，他们把第二次世界大战以后发展起来的系统理论、运筹学、计算机科学等综合运用于管理决策问题，形成了一门有关决策过程、准则、类型及方法的比较完整的理论体系，其理论要点如下。

（1）决策贯穿于管理的全过程，管理就是决策。

（2）决策过程包括四个阶段：①搜集情况阶段，即搜集组织所处环境中有关经济、技术、社会各方面的信息及组织内部的有关情况。②拟订计划阶段，即在确定目标的基础上，依据所搜集到的信息，编制可能采取的行动方案。③选定计划阶段，即从可供选用的方案中选定一个行动方案。④评价计划阶段，即在决策执行过程中，对过去所做的抉择进行评价。这四个阶段中的每一个阶段本身都是一个复杂的决策过程。

（3）在决策标准上，用"令人满意"的准则代替"最优化"准则。以往的管理学家往往把人看成是以"绝对理性"为指导，按最优化准则行动的理性人。西蒙认为，事实上这是做不到的，应该用"管理人"假设代替"理性人"假设。这种"管理人"不考虑一切可能的复杂情况，只考虑与问题有关的情况，采用"令人满意"的决策准则，从而可以做出令人满意的决策。

（4）一个组织的决策根据其活动是否反复出现，可分为程序化决策和非程序决策。此外，根据决策条件，决策还可以分为肯定型决策、风险型决策和非肯定型决策。每一种决策所采用的方法和技术都是不同的。

（5）一个组织中集权和分权的问题是和决策过程联系在一起的，有关整个组织的决策必须是集权的，而由于组织内决策过程本身的性质及个人认识能力的有限，分权也是必需的。

7）沟通（信息）中心学派

这一学派同决策理论学派关系密切，它主张把管理人员看成一个信息中心，并围绕这一概念来形成管理理论。这一学派认为，管理人员的作用就是接收、储存与发出信息；每一位管理人员的岗位犹如一台电话交换台。

这一学派强调计算机技术在管理活动和决策中的应用，强调计算机科学同管理思想和行为的结合。大多数计算机科学家和决策理论家都赞成这个学派的观点。这个学派的代表人物有：美国的莱维特（H. J. Leavitt），其代表作是《沟通联络类型对群体绩效的影响》；申农（Claude Shannou）和韦弗（Warren Weaver），其代表作是《沟通联络的数理统计理论》。

8）数学（管理科学）学派

第二次世界大战时期，英国为解决国防需要而产生了"运筹学"（operational research，OR），发展了新的数学分析和计算技术，如统计判断、线性规划、排队论、博弈论、统筹法、模拟法、系统分析等。这些成果应用于管理工作就产生了管理科学理论，其主要内容是一系列的现代管理方法和技术。提出这一理论的代表人物是美国研究现代生产管理方法的著名学者伯法（E. S. Buffa）等。他们开拓了管理学的另一个广阔的研究领域，使管理从以往定性的描述走向了定量的预测阶段。

管理科学理论是指以现代自然科学和技术科学的最新成果（如先进的数学方法、电子计算机技术以及系统论、信息论、控制论等）为手段，运用数学模型，对管理领域中的人力、物力、财力进行系统的定量分析，并做出最优规划和决策的理论。这一理论是在第二次世界大战之后，与行为科学平行发展起来的。从历史渊源来看，管理科学是泰罗科学管理的继续和发展，因为它的主要目标也是探求最有效的工作方法或最优方案，以最短的时间、最少的支出，取得最大的效果。但它的研究范围已远远不是泰罗时代的"操作方法"和"作业研究"，而是面向整个组织的所有活动，并且它所采用的现代科技手段也是泰罗时代所无法比拟的。管理科学理论主要包括以下三个方面。

（1）运筹学。它是管理科学理论的基础，是第二次世界大战期间以杰出的物理学家布莱克特（P. M. S. Blackett）为首的一部分英国科学家为了解决雷达的合理布置问题而发展起来的数学分析和计算技术。就其内容讲，这是一种分析、实验和定量的科学方法，专门研究在既定的物质条件（人力、物力、财力）下，为达到一定的目的，运用科学的方法，主要是数学方法，进行数量分析，统筹兼顾研究对象的整个活动所有环节之间的关系，为选择出最优方案提供数量上的依据，以便做出综合性的合理安排，最经济最有效地使用人力、物力、财力，以达到最大的效果。运筹学后来被运用到管理领域。由于研究的不同，又形成了许多新的分支，这些分支主要有以下几个方面。

一是规划论。用来研究如何充分利用企业的一切资源，包括人力、物资、设备、资金和时间，最大限度地完成各项计划任务，以获得最优的经济效益。规划论根据不同情况又可分为线性规划、非线性规划和动态规划。

二是库存论。用来研究在什么时间，以什么数量，从什么地方供应，来补充零部件、器件、设备、资金等库存，既保证企业能有效运转，又能保持一定库存和补充采购的总费用最少。

三是排队论。主要是用来研究在公用服务系统中，设置多少服务人员或设备最为合适，既不使顾客或使用者过长地排队等候，又不使服务人员及设备过久地闲置。

四是对策论。又称博弈论，主要是用来研究在利益相互矛盾的各方竞争性活动中，如何使自己一方获得期望利益最大或期望损失最小，并求出制胜对方的最优策略。

五是搜索论。用来研究在寻找某种对象（如石油、煤矿、铁矿以及产品中的废品）的过程中，如何合理使用搜索手段（包括人、物、资金和时间），以便取得最好的搜索效果。

六是网络分析。这是利用网络图对工程进行计划和控制的一种管理技术，常用的有"计划评审技术"（program evaluation and review teehnique，PERT）和"关键线路法"（critied path method，CPM）。

（2）系统分析。这一概念是由美国兰德公司于1949年首先提出的，意思是把系统的观点和思想引入管理的方法之中，认为事物是极其复杂的系统。运用科学和数学方法对系统中的事件进行研究和分析，就是系统分析。其特点就是在解决管理问题时要从全局出发进行分析和研究，制定出正确的决策。因此，系统分析一般有如下步骤。

第一步，弄清并确定这一系统的最终目的，同时明确每个特定阶段的阶段性目标和任务。

第二步，必须把研究对象看作一个整体，是一个统一的系统，然后确定每个局部要解决的任务，研究它们之间及它们与总体目标之间的相互关系和相互影响。

第三步，寻求达到总体目标及与其相联系的各个局部任务可供选择的方案。

第四步，对可供选择的方案进行分析比较，选出最优方案。

第五步，组织各项工作的实施。

系统分析和运筹学作为逻辑和计量方法，它们的共性很多。一般认为，系统分析研究的范围更广泛一些，多用于战略性质的高级决策研究，而运筹学研究的范围相对较窄一些，一般用于战术性的分析论证。但在实际中，作为决策工具，往往是两种方法共同使用，互相补充。

（3）决策科学化。这是指决策时要以充足的事实为依据，采取严密的逻辑思考方法，对大量的资料和数据按照事物的内在联系进行系统分析和计算，遵循科学程序，做出正确决策。

上述管理科学理论的两项内容就是为决策科学化提供分析思路和分析技术的。同时，它所使用的先进工具——电子计算机和管理信息系统也为决策科学化提供了可能和依据。

总之，管理科学理论的基本特征是，以系统的观点，运用数学、统计学的方法和电子计算机的技术，为现代管理的决策提供科学的依据，通过计划与控制解决各种生产与经营问题。这一理论认为，管理就是应用各种数学模型和特征来表示计划、组织、控制、决策等合乎逻辑的程序，求出最优的解决方案，以达到企业的目标。

管理科学理论把现代科学方法运用到管理领域中，为现代管理决策提供了科学的方法。它使管理理论研究从定性到定量，在科学的轨道上前进了一大步，同时它的应用对企业管理水平和效率的提高也起到了很大作用。但是，同其他理论一样，它也有自己的弱点：①把管理中与决策有关的各种复杂因素全部数量化，是不可能也不现实的；②这一理论忽略了人的因素，这不能不说是它的一大缺陷；③管理问题的研究与实践，不可能也不应该完全只依靠定量分析，而忽视定性分析。尽管如此，它的科学性还是被人们普遍承认的。

除上面介绍的八个学派外，还有一些学派，如管理过程学派及近几年出现的还不太成熟的经理角色学派等，在管理理论丛林中也都是比较活跃和有代表性的。这里限于篇幅，就不一一介绍了。总之，这些学派都是在已有的管理理论基础上，力图吸收和利用其他学科的成就，从不同角度来探索管理的原理和方法的，它们之间既有观点相同、继承发展的地方，也有许多观点不一致之处。因此，总体来看，这种“百花齐放、百家争鸣”的现象对构筑管理科学理论的大厦无疑是非常有益的。但是这种分散的管理理论，从理论上讲，经过一定阶段的发展需要走向统一，走向更高级的新的管理理论；从实践上看，在现代化管理工作中，分散的、各抒己见的理论应用起来也会有很大的局限性，因而也需要有一套系统的、全面的管理理论来指导。

2. 当代管理学的两个热点问题

在 20 世纪 60 年代，当某些社会活动家们发起运动开始质疑企业经济目标唯一性原则时，企业社会责任（social responsibility）的重要性开始显现。例如，当国际大公司出现了歧视妇女与外族人的行为时，你认为它们是负责任的吗？烟草公司是不是忽视了尼古丁会让人上瘾并对人体健康造成危害呢？在 20 世纪 60 年代以前，很少人会问到这样的问题。

虽然小企业的管理和大企业的管理有所不同，但焦点主要都集中在规模上。然而，企业经营环境是不断变化的，这样就出现了一种趋势，越来越多的人开始自主创立他们的企业，每年仅在美国有 200 万新企业成立，我国情况也差不多。

1）企业的社会责任

企业的社会责任究竟意味着什么呢？意味着这是一个商业企业应尽的义务，它超越了法律与经济要求，追求着有利于社会的长期目标。这个定义假定了企业是遵守法律同时也是追求经济利益的。我们将所有企业，无论它有还是没有社会责任感，均视为是遵守法律和社会规范的。我们也注意到这一定义将企业视为有道德的个体，它努力去做有利于社会的事，并且能够分辨出什么是好什么是坏。

如果能够对两个概念——社会义务和社会责任进行比较的话，将能更好地理解社会责任的内在含义。社会义务是企业涉足社会事务的基础。一个企业只有承担起它的经济和法律责任时，才可以说它履行了其社会义务，而且它所做的只是法律所要求的事情。一个企业追求社会目标不能超越其追求经济目标的范围限度。与社会义务相比，社会责任高于这种基本的经济和法律标准。例如，两者都包含了对企业经营所在社会的尊重，而在这个社会里，企业都能对所有员工一视同仁，尊重当地的环境，支持职业生涯目标计划，能无歧视地满足各种人群的工作需求，等等。社会责任在内容上也增加了道德上必须做的事情，这些事当然是使社会更好而不是更糟。社会责任要求企业对“什么是正确的”与“什么是错误的”做出判断，并去寻找基本的道德真理。

公司负有社会责任，才能够创造对于所有外部利害相关者及内部利害相关者——员工而言的共赢局面。对于顾客，公司的责任是提供对他们有价值的产品和服务。对于社会，企业有责任改善生活质量，或者至少不破坏生活环境。大型跨国公司的高层主管们都能理解他们负有控制污染的责任。公司必须公平地与竞争对手竞争。公司应该运用技术开发提高顾客价值和生活质量的新途径。公司一定要以合作的态度对待供应商。公司必须遵守政府的法律和法规。公司必须为劳动力提供平等的雇佣机会。在同经济的关系上，公司要有财务的贡献。公司要回报股东合理的利润。公司必须向员工提供安全的工作条件、充分的报酬和奖励。

直至今日，社会上仍有不少对社会责任问题的争论。暂且把争论放一边，要知道，现在的管理者在进行一般决策时必须面对社会责任的问题。社会慈善、定价、员工关系、资源和环境保护、产品质量等，均是组织需要考虑的重要经营因素。它们还需要重新评估包装的形状，要考虑产品的可回收性、环保惯例等。有环保、友善或“绿色”内容的创意将对商业的方方面面产生影响——从产品和服务的形成到用户的使用再到随后的处置。在全球化竞争的世界，少有企业能够承受被视为无社会责任心所带来的负面压力与潜在的经济后果。

赞同“企业社会责任论”的主要观点有以下内容。

（1）公众预期。从20世纪60年代开始，社会对企业的期望值急剧上升。支持企业既要对社会负责又要兼顾经济目标的大众观点，现在已经变得十分牢固了。

（2）长期利润。有社会责任感的企业一般会有更加稳定的长期利润，这是因为有社会责任感的企业行为常伴有良好的社会关系和商业形象。

（3）道德职责。一个商业企业能够而且应当有这样的意识。企业应该有社会责任感，因为就他们本身的目标来讲，负责任的行为总是对的。

（4）公众形象。企业寻求强化自己的公众形象是为了获得更多的用户、更好的员工、通畅的融资渠道及寻求其他的一些利益。因为公众认为社会目标十分重要，所以企业可以通过追求社会目标而使自己的公众形象更好。

（5）更好的环境。企业的参与能够解决许多社会难题，因此，创造一个生活质量更好、更令人向往的社会环境将能够吸引与留住那些有熟练技能的员工。

（6）进一步放松政府管制。政府管制会增加经济费用并限制管理者决策的灵活性。企业如果有社会责任心的话，政府有望放松对其的管制。

（7）责任与权利的平衡。企业在社会中有很大的权利，这就要求有相当数量的责任来进行平衡。当权利远远大于责任时，所产生的非均衡性就会导致不负责任行为的发生，这是与公众利益相悖的。

（8）股东利益。从长期来讲社会责任会抬高企业的股票价格。股票市场上的人们会认为有社会责任心的公司存在的风险更小并且易于接受公众的批评。因此，这类的企业会有更高的收益率。

（9）占有资源。企业以其拥有的金融资本、技术专家和管理能力去支持公共事业和慈善事业。

（10）阻止社会问题的优势。社会问题必须及时解决。企业应该在这些问题变得日趋严重、纠正成本更大，并且需要管理者从产品和服务经营中分出部分管理精力专门处理这些问题之前采取行动。

反对“企业社会责任论”的主要观点有以下内容。

（1）违反了利润最大化原则。这是传统观点的关键所在。企业只有当其严格执行对经济利益目标的追逐，并把其他活动交由其他机构执行时，它才是最有社会责任感的。

（2）目标的解释。追求社会目标将会淡化企业追逐的最为根本的经济生产率的目标。这反而会造成既达不到社会目标也达不到经济目标的不利结果。

（3）费用。许多社会活动是不会“自筹经费”的，必须要有人为其“买单”。企业只能自行消化这些费用或以更高的产品价格将这些费用转移到消费者头上。

（4）过多的权利。企业已经算是我们这个社会中的一个具有很多权利的机构了。如果它再去追求社会目标，它将获得更多的权利，而社会已经给予企业足够的权利了。

（5）技能的缺失。企业领袖们的视野与能力主要是经济性的。企业人员不能完全胜任处理社会问题的有关职责。

（6）责任感的缺乏。政治家们追求社会目标，并对他们的行为负责，但这些对企业领袖们来说不合适。在企业和社会公共部门之间没有一条可以直接贯通的社会责任线。

（7）缺少广泛的公众支持。社会并没有超范围地授权于企业，要其介入到社会事务当中。社会公共事务在此被割裂开来。事实上，这也是一个时常会引起激烈争论的话题。在这种割裂状态下所采取的行动有可能是失败的。

在组织承担社会责任的方式方面，各个组织自己所采取的立场也是千差万别。图 3-9 描述了组织所采取的四种立场，从最低社会责任到最高的社会责任。

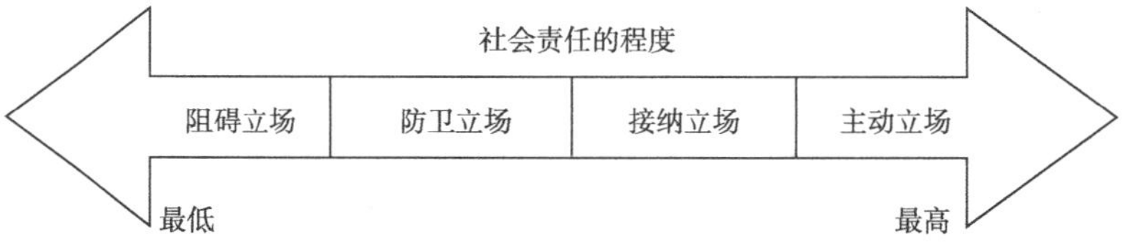

图 3-9　组织承担社会责任的方式

（1）阻碍立场。极少数组织采取阻碍立场，它们通常尽可能对社会或环境问题不闻不问。当一旦跨越了可接受行为的界限后，它们通常的反应是否认或避免为自己的行为承担社会责任。例如，当企业被内部员工或公众揭发管理者滥用资产或违法排污时，公司还没有进行调查就声明否认。只有在被相关机构指控和定罪后公司才承认事实。

（2）防卫立场。从阻碍立场向前迈进一步就变成了防卫立场，企业的作为只限于法律要求。这一方法最接近于反对强化企业社会责任的意见。这些企业中的管理者们认为自己的责任就是赚钱。例如，这样的企业可能会根据法律的要求安装污染控制装置，但是不会安装稍贵些而且品质较好、能够进一步减少污染的设备。

（3）接纳立场。采取这一立场的企业，不仅符合法律和伦理的要求，而且还会有选择地超出这些要求。这类企业自愿参加社会项目，但是寻求支持者必须证明组织项目是值得支持的。例如，一些公司会接受社会项目组织的请求提供捐赠或支持企业员工参与慈善活动。这里的问题在于必须有人上门请求，企业不会主动提供这类捐赠或鼓励员工参与慈善活动。

（4）主动立场。社会责任程度最高的企业采取的是主动立场，采取这一立场的企业将强化社会责任的意见放在心上。他们将自己看成是社会公民，积极寻求贡献的机会。例如，一些企业主动在学校设立奖学金支持有前途的学生或资助贫困学生上学。这类活动比接纳立场更进了一步，它表示了对增进一般社会福利诚恳的、有力的承诺，代表着一种主动承担社会责任的立场。

注意，上述分类并不是分立的，它们所描述的是各种持续过渡的不同态度，组织未必只能落在某一类别中。例如，一家保健品生产企业因主动参与社会公益事业受到好评，而这家企业又因为向消费者夸大其保健品功效而受到指责。

2）企业家创业精神

对“企业家创业精神”（entrepreneurship）的定义多种多样。例如，许多人将其定义为“新创一个企业”，另有一些人则侧重于从企业家的动机角度进行描述，即企业家是要寻求创造财富的，但新创企业绝不只是一种收入替代方式（宁愿为自己做事情也不愿意为其他人打工）。许多人在描述企业家时常常用这样一些形容词：勇敢、创新、敢吃螃蟹、创业、敢于冒险。他们也喜欢把企业家与小企业联系在一起。我们将“企业家创业精神”定义为一个过程，这一过程就是创业家启动一项商业风险计划、组织必要的资源，并且承担风险和收益的过程。不断追求机会，并且通过创新来满足需求与愿望是其最主要的特征。创业企业一般都从小规模做起，这样的企业可以被定义为“小企业”。在我国，多数行业指员工数不超过100人的企业。

怎样解释个人开公司越来越受欢迎呢？部分原因在于人们想掌控自己的命运。这些人对选择自主创业的思考往往已经很久，新的经济形势变化使得自己当老板变得有利可图了。另外，大企业的规模紧缩，解雇了数以百万计的工人与管理者，许多员工被解雇的苦楚转化为自我雇佣的动力，创业资金的大部分来自于他们平时的储蓄。另一些人在看到同事或朋友们下岗失业的情景时，认为在日趋缩小的公司里，他们未来的发展机会也会受到限制。于是，他们自愿地断绝了与公司的联系，选择了自我雇佣。还有一种不断增强的创业动力来自于“特许权”可选择机会的增多。向企业买入一个“特许权”，如加盟福奈特洗衣服务公司、7-Eleven便利店、如家连锁酒店等，特许方式能够使企业家们冒更小的风险来经营他们的企业。这是因为“特许权加盟企业”比一般新创企业的失败率更低，其营销方式、操作程序和管理模式等都是由发放“特许权证”的企业提供的。

创业家对社会的主要贡献主要体现在推动创新、创造就业岗位、促进经济增长、支持大企业发展等。首先，许多社会上的创造和创新都来自于创业家，通常大企业收购小企业的目的就是获得创新成果。半导体收音机、复印机、拍立得相机、个人电脑和喷气式发动机等都是独立创业家的发明，基于信息技术、生物技术等高科技发展而来的多种产品和经营模式都是创业家把别人的想法变为现实的例子。其次，我国的中小企业对

GDP（gross domestic product，即国内生产总值）的贡献超过 60%，对税收的贡献超过 50%，提供了近 70%的进出口贸易额，超过 60%的专利发明、70%的技术创新和 80%的新产品开发，提供 80%左右的就业岗位。成为安排劳动就业的主力和推动经济发展的重要力量。另外，大企业的供应商和产品分销商多为小企业。例如，一家大型汽车公司可能从上千家供应商那里购买原材料，其中大部分都是小企业。

不要混淆“企业家创业精神”与“小企业管理”，这是很重要的。并不是所有的小企业管理者都是企业家，他们中的许多人是没有创新的。许多小企业的管理者只不过是管理规模小一些的大企业或公共部门的层级系统。企业家创业也不仅仅是小企业的“专利”。一些大公司也在尝试模仿企业家的创业行为。为什么？一般来讲，企业家比传统层级组织中的经理更能对环境变化做出快速反应。“老板式经理人”每天都参与其经营活动，常常更为接近用户，而且“老板式经理人”是主要的决策者，所有的中层均要向他汇报情况，于是出现了层级更少的“扁平”式组织。

在一个大企业，那些表现出企业家创业特征的人被称作内部创业家。这是不是表明企业家能够存在于那种大型的企业组织之中呢？答案取决于人们对该词汇的解释。例如，著名管理大师彼得·德鲁克认为这是可以的。他将创业型的管理者描述为那些对自己的能力十分自信、对于变革能够度量出机会的大小、总是期望能够获得意外的惊喜并且希望能充分利用这些优势的人。他将这种创业型的管理者与传统管理者作了一番比较，认为传统管理者将变革视为一种威胁，并且常被不确定性所困扰，喜欢做具有可预测性的事情，偏爱维持现状，等等。

创业家和内部创业者之间的一个重要区别是风险承担。创业家通常以个人资产作为他们事业的部分或者全部创业投入，因此，有损失他们投资的风险。有些创业家会因此失去他们的生活积蓄、住房、汽车及其他资产。他们通常为了创业会辞掉现有的工作，但创业失败时却再也回不到原来的工作岗位，为了未来的收益他们放弃了现有的可靠薪水来源，这些损失可能需要数年的时间才能挣回来甚至永远也挣不回来了。一般而言，内部创业不需要个人投资，财务资源通常来自于所在企业，而且如果创业失败，他们通常也能够返回到原来的岗位或类似的工作。内部创业者通常会保持原有的工资或略有提高，有时会得到分享一定比例新业务利润的待遇。然而，像创业家一样，内部创业者通常都工作很长时间。虽然创业家比内部创业者承担的风险大，但是他们所得的回报（和他们的损失一样）通常更大，因为所有的利润都归他们所有。

思 考 题

1. 怎样理解管理追求“1+1>2”的协同效应？
2. 泰罗的“科学管理”对管理理论发展的主要贡献是什么？
3. 系统学习和经验积累都是学习如何管理的途径，请分析哪一种途径更重要。
4. “人际关系”在管理系统中扮演什么角色，管理人员作决策时须如何顾及“人际关系”因素？

5. 回忆最近你参加的团队活动或任务，解释其中成员如何表现各自的管理技能。
6. 对比效率和效果这两个概念，请举例说明有效果但无效率、有效率但无效果、既有效率又有效果、既无效率也无效果四种情况。
7. 近年一些生产商或厂家都将生产基地从中国转移至其他发展中国家，这现象与环境因素有什么关系？
8. 管理创新的重要性是什么？举例说明管理创新及创新的方式。
9. 找一家你熟悉的组织，仔细勾画出它的环境。提出具体的例证说明每一种要素对组织的影响。
10. 把工人假定为“经济人”就目前中国的具体实际是否基本正确？
11. 有许多活动和项目可能获得富于社会责任感的企业的资助。你认为企业最应当资助什么类型的活动或项目？解释你的理由。
12. 分析在过去二十多年中越来越受欢迎的企业家精神。

第4章

运 营 管 理

➢ **本章要点：**

· 运营系统
· 运营战略
· 生产率的定义及计算
· 库存管理、库存决策与控制

宜家家居是家居零售业最为成功的范例，宜家集团在全球 29 个国家或地区拥有 355 个商场。创始人是英格瓦 · 坎普拉德，因土地租赁便宜最初在斯德哥尔摩的郊区建了一个展示厅用来展示供应商的家具，不久开始向当地制造商订购自己设计的产品，这一运营方面的创新大大降低了成本，尤其是顾客可以自行组装的“平包”大大降低了物流配送成本和零售成本。宜家巨型商店的公众形象背后是一个复杂的全球性供应商网络，有 10 000 多家供应商、批发商和物流合作企业，从原材料的购买一直到成品抵达顾客家中，宜家依靠的就是与供应商的紧密合作，才得在以现有的高效供货和新产品开发方面获得成功。除此之外，宜家店内布局合理、清楚标识店内物品、在主要站点安排导购员等有利于顾客在店内更加满意地购物。宜家的成功说明了运营管理的重要性，要根据市场需求采取相应的设计、生产、销售和服务策略。

4.1 运营管理及其实质

4.1.1 运营系统及其特征

1. 运营系统

运营过程是一个“输入—转换—输出”的过程。在这一过程中，输入的是土地、劳动、资本、信息等资源，经过加工、运输等转换活动，以产品或服务的形式提供给顾客。在把输入转换为输出的过程中，不可避免地会出现这样那样的问题，如质量达不到内部标准、设备出现故障、成本过高、延误订单的交付等。需要及时发现这些问题，并采取措施尽快解决，即反馈机制。输入、转换、输出过程的直接目标是实现增值。最终目标是达到顾客满意，实现经济效益。引入了反馈机制、致力于实现增值并最终达到顾客满意，经济效益的“输入—转换—输出”的运营过程构成了完整的运营系统，如图 4-1 所示。

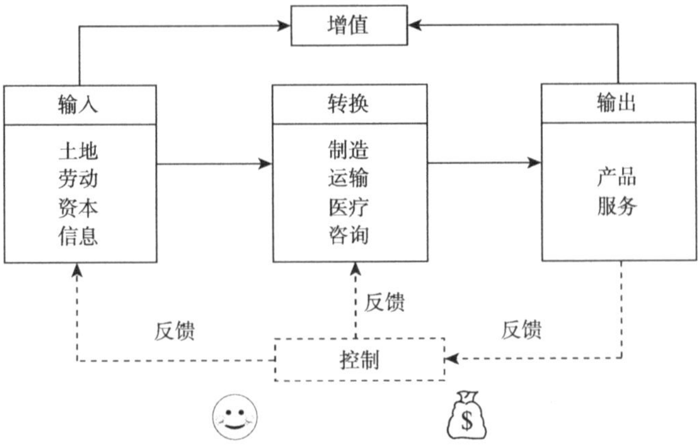

图 4-1 运营系统示意图

输入—转换—输出过程是许多运营系统的一个基本特点。在汽车制造工厂，钢板被加工成不同的形状，进行喷漆，然后与成千上万种零部件组装成汽车；在铝制品工厂，各种等级的铝矾土进行混合、加热，最后浇铸成各种规格的铸锭；在医院，通过特殊照料、治疗、检验和手术等程序，病人恢复健康的体格，显然，运营可以有很多不同的形式。转换过程如下：

物理上的，如制造运营过程；

地理位置上的，如运输或仓库运营；

交换，如零售运营业务；

生理上的，如医疗服务；

心理上的，如娱乐；

信息上的，如通信。

运营系统实现的增值反映了输入与输出之间的差异。输出的价值由顾客愿意为该组织的产品或服务所支付的价格来衡量。增值越多，运营效率越高。对非营利组织，输出的价值（如公共交通、治安与消防）是指所实现的社会价值。

2. 运营系统的特征

归纳起来，运营系统有如下特征：

（1）集合性。运营系统由多个可以识别的子系统所组成。例如，物资管理系统由计划管理子系统、库存管理子系统、质量检验子系统等组成。

（2）关联性。若干个体集中在一起，只能算一个“群”，只有当个体之间存在一定的关系或相互作用时，才能成为一个系统。例如，零件加工工序就存在先行与后继关系；出产量 N_0 与投入量 N_1、期初在制品库存量 H_1 和期末在制品库存量 H_2 之间存在数量关系：$N_0=N_1+H_1-H_2$。

（3）目的性。一个现实的系统作为一个整体，实现一定的功能且有一个或多个目的，如果这些目的达到它们的最大等级，就说实现了系统的最优化。例如，运营系统将投入要素转换为产品或服务，要实现的目标是达到或超过顾客满意，实现经济效益。值得指出的是，对管理系统，往往无法达到所谓的最优，只能追求更优。

（4）环境适应性。运营系统必须适应周围或外界环境的变化。如果运营系统具有自适应能力，那么该运营系统在与外界环境之间互相交换物质、信息和能量的过程中，就能以最小的滞后时间达到所希望的状态。

4.1.2 运营管理及其重要性

运营管理可定义为对提供产品或服务的运营系统进行规划、设计、组织与控制。

一个典型的企业组织由多种职能相互配合来实现其目标。其中，运营职能是核心。企业组织的三个基本职能是运营、财务和营销。此外，还有其他一些辅助职能，如人力资源、工业工程、后勤保障等。运营职能旨在实现"输入—转换—输出"过程的增值，这就决定了其核心地位。

企业组织的顾客服务、质量保证、生产计划控制、进度安排、工作设计、库存管理等均由运营职能来实现。

企业组织其他所有活动，如营销、工业工程、公共关系、人力资源、财务、采购等都与运营管理活动有直接或间接联系。运营职能与其他职能之间的关系如图 4-2 所示。这些职能只有密切配合才能实现组织的目标。例如，如果生产部门与营销部门各自为政，那么营销部门推销的可能是那些非营利的产品或服务，或者生产部门正在生产或提供的是那些已经没有市场的产品或服务。同样，如果没有财务部门与生产部门的密切配合，当组织需扩大规模或更新设备时，可能会因资金无法落实而难以实现。

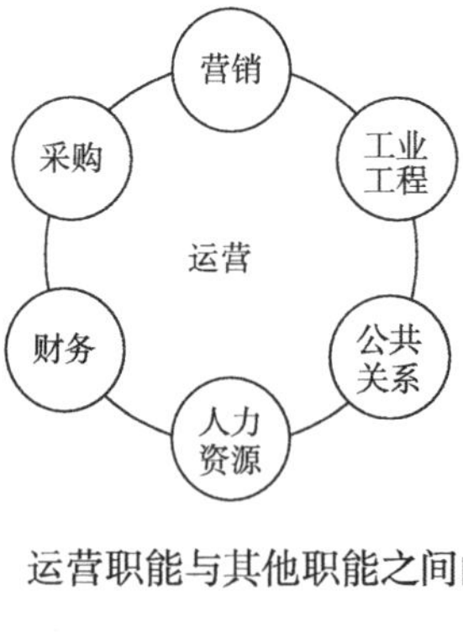

图 4-2 运营职能与其他职能之间的关系

4.1.3 运营管理的主要内容

1. 通过运营战略赢得竞争优势

运营战略是企业在运营系统的规划与设计、运营系统的运行与控制及运营系统的维护与更新方面所做出的长期规划。运营战略属企业职能战略范畴。运营战略不但要与营销战略和财务战略等职能战略相得益彰，更要与企业的总体战略相一致，有利于实现组织的愿景和使命。

制定运营战略，就是以实现企业的战略、愿景和使命为出发点，从运营管理的视角，分析社会、经济、政治环境给企业带来的机会和威胁，针对企业在运营管理方面的优势和劣势，在低成本、高质量、准时交货等方面识别并培植企业的订单赢得要素，凝练企业的核心竞争力，以使企业在市场上获得竞争优势。

生产率反映了企业对资源的有效利用程度。生产率水平高意味着企业承受得起较竞争对手更低的价格，从而赢得市场份额；或者，在与竞争对手价格相同的情况下，可以实现更大的利润。从这一意义上说，较高的生产率是企业竞争力的直接体现。

2. 运营系统的规划与设计

运营系统规划与设计包括：新产品（服务）开发与流程管理、运营能力规划、选址规划、设施布置、工作系统研究等。

3. 运营系统的运行与控制

运营系统运行与控制的对象可概括为“质量、费用和进度”。

1）质量控制

质量是企业的生命线。质量控制的任务就是采用先进实用的质量管理方法与工具识别质量问题、分析质量问题、解决质量问题。

如果说从早期的质量检查到后来的统计过程控制实现了“三个转变”，即事后质量检验到事前质量控制、定性质量描述到定量质量分析、产品质量检验到过程质量控制，那么，从统计过程控制到全面质量管理和六西格玛质量管理贯彻了“顾客满意、持续改进”的新理念。

质量管理体系的建立与有效运行是世界经济一体化的现实要求，是质量保证活动成功经验的总结，是质量管理发展的历史必然，是企业在激烈的竞争中求得生存和发展，贯彻实施“顾客满意、持续改进”的必然选择。

2）费用控制

费用控制就是保证产品的价格既为顾客所接受，同时又为企业带来一定的利润。涉及土地、人、物料、设备、能源等资源的合理配置和利用，还涉及企业资金的运用和管理，归根到底是努力降低产品的生产成本。

运营管理从库存费用控制的视角，说明库存的功能、介绍库存控制的手段与有效方案以及经济订货或生产批量。

3）进度控制

所谓进度控制，就是把运营中涉及的人员、物料设备、资金等资源在需要的时候组织起来、筹措到位，以保证适时适量地将产品投放到市场。也只有控制好进度，才能及时地交付顾客所需求的产品或服务，才能更好地应对顾客在产品种类、数量和交货期上的变化。

项目的特殊性决定了应采用特殊的方法对其进行规划、建设、运营与维护，并对项目的范围、时间、费用、质量进行有效管理。

4. 运营系统的更新与改善

任何一个运营系统，不论其规划与设计如何科学、不论其运行与控制如何精准，都免不了会出现这样那样的问题，即使当时看来已经是最好的，也要不断进行更新。这就提出了运营系统的更新与改善问题。

4.1.4 运营管理的发展历程

1. 产业革命：18 世纪 60 年代至 19 世纪初

产业革命始于 18 世纪 70 年代的英国，19 世纪又扩展到美国和其他国家。之前农业一直都是世界各国的主导产业。制造业采取的是手工作坊方式，产品是由手工艺人和其徒弟在作坊里加工出来的。这种手工作坊式的生产方式直到 19 世纪初才发生了变化。许多发明创造改变了生产方式，机器代替了人力。其中，最具重大意义的是蒸汽机的发明、劳动分工概念和标准化生产方式的提出。

1765 年，英国人詹姆斯 · 瓦特（James Watt）发明了蒸汽机，为制造业提供了机械动力，推动了制造业的发展。

1776 年，英国人亚当 · 斯密在其著作《国富论》中提出劳动分工的概念，认为：分工可重复单项操作，提高熟练程度，提高效率；分工可减少变换工作所损失的时间；分工有利于工具和机器的改进。

1801 年，美国人伊莱 · 惠特尼（Eli Whitney）提出了标准化的生产方式。正是采用了标准化的配件，才实现了零件的可互换性，零件才无须定制，才能快速批量生产，才能以标准化的方式生产上万支滑膛枪，才使得后来福特汽车装配线的大量生产成为可能。

尽管发生了这些巨大的变化，管理理论与实践并未获得长足的发展，这时迫切需要比较系统、切实可行的管理理论和方法做指导。

2. 科学管理：1910~1920 年

到了 20 世纪初，以泰勒为代表创立了科学管理原理。其精髓是：

（1）对现有工作方法进行详细的观测、分析和改进，以便采用科学的作业方法；

（2）建立在方法研究基础上的差别计件工资制；

（3）根据工作性质的不同科学地选择并培训工人；

（4）设立计划部门，负责方法研究与标准化、进度安排、成本分析、业绩考核、工资发放及纪律检查等管理职能，即管理职能从实际执行业务中分离出来；

（5）来一次思想上的革命，即推行科学管理原理旨在实现工人财富和资本家财富的最大化，最终实现整个社会财富的最大化。

泰勒的思想得到吉尔布雷斯夫妇、亨利 · 甘特（Henry Gantt）和其他人的拥护和推崇。其中最积极的拥护者之一就是亨利 · 福特（Henry Ford）。弗兰克 · 吉尔布雷斯（Frank Gilbreth）是一位工业工程师，被称为动作研究之父。莉莲 · 吉尔布雷斯（Lillian Gilbreth）是一位心理学博士，把心理学的成果应用于动作研究，可以认为是人际关系学说的萌芽。吉尔布雷斯夫妇把研究集中在有关工人疲劳方面的问题，最后提出了节约动作的 10 个原则。这些原则至今仍在用于操作和动作的改进与优化。亨利·福特在 1913 年将科学管理学院应用到 T 形车的生产中，将组装一辆汽车的时间从 728 个小时缩短到了 1.5 小时。

3. 管理科学与行为科学对运营管理起到的影响：1920~1970 年

科学管理十分强调运营系统规划与设计及运行与控制的技术因素，而人际关系学说则强调人这一因素的重要性。

1）数量模型与管理科学

在 20 世纪 20~70 年代，以美国和欧洲的学者为代表创建了运筹学与管理科学使运营管理真正建立在定量分析基础之上。数量模型提出和应用推动了工厂的发展。早在 1915 年，F. W.哈里斯（F. W. Harris）提出了第一个模型：库存管理的数学模型。20 世纪 30 年代，在贝尔电话实验室（Bell Telephone Labs）工作的三个同事 H. F. 道奇（H. F. Dodge）、H. G. 罗米格（H. G. Romig）和 W. 休哈特（W. Shewhart）提出了统计过程控制的质量管理模型。

以美国和欧洲的学者为代表，包括众多数学家、心理学家和经济学家相继提出了各种数量模型，如数学规划、对策论和排队论、库存模型等，促成了运筹学的创立与发展。这些数量模型为第二次世界大战的后勤组织和武器系统设计提供了有效的解决方案，也在工业生产组织中获得了广泛应用。战后，研究和改进数量方法的工作仍在进行，相继提出了预测技术、项目管理中的计划评审技术和关键路线法，物资需求计划（matenal requivement planning，MRP）等。

2）行为科学

著名的“霍桑”为行为科学的发展奠定了基础，也为运营管理注入了新的元素。1957 年，麻省理工学院的道格拉斯·麦格雷戈（Douglas McGregor）教授在《企业的人性问题》一书中提出人性假设的 X 理论与 Y 理论。X 理论坚持消极的一面，假定工人都不喜欢工作，必须经过管制—奖与罚才能使他们干好工作。这一看法起初在汽车业及其他一些行业得到普遍认同。后来，全球竞争威胁的加大迫使他们不得不重新考虑这一看法。Y 理论与 X 理论的观点正好相反，假定工人很乐意工作，认为工作使他们身心得到发展。到了 70 年代威廉·乌奇（William Ouchi）提出了 Z 理论。该理论集成了日本的诸如终生雇用、关心雇员及协同一致的观点，以及西方的诸如短期雇用、专门人才及个人决策与职责的传统观点。1959 年，弗雷德里克·赫茨伯格 （Frederick Herzberg）在《工作的激励因素》一书中又进一步发展了激励理论。提出了保健因素和激励因素双因素理论。

3）运营管理作为一门学科出现

20 世纪 50 年代末和 60 年代初，不同于在工业工程和运筹学领域的研究，专家们开始专门研究运营管理方面的问题。1957 年，爱德华·布曼（Edward Bowman）和罗伯特·法特（Robert Fetter）的著作《生产与运作管理分析》出版。1961 年，埃尔伍德·布法（Elwood S. Buffa）的《现代生产管理》一书面世。这些专家注意到了生产系统所面临问题的普遍性及把生产作为一个独立系统的重要性。此外，他们还强调了排队论、仿真和线性规划在运营管理中的具体应用。自此以后，运营管理作为一门独立的学科出现。

4. 日本制造商对运营管理的贡献：1970 年至 21 世纪初

20 世纪 70 年代，全球性石油危机加之原材料价格上涨、工资提高和需求多样化给丰田公司提供了向世人展示其独特生产方式的机会。丰田生产方式震慑性地冲击着美国引以为自豪的福特生产方式。极具戏剧性的是，著名的福特汽车公司在 20 世纪 80 年代初险些破产，只好反过来向过去的学生——日本丰田汽车公司学习生产管理。

5. 21 世纪初的运营管理：21 世纪初至 2010 年

进入 21 世纪以来，产品寿命周期的缩短、科学技术的长足发展和社会需求的快速多变给企业带来了前所未有的压力。如何高质量、低成本地满足顾客多样化的需求摆在了企业组织的面前。正是在这种形势下，大规模制定应运而生，并呈现出勃勃生机。

大量生产革了手工作业的命，实现了低成本生产；精益生产革了大量生产的命，实现了高质量生产；而大规模定制则是精益生产方式的升华，实现了定制化生产。这种生产方式综合了大量生产的低成本和精益生产的柔性化两者的优点。大规模定制得以实现的核心技术是模块化与延迟策略。通过这两项核心技术，使本来相互对立的大规模生产与满足顾客定制化需求统一在一起：大规模生产的是模块化设计的组件；通过延迟策略，最大限度地满足了顾客定制化的需求。

从管理者的关注点的变化上，又可以把运营管理的发展历程分为三大阶段，即关注成本、关注质量和关注定制化。这三个阶段的理论基础（或管理技术）和企业典范如表 4-1 所示。需要说明的是，企业把管理重点放在质量上并不是其不再管控成本，而是其成本管理已经非常到位，有实力把管理重点转移到质量上。同样地，企业把管理重点放在这定制化上并不是其不再提高质量，而是其质量水平已经达到很高的水平。

表 4-1　运营管理发展历程

时间	1776~1980 年（关注成本）	1981~1990 年（关注质量）	1991 年至今（关注定制化）
理论基础（管理技术）	劳动分工 标准化 科学管理原理 动作研究 甘特图 库存管理模型 运筹学理论 统计抽样理论 计算机技术 MRP	TQM 的理论与方法 卓越质量模式 ISO 9000 系列标准 价值工程 JIT 团队理论与授权 CAD、CAM、CIMS	供应链管理 互联网与电子商务 ERP 敏捷制造
企业典范	福特汽车公司	丰田汽车公司	Dell 公司

4.2 运营战略、竞争力与生产率

4.2.1 运营战略

1. 使命

使命是组织存在的原因和基础。不管是营利性组织，还是非营利性组织，都要明确其使命。使命因组织而异，取决于组织的性质。例如，医院的使命是救死扶伤；建筑公司的使命是修建住房或公共设施；保险公司的使命是保障生命财产安全；餐饮公司的使命是为大众提供健康美味的食品。

准确地定位组织的使命并不是一件容易的事情，需要经过组织上下反复讨论才能确定。制定的使命要达到以下几个基本要求：

（1）行业特点鲜明。即让人一眼就能看出该组织的核心业务。联邦快递的“使命必达”非常简捷，但让人一看就知道是该公司从事快递业务的。

（2）站位要高。即要体现组织的社会责任。仍然以联邦快递的“使命必达”为例，从这一使命可以看出，该公司把安全快捷地送达客户的快件视为自己的神圣使命。例如，可以把中石油的使命定位为“为中国加油”。“为中国加油”一语双关，既反映了石油化工的行业特点，又体现了该公司的社会责任。

（3）简捷明了。组织的使命要简捷明了，以便让全体员工耳熟能详。让客户和社会易懂易记。

2. 愿景

愿景是最高管理者对组织未来的一种期望和描述。愿景体现了组织领导者的立场和信仰。愿景要回答以下三个问题：

（1）要到哪里去？即组织是什么？

（2）未来是什么样的？即组织将是什么？

（3）目标是什么？即组织应该是什么？

每个组织都应明确自身的愿景，而愿景中要包含明确的目标，即组织为了实现使命而制定的中长期指标。目标需要量化，空洞无物的口号无法指明组织的努力方向，员工也会不知所措。目标可能是未来一定时期内要形成的组织规模方面的，如未来 10 年内进入世界 500 强，或年产值保持在同行业第一的位置；目标也可能是市场份额方面的，如 5 年后在北京地区的市场份额达到 30%等。

使命与愿景既有区别又有联系。使命不同于愿景。使命是组织存在的理由和依据，反映了企业在经济社会中所担当的角色和责任，简单来说就是组织为什么要在社会上存在。愿景则是对组织未来的一种设想。使命与愿景的联系在于愿景体现了组织领导者的价值取向，而若干代组织领导者价值取向的趋同决定了组织使命的定位；同时，正是通过包含了可测评的目标的愿景的达到才能实现组织的使命。

让我们看看一些优秀组织的愿景：苹果公司——让每个人拥有一台计算机；迪士尼公司——成为全球的超级娱乐公司；戴尔公司——在市场份额、股东回报和客户满意度三个方面成为世界领先的基于开放标准的计算机公司；中山大学——成为教育行业的黄埔军校。可以看出，这些愿景中均包含了可观测的目标：或者成为最好，或者追求世界领先。

3. 组织战略

组织战略是为了实现组织中长期目标进而实现使命，根据组织的内部条件和所处外部环境的现状与发展变化，对生产经营所做出的全局性、长远性、纲领性的谋划。

组织战略的制定过程一般遵循顶层设计，上下结合的原则。首先，高层决策者要对整个形势做出判断，提出总体思路和总体方向，然后交由各个业务部门展开讨论。经过反复磨合，形成简明扼要的组织战略。

组织战略与目标和使命的关系可概括为：通过实施所制定的组织战略来达到所确定的中长期目标，进而实现组织的使命。

4. 运营战略

运营战略是职能战略之一。职能战略是对组织相应的职能或业务所做出的中长期谋划。运营战略是组织在组织系统的规划与设计、组织系统的运行与控制，以及组织系统的维护与更新方面所做出的中长期谋划。产品和技术开发战略、区域布局战略、能力战略、质量战略、成本战略、进度控制方面的战略等都是运营战略。例如，某一 IT 企业在产品开发方面制定了如下的产品创新战略：“通过产品差异化来满足顾客的个性化需求。”

除了运营战略，财务战略、营销战略和人力资源战略等都属于职能战略。运营战略要与财务战略、营销战略和人力资源战略等职能战略相得益彰。

运营战略与组织战略的关系可以概括为：组织战略用于指导运营战略与其他职能战略的制定，而运营战略与其他职能战略一起对组织战略起支撑作用。根据这个关系，尽管各个职能或业务都不相同，但所形成的职能战略都要指向组织战略，都要有利于组织战略的实施。

组织制定并实施运营战略，就是要通过运营管理提升组织的竞争力，实施的效果最终体现在质量、成本或交货期（deadline）等指标的改善上。

5. 策略

策略就是与某一职能战略相对应的手段、模式或方法，是对职能战略的细化与落实。运营策略则是针对某一运营战略而形成运营模式。例如，某 IT 公司为实现其“通过产品差异化来满足顾客的个性化需求”的运营战略，可以考虑以下运营策略。

（1）产品系列化。规划若干产品系列，而且同一系列有不同的配置。

（2）产品功能差异。产品实现的功能多少上有差异，而且实现同一功能的配置也有差异。

（3）材料或作业流程差异化。利用不同的材料或作业流程完成相同的功能。

策略与职能战略的关系可概括为：职能战略为策略提供指导，策略确定了职能战略的实施模式、路线图或方法。

6. 方案

方案就是根据某一策略确定的手段、模式或方法而采取的具体行动。仍然以上述所说的那家 IT 企业为例。针对产品系列化运营策略，到了方案这一层次，就要确定每一个产品的线上产品。例如，Pad 产品线上的核心产品与搭配产品，以及 Phone 产品线上的核心产品与搭配产品。

方案与策略的关系可概括为：策略是基础和指导，方案是对策略的具体实施。

可以看到，从使命和愿景到组织战略和职能战略，再到策略和方案，构成了一个阶层关系，这里称为“战略金字塔”，如图 4-3 所示。

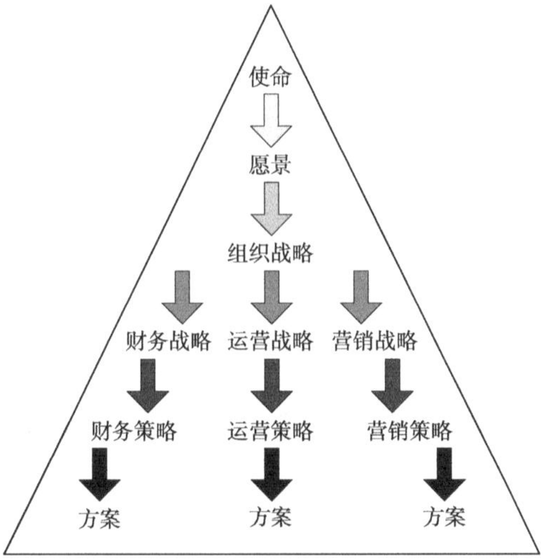

图 4-3 战略金字塔

这一阶层关系由上到下是细化和落实过程；由下而上则是保证和支持过程。

一个组织有一个明确的使命，有一个包含了可观测的中长期目标的愿景，并制定了一个与使命和目标相对应的组织战略。

在组织内部，有各种职能战略，比较重要的是对应于财务职能、运营职能和营销职能的财务战略、运营战略和营销战略。而财务职能、运营职能和营销职能构成了组织的黄金搭档。除财务战略、运营战略和营销战略外，还有企业文化战略、人才战略和公共关系战略等职能战略。

对应于每一个职能，有多个战略。例如，产品研发战略、运营能力战略、质量战略、供应链战略等都可以划归为运营战略，这些运营战略相辅相成，共同完成运营职能。又如，投资战略、融资战略都属于财务战略，这些财务战略互相支持，协同完成财务职能。而市场战略、品牌战略则属于营销战略，这些营销战略互为犄角，一起实现营销职能。

企业有众多职能，每个职能又划分为若干业务模块。所以，一个组织会有众多战略金字塔。

需要说明的是，不同职能战略之间不是孤立的，会有或多或少的联系。例如，属于运营战略的研发战略就与属于营销战略的市场战略有更多的联系。在制定产品研发战略时要充分考虑市场战略的定位。同时，在调整市场战略时，也要考虑所形成的产品研发战略。

4.2.2 企业竞争力

竞争力是企业在自由和公平的市场环境下生产优质产品或提供优质服务，创造附加价值，从而维持和增加企业实际收入的能力。

企业竞争力决定企业成败的关键因素。企业之间的竞争体现在很多方面，如成本、质量、交货期等。

1. 成本

价格是顾客为了得到某一产品或接受某项服务所必须支付的金额。在其他所有因素均相同的情况下，顾客将选择价格较低的产品或劳务。价格竞争的结果可能会降低企业的利润，但大多数情况下会促使企业降低产品或劳务的成本。沃尔玛以其“天天平价”成为零售业的大鳄。

2. 质量

质量是产品或服务的“一种固有特性满足要求的程度”。质量与原材料、设计和生产过程密切相关。德国的机械制品，日本的家用电器等的高品质在世界上享有赞誉。

3. 交货期

交货期是指企业在承诺交货的当日或之前提供产品或服务的能力。在某类市场上，企业交货的速度是竞争的首要条件。联邦快递因其“使命必达”而唱响全球。联邦快递每晚都从位于孟菲斯、田纳西州和达拉斯等地的处理中心发送超过 500 万份的包裹到世界上 210 个国家。由于满足了顾客对快递速度及可靠的隔夜递送的需求，联邦快递公司的资产达到 140 亿美元，成为世界上最大的快递服务公司。

今天，能否应对顾客在产品品种、数量、交货时间上的变化，反映了企业提供定制化产品或服务的能力、快速更新工艺或技术的能力及极富柔性的运营系统三个方面。宝洁公司因其更高的产品广度而使进入洗化市场的企业退避三舍。戴尔公司和日本松下公司成了大规模定制的楷模。

4.2.3 生产率

1. 生产率的概念

生产率即投入产出比。生产率反映了产出（产品和服务）与生产过程中的投入（劳动、材料、能量及其他资源）之间的关系，是一个相对指标。

从本质上讲，生产率反映出资源的有效利用程度。生产率不同于效率，效率是指在给定的资源下达到产出最大。

生产率对营利性组织、非营利性组织和国家都有重要的意义。对非营利组织，较高的生产率意味着较低的成本，较高的利润；对营利性组织，较高的生产率意味着利用较少的社会投入为公众提供更好的服务；对国家，提高生产率意味着经济运行状况更加良好，国家的实力得到增强，美国 20 世纪 90 年代长时期经济持续增长的一个主要因素是它的生产率提高了。

2. 生产率的计算

根据生产率的定义，可给出如下生产率的计算公式：

$$生产率 = \frac{产出}{投入}$$

生产率可按单一投入、两种以上的投入或者全部投入来度量。与这三种度量方法相对应，有三种生产率，即单要素生产率、多要素生产率和全要素生产率。表 4-2 列举了这些生产率的计算方法。实际中，具体选择哪一度量方法视度量的目的而定。

表 4-2　不同类型生产率度量方法举例

单要素生产率	产出/工时、产出/机时、产出/资本、产出/能源
多要素生产率	产出/（工时+机时）、产出/（工时+资本+能源）
全要素生产率	生产的商品或服务/生产过程中的全部投入

【例 4-1】 某机械加工厂，一周内生产出 10 000 单位的产品，产品售价为 10 元/单位。为生产这些产品投入了 500 个工时，工时费用为 8 元/小时。此外，还投入折合价值为 5 000 元的原材料和 1 000 元的管理费用。试计算劳动生产率和多要素（劳动、原材料和管理费用）生产率。

解

根据生产率公式，可计算出劳动生产率和多要素生产率，见表 4-3。

表 4-3　劳动生产率和多要素生产率计算表

劳动生产率	10 000/500=20 单位/工时；10 000/4 000=2.5 单位/工时费用； 100 000/500=200 元/工时；100 000/4 000=25 元/工时费用
多要素生产率	10 000/（4 000+1 000+5 000）=10 000/10 000=1 单位/单位投入费用； 100 000/10 000=10 元/单位投入费用

3. 影响生产率的因素

影响生产率的因素有很多，主要的有管理、资本、质量和技术等。除了这四个主要影响因素外，还有其他影响因素，如标准化、工作场所的设计与布置、激励制度等。一个错误观点是：工人是生产率的主要决定因素。根据此观点，让工人更卖力地工作是提高生产率的途径。然而，事实上，过去很多生产率的提高是技术改进的结果。

技术本身并不能保证生产率的提高。事实上，没有先进的管理，反而会减少生产率。早些年，我国在引进外资时就有过沉重的教训：要么引进了过时的设备和技术；要么只引进了先进的设备和技术，而没有引入软件和管理。如果把管理和技术比作企业发展的两个车轮，那么，这两个车轮一定要配套，最好同步。否则，企业不可能很好地向前发展，只会原地打转。

4. 提高生产率的步骤

生产率度量可用于很多方面。通过度量生产率，可以评定企业在一定时期的经营业绩。分析取得的成绩和不足，针对不足采取改进措施。

企业可采取以下步骤来提高生产率：

（1）确定生产率测评指标；

（2）识别影响整体生产率的“瓶颈”环节；

（3）以管理、资本、质量、技术等为切入点提高“瓶颈”环节的生产率；

（4）巩固提高生产率的成果，进行宣传和推广。

4.3 库存管理

4.3.1 库存及其作用

1. 库存问题的提出

物料的存储现象由来已久，但是把存储问题作为一门学科来研究，还是进入 20 世纪以后的事情。早在 1915 年哈里斯（F. W. Harris）对银行货币的储备进行了详细的研究，建立了一个确定性的库存费用模型，并确定了最优解，即最佳批量。1934 年威尔逊（R. H. Wilson）重新得出了哈里斯的公式，即经济订货批量（economic order quantity，EOQ）的计算公式，或称威尔逊公式。经济订购批量研究了如何从经济的角度确定最佳订货数量，从根本上改变了人们对库存问题的传统认识，是对库存理论研究的一个重大突破，可以说，是现代库存理论的奠基石。

第二次世界大战之后，由于运筹学、数理统计等理论与方法的广泛应用，特别是 20 世纪 50 年代以来，人们开始应用系统工程理论来研究和解决库存问题，从而逐步形成了系统的库存理论，亦称“存储论”。随着计算机在管理中的普遍应用及供应链管理理论的发展，库存理论不断完善与成熟起来。

2. 库存及其分类

1）库存的概念

库存就是存货，即暂时处于闲置状态的用于将来目的的资源。闲置的资源可以是在仓库里、生产线上或车间里，也可以是在运输途中。库存的存在主要是由于供需双方在时间、空间和数量上的不确定性或者矛盾所引起的。

2）库存的分类

可从不同角度对库存进行分类，以下从四个方面介绍库存的分类。

（1）按在投入—转换—产出过程中所处的状态。可划分为原材料库存、在制品库存、维修库存、成品库存。原材料库存包括原材料和外购零部件。在制品库存包括处在产品生产不同阶段的半成品。维修库存包括用于维修与养护的经常消耗的物品或部件。成品库存是准备销售给用户的产品所形成的库存。

（2）按库存的作用。库存可划分为周转库存、安全库存、调节库存和在途库存。周转库存的产生是基于经济订购批量思想。安全库存是为了应付需求、生产周期或供应周期等可能发生的不测变化而设置的一定数量的库存。调节库存是用于调节需求或供应的不均衡、生产速度与供应速度不均衡、各个生产阶段的产出不均衡而设置的，如为满足季节需求而设立的库存。在途库存是指正处于运输以及停放在相邻两个工作地之间或相邻两个组织之间的库存，这种库存是一种客观存在，不可避免。

（3）按物品需求的重复程度。库存可划分为单周期库存和多周期库存。单周期需求也称一次性订货，这种需求的特征是偶发性或物品生命周期短，因而很少重复订货。有两种情况：一是偶尔发生的某种物品的需求，如某些大型活动的纪念章或节日贺卡等；另一种是易腐物品或时效性很强物品的需求，如鲜鱼、鲜肉、杂志报纸等。对于单周期需求物品的库存控制称为单周期库存问题，如报童问题就是典型的单周期库存问题。多周期需求是在长时间内需求反复发生，库存需求不断补充。对多周期需求物品的库存控制称为多周期库存问题。与单周期库存相比，多周期库存问题更为普遍。

（4）按对库存的需求特性。库存可划分为独立需求库存与相关需求库存。独立需求库存是指用户对某种库存物品的需求与其他物资无关,表现出对这种库存需求的独立性。从库存管理的角度来说，独立需求库存是指那些随机的、企业自身不能控制而是由市场所决定的需求。独立需求库存无论在数量上还是在时间上都有很大的不确定性，但可以通过预测方法粗略地估算。相关需求是指与其他需求有内在相关性的需求，根据这种相关性，企业可以精确地计算出它的需求量和需求时间，是一种确定型需求。例如，顾客对某一商品（如汽车）的需求，对于生产该产品的企业来说，就是独立需求，因为这种需求与其他种类物品的需求无关，而且是随机的、企业不能控制。对于汽车厂商，构成汽车的零部件及原材料（如轮胎、车门等）的需求，则是相关需求，一旦这种产品需求确定了，生产该产品所需的零部件及原材料的数量就确定了。本章主要介绍独立需求库存管理问题。

3. 库存的作用

一般来说，库存是维持正常生产、保持连续、应付不测需求所需要的。库存的作用至少表现在以下六方面。

（1）满足不确定的顾客需求。顾客对产品的需求在时间与空间上均有不确定性，库存可以满足随时发生的顾客需求。这种情况在超市最为常见，特别是对大路货，总会上架一定数量的货物，以满足随时到来的需求。

（2）平衡对生产能力的要求。当需求与生产能力不平衡时，企业可以利用库存来调节需求的变化。特别的，对于季节性需求，如中秋月饼、圣诞树、新年贺卡，开学时的学生用品等可以在淡季建立库存，以供旺季时使用。这样通过预设库存使生产能力保持均衡，更好地利用生产能力。

（3）缓解运营过程中不可预料的问题。供应商缺货、运输中断、机器故障、质量问题等都可能造成生产中断。为此，需要设置一定的库存（安全库存）来缓解运营过程中这些不可预料的问题。

（4）降低单位订购费用与生产准备费用。订购一批物资的订购费用与订购物资的数量无关或关系不大。生产一批产品的生产准备费用与生产的数量无关或关系不大。因此，增大订购批量会降低订购费用。增加生产批量会降低单位产品的生产准备费用。同时，大批量生产还会减少单位产品的生产准备时间，从而使生产能力得到充分利用。这一点对于瓶颈环节尤为重要。

（5）利用数量折扣。通常供应商为了刺激需求，对于达到一定采购量的采购方会提供一定的价格优惠。一次订货量越大折扣幅度越大。这种情况在大宗原料的供销中最为常见。作为采购方，当数量折扣带来的好处大于增加的保管费用时，就会利用这种数量折扣。

（6）避免价格上涨。存储价格即将上涨的物资。因避免价格上涨而保有的库存称为投机性库存。这种情况常见于稀缺资源，如石油、铁矿石等。当然也有反例，如 1996 年春季，美国的石油公司预计伊拉克的石油会重新进入国际市场，从而抛售了大量石油储备。

4.3.2 有效库存管理系统

库存管理要考虑两个基本指标：一个是服务水平，即在适当时间、适当地点、以适当数量供应所需的物资；另一个是与库存有关的成本，包括订货成本、持有成本、缺货成本。

库存管理的目标是给定服务水平下，使与库存有关的成本达到最低。为实现该目标，必须确定库存水平、库存补充时机与订货量。

1. 适当的库存盘存系统

1）定期盘存系统

定期盘存系统就是每隔一个相同的时间间隔，就发出一次订货，每次的订货量是预设的目标库存与实际库存差额的库存盘存系统，如图 4-4 所示（Q 表示库存量，LT 表示备运时间）。从图中可以看出，发出订单的时间间隔相同，但每次订货量不同。这种盘存系统特别适用于物资种类多且订货费用较高的情况，如小型零售商店就属于这种情况。定期盘存系统的优点是可以在一次订货购得许多物资，以降低订货处理成本与运输成本。定期盘存系统的缺点是无法对盘存间隔期内的物资进行控制，为防止缺货，需要保持额外的库存。

这种盘存系统比较适用于缺货费用低或使用量小的物资。

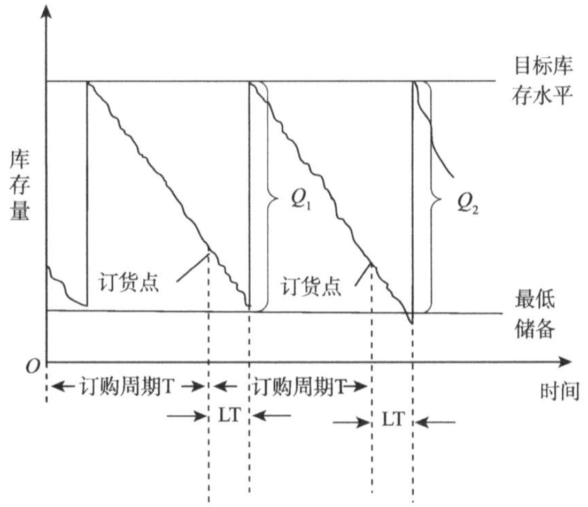

图 4-4 定期盘存系统

2）定量盘存系统

定量盘存系统就是每次以相同的订货点和订货量发出订货，订货间隔不固定的库存盘存系统，如图 4-5 所示。在这种盘存系统下，需要持续跟踪各物资的库存情况，当库存水平达到订货点时，就发出固定数量的订货。这种系统的优点是持续监控库存，有利于库存控制，及时发现缺货，减少缺货风险，此外，固定批量可以采用经济订货批量；缺点是连续记录库存水平增加了成本，而且仍然需要定期盘存实际库存水平。

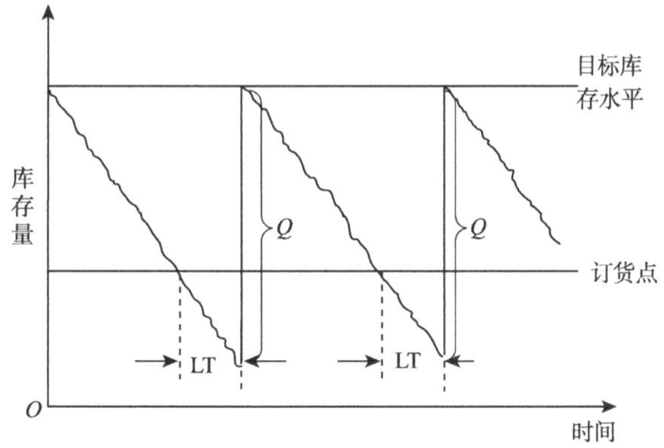

图 4-5 定量盘存系统

这种盘存系统比较适用于缺货费用高或使用量大的物资。

定量盘存系统可采用双堆法或两仓法进行控制。用两个“容器”存放库存，先从第一个“容器”领用，当第一个“容器”用完时，就发出订货。第二个“容器”的库存满足订货期的需求。这种方法的优点是不必记录每笔库存领用情况。双堆法是一种简单的即时库存记录系统，更准确的可以采用通用条形码和读码机自动记录物资出入库情况，可以随时提供现有库存情况，大大改善了库存管理。

2. 需求预测与备运时间信息

库存是用来满足需求的，所以，科学地预测需求数量至关重要。备运时间是指订单发出与物资到达之间的时间间隔。备运时间越长，潜在的变化越大，为减少物资到达之前发生缺货的风险而需要的额外库存就越多。

需求数量和备运时间都是随机变量，难以准确预测，但应该把握它们的变化幅度，以使库存管理更加有效。

3. 成本信息

与库存有关的成本有：

（1）持有费用（holding costs）。持有费用也叫保管费用，包括材料（如防腐剂、杀虫剂等）费、动力（供热、供电、供水）费、人工费、修理费、折旧费（或租金）、利息、保险费、因老化、变质、损坏或被盗所发生的费用、因库存占用资金所造成的机会成本等。当库房等固定资产折旧所占比重较低的情况下，可把总的持有费用视为可变成本，与平均库存水平成正比。

（2）订货费用（ordering costs）。订货费用包括信息通信费、商务洽谈费、运输费、检验费等。每次订货费用受订货批量的影响不大，总的订货费用与发生的订货次数有关。

（3）缺货费用（shortage costs）。缺货费用就是因需求量大于持有的库存量，失去了销售机会或供应中断而造成的损失。

（4）物资成本（product costs）。库存物资成本与物资价格和订货数量有关，是所采购物资的价值。

4.3.3 经济订货批量模型

所谓经济订货批量就是使与库存有关的成本（以下简称总成本）达到最小的订货批量。经济订货批量模型最早由哈里斯于 1915 年提出。该模型的假定条件如下：

（1）总需求量已知；

（2）对库存的需求率为常量；

（3）备运时间不变；

（4）订货费用与订货批量无关；

（5）持有费用是库存量的线性函数；

（6）全部订货一次交付；

（7）无数量折扣。

在以上假设条件下，库存量的变化如图 4-6 所示。

图 4-6 所示的库存系统的特点是：系统的最大库存量为订货批量，最小库存量为 0；对库存的需求率为常数；库存系统不存在缺货；当库存量降到订货点时，按固定批量 Q 发出订货；经过一个固定的订货备运时间（lead time，LT），刚好在库存变为 0 时，新的一批数量为 Q 的订货到达。

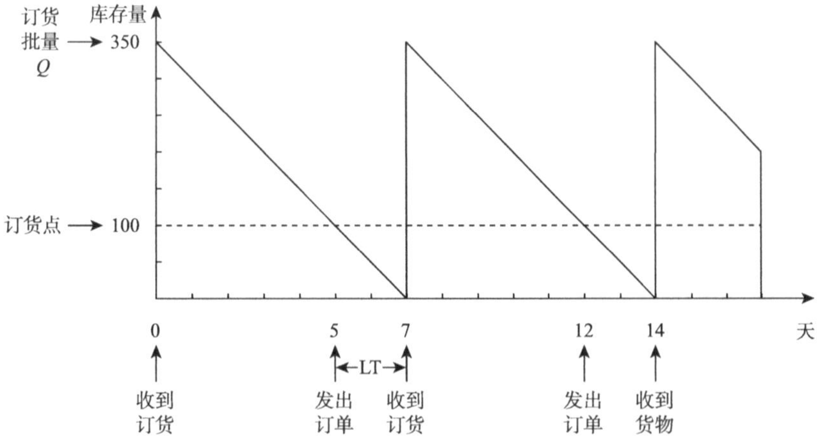

图 4-6 库存量变化示意图

与库存有关的成本包括：持有费用和订货费用。持有费用随订货批量 Q 增加而增加，是 Q 的线性函数；订货费用与 Q 呈反比，Q 越大，订货次数越少，订货费用越小。

设总成本为 C_T、持有费用为 C_H、订货费用为 C_O，单位库存物资的持有费用为 H，每次订货费用为 S，年总需求量为 D，则总成本为

$$C_T = C_H + C_O = \frac{Q}{2} \times H + \frac{D}{Q} \times S$$

以图形表示就得到库存成本曲线，如图 4-7 所示。其中总成本曲线是持有费用曲线与订货费用曲线的叠加。

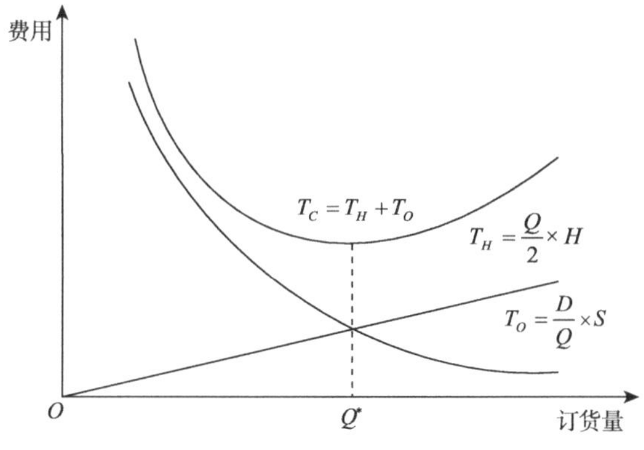

图 4-7 库存成本曲线

从图中可以看出，存在一个订货批量 Q^*，此时，总成本最低。Q^*为经济订货批量。为求得经济订货批量，总成本公式对 Q 求一阶导数，并令一阶导数等于零，可得

$$Q^* = \sqrt{\frac{2DS}{H}}$$

代入总成本公式，可得经济订货批量下的总成本

$$T_C\left(Q^*\right) = \sqrt{2DSH}$$

订货次数为

$$n=\frac{D}{Q^*}=\sqrt{\frac{DH}{2S}}$$

在经济订货批量模型中，订货点只与年需求量 D、全年制度工作日 m 和备运时间 LT 有关，再订货点（ROP）计算公式为

$$\text{ROP}=\frac{D}{m}\times \text{LT}$$

【例 4-2】 一家建筑材料批发商需要定期从一个供应商那里购进水泥，水泥在一年之内的需求是非常稳定的。去年公司一共售出了 2 000 吨水泥。每次订货费用 25 美元，持有费用为水泥采购成本的 20%，公司购进水泥的价格为每吨 60 美元。每次订货量应该是多少？

解

根据经济订货批量模型，可得每次订货量为

$$Q^*=\sqrt{\frac{2DS}{H}}=\sqrt{\frac{2\times 25\times 2\,000}{0.2\times 60}}=91.287\text{（吨）}$$

【例 4-3】 一家机床厂某种齿轮的年需求量为 15 000 件。每次订货费用为 200 元，单位库存持有费用为 1.5 元。又知该厂制度工作日为 300 天，订货备运时间为 20 天。试计算经济订货批量、相应的总成本、订货次数和订货点。

解

（1）计算经济订货批量：

$$Q^*=\sqrt{\frac{2DS}{H}}=\sqrt{\frac{2\times 15\,000\times 200}{1.5}}=2\,000\text{（件）}$$

（2）全年总成本：

$$T_C=\sqrt{2DSH}=\sqrt{2\times 15\,000\times 200\times 1.5}=3\,000\text{（元）}$$

（3）订货次数：

$$n=\sqrt{\frac{DH}{2S}}=\sqrt{\frac{15\,000\times 1.5}{2\times 200}}=7.5\text{（次），取整数，为 8 次}$$

（4）再订货点：

$$\text{ROP}=\frac{D}{m}\times \text{LT}=\frac{15\,000}{300}\times 20=1\,000\text{（件）}$$

4.3.4 数量折扣模型

1. 数量折扣模型的假定与推导

在物资采购与供应中，供货商为扩大销售量往往会给大量采购者一定的优惠，即数量折扣。这种情况在大宗原料的采购或批发业务中更为常见。

因为有数量折扣存在，与没有数量折扣的情况相比，经济订货批量会有增加的趋势。对于采购商，得到数量折扣的结果是：享受了价格优惠，减少了订货次数和订货费用，但增加了库存水平和持有费用；而放弃数量折扣的结果是：放弃了价格优惠，减少了库

存水平和持有费用，但增加了订货次数和订货费用。因此，采购商需要在这两种利害关系中找到平衡点，确定合理的订货批量。

在没有数量折扣时，价格是一常数，在年需求量已知的前提下，物资自身的价值也是一常数。因此，在总成本函数中是否考虑物资本身的价值都不影响经济订货批量的计算。但在有数量折扣的情况下，物资的单价不再是一个常数。因此，在总成本函数中需要加上物资本身的价值，记为 C_P。于是，总成本为

$$C_T = C_H + C_O + C_P$$

数量折扣模型又分两种情况，即持有费用是常数，不随价格而变，如劳动含量比较高的物资多属于这种类型；另一种是持有费用是价格的线性函数，如技术和资金含量比较高的物资多属于这种类型。

1）持有费用是常数

图 4-8 表示了持有费用是常数时的总成本曲线。

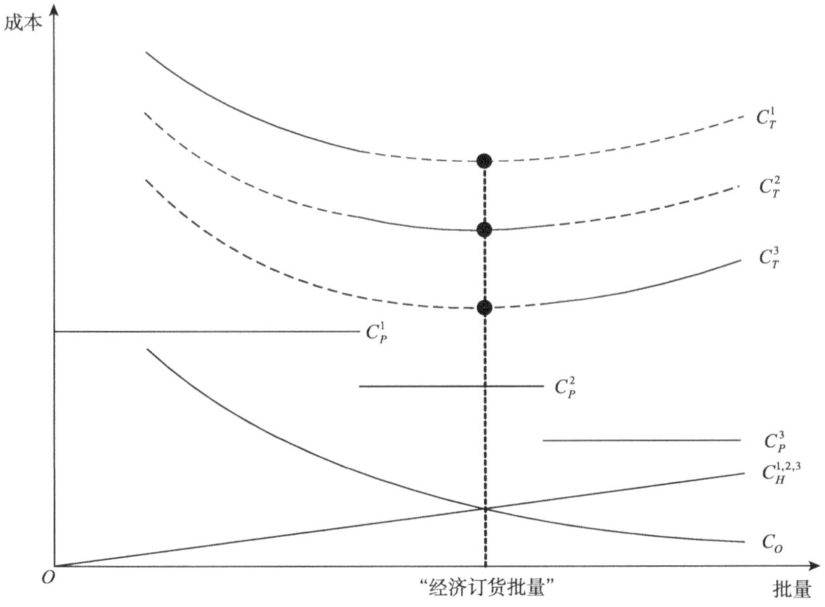

图 4-8　持有费用是常数时的总成本曲线

当持有费用是常数时，各个数量折扣区间的“经济订货批量”相等，求解经济订货批量的步骤如下：

（1）计算公用的“经济订货批量”。在图 4-8 中，三个数量折扣区间对应的“经济订货批量”相等。

（2）确定“经济订货批量”的可行域。在图 4-8 中，“经济订货批量”的可行域为第二个数量折扣区间。在第一个数量折扣区间，采购商不愿意按“经济订货批量”采购；在第三个数量折扣区间，采购商不能够按“经济订货批量”采购。

（3）计算可行的经济订货批量所对应的总成本和所有更低的数量折扣区间的折扣点所对应的总成本。

（4）比较上述总成本，最低总成本所对应的采购批量即为经济订货批量。

2）持有费用是价格的线性函数

图 4-9 表示了持有费用是价格的线性函数时的总成本曲线。

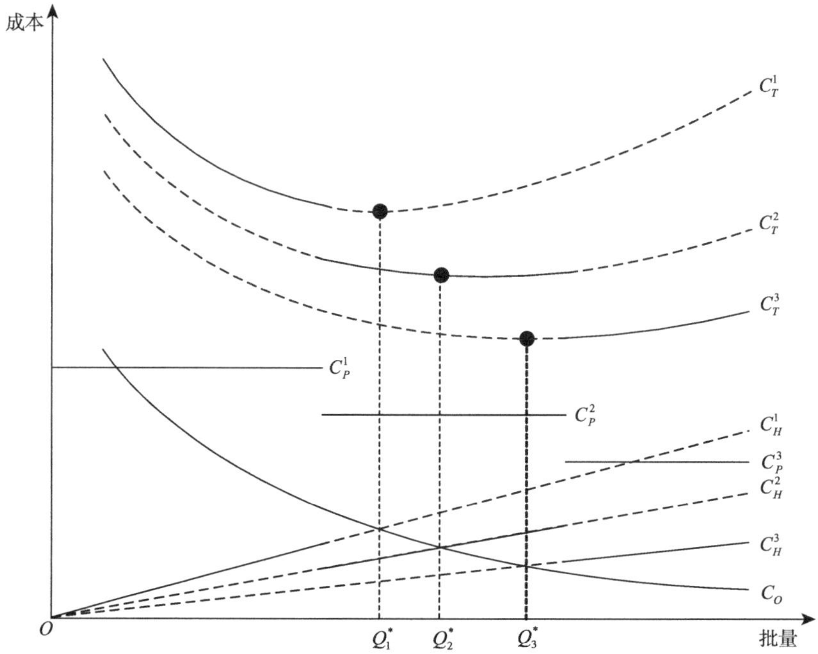

图 4-9　持有费用是价格的线性函数时的总成本曲线

当持有费用是价格的线性函数时，各个数量折扣区间的“经济订货批量”不等，求解经济订货批量的步骤如下：

（1）计算价格最低的数量折扣区间的“经济订货批量”，如果可行，该“经济订货批量”即为所求。否则，转入下一步。在图 4-9 中，价格最低的数量折扣区间对应的“经济订货批量”不可行，采购商不能按“经济订货批量”采购。

（2）向上找到可行域。在图 4-9 中，第二个数量折扣区间即为可行域。

（3）计算可行域的“经济订货批量”所对应的总成本以及所有价格更低的数量折扣区间的折扣点所对应的总成本。

（4）比较上述总成本，最低总成本所对应的采购批量即为经济订货批量。

【例 4-4】 一家饮料批发商采购某种碳酸饮料，年需求量 10 000 箱。供货商给出的价格策略如表 4-4 所示。如果已知每次订货费用为 100 元，单位持有费用为单价的 10%，试计算经济订货批量、全年总成本和全年订货次数。

表 4-4　某种碳酸饮料的价格折扣策略

订货批量/箱	每箱价格/元
1~899	30

900~1 199	25
1 200 以上	20

解

（1）计算经济订货批量。

计算最低价格的数量折扣区间的“经济订货批量”：

$$Q^*(20)=\sqrt{\frac{2\times 10\,000\times 100}{20\times 10\%}}=1\,000\text{（箱）}$$

每次订购 1 000 箱不能享受 20 元/箱的优惠，所以，该“经济订货批量”不可行。向上找到可行域：

$$Q^*(25)=\sqrt{\frac{2\times 10\,000\times 100}{25\times 10\%}}\approx 894.4$$（箱），取 895 箱。895 不在本折扣范围之内。

$$Q^*(30)=\sqrt{\frac{2\times 10\,000\times 100}{30\times 10\%}}\approx 816.5$$（箱），取 817 箱。817 箱在本折扣范围之内。找到可行域。

计算可行域的“经济订货批量”所对应的总成本以及所有价格更低的数量折扣区间的折扣点所对应的总成本：

$$C_T(817)=\frac{817}{2}\times 30\times 10\%+\frac{10\,000}{817}\times 100+10\,000\times 30\approx 302\,450\text{（元）}$$

$$C_T(900)=\frac{900}{2}\times 30\times 10\%+\frac{10\,000}{900}\times 100+10\,000\times 25\approx 252\,461\text{（元）}$$

$$C_T(1\,200)=\frac{1\,200}{2}\times 30\times 10\%+\frac{10\,000}{1\,200}\times 100+10\,000\times 20\approx 202\,633\text{（元）}$$

比较上述三个成本，可知经济订货批量为 1 200 箱。

（2）全年总成本为：202 633 元。

（3）全年订货次数为：

$$n=\frac{10\,000}{1\,200}\approx 8.3$$（次），取整数，为 9 次。

2. 数量折扣策略的制定

对供应商来说，需要针对不同采购商制定不同的数量折扣方案，以实现收益最大化。在制定数量折扣策略时，应着重解决好以下三个关键问题：

（1）折扣区间数量。供货商通常设置两个折扣区间，即一次订货在某一数量以内不打折，超过一定数量给一定的价格优惠。为了实施精准化销售，有些商家可能会设置更多的折扣区间。

（2）折扣区间的跨度。如果设置的折扣区间不止一个，就涉及折扣区间的跨度问题。

（3）折扣幅度。对于每一个折扣区间，是象征性地给一个折扣幅度，还是进行大幅度的打扣，需要供货商给出具体的方案。

在制定数量折扣策略时，应考虑以下五个方面的影响因素：

（1）产品的需求价格弹性。不同产品，需求价格弹性系数不同；同一产品对不同顾客，需求价格弹性系数不同；同一产品对同一顾客，在不同的环境，需求价格弹性系数不同。因此，应针对不同的采购商，制定不同的数量折扣策略。特别地，如果产品本身的需求价格弹性小，采购商对价格又不敏感，折扣区间的数量要少、折扣区间的跨度要大，折扣幅度要小。

（2）成本。包括资本成本、仓储成本等。对某类物资，成本越高，折扣幅度就应越大。

（3）历史数据。应参考一定时期的历史数据，分析不同数量折扣策略下的收益情况。实施动态调整。

（4）竞争对手的价格策略。对同质产品，还应充分考虑竞争对手的价格策略。以便在营利的情况下，争取更多的市场份额。

（5）心理因素。对高端客户，过度打折不是一个聪明的选择。

4.4 运营管理的新发展

历史的车轮滚滚向前，运营管理的发展也永远没有停息。运营管理的新发展表现在对运营战略的重视、先进运营方式的系统应用、企业社会责任问题等几个方面。

4.4.1 运营战略正在并越来越受到重视

20 世纪 70 年代初，哈佛商学院的维克曼 · 斯金纳（Wickam Skinner）提出了运营战略的概念。运营战略可总结为如何通过运营管理赢得组织的竞争优势。其构成要素包括低成本、高质量、准时交货。现在，越来越多的组织认识到了运营战略对组织战略的支撑作用，认识到了运营战略对其生存和发展的重要性。可以预见，在 21 世纪以后的年代里，运营战略将越来越受到领导层的重视。

通用电气是世界上最大的多元化服务性公司，同时也是高质量、高科技工业和消费产品的提供者。通用电气致力于通过多项技术和服务为顾客创造“更美好的生活”。众所周知，通用电气通过四大战略获得了 20 年的高速增长：全球化战略、服务战略、六西格玛质量要求和电子商务。这四大战略有的涉及服务管理，有的涉及质量控制，有的涉及流程变革。通用电气已经把运营战略提升到公司战略的层次。从这点上，已足见其对运营战略的重视。

4.4.2 先进运营方式在服务业和非营利性组织中得到越来越广泛的应用

最优生产技术、精益生产、大规模定制等在服务业和非营利性组织中得到越来越广泛的应用。最优服务技术、精益政务、即时化定制服务等将成为运营管理的热点问题。

乐购（TESCO）曾对其供应链系统进行精益运营实践。形成了一个由消费者需求触发的不间断价值流，供应链从原有的供应商推动变成了由客户需求拉动。以可乐为例，从罐装线到顾客买走可乐的总运行时间从 20 天降到了 5 天，存货点从 5 个降到了 2 个，服务水平从 98.5%上升到 99.5%。

4.4.3 企业社会责任归位

企业社会责任（corporate social responsibility，CRS）涉及方方面面。环境污染和资源破坏、会计丑闻、天价医疗费、非法食品添加剂、股票经纪人散布有关股票的误导信息、侵犯网络信息的隐私性和安全性、行业欺诈、在金融、电信和其他企业中传播顾客的个人信息等都属于社会责任问题。这些问题已招致公众的强烈反对和各级行政管理部门的关注。

从企业角度，越来越多的企业认识到，更多地关注公众和社会的利益，认真履行社会责任，虽然在短时期内会牺牲企业的经营业绩，但从长期看，会改善企业在公众心目中的形象，通过吸引大量人才、提高客户的忠诚度等方式弥补短期的损失。值得令人欣慰的是，越来越多的企业对企业社会责任问题做出了准确的定位：企业首先应该是遵纪守法的公民，其次才是营利的组织。

今天，低碳运营模式日益受到社会和各类组织的重视。低碳经济，就是以低能耗、低污染、低排放为基础的经济模式。低碳经济的实质是能源效率和清洁能源结构问题。核心是能源技术创新和制度创新。目标是减缓气候变化和促进人类的可持续发展。从企业层面，应对企业的碳源进行分析，跟踪碳足迹，测算其碳排放量。以企业内部小循环为支撑，研究投资、技术引进、产品开发等低碳运营模式。

像惠普这样世界顶尖级公司已经把对全球公民责任的承诺与公司运营联系起来，实现了从义务到战略的转变。在全球范围内，惠普根据对业务、技术和社会的重要性确定了其社会责任的三个战略重点：环境可持续性、隐私和社会投资。每年，惠普都会评估客户需要和发展趋势，据此制订全球社会责任战略计划。创新、管理、社会责任、产品与服务构成了惠普这一品牌的四大支柱，社会责任已经转化为企业的竞争力。

4.4.4 工业 4.0 对运营管理模式的重构

1. 工业 4.0 简介

工业 4.0 是由德国联邦教育局及研究部、联邦经济技术部联合资助德国工程院、弗劳恩霍夫协会、西门公司等德国学术界和产业界而启动的一项战略计划，现已提升为德国国家级高科技战略。

工业 4.0 是指以信息物理系统（cyber-physical system，CPS）为基础，实现企业制造系统的网络化集成以及价值链数字化集成，进而构建智能工厂，实现智能制造，全面提升生产过程的智能化水平和制造业的商业价值。

德国提出的工业 4.0 与美国提出的工业互联网，以及中国制造 2025 异曲同工，即在互联网与制造业深度融合的基础上，具有自我诊断、自我修正的自动化技术，具备更加强大的分析处理能力的自动化软件以及与之相适应的更加智能的设备，在统一的控制平台上，实现生产过程的分散式增强型控制。

为了实现这一高技术战略，制定了以下六项措施：

（1）创新组织管理；

（2）实现技术标准化和开放标准的参考体系；

（3）建立复杂管理系统的优化模型；

（4）建立一套综合的工业宽带基础设施；

（5）建立安全保障机制和规范；

（6）加强专业教育。

2. 工业 4.0 对运营管理模式的重构

如果说工业 1.0 是机械制造时代，工业 2.0 是电气化与自动化时代，工业 3.0 是电子信息时代，那么，工业机器人、RFID（radio frequency indentification，即无线射频识别）传感器、3D 打印、互联网、移动通信、物联网、大数据、云计算等新兴产品将得到进一步发展。

从运营管理视角，在工业 4.0 时代，需要重新思考企业的价值取向、组织架构、管理模式，需要重新构建企业的运营体系，需要创新产品研发方式、生产过程控制技术、物流配送方案、顾客服务流程的运营管理模式。

以下运营管理方案正在或将要得到实现：

（1）顾客个性化需求的满足。能够直接从顾客那里获得个性化需求，并通过设计与制造的大规模定制予以实现。

（2）柔性化的制造。能够更好地响应来自内外部的各种变化。需求管理、设计变更、过程管理、维护更新等变得更加灵活。

（3）智能化的运营管理。以 CPS 为基础，实现人、设备、产品的互联互通，对价值链节点企业数据，以及市场数据、销售数据、采购数据、研发数据、工艺技术数据、设备数据、生产过程实时数据、产品与服务数据、物流配送数据等进行深度挖掘，已给出更加科学的运营管理方案。

思 考 题

1. 什么是运营系统？它有哪些特征？
2. 什么是运营管理？运营管理的目标是什么？
3. 运营系统的规划与设计要解决的具体问题有哪些？

4. 运营系统的运行与控制要解决的具体问题有哪些?
5. 简述运营管理的发展历程。
6. 定期盘存和定量盘存适用情况是什么?
7. 运营管理有哪些新的发展?
8. 假如你刚毕业进入一家工厂工作，你认为应该如何做，才能使自己成为运营管理骨干?请列出你两年内的计划。

第5章

质 量 管 理

➢ **本章要点：**

· 质量与质量管理的概念
· 提高产品质量的意义
· 质量管理与质量管理体系的含义
· 全面质量管理的概念及思想
· 全面质量管理的基本工作方法——PDCA 循环
· 常用的质量管理统计方法：直方图、数据分层法、控制图、排列图、因果分析图、散布图和统计分析表
· 国际标准、国际标准组织与 ISO 9000
· ISO 9000与 TQM 的关系
· 质量管理的发展趋势

联合包裹速递服务公司（United Parcel Service，UPS）是世界上最大的快递承运商与包裹递送公司，1907 年成立于美国，作为世界上最大的快递承运商与包裹递送公司，UPS 同时也是专业的运输、物流、资本与电子商务服务的领导性的提供者。

UPS 每天都在世界上 200 多个国家和地域管理着物流、资金流与信息流。通过结合货物流、信息流和资金流，UPS 不断开发供应链管理、物流和电子商务的新领域，如今 UPS 已发展为拥有 300 亿美元资产的大公司。

与竞争对手联邦快递相比，UPS 更注重效率与质量。

（1）UPS 依赖先进的科技来保证效率。1988 年，UPS 将其带有 600 个终端的 IBM 主机扩展到 17 000 个终端。同年，UPS 开发了一套系统，使发运者能够通过计算机屏幕沿发运线路追踪每一台运送车辆，并且通过一套车上设备来调控发动机，以帮助 UPS 的车辆避免故障。1989 年，UPS 投资 8 000 万美元，在新泽西州 Mahwah 建立了一个连接 UPS 全球计算机网络的计算机和电子通信中心。1991 年，UPS 开始了一次大胆的行动，通过开发“发货信息收集器”（delivery information acquisition device，DIAD）来超过联邦快递的信息系统能力，把竞争推向高技术领域。目前，每个穿深色制服的 UPS 送货司机都随身配备这个小小的 DIAD 电子写字板，通过无

线数据传输系统，在读取信息的同时将数据传输到UPS的数据网络中。当收货人在电子写字板上签收货物时，所有的信息会即时传到UPS庞大的电子追踪系统。与此同时，发货人就可以在网上查到这些信息，并且可以看到收货人的签名。通过DIAD，还可以将道路交通情况和什么地方有客户需要上门收货等信息传达到司机。即便有几十年的地面运输经验，UPS还是依靠全球定位系统，结合派送货物的数量来规划每个司机的送货线路。不仅如此，UPS独特的移动解决方案，还使客户可以通过掌上电脑、手机等，在任何地方、任何时间对自己交运的物品进行追踪。如果要交货，只要将自己所处方位的邮政编码输入掌上电脑，就能得到最近的UPS收货点的资料；或者直接使用UPS的定位软件来查找收货点的位置。目前，技术在UPS中的应用已达到了一个令人难以置信的范围，从专门设计的包裹递送运输工具到全球计算机和通信系统。

（2）将满足客户的需要作为质量管理标准。在质量管理方面，UPS公司20世纪90年代以前质量关注的是“按时交货”。为了实现他们的宗旨，“在邮运业中办理最快捷的运送”，UPS的管理当局系统地培训他们的员工，使他们以尽可能高的效率从事工作。我们以送货司机的工作为例，介绍一下他们的管理风格。

UPS的工业工程师们对每一位司机的行驶路线都进行了时间研究，并对每种送货、暂停和取货活动都设立了标准。这些工程师们记录了红灯、通行、按门铃、穿过院子、上楼梯、中间休息喝咖啡的时间，甚至上厕所的时间，将这些数据输入计算机中，从而给出每位司机每天中工作的详细时间标准。

为了完成每天取送130件包裹的目标，司机们必须严格遵循工程师设定的程序。当司机接近发送站时，他松开安全带、按喇叭、关发动机、拉起紧急制动，为送货完毕的启动离开做好准备，这一系列动作严丝合缝。然后，司机从驾驶室来到地面上，右臂夹着文件夹，左手拿着包裹，右手拿着车钥匙。司机看一眼包裹上的地址把它记在脑子里，然后以每秒3英尺（1英尺≈0.304 8米）的速度快步走到顾客的门前，先敲一下门以免浪费时间找门铃。送货完毕后，司机在回到卡车上的路途中完成登录工作。这种刻板的时间表是不是看起来有点烦琐？它真能带来高效率吗？毫无疑问。生产率专家公认，UPS是世界上效率最高的公司之一。例如，联邦快运公司平均每人每天不过取送80件包裹，而UPS却是130件。在提高效率方面的不懈努力，对UPS的净利润产生了积极的影响。人们普遍认为它是一家获利丰厚的公司。

但是近来公司通过调查发现：顾客的需求是，希望能和公司的司机（取货人与交货人）有更多的交流，因为这是唯一的面对面接触的机会，代表公司对顾客的态度。因此，UPS公司现在质量规划的战略重点是：鼓励社会15万名司机与顾客交流，并提供培训，使所有雇员清晰地理解UPS服务，并且可以与其客户交流这些信息，让客户的需求成为公司的驱动力。

5.1 质量管理的发展过程与现代质量观

我国经济已由高速增长阶段转向高质量发展阶段。经济社会又好又快发展，必须好字当头，质量第一。

5.1.1 质量管理的发展过程

质量管理的产生和发展过程已经走过了漫长的道路，可谓是源远流长。到目前为止，质量管理的发展大体经历了传统质量管理、质量检验、统计质量控制、全面质量管理、六西格玛质量管理和精益六西格玛质量管理六个阶段历程。

1. 传统质量管理阶段

19 世纪末的工业革命前，生产方式以单一的手工作业为主。在这个阶段，产品质量主要依靠工人的实际操作经验，熟练的工匠生产并检验他们自己生产的有限数量的产品。工人既是操作者，又是质量检验、质量管理者，且经验就是“标准”。因此，该阶段又称为“操作者的质量管理”。

2. 质量检验阶段

19 世纪开始，随着机器大工业时代的来临，大工业生产方式取代了手工作业，由此产生了工长，工长不仅负责安排生产任务，监督生产任务的执行，而且负责产品质量。第一次世界大战期间，即 20 世纪 20 年代，随着管理职能的专业化和分工，检验的职能从生产中独立出来，出现了专职的检验员，其负责产品生产之后的检验工作，即进入了“质量检验阶段”。专职的检验部门的出现，对当时企业的生产发展起了积极的推动作用，增强了生产者责任心，有利于生产者不断提高自身技术水平，减低了生产成本，提高产品质量，提升企业的信誉。

这种检验的主要缺点是：①以检验部门为中心的质量管理，实质上是“事后管理”；②检验方式为百分之百检验，造成人力、物力的浪费，增加了生产成本。

3. 统计质量控制阶段

从 20 世纪 40 年代初到 50 年代末，美国贝尔电话实验室的休哈特（Shewhart）等提出抽样检验的概念，最早把数理统计技术应用到质量管理领域，运用数理统计方法，从产品的质量波动中找出规律性，用以评定、改进与保持产品的质量，以减少对检验的依赖，使生产的各个环节控制在正常状态，从而更经济地生产出品质优良的产品。

虽然与质量检验阶段相比，统计质量控制要科学和经济许多，开创了质量管理的新局面。但是，统计质量管理也有其缺点：①统计质量控制仅仅是达到产品标准而已，未考虑是否满足顾客需要；②该方法限于对工序进行控制，而未考虑对质量形成的全过程进行控制，难以预防废品的发生，经济性仍然不理想；③由于过分强调统计质量控制，人们误以为质量管理就是统计方法。

4. 全面质量管理阶段

第二次世界大战后，科学技术的不断发展，对许多大型设备和复杂系统的质量要求越来越严格，单纯依靠统计控制的方法无法满足要求。著名的质量管理专家费根堡姆和朱兰（Juran）首先提出了全面质量管理（total quality management，TQM）的概念，在质量管理科学发展史上第一次系统地阐述了全面质量管理的理论和方法，主张在企业内一切部门和一切生产活动中必须开展质量管理的活动。第二次世界大战以后，戴明和朱兰将统计质量控制传入日本，帮助日本建立了全面质量管理的方法和实践，并取得了巨大的成效。为表彰和纪念戴明对日本质量管理所做出的巨大贡献，日本科学家和工程师协会于 1951 年成立了戴明奖，该奖在文化层次上推动了日本质量管理的发展。从 20 世纪 80 年代开始，全面质量管理的思想逐步被世界各国接受。

5. 六西格玛质量管理阶段

1981 年，当时日本所生产的相同产品大大优于摩托罗拉公司，使摩托罗拉公司感受到相当大的生存压力，不得不思考如何生存，为了突破困境，摩托罗拉公司决定导入六西格玛质量管理模式，企业业绩开始有了明显的提高。摩托罗拉也因此于 1988 年获得了首届“美国国家质量奖”。六西格玛质量管理以“一次成功”“使顾客满意”为理念，通过降低质量的变异及企业内部、外部的不良损失，以此大幅度降低成本、提高顾客满意度的科学管理。

6. 精益六西格玛质量管理阶段

近年来，将六西格玛和精益生产结合起来，实施精益六西格玛的企业越来越多。六西格玛和精益生产的实质都是基于顾客驱动的持续改进模式，强调对流程的优化。从采用的方法来看，六西格玛管理侧重于降低变异，它是建立在严格的数据分析基础上，通过严格的量化分析消除过程变异，通过提高过程能力保证过程的稳定性。精益方式强调消除浪费，它是通过识别价值和价值流，消除流程中的各种浪费，以缩短生产周期、降低成本和提高质量。因此，精益方式与六西格玛管理具有很好的互补性，它们的结合能够使企业更好地满足顾客的需求、提高企业绩效。

5.1.2 质量观的演变

准确把握对质量的理解，是实现质量目标的前提。由上述质量管理的发展历程可见，人们对质量的认识主要经历了三个阶段。

1. 符合性质量观

在 20 世纪 40 年代以前的质量检验阶段，符合性质量概念以符合现行标准、规范作为衡量依据，“符合标准”就是合格的产品质量，符合的程度反映了产品质量的水平。

2. 适用性质量观

在全面质量管理阶段，朱兰提出了质量即“适用性”的概念，质量即满足顾客需求的程度，它强调了顾客导向的重要性。“适用性”质量观从制造业拓展到人们赖以生存的环境质量、卫生质量等各个领域。朱兰的质量观反映了人类经济活动的共同要求：经济发展的最终目的是为了不断满足人们日益增长的物质文化生活的需要。质量被认为是“产品在使用中能够成功满足顾客需要的程度”，开始把顾客需要放在首位。

3. 卓越质量观——零缺陷质量

20 世纪 90 年代，摩托罗拉、通用电器等世界顶级企业相继推出六西格玛管理，逐步确定了全新的卓越质量理念——顾客对质量的感知远远超出其期望，使顾客感到惊喜，质量意味着没有缺陷，即“零缺陷”。六西格玛质量管理的精髓在于向“零缺陷”努力，所谓“零缺陷”是指没有在第一次做好的任何事情。

5.2 质量与质量管理的概念

5.2.1 质量的概念

1. 适用性质量观

朱兰关于“质量就是适用性”的基本定义为：任何组织的基本任务就是提供能满足顾客需求的产品，“产品”包括货物和服务。这样的产品既能给产生该产品的组织带来收益，又不会给社会带来损害。满足顾客要求的这一基本任务，给我们提供了质量的基本定义：质量就是适用性。

朱兰关于“质量就是适用性”的基本定义，其内涵超越了传统的“质量就是符合性”的概念。“适用性”和“符合性”是在含义和范畴上本质完全不同的两个概念（图 5-1）。符合性是从生产者的角度出发，判断产品是否符合规格。而适用性是从顾客的角度出发，是指产品在使用期间能满足顾客的需求。因此，顾客最有资格对产品的适用性做出评价，不断满足顾客对产品适用性的需求是企业永恒的目标。

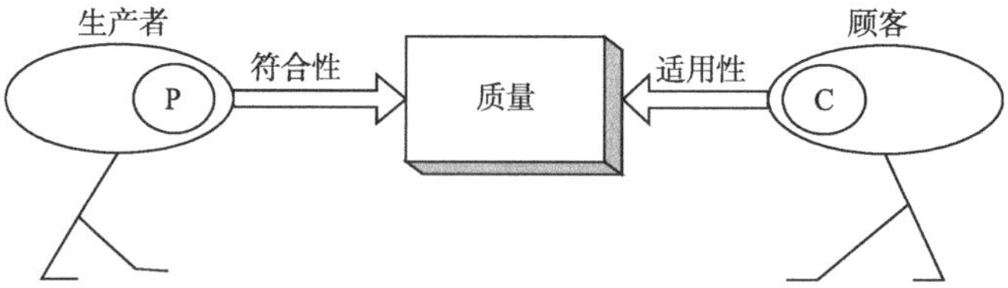

图 5-1 什么是质量

2. 质量的定义

国际标准 ISO 9000：2015《质量管理体系基础和术语》（简称 2015）对质量的定义是：一组固有特性满足要求的程度。

该定义包括以下内涵：

（1）质量的主体是产品、体系、项目或过程，质量的客体是顾客和其他相关方。

（2）质量的关注点是一组固有的特性，而不是赋予的特性。

（3）质量是满足要求的程度，要求包括明示的、隐含的和必须履行的要求和期望。

（4）质量的动态性。

（5）质量的相对性。

即使规定的顾客要求符合顾客的愿望并得到满足，也不一定确保顾客很满意。质量的更进一步要求是使顾客满意。ISO 9000：2015 对“顾客满意”的定义是：顾客对其要求已被满足的程度的感受。

5.2.2 质量管理的定义及其内涵

1. 质量管理的主要概念

ISO 9000：2015 对质量管理的定义是：在质量方面指挥和控制组织的协调的活动。

质量管理的首要任务是确定质量方针、目标和职责，核心是建立有效的质量管理体系，通过具体的四项活动，即质量策划、质量控制、质量保证和质量改进，确保质量方针、目标的实施和实现。

质量管理是组织围绕着使产出物能满足不断更新的质量要求，而开展的策划、组织、计划、实施、控制、保证、检查和监督、审核和改进等所有管理活动的总和。质量管理的首要任务是确定质量方针、目标和职责，核心是建立有效的质量管理体系，通过具体的四项活动，即质量策划、质量控制、质量保证和质量改进，确保质量方针、目标的实施和实现。

质量方针是指“由组织的最高管理者正式发布的该组织总的质量宗旨和方向”。质量方针是总方针的组成部分，由最高管理者批准。例如，某某公司的质量方针是：“我们将向我们的顾客提供及时的、无缺陷的产品和服务。”质量方针体现了该组织的质量意识和质量追求，是组织内部的行为准则，也体现了顾客的期望和对顾客做出的承诺。质量方针与组织的总方针相一致并为制定质量目标提供框架。

质量目标是组织在质量方面所追求的目的。制定质量目标的主要依据是组织的质量方针。质量目标将质量方针转换为各个部门需要完成的单独的任务说明。

质量管理体系是指为实施质量管理，由组织结构、职责、程序、过程和资源构成的有机整体。通过运用这一体系，体系得以持续改进从而得到顾客的满意。

2. 全面质量管理的主要观点

费根堡姆对全面质量管理的定义是：“为了能够在最经济的水平上，并在充分考虑到满足顾客要求的条件下，进行市场研究、制造、销售和服务，把企业各部门的研制质量、维持质量和提高质量的活动，构成为一种有效的体系。”全面质量管理是以质量为核心，根据顾客满意程度及组织成员和社会的利益，提供长期的质量保证。

现代质量管理中，下列理念是非常重要的：

1）顾客满意是检验和衡量质量优劣的基本尺度

产品管理必须面向顾客，要了解和研究顾客的需求，要想顾客所想，急顾客所急，全心全意为顾客服务，把满足顾客需要放在产品管理的首位。衡量项目成功最主要的标准是顾客满意度。它不仅需要符合顾客要求，即项目应生产出其承诺的产品，而且应该具有适用性，即产品或服务必须满足实际需要。

2）质量管理必须坚持“三全管理”

“三全管理”即要求做到全员、全过程和全方位管理。

一是质量管理是每个员工的责任，管理者对质量应负主要责任，这就是质量管理的全员性。项目产出物质量是项目各环节全体员工的工作和活动质量的综合反映，任何一个环节员工的工作或活动的质量，都会不同程度、直接或间接地影响项目产出物的质量。因此，必须把全体员工的积极性充分调动起来，履行各自的质量责任，才能使顾客满意。

二是全过程管理，质量形成于项目实施的全过程，因此，必须把质量形成全过程中各个环节的工作和活动全面地管理起来，把影响质量的因素，可能造成不合格品的因素，消灭在质量形成的过程中。

三是全方位管理，项目交付成果质量所反映的工作质量，分布于整个项目的所有层次和各个职能部门，要使项目交付成果的质量优良，就必须发挥各个层次和各个职能部门的工作质量的作用。

3）质量是干出来的不是检验出来的（预防重于检查）

质量管理的目的，不在于检查、剔除废品，而在于根除和预防错误事件的发生。项目中的所有工作都是通过过程来完成的，因此，要把单纯的质量检验变为过程管理，使质量管理从“事后”转到“事前”和“事中”。“事前”包括设计、采购等活动，“事中”包括制造。

用百分之百检验的做法来提高质量，等于是原来就计划生产不合格品，承认生产过程没有能力达到规格要求。大家一遇到质量问题的共同反映往往是“增加检验员”，但这只会带来更大的麻烦。增加检验员会使问题变得更糟。理由很简单，每个检验员都想仰仗别人做工作。“分担责任”意味着没人要负责任。

产品的质量是设计和制造出来的，而不是检验出来的。检验只是质量管理的一种手段，并不会达到提高质量的功能。重要的是应用检验所得的信息进行质量改进活动，才能提高产品和项目的质量。

3. 持续改进质量的主要方法

采用PDCA循环和质量螺旋等方法和理念，来持续改进产品或项目的质量。

1）PDCA循环

戴明提出的PDCA循环是质量管理的基本方法。它不是运行一次就结束，而是周而复始的进行，一个循环完了，解决了一部分问题，可能还有其他的问题尚未解决，或者又出现了其他问题，再进行下一次循环。PDCA循环不但在质量管理中得到了广泛的应用，更重要的是为现代管理理论和方法开拓了新思路。PDCA各字母的含义：

P（plan）——计划。某人有个改进产品或过程的构思，这是第“零”阶段，接着是第一步骤计划如何测试、比较或试验，这是整个循环的基础。仓促的开始，会导致效率低下、费用偏高、甚至完全失败。大家往往急于结束这个步骤，迫不及待地开始所有的活动，忙碌地进入第二步骤；

D（do）——执行。依据第一步骤所做出的计划，进行比较、试验；

C（check）——检查。研究结果是否与预期相符？如果不是，问题何在；

A（action）——处理。对总结检查的结果进行处理，成功的经验加以肯定，并予以标准化，或制定作业指导书，便于以后工作时遵循；对于失败的教训也要总结，以免重现。对于没有解决的问题，应进行改进，或者放弃，或者在不同的环境条件、不同的原料、不同的人员情况下，再重复这个循环。

图 5-2 表明了 PDCA 循环的整个过程：

（1）周而复始。图 5-2（a）是 PDCA 循环的基本原理，它表示 PDCA 循环的四个过程不是运行一次就完结，而是周而复始地进行，解决了一部分问题，可能还有问题没有解决，或者又出现了新的问题，再进行下一个 PDCA 循环，依此类推。

（2）大环套小环。图 5-2（b）所示，类似行星轮系，一个公司或组织的整体运行体系与其内部各子体系的关系，是大环带动小环的有机逻辑结构。

（3）阶梯式上升。如图 5-2（c）是 PDCA 循环的功能，即通过一次次的循环，便能将质量管理活动推向一个新的高度，使项目管理的质量不断得到改进和提高。

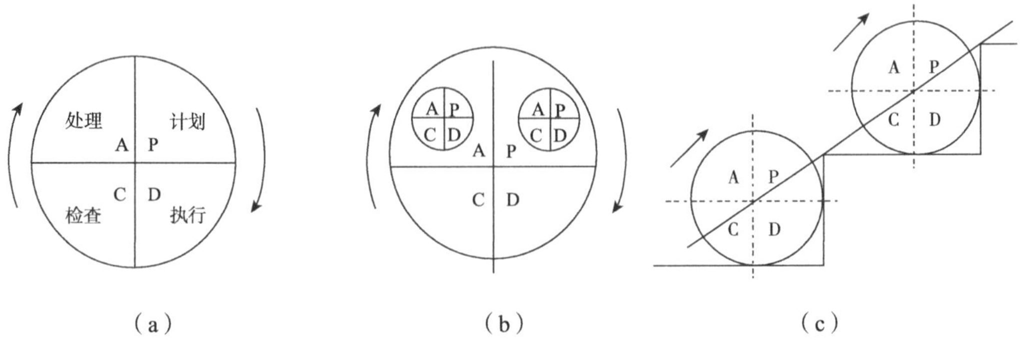

图 5-2 PDCA 循环

2）质量螺旋

项目（产品）质量形成的规律可用质量螺旋来描述。朱兰提出，为了获得项目的适用性，需要进行一系列活动，也就是说，项目质量是在市场调查、研发（R&D）、设计、制定产品规格、制定工艺、采购、生产、工序控制、检验、销售、服务等全过程中形成的，同时又在这个全过程的不断循环中螺旋式提高，如图 5-3 所示。在这一过程中，包括一系列循序进行的工作或活动，即包含若干个环节，环节之间一环扣一环，互相制约、互相依存、互相促进、不断循环，周而复始。每经过一次循环，就意味着项目（产品）质量的一次提高。由于该图为美国质量管理专家朱兰所首创，故也称朱兰螺旋线。

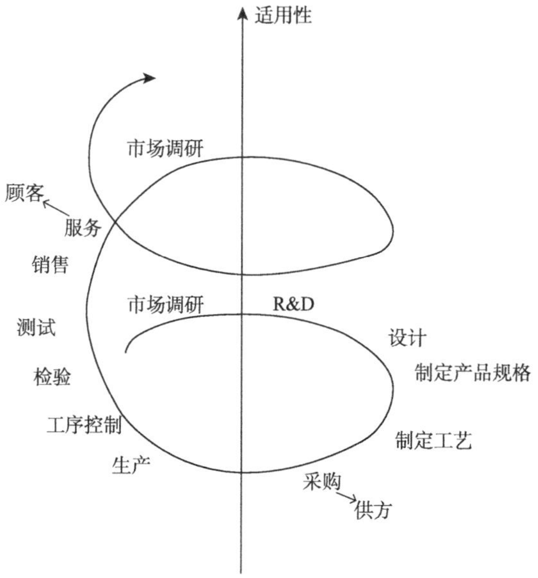

图 5-3 质量螺旋

5.2.3 质量管理的要素

质量管理可采用五要素模型（图 5-4）来描述。

该模型包括：两种质量；产品（服务）的质量和工作质量；两种实现产品和工作质量方法，质量保证与质量控制；质量意识，组织中从最高层领导到每个员工都向零缺陷的目标努力。

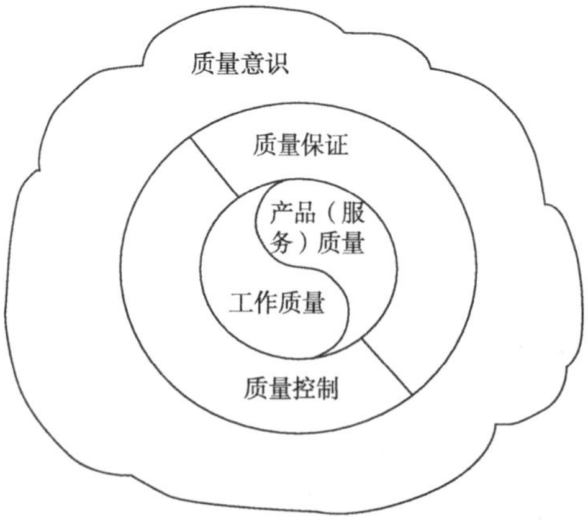

图 5-4 质量管理的五因素模型

1）产品（服务）质量

产品（服务）质量，即所提交的产品或服务是否符合顾客的技术性能要求，它是项目的最终目标，产品的质量会在项目结束后很长时间产生影响。表 5-1 中列出了产品（服务）质量的各种表现。

表 5-1 产品质量的各种表现举例

1	性能	可检测的属性，如容量、功率
2	特性	如自动调谐
3	可靠性	如规定时间段内的故障几率、失效概率
4	一致性	运转指标达到标准
5	耐久性	使用时间
6	适用性	能力、汽车的爬坡能力
7	美观程度	外观、感觉、味道
8	认知的质量	声誉

产品在服务阶段（或对于服务型的项目）顾客的质量期望一般包括以下几个方面：

时间——顾客需要等多久？

及时性——承诺后服务是否被实施？

礼貌、周到—— 一线的雇员是否对每一位顾客都热情、有礼貌？

2）工作质量

工作质量是指在规定的时间内、在批准的预算内、在规定的范围内完成任务的程度，即管理过程的质量。这种管理过程的质量会为产品（服务）质量做出贡献，按照已经定义好并且被证明为正确的活动增加成功的机会，也能保证最终的产品质量。

3）质量保证与质量控制

质量管理的主要措施是质量保证和质量控制。质量保证是预防药，它是对产品（服务）质量方面的担保，而提前采取的用来增加获得优质产品的可能性的步骤。质量控制是治疗药，是度量产品和管理过程的质量，以消除它们与期望标准的偏差的步骤。质量控制和质量保证见 5.3 节和 5.4 节。

质量保证就是为了使人们确信该项目将能够达到有关质量标准，而在质量体系中开展的有计划、有组织的所有活动。它贯穿于整个项目的始终。质量保证的另一个目标是不断地改进质量。质量保证的内容是定期评价总体项目执行情况，以提供项目满足相关质量标准的信心。质量保证是一个前瞻性的概念。

质量控制是监控具体项目结果以确定其是否符合相关的质量标准，并制定相关措施来消除不满意执行情况的原因。质量控制和质量保证的主要区别在于：质量保证主要是指前瞻性地建立为保证绩效的一系列标准和程序；而质量控制则偏重于对这些标准和目标的实际完成情况进行评估，并针对出现的任何偏差做出响应。

4）质量意识

质量意识是项目组织中各利益相关者对实现项目的质量所应承担的义务，质量意识是质量管理的灵魂。日本企业提出“质量意识第一、管理意识第二”的方针，麻省理工学院的一份学术研究报告指出：质量问题的解决，85%取决于人们对质量的态度（即意识），而只有 15%才依靠技术。

5.3 质量控制

5.3.1 理解质量的波动性

人们早就发现，在生产指导过程中，生产出绝对相同的两件产品是不可能的。无论把环境和条件控制的多么严格，无论付出多大努力去追求绝对相同的目标，也是徒劳的。他们总是或多或少存在着差异，正像自然界中不存在两个绝对相同的事物一样。这就是质量变异的固有本性——波动性，也称变异性。

要达到控制质量的目的，自然要研究质量变异的原因，这样，控制才有针对性。所以，研究变异的原因，就是寻找变异的根源，确定控制的对象。质量变异的原因可以从来源和性质两个不同的角度加以分析。

1. 引起质量变异的原因“4M1E”

引起质量变异的原因通常概括为“4M1E”，即材料（materials）、机械设备（machines）、方法（methods）、人（man）、环境（environment），如图 5-5 所示。

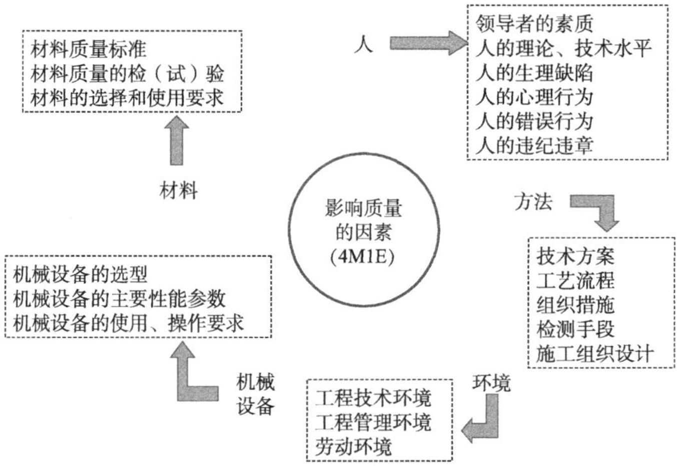

图 5-5 影响质量的因素

1）人的因素

人，是指直接参与项目的组织者、指挥者和操作者，所以，为确保产品质量，应根据产品特点，从以下几个方面着手对产品或项目参加人进行控制：人的技术水平；人的生理特征；人的心理特征；营造积极的质量文化环境，提高人的质量意识，充分调动人的积极性，发挥人是质量控制“第一因素”的主导作用，形成人人重视产品质量的文化环境。

2）机器设备

项目建设阶段所用到机器设备的大型化、临时性、多样性增加了机器设备维修与管理的难度。所采用的机械设备在生产上适用、性能可靠、使用安全、操作和维修方便。合理使用机械设备，正确地进行操作，是保证项目质量的重要环节。机械设备维修、保养不良也是产生质量偏差的原因之一。

3）材料

材料质量要符合有关标准和设计的要求，要加强检查、验收，严把质量关。材料的质量控制包括两个方面，一是材料自身的质量，二是材料质量检验方法的选择。材料订货前，使用单位应将相关生产商的情况、出厂证明、技术合格证或质量保证书提供给有关部门，经审核同意后方可订货。材料的检验方法主要包括外观检验、书面检验、无损检验和理化检验等方法，通过合理的选择检验方法判断材料质量的可靠性。

4）方法

方法包括工艺方法和测量方法，由于项目建设的一次性，不能保证项目建设的工艺技术是绝对成熟的。这就对工艺方案的稳健性提出了更高的要求。例如，奥运场馆鸟巢和水立方，无论是其安全性还是功能都必须万无一失。工艺流程、技术方案、检测手段、操作方法均应符合标准、规范、规程要求是有利于质量控制的。

项目建设的一次性，总会用到一定数量的一次性检测工具和检测方法，这增加了项目质量检测的难度。

5）环境

影响产品质量的环境因素很多，有技术环境、劳动环境和自然环境等。环境的突然变化会影响质量，如温、湿度的突然变化均可能造成加工质量偏差。因此，应对可能造成质量偏差的环境因素，采取有效的控制措施。

2. 质量变异的原因按性质可以分为偶然性原因和系统性原因

1）偶然性原因。偶然因素引起的差异又称随机误差。其特点是：偶然因素引起的过程变化较小，不会因此而造成废品；利用现有的各种手段无法控制或费用太高；可理解为背景噪声，因为这种误差是由无数细微原因所致。偶然性原因是一种不可避免的原因，经常对质量变异起着细微的作用，这种原因的出现带有随机性。所以也称偶然性原因为正常原因。

2）系统性原因。系统因素通常属于特殊原因。其特点是：变异引起的过程变化较大，会导致过程均值偏移和分布的变化，造成废品和次品；可以利用现有技术加以控制和避免。系统性原因是一种可以避免的原因。在产品形成过程中，出现这种因素，实际上生产过程已经处于失控状态。所以，也称系统性原因为异常原因。

5.3.2 常用的质量控制方法

常用的质量管理统计方法主要包括所谓的“QC七种工具”，即直方图、数据分层法、排列图、控制图、因果分析图、散布图和统计分析表。七种方法简介如下。

1. 直方图

直方图法是适用于对大量计量值数据进行整理加工，找出其统计规律，即分析数据分布的形态，以便对其总体的分布特征进行分析的方法。直方图的主要图形为直角坐标系中若干顺序排列的矩形，各矩形底边相等为数据区间，矩形的高为数据落入各相应区间的频数。在相同的工艺条件下，加工出来的产品质量不会完全相同，总在一个范围内变动。这样可以将一定的抽样分成若干组，按其顺序分别在坐标上画出一系列的直方形，并将直方形连接起来，用来观察图的形状，判断生产过程的质量是否稳定，了解产品质量特性的分布状况、平均水平和分散程度，有助于我们判断工序是否正常，工序能力是否满足需要，不良产品是否发生，分析产品质量问题的原因，以制定提高质量的改进措施。

1）直方图的画法

下面结合一个例子说明直方图的画法。

【例 5-1】 某厂测量钢板厚度，尺寸按标准要求为 6 毫米，现从生产批量中抽取 100 个样本进行测量，测出的尺寸如表 5-2 所示，试画出直方图。

表 5-2 钢板厚度测量值 单位：毫米

组号检查值	x_1	x_2	x_3	x_4	x_5
1	5.77	6.27	5.93	6.08	6.03
2	6.01	6.04	5.88	5.92	6.15
3	5.71	5.75	5.96	6.19	5.70
4	6.19	6.11	5.74	5.96	6.17
5	6.42	6.13	5.71	5.96	5.78
6	5.92	5.92	5.75	6.05	5.94
7	5.87	5.63	5.80	6.12	6.32
8	5.89	5.91	6.00	6.21	6.08
9	5.96	6.06	6.25	5.89	5.83
10	5.95	5.94	6.07	6.02	5.75
11	6.12	6.18	6.10	5.95	5.95
12	5.95	5.94	6.07	6.00	5.75
13	5.86	5.84	6.08	6.24	5.61
14	6.13	5.80	5.90	5.93	5.78
15	5.80	6.14	5.56	6.17	5.97
16	6.13	5.80	5.90	5.93	5.78
17	5.86	5.84	6.08	6.24	5.97
18	5.95	5.94	6.07	6.00	5.85
19	6.12	6.18	6.10	5.95	5.95
20	6.03	5.89	5.97	6.05	6.45

解

（1）收集数据。至少收集 100 个以上的数据，一般以 100 个样本为宜。

（2）找出所有数据的最大值与最小值，计算极差 R。$R = x_{\max} - x_{\min}$。本例中：

$$最大值\ x_{max}=6.45$$
$$最小值\ x_{min}=5.56$$
$$极差\ R=x_{max}-x_{min}=6.45-5.56=0.89$$

（3）确定组数 K 与组距 h。组数 K 的确定可根据表 5-3 来选择。

表 5-3 分组数 K 参考值

数据个数 N	分组数 K	一般使用 K
50~100	6~10	
100~250	7~12	10
250 以上	10~20	

本例中，K=10，组距 $h=R/K$=0.89/10≈0.09。

（4）确定组的上下界限值。分组的组界值要比抽取的数据多一位小数，以使边界值不至于落入两个组内。因此，先取测定单位的 1/2，然后用最小值减去测定单位的 1/2，作为第一组的下界值；再加上组距，作为第一组的上界值，依此加到最大一组的上界值。

本例中，测量单位为 0.01，所以第一组的下界值为

$$x_{min}-\frac{测量单位}{2}=5.56-\frac{0.01}{2}=5.555$$

第一组上界值为 5.555+0.09=5.645。

第二组上界值为 5.645+0.09=5.735。

（5）记录各组中的数据，计算各组的中心值 x_i，整理成频数表（表 5-4）。

表 5-4 频数表

组号	组界值	组中值 x_i	频数 f_i	变换后组中值 μ_i	$f_i\mu_i$	$f_i\mu_i^2$
1	5.555~5.645	5.60	2	−4	−8	32
2	5.645~5.735	5.69	3	−3	−9	27
3	5.735~5.825	5.78	13	−2	−26	52
4	5.825~5.915	5.87	15	−1	−15	15
5	5.915~6.005	5.96	26	0	0	0
6	6.005~6.095	6.05	15	1	15	15
7	6.095~6.185	6.14	15	2	30	60
8	6.185~6.275	6.23	7	3	21	63
9	6.275~6.365	6.32	2	4	8	32
10	6.365~6.455	6.41	2	5	10	50
			$\sum f_i=100$		$\sum f_i\mu_i=26$	$\sum f_i\mu_i^2=346$

$$x_i=\frac{该组下界限值+该组的上界线值}{2}$$

本例中：

$$第一组x_1 = \frac{5.555 + 5.645}{2} = 5.6$$

（6）统计落入各组的频数 f_i（本例为各组数值出现的次数，计入 f_i 栏下面）。

（7）计算各组简化中心值 μ_i。

$$\mu_i = \frac{各组中心值x_i - 频数f_i最大一栏的中心值x_0}{h}$$

本例中：

$$\mu_1 = \frac{5.6 - 5.96}{0.09} = -4$$

（8）计算频数 f_i 与简化中心值的乘积，即 $f_i\mu_i$。

（9）计算频数 f_i 与简化中心值平方的乘积，即 $f_i\mu_i^2$。

（10）计算平均值 $\overline{x}$。公式为

$$\overline{x} = \frac{\sum_{i=1}^{n} x_i}{n}$$

可简化为

$$\overline{x} = x_0 + h\frac{\sum f_i\mu_i}{\sum f_i}$$

本例中：

$$\overline{x} = 5.96 + 0.09 \times \frac{26}{100} = 5.983\,4$$

（11）计算标准偏差 S。公式为

$$S = \sqrt{\frac{\sum_{i=1}^{n}(x_i - \overline{x})^2}{n}}$$

可用简化公式

$$S = h\sqrt{\frac{\sum f_i\mu_i^2}{\sum f_i} - \left(\frac{\sum f_i\mu_i}{\sum f_i}\right)^2}$$

本例中：

$$S = 0.09 \times \sqrt{\frac{346}{100} - \left(\frac{26}{100}\right)^2} \approx 0.168$$

（12）画直方图。根据频数表画出直方图。在方格纸上，横坐标取各组的组限，纵坐标取各组的频数，画出一系列直方形即直方图。如图 5-6 所示，图 5-6 中每个直方形面积为数据落到这个范围内的个数(或频率),故所有直方形面积之和就是频数的总和(或频率的总和）为 1 或 100%。图 5-6 中要标出平均值（$\overline{x}$）和标准差（S）。

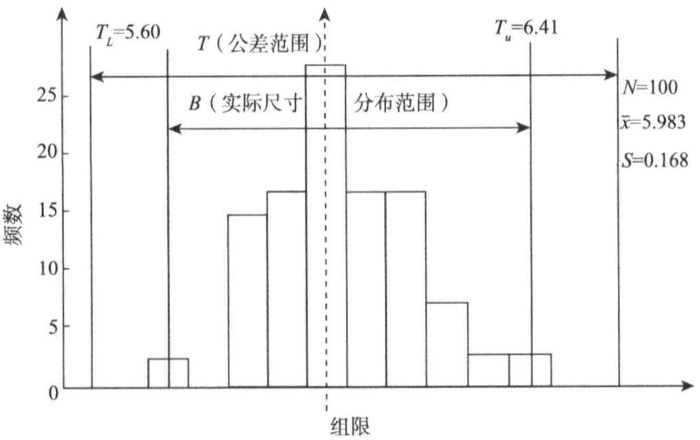

图 5-6 直方图

2）直方图的观察与分析

（1）观察图形。根据直方图，观察它的整体分布形状，推测生产过程质量是否发生异常，主要有以下几种图形（图 5-7）。

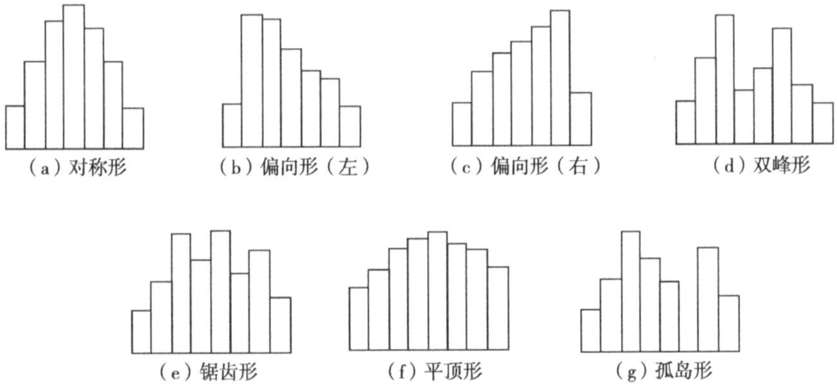

图 5-7 直方图的形状

对称形［图 5-7（a）］，又称正常形，直方图中的直方形以中间为顶峰，向左右两侧大体呈对称形排列。这是正常的典型分布图形。

偏向形［图 5-7（b）和图 5-6（c）］。其高峰偏向于一侧，另一侧呈缓坡状。通常是产品的公差（标准）是单侧标准（如形位公差），或某种加工习惯等原因所造成的。只有公差上限要求的产品及轴件产品的质量分布往往呈右偏形，只有公差下限要求的产品及套做产品的质量分布往往呈左偏形。大多数修过的产品，其质量分布也会偏向一边。

双峰形［图 5-7（d）］。图形出现两个顶峰。这往往是两个不同的分布混在一起所造成的，如有一定差别的两台机床或两种原料所生产的产品混在一起。这时应按照数据的不同性质进行分层，再做分层后的直方图。

锯齿形［图 5-7（e）］。高峰的变化呈参差不齐的锯齿状，这往往是做直方图的过程中分组过多或测量读数有误等原因造成的。

平顶形［图 5-7（f）］。直方形顶部平直，峰谷不明。这往往是生产过程中某种缓慢的带有变动倾向的因素在起作用所造成的，如工具的磨损、操作者的疲劳等。

孤岛形［图 5-7（g）］。在远离主分布中心的地方出现一些小直方形。这表明工序质量有异常，往往是原材料有变化，短时期内由不熟练工人替班操作，或测量有误等原因造成的。

（2）将直方图和公差对比来观察直方图，这种对比大致有六种情况（图 5-8）。

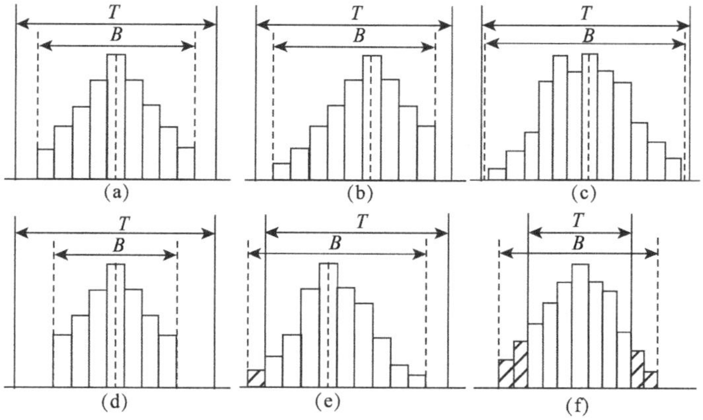

图 5-8　直方图与公差对比观察图

T 表示公差范围；*B* 表示实际尺寸分布

图 5-8 中，图 5-8（a）质量特性分布范围 *B* 在 *T* 的中间，平均值基本与公差中心重合，质量特性分布的两边还有一定余地，这很理想。图 5-8（b）质量特性分布范围 *B* 虽然也落在公差界限之内，但因偏向一边，故有超差的可能，应采取措施纠正。图 5-8（c）质量特性分布范围 *B* 也落在公差范围之内，但完全没有余地，说明总体已出现一定数量的废品，应设法使其分布更集中，提高工序能力。图 5-8（d）公差范围比特性分布范围大很多，此时应考虑是否可以改变工艺，以提高生产速度，降低生产成本，或者缩小公差范围。图 5-8（e）质量特性分布范围过分地偏离公差范围，已明显看出超差，应立即采取措施加以纠正。图 5-8（f）质量特性分布范围太大，两边产生了超差，要提高加工精度，以缩小分布范围。

（3）工序能力指数的测算。根据直方图频数表的现成资料求得的标准差和平均值，可为测算工序能力指数提供依据。工序能力是指工序在正常条件和稳定状态下所表现出来的保证产品质量的能力。它实际上反映着加工的精度，可以按正常状态下所测量的实际尺寸分布带来反映，也就是说，根据正态分布，工序能力可按六个标准差来计算。即工序能力 $P=6\sigma$。工序能力指数是反映工序能力满足质量要求程度的一个量度，它可以用公差范围数值与工序能力的比值来表示，公式为

$$C_P=\frac{T}{P}=\frac{T}{6\sigma}$$

式中，C_P 表示工序能力指数；T 表示公差范围；P 表示工序能力。

从上式可知，为了要保证工序所生产的产品合格，实际尺寸分布范围（即工序能力）必须要小于公差范围，并使二者的中心线相符合。例如，以金属切削来说，工序能力规定不得大于公差的 75%，也就是说，如果公差是 ± 2，公差范围或宽度为 4，工序能力的

实际尺寸分布范围就不得大于 3（即 $4\times 75\%=3$）。

工序能力指数是衡量工序质量能力的一个综合性指标。通过工序能力指数的测算，可以了解工序能否保证质量，满足规定公差的要求。

由公式 $C_P=\dfrac{T}{6\sigma}$ 可知，在公差一定的情况下，C_P 值太小，说明 σ 很大，则该工序所生产的产品质量波动大，不能满足技术要求。如果 C_P 值过高，意味着 σ 很小，则说明加工成本很高，出现粗活细作的现象。工序能力指数应采取什么样的数值才合理，其基本准则是：在满足技术要求的前提下，使加工成本越低越好。从我国大多数企业的实际情况看，一般 C_P 值在 1~1.33 比较适宜。具体取值应从生产的实际出发，综合考虑技术经济等方面的条件进行确定，可参考表 5-5。

表 5-5 工序能力分析与处置

C_P	工序能力评价	处置
$C_P\geqslant 1.67$	非常充裕	可用于贵重零件加工，对于一般零件可使用更经济的工艺方法或放宽检验，对于非关键零件可以不检查
$1.67>C_P\geqslant 1.33$	充足	可以用于重要工序，对于一般工序可以放宽检查
$1.33>C_P\geqslant 1.00$	可以	一般可用，但要加强控制，注意检查
$1>C_P\geqslant 0.67$	不足	查明原因，采取措施，严格检查
$0.67>C_P$	严重不足	追查原因，采取措施，进行全检

在测定工序能力指数时，当尺寸分布中心对公差中心发生偏移时，应首先通过设备调整，让尺寸分布中心与公差中心重合后，再计算 C_P 值。否则，应将算出的 C_P 值做如下修正，公式为

$$\text{修正的工序能力指数}=C_P\times K$$

式中，K 为偏移修正系数，$K=1-\dfrac{\varepsilon}{T/2}=1-\dfrac{2\varepsilon}{T}$。

2. *数据分层法*

分层（stratification）法又叫分类法、分组法。它是按照一定的标准，把收集到的大量有关某一特定主题的统计数据加以归类、整理和汇总的一种方法。分层的目的在于把杂乱无章和错综复杂的数据加以归类汇总，使之更能确切地反映客观事实。

分层法常与其他统计方法结合起来应用，如分层直方图法、分层排列图法、分层控制图法、分层散布图法和分层调查表等。

分层的原则是使同一层次内的数据波动幅度尽可能小，而层与层之间的差别尽可能大，否则就起不到归类汇总的作用。分层的目的不同，分层的标准也不一样。一般来说，分层可采用以下标准：①人员，可按年龄、技术等级和性别等；②机器，可按设备类型、新旧程度、不同生产线和工夹具类型等；③材料，可按产地、批号、制造厂、规格等；④方法，可按不同的工艺要求、操作参数、操作方法和生产速度等；⑤测量，可按测量设备、测量方法、测量人员、测量取样方法和环境条件等；⑥时间，可按不同班次、日期等；⑦环境，可按照明度、清洁度、温度和湿度等；⑧其他，可按地区、使用条件、

缺陷部位和缺陷内容等。

分层法的应用程序：①收集数据；②将收集到的数据根据目的不同选择分层标志；③分层；④按层归类；⑤划分层归类图。

【例 5-2】 某柴油机厂，装配时常发生漏油，为了查明漏油的原因，共抽查了 50 套产品后发现，一是由于该工序的操纵者在涂黏结剂时的操作方法不当；二是由于所使用的配件是由两个供应厂家提供的。在用分层法分析漏油原因时采用：按操作者分层（表 5-6）和按配件生产厂家分层（表 5-7）。

表 5-6 按操纵者分层

操纵者	漏油数	不漏油数	漏油率
A	7	14	33%
B	4	10	29%
C	11	10	52%
合计	22	34	39%（年均）

表 5-7 按配件生产厂家分层

供应厂	漏油数	不漏油数	漏油率
甲	10	15	40%
乙	12	19	39%
合计	22	34	39%（年均）

由表 5-6 和表 5-7 似乎很容易得出结论：为降低漏油率，应采用 B 师傅的操作方法和选用乙厂的配件。然而，事实并非如此，当采用此法后，漏油率并未降低到预期的指标，而是仍有 50%的漏油率（表 5-8）。因此，这样的简单分层是有问题的。正确的方法应该是：当采用甲厂的配件时，应推广采用 B 师傅的操作方法；当采用乙厂的配件时，应推广采用 A 师傅的操作方法。这时他们的漏油率平均为 0。因此，运用分层法时，不宜简单地按单一因素分层，必须考虑各因素的综合影响效果。

表 5-8 综合分层

操纵者甲厂乙厂	漏油数	不漏油数	漏油率	漏油数	不漏油数	漏油率
A	7	3	70%	0	11	0
B	0	6	0	4	4	50%
C	3	6	33%	8	4	67%
合计	10	15	40%（平均）	12	19	39%（平均）

3. 排列图

排列图（pareto diagram）是建立在帕累托原理的基础上的。所以，排列图又叫帕累托图。

排列图与库存控制的 ABC 分类法是同一原理。美国质量管理专家朱兰将其用于质量管理。排列图是分析和寻找影响质量主要因素的一种工具，其形式如图 5-9 所示。图中的左边纵坐标表示频数（如件数、金额等），右边纵坐标表示频率（以百分比表示），图中的折线表示累计频率。横坐标表示影响质量的各项因素，按影响程度的大小（即出现频数多少）从左向右排列。

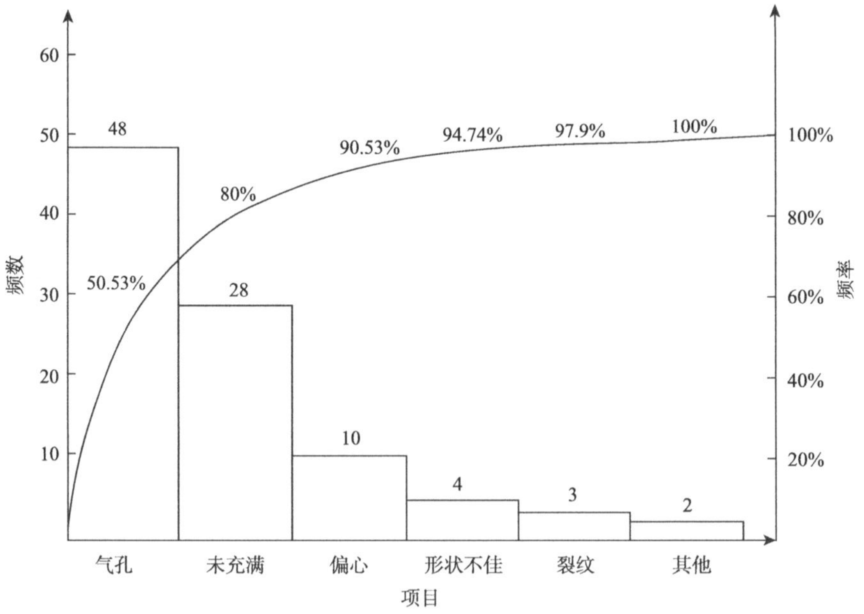

图 5-9 排列图

排列图有两个作用：一是按重要顺序显示出每个质量改进项目对这个质量问题的作用；二是识别进行质量改进的机会。

排列图的应用程序是：①选择要进行质量分析的项目。②选择用于质量分析的量度单位，如出现的次数（频数）、成本、金额或其他量度单位。③选择进行质量分析的数据的时间间隔。④画横坐标。按量度单位量值递减的顺序自左向右在横坐标上列出项目，将量值最小的一个或几个项目归并成“其他”项，把它放在最右端。⑤画纵坐标。在横坐标的两端画两个纵坐标，左边的纵坐标按量度单位规定，表示频数（件数、金额等），其高度必须与所有项目的量值和相等。右边的纵坐标表示频率，应与左边的纵坐标等高，并从 0~100%进行标定。在每个项目上画长方形，其高度表示该项目量度的量值，长方形显示出每个项目的作用大小。由左到右累加每一项目的量值（以%表示），并画出累计频数曲线（帕累托曲线），用来表示各项目的累计作用。通常按累计百分数把影响因素分为三类：0~80%的为 A 类，在累计百分数 80%以内的各因素，显然是主要因素；累计百分数在 80%~90%的为 B 类，是次要因素；累计百分数在 90%~100%的为 C 类，是一般因素。

利用排列图确定对质量改进最为重要的项目。

一旦第一重要的问题解决后，就会把原来第二重要的问题提到第一位。实际中每解决一个问题就重新收集数据并确认原来最重要的问题已经消除或基本得到解决。然后根据这些信息，制作一张新的帕累托图。

【例 5-3】 某厂铸造车间生产某一铸件，质量不良项目有气孔、未充满、偏心、形状不佳、裂纹、其他等项。记录一周内某班所生产的产品不良情况数据，并分别将不良项目归结为表 5-9，其排列图如图 5-9 所示。

表 5-9　某厂铸造车间生产铸件缺陷项目

缺陷项目	不合格品数量	单项百分比	累计百分比
气孔	48	50.53%	50.53%
未充满	28	29.47%	80.00%
偏心	10	10.53%	90.53%
形状不佳	4	4.21%	94.74%
裂纹	3	3.16%	97.9%
其他	2	2.1%	100%
合计	95	100%	—

由图 5-9 可以看出，气孔、未充满两项因素所造成的不合格品率占总数的 80.00%，大体相当于 A 类，应及时采取措施，重点控制。

4. 控制图

控制图（也称管理图）法是工序质量控制统计法的中心内容，是运用控制图来控制工序质量的图表方法。控制图不仅对判别质量稳定性，评定工艺过程状态及发现并消除工艺过程的失控现象有着重要的作用，而且可以为质量评比提供依据。

控制图的基本形式如图 5-10 所示。控制图的横坐标通常表示按时间顺序抽样的样本编号，纵坐标表示质量特性值或其统计量（如样本平均值等）。控制图上标有中心线和控制上下限，控制界限是判断工序过程状态的判别标准。一般来说，控制界限不应超出公差界限。

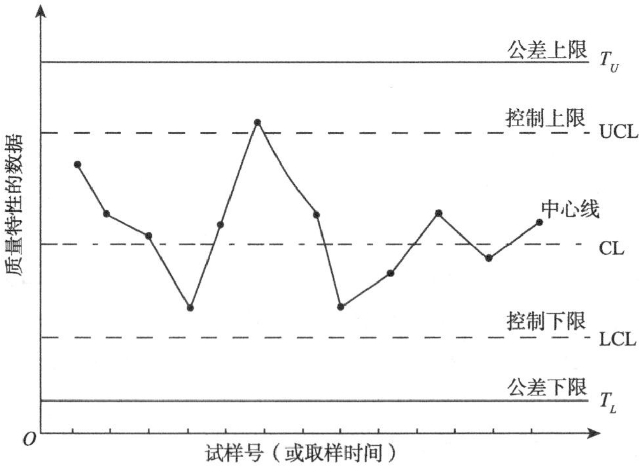

图 5-10　控制图的基本形状

1）3σ 原理

在生产过程中，仅有偶然性原因存在时，产品质量特性值 X 形成某种确定的典型分布，如正态分布。当出现系统性原因时，X 就偏离原来的典型分布。我们可以用统计学中假设检验的方法来及时地发现这种分布的偏离，从而据以判断系统性原因是否存在。下面我们以 X 服从正态分布为例加以说明。

设当工序不存在系统性原因时，$X \backsim N(\mu,\ \sigma^2)$，则 $P(\mu-3\sigma<X<\mu+3\sigma)=0.997\ 3$。如图 5-11 所示，$X$ 落在两条虚线外的概率之和只有 0.27%。即 1 000 个样品（数据）中，平均约有 3 个数据超出分布范围。有 997 个落在（$\mu-3\sigma$，$\mu+3\sigma$）之中，如果从处于统计控制状态的工序中任抽一个样品 X，我们可以认为 X 一定处在分布范围（$\mu\pm3\sigma$）之中，而认为出现在分布范围之外是不可能的，这就是 3σ 原理。

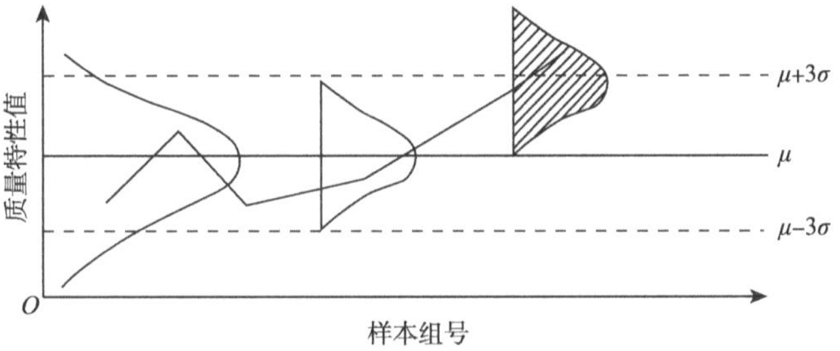

图 5-11　控制图

一般来说，3σ 原理在一次试验中，如果样品出现在分布范围 $\mu\pm3\sigma$ 的外面，则认为生产处于非控制状态。习惯上，我们把 $\mu-3\sigma$ 定为控制下限（lower control limit，LCL），$\mu+3\sigma$ 定为控制上限（upper control limit，UCL），μ 定为控制基准线（control limit,CL），这样得到的控制图称为 3σ 原理的控制图，也称为休哈特控制图，如图 5-12 所示。

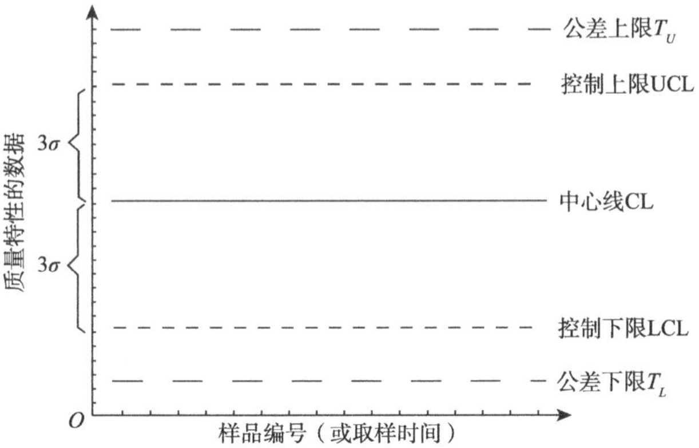

图 5-12　休哈特控制图

2）两类错误

控制图之所以规定 3σ 界限，主要是出于经济上的考虑。这可以从两方面加以说明。

应用控制图判断工序是否稳定，实际上是进行统计推断。既然是统计推断，就可能出现两类错误：第一类错误是将正常判为异常，即工序仍处于统计控制状态，但偶然性原因的影响，使得点子超出控制界限，虚发警报而将工序误判为出现了异常。例如，上述处于控制状态的样品有可能落在 3σ 界限以外，其概率为 0.27%，即犯错误的可能性在 1 000 次中约有 3 次。我们把犯这类错误的概率称为第 I 类风险，记作 α。第二类错误是将异常判为正常，工序已经变化为非统计控制状态，但点子没有超出控制界限，而将工序误判为正常，这是漏发警报。我们把犯这类错误的概率称为第 II 类风险，记作 β，如图 5-13 所示。

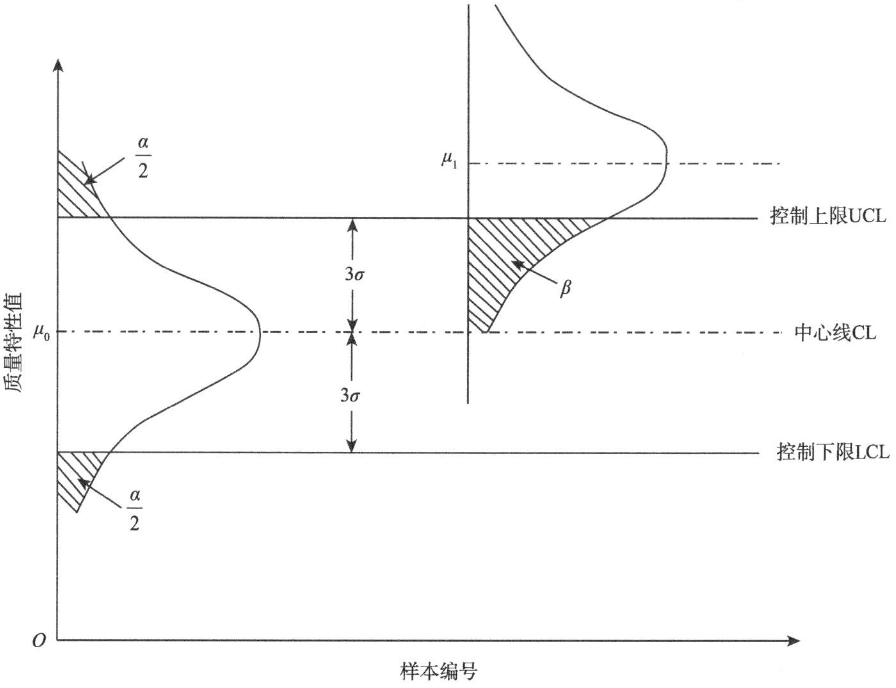

图 5-13　控制图的两类错误

孤立地看，哪类错误都可以缩小，甚至避免，但是要同时避免两类错误是不可能的。显然，放宽控制界限可以减少第 I 类风险。例如，将范围从 $\mu\pm3\sigma$ 扩展到 $\mu\pm5\sigma$，则有

$$P(X-\mu\leqslant5\sigma)=99.999\,9\%$$

$$P(X-\mu>5\sigma)=0.000\,1\%$$

此时 α=0.000 1%，即 100 万次约有 1 次犯第 I 类错误。但是，将界限从 3σ 扩展到 5σ，因而使第 II 类风险增大，即 β 增大。如果压缩控制界限，则可以减少犯第 II 类错误的概率 β，但会增加犯第 I 类错误的概率。一般来说，当样本大小为定数时，α 越小则 β 越大，反之亦然。因此，控制图控制界限的合理确定，应以两类错误所造成的总损失最小为原则。实践证明，能使两类错误总损失最小的控制界限幅度大致为 3σ。因此选取 $\mu\pm3\sigma$ 作为上下控制界限是经济合理的。

3）控制图的种类

控制图的种类很多，基本上是根据两类质量数据而划分为计量数据控制图和计数数据控制图。计量数据控制图适用于可连续取值（小数点以下）的长度、直径、重量、强度、硬度、纯度、成分等质量特性差异的控制，应用比较广泛，如单值控制图（$\bar{X}$ 图）、平均值与极差控制图（$\bar{X}$-R 图）等。计数数据控制图以计数值数据的质量特性为控制对象，属于这类的控制图有合格品率控制图（P 控制图）和不合格品数控制图（P_n 控制图）、

缺陷数控制图（C 控制图）和单位缺陷数控制图（U 控制图）等。这些控制图基本原理相同，只是在计算控制界限时各有特点。以下列举普遍使用的、具有代表性的三种控制图，并简要说明其作图方法。

（1）计量数据控制——平均值与极差控制图（$\bar{X}$-R 图）。$\bar{X}$-R 图由控制测量值的平均值图和控制偏差范围的极差控制图组成。这是一种经常使用的，适用于产品批量较大，而且生产过程稳定的控制图。该图中的 $\bar{X}$ 图主要用来分析尺寸平均值的变化，R 图主要用来分析加工误差的变化，同时可以借助于它定出 $\bar{X}$ 图的控制界限，并且 R 值与标准差有着一定的比例关系。

【例 5-4】 下面以某轧钢厂生产的 ± 0.4 毫米厚度的钢板为例，介绍平均值和极差控制图（$\bar{X}$-R 控制图）的做法和应用。

首先，控制图的画法。以例 5-1 的数据说明 $\bar{X}$-R 控制图的做法。

第一，收集数据。数据应是一定时期内生产处于稳定状态具有代表性的数据，数据个数要在 50 个以上，最好能取 100 个以上。本例 N=100（表 5-10）。

表 5-10 钢板厚度每组的平均值和极差

组号	检查值					$\bar{x}_i$	R_i
	x_1	x_2	x_3	x_4	x_5		
1	5.77	6.27	5.93	6.08	6.03	6.016	0.50
2	6.01	6.04	5.88	5.92	6.15	6.000	0.27
3	5.71	5.75	5.96	6.19	5.70	5.862	0.49
4	6.19	6.11	5.74	5.96	6.17	6.034	0.45
5	6.42	6.13	5.71	5.96	5.78	6.000	0.71
6	5.92	5.92	5.75	6.05	5.94	5.916	0.30
7	5.87	5.63	5.80	6.12	6.32	5.948	0.69
8	5.89	5.91	6.00	6.21	6.08	6.018	0.32
9	5.96	6.06	6.25	5.89	5.83	5.996	0.42
10	5.95	5.94	6.07	6.02	5.75	5.946	0.32
11	6.12	6.18	6.10	5.95	5.95	6.000	0.23
12	5.95	5.94	6.07	6.00	5.75	5.942	0.32
13	5.86	5.84	6.08	6.24	5.61	5.926	0.63
14	6.13	5.80	5.90	5.93	5.78	5.908	0.35
15	5.80	6.14	5.56	6.17	5.97	5.928	0.61
16	6.13	5.80	5.90	5.93	5.78	5.908	0.35
17	5.86	5.84	6.08	6.24	5.97	5.998	0.40
18	5.95	5.94	6.07	6.00	5.85	5.962	0.22
19	6.12	6.18	6.10	5.95	5.95	6.060	0.23
20	6.03	5.89	5.97	6.05	6.45	6.078	0.56

第二，将数据分组，一般组数 K 取 20~25，每组样本容量 n 取 4~5 为宜，本例 n=5，K=20。

分组应合理，要从产品工艺特点来考虑，将大致相同条件下收集到的数据分在同一组内，使组内仅含偶然性原因，而没有系统性原因。按这个原则决定样本间隔时间、组数和样本大小。分组后的数据填入记录表 5-10 中。

第三，计算各组的平均值 $\bar{x}$ 和各组的极差 R_i，填入表 5-10 中。

$$\bar{x}=\frac{1}{n}\sum_{i=1}^{n}x_i$$

$$R=x_{\max}-x_{\min}$$

式中，$\bar{x}$ 表示样本平均值；i 表示样本序号；n 表示样本容量；R 表示样本中最大值与最小值之间的差值；$x_{\max}$ 表示组内最大值；$x_{\min}$ 表示组内最小值。

第四，计算总平均值 $\bar{\bar{x}}$ 和 $\bar{R}$ 。

$$\bar{\bar{x}}=\sum_{i=1}^{k}\frac{\bar{x}_i}{k}=\frac{6.016+6.000+\cdots+6.078}{20}\approx 5.975$$

式中，$\bar{\bar{x}}$ 表示样本均值的平均值。

$$\bar{R}=\sum_{i=1}^{k}\frac{R_i}{k}=\frac{0.50+0.27+\cdots+0.56}{20}\approx 0.419$$

式中，$\bar{R}$ 表示全部样本的极差平均值。

第五，计算 $\bar{X}$ - R 控制图的控制界限。

$\bar{X}$ 控制图的控制界限的计算公式为

$$\bar{X}\text{ 的控制上限 } \mathrm{UCL}_{\bar{x}}=\bar{\bar{x}}+A_2\bar{R}$$

$$\bar{X}\text{ 的控制下限 } \mathrm{LCL}_{\bar{x}}=\bar{\bar{x}}-A_2\bar{R}$$

$$CL=\bar{\bar{x}}$$

R 控制图的控制界限的计算公式为

$$\mathrm{UCL}_R=D_4\bar{R}$$

$$\mathrm{CL}=\bar{R}$$

$$\mathrm{LCL}_R=D_3\bar{R}$$

对于 R 控制图来说，因为极差 R 总是正值，所以控制图上主要的是控制上限，控制下限可以不找出来。

上式中，A_2、D_3、D_4 都是计算控制界限所用的系数，其数值大小随样本组内样本数目而有所不同，如表 5-11 所示。

表 5-11 求控制图界限的系数表

n	A_2	D_4	D_3
2	1.880	3.267	—
3	1.023	2.575	—

续表

n	A_2	D_4	D_3
4	0.729	2.282	—
5	0.577	2.115	—
6	0.483	2.004	—
7	0.410	1.924	0.076
8	0.373	1.864	0.136
9	0.337	1.816	0.184
10	0.308	1.777	0.223

注：所有系数都是基于正态分析

本例中，$\bar{\bar{x}}$ 控制图的控制界限为

$$\text{UCL} = \bar{\bar{x}} + A_2\bar{R} \approx 5.975 + 0.577 \times 0.419 \approx 6.217$$
$$\text{LCL} = \bar{\bar{x}} - A_2\bar{R} \approx 5.975 - 0.577 \times 0.419 \approx 5.733$$
$$\text{CL} = \bar{\bar{x}} \approx 5.975$$

R 控制图的控制界限为

$$\text{UCL} = D_4\bar{R} \approx 2.115 \times 0.419 \approx 0.886$$
$$\text{LCL} = D_3\bar{R}(\text{不考虑})$$
$$\text{CL} = \bar{R} \approx 0.419$$

第六，画出控制图（图 5-14），并记入有关事项，如零件名称、件号、工序名称、操作者等。

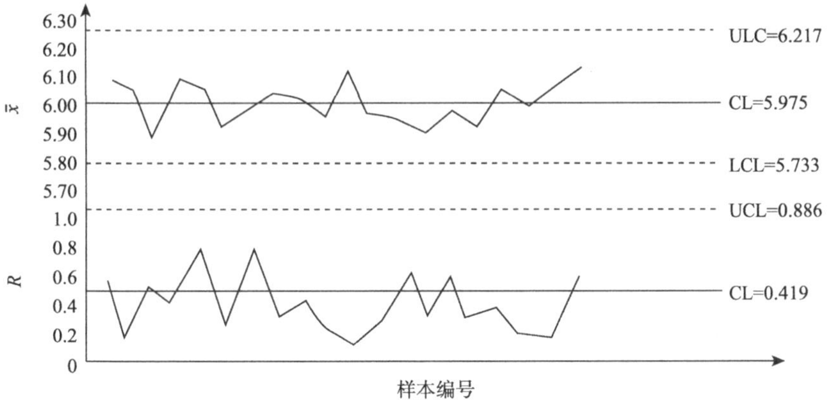

图 5-14 $\bar{x}$-R 控制图

其次，控制图的观察分析。对于控制图上数据点的变化情况，需要观察分析。当生产处于控制状态时，控制图上的点应当在控制界限范围内中心线的两侧附近活动，并且不出现异常情况。

所谓异常情况，根据实践可归纳为以下几点。

第一，链状。链状是指在中心线一侧连续出现点子。链的长度用链内所含点数的多少衡量。当连续出现 7 点时，判定为有异常，应采取措施解决，如图 5-15（a）所示。

第二，偏离。偏离是指较多的点间断地出现在中心线一侧。连续 11 点中至少有 10 点出现在中心线一侧;连续 20 点中至少有 16 点出现在中心线一侧都可判定为异常状态，如图 5-15（b）所示。

第三，倾向。倾向是指点子连续上升或下降。当 7 点连续上升或下降，应判断生产过程为异常状态，如图 5-15（c）所示。

第四，周期。周期是指点子的变动呈现明显的一定间隔。点子出现周期性，判断较复杂，应当慎重决策。通常，应先弄清原因，再进行判断，如图 5-15（d）所示。

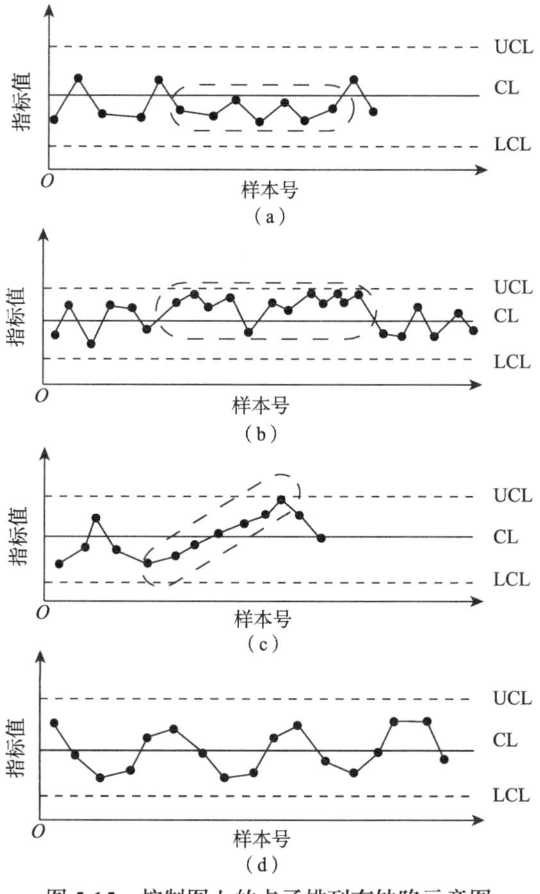

图 5-15　控制图上的点子排列有缺陷示意图

（2）计件值控制图——不合格品数控制图（P_n图）。某些产品在生产中存在着技术上不可避免的不合格品。从质量管理的要求来说，企业应尽量降低不合格率。当生产过程稳定时，产品的不合格率应当在一个固定数值范围内。设 $\overline{P}$ 为生产过程平均不合格率，n 为子样大小，则 $\overline{P}_n$ 为子样中的平均不合格数。如果生产正常，则不合格品数或不合格率，都应在很小范围内变动，可采用不合格品数控制图（P_n图）来控制。根据数理统计原理，P_n图的中心线和控制界限的计算公式为

$$\text{中心线 CL}=\overline{P}_n$$

$$\text{控制上限UCL}=\overline{P}_n+3\sqrt{n\overline{P}\left(1-\overline{P}\right)}$$

$$控制下限LCL = \bar{P}_n + 3\sqrt{n\bar{P}(1-\bar{P})}$$

（3）计数值控制图——缺陷数控制图（C 图）。这是当一定单位（如单位长度、面积和体积）n 始终固定时，用来控制纺织品上的疵点、铸件上表面砂眼等缺陷数的控制图。根据数理统计原理，C 图中的中心线和控制界限的计算公式为

$$中心线CL = \frac{\sum_{i=1}^{n} C_i}{n} = \frac{缺陷总数}{子样数目}$$

$$控制上限UCL = \bar{C} + 3\sqrt{\bar{C}}$$

$$控制下限LCL = \bar{C} - 3\sqrt{\bar{C}}$$

式中，$\bar{C}$ 表示样本平均缺陷数。

计数值控制图的画法、式样与计量控制图基本相同。在运用计数值控制图时，应当明确：出厂交付检验的公差与质量管理检验的公差是不同的。质量管理检验的公差应从严掌握，这样才能起到预防作用。

5. 因果分析图

因果分析图（cause-and-effect-diagram）又叫石川图、特性因素图、树枝图或鱼刺图等。它是表示质量特性波动与其潜在原因的关系，即表达和分析因果关系的一种图表。运用因果分析图，有利于找到问题的症结所在，然后对症下药，解决质量问题。因果分析图在质量管理活动中，尤其是 QC 小组、质量分析和质量改进活动中有着广泛的用途。

1）因果分析图的应用程序

（1）简明扼要地规定结果，即规定需要解决的质量问题，如主轴颈出刀痕、中继线插头槽径大等；规定可能发生的原因的主要类别。这时要考虑的类别因素主要有数据、信息系统、人员、机器设备、材料、方法、测量和环境等。

（2）开始画图，把结果画在右边的矩形框中，然后把各类主要原因放在它的左边。

（3）寻找所有下一个层次的原因，画在相应的主（因）枝上，并继续一层层地展开下去。一张完整的因果图展开的层次至少应有 2 层，许多情况下还可以有 3 层、4 层或更多层，如图 5-16 所示。

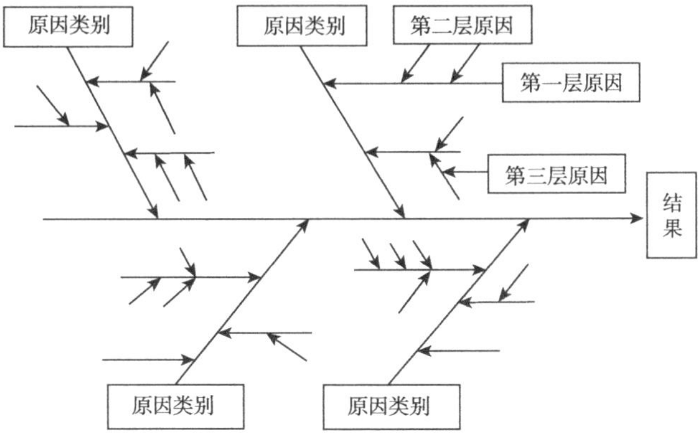

图 5-16　因果分析图

（4）从最高层次（最末一层）的原因，即末端因素中选取和识别少量（一般为 3~5

个）看起来对结果有最大影响的原因（一般称为重要因素，简称“要因”），并对它们做进一步的研究，如收集资料、论证、试验、控制等。

例如，某公司“中继线插头槽径大”的因果分析图，如图 5-17 所示。

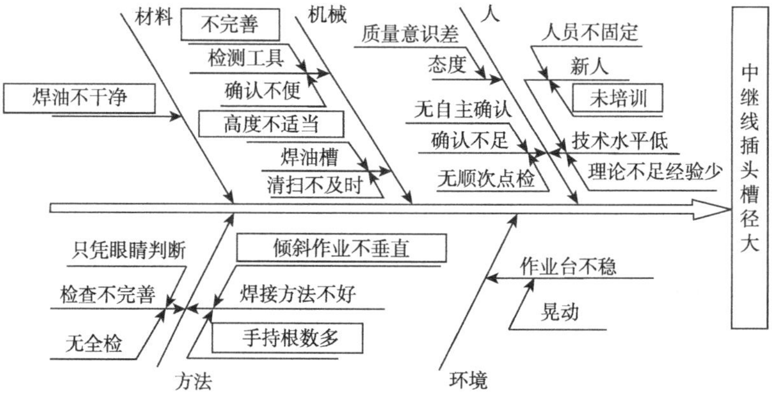

图 5-17　因果分析图

2）画因果分析图的注意事项

（1）画因果分析图时必须要充分发扬民主，各抒己见，把不同意见都记录下来。确定要分析的主要质量问题。不要笼统、不具体，或在一张因果分析图上分析若干个主要质量问题。即一个主要质量问题只能画一张因果分析图，多个主要质量问题则应画多张因果分析图。总之，因果分析图只能用于单一目的的研究分析。

（2）因果关系的层次要分明。最高层次的原因应寻求至可以直接采取具体措施为止。

（3）“要因”一定要确定在末端因素上（最高层次因素上），而不应确定在中间过程上。

（4）对末端因素，特别是“要因”，应科学论证。

（5）论证合格的“要因”一定要在对策表上反映出来。

因果分析图通常同排列图、对策表联合起来应用，因而在我国工厂中将它们通称为“两图一表”。

6. 散布图

散布图又称相关图法、简易相关分析法。散布图是把两个变量之间的相关关系用直角坐标系表示的图表。它根据影响质量特性因素的各对数据，用点子填列在直角坐标图上，以观察判断两个质量特性值之间的关系，对产品或工序进行有效控制。散布图中所分析的两种数据间的关系，可以是特性与原因、特性与特性的关系，也可以是同一特性的两个原因的关系。例如，在热处理时，需了解钢的淬火温度与硬度的关系；在金属机械零件加工时，需了解切削用量、操作方法与加工质量的关系等，都可用散布图来观察与分析。这种关系虽然存在，但又难以用精确的公式或函数关系表示，在这种情况下用相关图来分析是很方便的。假定有一对变量 x 和 y，x 表示某一种影响因素，y 表示某一质量特征值，通过实验或收集到的 x 和 y 的数据，可以在坐标图上用点表示出来，根据点的分布特点，就可以判断 x 和 y 的相关情况，如图 5-18 所示。

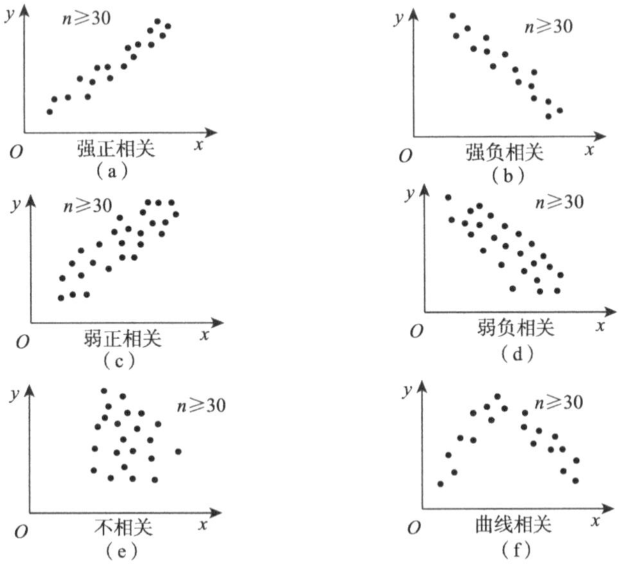

图 5-18 散布图

7. 统计分析表

不论收集数字资料或非数字资料，均会用到调查表（date-collection form）这个工具。

调查表又称检查表、核对表、统计分析表。它是用来系统地收集资料和积累数据、确认事实并对数据进行粗略整理和分析的统计图表。一般在质量管理活动中，特别是QC小组活动、质量分析和质量改进的活动中得到广泛的应用。

调查表的应用程序是：①明确收集资料的目的；②确定为达到目的所需收集的资料；③确定对资料的分析方法（如运用哪种统计方法）和负责人；④根据目的不同，设计用于记录资料的调查表格式，其内容应包括调查表及调查的时间、地点、方式等栏目；⑤对收集和记录的部分资料进行预先检查，目的是审查表格设计的合理性；⑥如有必要，应评审和修改该调查表格式。

调查表的样式多种多样，可根据需要灵活设计。其中一种经常用来分析缺陷的类型，还有一种则用来指明缺陷发生的位置，如表5-12和图5-19所示。

表 5-12 一种典型的检查表

时间/小时	缺陷类型					总计
	遗漏标签	贴偏标签	油墨污迹	脱落和卷曲	其他	
8~9	√√√√	√√				6
9~10		√√√				3
10~11	√	√√√	√			5
11~12		√		√	√	3
1~2		√				1
2~3		√√	√√√	√		6
3~4		√√	√√√√√√			8
总计	5	14	10	2	1	32

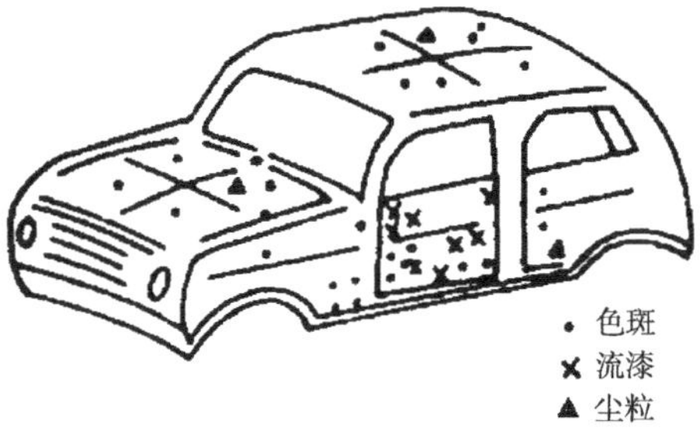

图 5-19 汽车车身涂装质量的缺陷位置调查

表 5-12 是一种简单的核对符号表，用“√”来表示缺陷符号，表 5-12 显示了各缺陷类型在每一天中发生的时间记录情况。遗漏标签这样的问题似乎总是发生在每天的早些时候，而油墨污迹则更易于发生在每天的晚些时候，贴偏标签则在全天任何时候都可能会出现。确认缺陷的类型及缺陷在什么时候发生有助于找到缺陷发生的原因。

图 5-19 反映了汽车车身涂装质量的缺陷位置调查情况。从图 5-19 中我们可以更容易地看出缺陷发生在产品的什么位置。在本例中，总的来讲是多色斑，特别是车门处易发生色斑缺陷。因此，首先应从这里采取措施，便于进一步发现问题、分析原因、采取改进措施。

以上概要介绍了七种常用的质量管理统计方法,这些方法集中体现了质量管理的“以事实和数据为基础进行判断和管理”的特点。最后还需指出的是，这些方法看起来都比较简单，但能够在实际工作中正确、灵活地应用并不是一件简单的事。

5.4 ISO 9000 简介

ISO 9000 是一个由国际标准化组织（International Organization for Standardization，ISO）认可，并于 1987 年采纳的标准系列。现在，这个 ISO 9000 系列已被 100 多个国家作为质量标准，并成为国际贸易认证。ISO 9000 是在欧洲发展起来的，仅在欧洲统一市场（european common market，ECM）就有 5 万多家公司依照这些标准获得认证。可以肯定地说，所有准备参与国际贸易的公司最终都必须采纳这些标准。

5.4.1 质量保证的概念

ISO 9000：2015 将质量保证定义为：“质量管理的一部分，致力于提供质量要求会得到满足的信任。”质量保证的内涵可以从以下几个方面来理解。

1. 质量保证是质量管理中的一个重要组成部分

质量保证致力于提高质量要求得到满足的信任。质量保证的主要工作是促使完善质量控制，以便准备好客观证据、根据项目相关方的要求有计划、有步骤地开展提供证据的活动。

2. 质量保证的目的是提供“信任”

“质量保证”以提供“信任”为基本目的。如果“项目质量控制”强调的是项目交付成果的质量，那么“项目质量保证”强调的是项目实施过程的质量。

3. 质量保证借助内部质量保证和外部质量保证得以实现

内部质量保证是向项目组织的管理者提供信任，依据证实质量要求，以达到的见证材料，使管理者对组织的产品研究开发体系和生产制造的全过程达到规定的质量要求充满信心。可以说，内部质量保证是企业领导的一种管理手段。外部质量保证是组织向顾客或其他相关方提供信任，使其确信组织的质量管理体系足以达到满足规定的要求，具备持续提供顾客要求的质量保证能力。

4. 质量保证的基础是提供证实

质量保证要求供方提供证实，以使顾客有足够的信任。证实的方法主要包括：由供方提供合格声明、由其他顾客提供确认的证据、顾客亲自审核、第三方进行审核、提供形成文件的基本证据、提供经国家认可的认证机构出具的认证证据。

5.4.2 ISO 9000 质量管理体系标准

标准是质量的基础，标准决定质量，有什么样的标准就有什么样的质量，只有高标准才有高质量。项目质量保证与组织质量管理体系的建立分不开，项目相关方为开展质量保证活动必须建立起质量管理体系并使之有效运行。ISO 9000：2015 系列标准为组织建立质量管理体系提供了指南。

1. ISO 9000：2015 族标准的产生背景

1）ISO 9000 标准的历史演变

1986 年 6 月，ISO 发布了 ISO 8402《质量——术语》标准。1987 年 3 月，ISO 正式发布了 ISO 9000《质量管理和质量保证标准——选择和使用指南》，ISO 9001《质量体系——设计开发、生产、安装和服务的质量保证模式》，ISO 9002《质量体系——生产和安装的质量保证模式》，ISO 9003《质量体系——最终检验和试验的质量保证模式》，ISO 9004《质量管理和质量体系要求——指南》等 5 项标准。这 5 项标准与 ISO 8402：1986 一起统称为“ISO 9000 系列标准”。ISO 9000：1987 系列标准发布以后，很快得到了世界各国工业界或其他行业的广泛认同和推广，在全球掀起了 ISO 9000 热潮。

根据 ISO 的有关规则，每隔 5-8 年要对标准进行修订或修正。到 2000 年，ISO 9000 族标准已经完成了两次大的修正，即 1994 年对 1987 版的修正和 2000 年对 1994 版的修正。2004 年，各成员国对 ISO 9000：2000 族标准进行了系统评审，以确定是否对其撤销、保持原状、修正或修订。评审结果表明：需要对 ISO 9000：2000 族标准进行修订或修正。

就 ISO 9000 标准，经过修订，2005 年颁布了 ISO 9000：2005《质量管理体系——

基础和术语》，于 2009 年 5 月 1 日正式实施。

就 ISO 9001 标准，经过修正于 2015 年 9 月正式发布。对这个标准修正的主要目的是更加明确地表述其内容，并加强与 ISO 14001：2004 的兼容性。这次修正的基本要求为：标题、范围保持不变；继续保持过程方法；修正的标准仍适用于各行业不同规模和类型的组织；尽可能地提高与 ISO 14001：2004《环境管理体系要求及使用指南》的兼容性；ISO 9001 标准和 ISO 9004 标准仍然是一对协调一致的质量管理体系标准；使用相关支持信息协助识别需要明确的问题；根据设计规范进行修正，并经验证和确认。

就 ISO 9004 标准，经过修订于 2009 年 11 月 1 日发布。与 2000 版 ISO 9004 标准相比，无论是内容上还是结构上都发生了较大的变化。标准的名称由原来“业绩改进指南”更换为“组织持续成功管理：一种质量管理方法”。新标准旨在通过一种质量管理途径，为所有处于复杂与不断变化环境下的组织持续地取得成功提供指南。

就 ISO 19011 标准，于 2011 年完成了修改，标准的名称也由“质量和（或）环境管理体系审核指南”更换为“管理审核指南”。

2）企业组织通过 ISO 9000 质量管理体系认证的意义

（1）可以完善组织内部管理，使质量管理制度化、体系化和法制化，提高产品质量，并确保产品质量的稳定性。

（2）表明尊重消费者权益和对社会负责，增强消费者的信赖，使消费者放心，从而放心地采用其生产的产品，提高产品的市场竞争力，并可借此机会树立组织的形象，提高组织的知名度，形成名牌企业。

（3）ISO 9000 质量管理体系认证有利于发展外向型经济，扩大市场占有率，是政府采购等招投标项目的入场券，是组织向海外市场进军的准入证，是消除贸易壁垒的强有力的武器。

（4）通过 ISO 9000 质量管理体系的建立，可以举一反三地建立健全其他管理制度。

2. ISO 9000：2015 族标准的构成和特点

ISO 9000：2015 族标准延续了 ISO 9000：2008 族标准的基本体系结构和特点。ISO 9000：2015 族标准由一系列关于质量管理的标准、指南、技术规范、技术报告、小册子和网络文件组成。其中，由 4 项密切相关的质量管理体系标准构成了 ISO 9000：2015 族标准的核心标准，如表 5-13 所示。

表 5-13　ISO 9000：2015 族核心标准的构成

编号	名称
ISO 9000：2005	质量管理体系——基础和术语
ISO 9001：2015	质量管理体系一要求
ISO 9004：2009	质量管理体系——组织持续成功管理：一种质量管理方法
ISO 19011：2011	管理审核指南

ISO 9000：2015 标准在总结质量管理实践经验的基础上，用高度概括的语言表达了质量管理最基本、最通用的一般规律，这就是质量管理七项原则：以顾客为关注焦点；

领导作用；全员参与；过程方法；改进；循证决策；关系管理。

从用途上，ISO 9000：2015 族标准又分为三类标准，即 A 类、B 类和 C 类。

A 类标准为管理体系要求标准，向市场提供有关组织的管理体系的相关规范，以证明组织的管理体系是否符合内部和外部要求（如通过内部审核和外部审核予以评定）的标准，如管理体系要求标准，专业管理体系要求标准。

B 类标准为管理体系指导标准，通过对管理体系要求标准各要素提供附加指导或提供非同于管理体系要求标准的独立指导，以帮助组织实施或完善管理体系的标准。例如，使用标准的指导，建立、改进和改善管理体系的指导，专业管理体系指导标准。

C 类标准为管理体系相关标准，就管理体系的特定部分提供详细信息，或就管理体系的相关支持技术提供指导的标准。

5.4.3 质量审核

质量审核技术和过程方法是项目质量保证得以顺利开展的关键技术和方法。质量审核是使质量保证活动得以顺利开展的一项关键技术。

1. 审核

ISO 19011 给出的审核定义是：为获得审核证据并对其进行客观的评价，以确定满足审核准则的程度所进行的系统的、独立的并形成文件的过程。

2. 质量审核

质量审核就是确定质量活动及其有关结果是否符合计划的安排，以及这些安排是否有效地实施并适合于达到预定目标所做的系统的、独立的检查。

质量审核包括：质量管理体系审核、产品审核和过程审核，其中，过程审核包括产品实现过程、服务提供过程及其他质量管理体系过程的策划和实施及其效果的评价。

根据审核的执行主体，可把质量审核划分为内部审核和外部审核。内部审核又被称为“第一方审核”，是由组织自身或以组织的名义进行，用于管理评审和其他的内部目的，可作为组织自我合格声明的基础。外部审核包括“第二方审核”和“第三方审核”。第二方审核由组织的相关方（如顾客）或其他人员以相关方的名义进行。第三方审核由外部独立的审核组织进行。

3. 质量评审的主要方法

质量评审的主要方法包括文件评审和现场评审。文件评审就是对受审核方的主要体系文件进行评审。文件评审是进入现场审核的前提。文件审核贯穿于项目质量管理体系审核的全过程，包括建立和批准文件体系前的文件初审及现场审核时对体系文件的继续评审活动。

文件审核的具体对象应包括全部质量体系文件，包括：质量方针和质量目标；质量手册；质量体系程序；作业文件（质量文件、作业指导书等）；质量记录。

现场审核的过程指从首次会议开始到末次会议结束的全过程。通过现场审核不仅评价受审核方是否建立一个符合审核准则的质量管理体系，而且要验证受审核方所建立的质量管理体系是否有效运作，能否有效运行，能否保证所提供的产品和服务满足顾客要求，满足法律法规要求。

5.5 质量管理的发展趋势

5.5.1 六西格玛管理

1. 六西格玛管理的主要特点

“六西格玛水平”是指一个过程在其过程的中心与最近的规格限之间包含了 6 个标准差的距离。在六西格玛水平下，产品或过程的合格率为 99.999 66%，即每一百万个机会中有 3.4 个出错的机会。

六西格玛管理法重点是将所有的工作作为一种流程，采用量化的方法分析过程中影响质量的因素，找出最关键的因素加以改进从而达到更高的顾客满意度，减少或消除过程变异。

通过对过程的分析，可以确定过程能力和过程的关键输入变量或输出变量。个人和组织所消费的每一种产品，不管是物品还是服务，都是一个供应链的结果。这个供应链可能包括多个组织，而且是一系列有内在联系的过程。

六西格玛管理有如下主要特点：

（1）真正地关注顾客，一切以顾客满意和为顾客创造价值为中心。

（2）以数据和事实为管理依据，一切建立在数据和事实基础上。

（3）针对流程的分析、管理和改进。无论把重点放在产品和服务的过程改进上，还是关注重新设计产品和服务过程，六西格玛管理都把过程视为成功的关键载体，因而重视对过程的分析和控制。

（4）预防性的管理，集中在预防问题而不是“救火”。

（5）“无边界”合作打破了官僚制，密切了团队之间的关系，加速了业务的发展。六西格玛管理的推行加强了自上而下、自下而上和跨部门的团队工作，改进公司内部的协作及与供方和顾客的合作，这种合作收益是多方面和显著的。

（6）追求完美，但容忍失误。

2. 六西格玛管理的方法论

六西格玛管理采用 DMAIC（defime measure analyze improve contrd）突破解决模式，它是六西格玛管理的基础。DMAIC 是一种基于数据的质量方法，用于改进现有产品或过程，是实现六西格玛目标的关键，通过 DMAIC 模式可以实现持续的过程改善。六西格玛管理的 DMAIC 模式各阶段的要求如下。

（1）定义阶段——确定改进活动的对象和目标，明确影响用户满意度的关键质量（critical to quality，CTQ）。它可以是高层次的目标，如提高的投资回报率或市场份额等组织战略目标；也可以是作业层的目标，如降低缺陷率和增加产出。可应用项目管理工具来对其进行管理。

定义阶段的目标是：确定需要改进的产品或过程，并决定项目需要何种资源。六西格玛管理法是通过获取顾客的心声而得到关键质量，再通过实施多个六西格玛改善项目以 DMAIC 模式来达到突破性改善的目标。

（2）测量阶段——测量目前阶段产品或服务满足关键质量的实际值，确定目前的水准线，以及所有可能的影响因素 X's。

测量阶段的目标是：六西格玛改进对象确定后，需要开始识别产品特性和过程参数，了解过程并测量其性能，以对过程现状有一个准确的评估，并确定质量改进的目标。测量阶段的目标是：定义缺陷，收集有关产品或工序的形状（底线）数据并确立改进目标。

（3）分析阶段——分析影响关键质量水平的原因，确定"关键的少数"原因。

分析阶段的目标是：分析在测量阶段所收集的数据，以确定一组按重要程度排列的影响质量的变量 X's。

（4）改进阶段——运用各种方法确定"关键的少数"因素的对应水平。寻找新方法要具有创造性，以把事情做得更好、更快、更节约成本。应用统计方法来确认这些改进。

改进阶段的目标是：对项目的主要因素 X's 进行优化，即寻找各因素的最佳水平组合，使输出值 Y 达到最大值。

（5）控制阶段——控制新体系，将改善结果标准化并用控制工具进行监测。通过修订激励机制、方针、目标等使改进后的体系制度化，可以应用 ISO 9000 之类的体系来保证文件化体系的正确性。

控制阶段的目标是：确保在改进阶段的成果能够持续保持，使过程不再回复至改进前的状态。

5.5.2 精益管理

1. 精益方式的起源

1990 年，金沃丰和丹尼尔·琼斯在《改变世界的机器》一书中，把当时的丰田生产方式正式定名为精益制造（lean production，LP），又称精益生产。精益制造原则作为一个全新的、不同的生产系统，很好地解释了日本汽车制造商能够高水平运作的原因。起源于丰田的精益方式在汽车工业创造了卓越的成就，如成本、质量、应对市场的速度、产品多样性、可担负性，它促使日本汽车公司跻身于世界的前列。

精益方式就是如何以最少的投入满足客户的需求并获取最大的回报，即以最少的人力、设备、时间、场地、原材料投入为客户在合适的时间、合适的地点、以具有竞争力的价格提供合适数量的合适产品。精益方式被称为"21 世纪制造模式"，备受全世界制造行业的关注，精益思想已经成为全世界各行业发展的共同取向，在制造业、大型研发项目、服务业均得到了广泛的应用。精益制造综合了大量生产与单件生产方式的优点，力求在大量生产中实现多品种和高质量产品的低成本生产。

2. 消除浪费

传统精益方式的精髓体现在杜绝浪费。丰田把所有业务过程中消耗了资源而不增值的活动叫做浪费。组织中的所有活动可以分为：有附加值作业和无附加值作业。当一个作业改变了产品的基本性质，那么这个作业就是有附加值作业，否则就是无附加值作业，即浪费。丰田公司提出的七种浪费如下。

（1）等待。等待浪费是指活动总的持续时间与创造价值的时间之差。等待意味着在一部分活动持续时间内存在非增值的活动，也就是说，价值流没有“流动”，它是最普遍的一种浪费。

（2）过度处理。过度处理是指额外的、超过客户需求的项目改进，包括采取不必要的步骤处理原材料或零部件；由于工具与产品设计不良，导致不必要的动作；此外，提供超出必需的过高品质的产品时，也会造成浪费。这些无法产生效益的多余的加工当然是浪费。

（3）传递或运输。所谓传递或运输的浪费，就是进行不必要的搬运，如长距离搬运在制品，缺乏效率的搬运，进出仓库或在工序之间搬运原材料、零部件或最终成品。搬运的浪费若分解开来，又包含放置、堆积、移动、整理等动作的浪费。

（4）不必要的移动。动作的浪费是指员工在工作的过程中，任何多余的动作、不易完成的动作、繁杂的动作，都会造成浪费。要达到同样的作业目的，可以有不同的动作组合，通过动作研究对动作设计进行改进，不仅可以减少浪费，增加效益，在员工的工作效率、身体健康及设备寿命等方面都是有益的。

（5）存储。产生存储根本的原因是生产系统在数量和时间方面的不同步性，即在价值流中，很多工作是由上游工作推动而不是由下游工序拉动。丰田生产方式认为：“库存是万恶之源。”因此，丰田方式提出“零库存”。“零库存”并非指完全没有库存，而是把库存尽量减到最少的必要程度。通过尽力降低库存水平，从而使生产系统的各类问题充分暴露出来，继而可以针对问题加以处理和改进，实现生产系统和生产方式的优化。

（6）生产过剩。生产过剩，是指制造过多或提早完成。与产生存储的原因类似，生产过剩的主要原因是上游工作并未考虑下游工作的真正需要。制造过多，生产出尚未有订单的产品，只能变成库存，而不能增加利润，从而造成浪费。

（7）缺陷。缺陷造成的浪费是指生产出不合格品或需要返工的产品造成的浪费。缺陷产品造成的浪费是显而易见的，在产品制造过程中，任何缺陷产品的产生，都意味着材料、机器、人工等的浪费；而任何修理或重做都是额外的成本支出。

3. 精益的原则

Womack 提出的精益价值五项原则，它是开展精益管理的基础。该五项原则如下。

（1）精确界定价值。无论每一过程是否正确有效地执行，提供给顾客错误的产品和服务都意味着浪费。为了避免这种浪费，精益思想提出，第一步需要进行全面的需求分析，并与特定的客户沟通以明确其在特定时刻的特殊需求及预计的输出。

（2）识别价值流。价值流分析的关键在于关注每一个产品或产品族的整条价值流，而不是单一的过程，即从价值链最初的供应商开始一直到最终客户，一旦开始这样做，人们就能发现大量的非增值的活动，即浪费。在企业中，这种整体化的解决方法被称为精益企业。

（3）使价值通畅地流动。在确定价值、绘制价值流及消除非增值的活动等步骤完成之后，下一步就是要确保价值创造活动的“流动”。这是非常关键的一步，它需要思想上的深刻改变，即在持续流动思想指导下克服传统的批量生产思想。

（4）让客户拉动价值。精益思想不仅指如何提供消费者真正需要的产品和服务的问题，而且包括在消费者真正需要的时刻适时提供正确的产品和服务。

（5）不断追求完美。最后一条原则是不断追求尽善尽美，它激励人们在生产越来越多的客户真正需要产品的同时，不断减少所耗费的精力、时间、空间、成本的过程是永无止境的。

思考题

1. 如何理解质量的概念和质量管理的基本概念？
2. 什么是全面质量管理？全面质量管理中的全过程包括哪几个主要环节？
3. 列举质量管理统计方法常用的几种根据，明确它们的作用和运用方法。
4. 举例说明怎样理解 PDCA 循环。
5. ISO 9000 标准颁布后，为什么能迅速受到各国工业界和政府的承认和重视？
6. 质量管理的发展趋势是什么？
7. 你认为零缺陷、零废品、零故障和零污染能实现吗？为什么？
8. 克劳斯比说，质量是免费的，你如何理解这句话？
9. 某螺栓外径尺寸的技术标准要求为 $\Phi 3.50 \pm 0.15$ 毫米，从制造过程抽取 100 个样本，其尺寸如表 5-14 所示。

   （1）试作直方图并进行分析。

   （2）作 $\bar{x}$ - R 控制图，并进行分析。

表 5-14 某螺栓外径尺寸检查样本值

样本号	检查值				
1	3.68	3.46	3.43	3.54	3.54
2	3.47	3.45	3.48	3.51	3.53
3	3.52	3.51	3.50	3.52	3.51
4	3.63	3.64	3.49	3.45	3.58
5	3.56	3.57	3.53	3.46	3.61
6	3.50	3.45	3.49	3.60	3.48
7	3.54	3.55	3.53	3.54	3.48
8	3.65	3.49	3.58	3.57	3.47
9	3.51	3.57	3.54	3.50	3.54
10	3.53	3.58	3.47	3.51	3.54

续表

样本号	检查值				
11	3.52	3.54	3.60	3.59	3.50
12	3.58	3.46	3.50	3.49	3.47
13	3.51	3.46	3.46	3.53	3.52
14	3.49	3.62	3.53	3.46	3.54
15	3.50	3.56	3.60	3.48	3.58
16	3.50	3.53	3.49	3.52	3.53
17	3.53	3.49	3.51	3.54	3.51
18	3.54	3.53	3.54	3.53	3.60
19	3.61	3.52	3.57	3.51	3.39
20	3.44	3.49	3.46	3.59	3.58

10. 某齿轮厂查出不合格品数 972 件，其中斜齿轮项目 252 件，涡轮项目 158 件，缸体项目 55 件，直齿轮项目 440 件，蜗杆项目 67 件。试画排列图，并进行主次因素（项目）分析。

第6章

投资方案的经济评价

➢ **本章要点：**

· 资金时间价值的概念
· 名义利率与实际利率
· 现金流量图
· 资金等值计算
· 投资方案评价指标
· 投资方案评价方法
· 投资项目不确定性分析

南京润诚科技实业有限公司、南京恒志金属制品有限责任公司，一直是生产经营金属制品的实业企业。几年来，市场开发强劲，销售业绩尚佳，资金积累丰厚，为开发新品，扩大企业生产规模，两公司协商一致同意强强组合，共同投资组建南京金邦实业有限公司。该公司成立后，以不断开发新产品，增加收入和税收，收纳富余劳动力就业和夯实企业市场综合实力为企业发展的指导思想。

公司经过考察发现，冷弯型钢系列是运用科技手段和先进设备，将普通或特种冷热卷板，一次成型出产品。生产周转短、见效快、无污染。冷弯型钢系列产品广泛用于钢构建筑、交通护栏、商用货架、汽车制造、装饰等。因此市场潜力大，前景广阔。同时，南京润诚科技实业有限公司和南京恒志金属制品有限责任公司两公司，以前都是金属制品生产经营企业，原料供应充足、市场客户有保证，投资该项目是为了开发新品市场，发展企业规模。

南京金邦实业有限公司成立后，本着立竿投资、快速见效、滚动发展的经营原则，对该项目分两期投入,使企业销售成为收入三年内达亿元的冷弯型钢系列产品生产基地。经过前期的初步研究，得到了该项目的如下有关数据。

1. 项目一期投资估算

（1）投资总额900万元。其中：①基础建设300万元，用于征地、厂房、道路、办公、生活实施、动力等基础建设，以收购停产企业为主，自行建设为辅的原则，从而节省建设周期，尽快得到回报；②设备投资250万元；③流动资本350万元，用于购买原辅材料周转资金。

（2）建设时期。收购停产企业，建设期 120 天；自行筹建，建设期为 180 天。

（3）投资建设规模要求：①年生产能力要达到生产 1 万吨冷弯型钢系列产品；② 销售收入要达 5 000 万元以上；③实现税收 150 万元以上。

2. 项目二期投资估算

（1）投资时间：一期投资完工，企业正式投产在 12~18 个月。

（2）投资额：400 万元。其中：①用于增加设备 150 万台；其中冷弯型轧机流水线 1 台套；5 吨行车 2 台及其他配套设备。②用于原材料周转资金 250 万元。

三年内二期总投资 1 300 万元，使企业年生产能力达到 2 万吨。

3. 生产成本估算及效益分析

经过分析，项目运行后每吨产品的原材料、燃料动力费、工资、销售费用、运输费等成本为 3 835 万元，按照当前同行业生产汽车大梁钢销售价为 4 500 元/吨以上，正常年份的销售收入达 9 000 万元，每吨直接利润应为 600 元，全年直接利润应在 1 200 万元。此外，还有一定的社会效益，该项目投资后，一期可解决富余劳动力就业 70 人以上，二期投资完成后可解决富余劳动力 100~120 人就业。

南京金邦实业有限公司投资生产的冷弯型钢系列产品是在基础钢材基础上进行深加工后的产品，具有一定的附加值。其生产周期短，见效快，具有一定的科技含量。在市场中，其需求量也越来越大，前景非常广阔。本章将针对该公司面临的投资项目是否可行，对项目的经济效果评价指标与方法进行介绍。

6.1 资金的时间价值

任何投资项目的经济评价都存在一个投入的费用及其产生的收益发生在不同时期的问题。有的项目建设时间长，有的项目建设时间短；有的项目见效快，有的项目见效慢。为了使项目方案发生在不同时间的费用和收益具有可比性，必须把发生在不同时期的资金都折算成相同时间的资金，在等值基础上进行项目方案的经济评价。因此，应研究资金的价值与时间的关系问题。

6.1.1 资金时间价值和利息的概念及计算

1. 资金时间价值的概念及计算

资金的时间价值，是指资金在时间推移中的增值能力，它是社会劳动创造价值能力的一种表现形式。应该承认，资金具有随着时间进程的延长而增值的能力。但是，一般的货币不会增值，只有同劳动结合的资金才有时间价值。因为这种物化为劳动及其相应的生产资料的货币，已转化为生产要素，经过生产和流通过程，归流的货币量比原来支付的货币量更大，这种增值是时间效应的产物，即资金的时间价值。

利润和利息是资金时间价值的基本形式。它们都是社会资金增值的一部分，是社会剩余劳动在不同部门的再分配。利润由生产和经营部门生产，利息是以信贷为媒介的资金使用的报酬，是资金在时间推移中的增值。对于利息和利润的获得者来说，利润和利息都是一种收入，都是投资得到的报酬。利息是贷款者的报酬，而利润则是生产经营者的报酬。在经济评价中用以度量资金时间价值的“折现率”，是指贷款人或企业经营者对其投资得到的利息率或利润率，也是指企业使用贷款人的资金或自有资金来支付人力、物力耗费，用以经营企业所获得的收益率。

衡量资金时间价值的尺度是社会平均资金收益率，或叫社会折现率。折现率反映了对未来货币价值所做的衡量。社会平均资金收益率，各国不等，一般为公债利率与平均风险利率之和。

资金时间价值概念的建立和应用，不仅可以促进节约资金，而且可以促进更好地利用资金。活劳动的节约、物化劳动消耗和占用的节约，体现在作为活劳动和物化劳动的货币表现的资金节约上。它不仅要求缩减一切不必要的开支，还要评价投资后的经济效益是否好，这对于提高经济评价工作的科学性，促进整个社会重视货币资金有效利用等都具有重要意义。

2. 利息的概念和计算

1）利息的概念

利息是指占用货币使用权所付的代价或放弃资金使用权所获得的报酬。利润则是把货币资金投入生产经营过程而产生的增值。利息来自信贷，利润来自生产和经营。但是，从资金的时间价值来看，利息和利润是一致的。因此，在技术经济分析中有时对两者不予区分。

2）利息率

利息率是一定时间利息额与本金的百分比，是计算利息的尺度。一年的利息额与本金之比为年利率，半年或一个月的利息额与本金之比分别为半年利率或月利率。其计算公式为

$$利息率=（利息额 \div 本金）\times 100\%$$

【例 6-1】　现有本金 100 元，在一年期限得到 6 元利息，试计算年利率。

解

$$年利率=（6 \div 100）\times 100\%=6\%$$

3）利息的计算方式

利息的计算方法不同，可分为单利计息与复利计息两种。

（1）单利计息。单利是指利息的计算不把先前周期中的利息加到本金中去，而是仅以本金为基数计算利息。计算公式为

$$S_1=P \cdot i \cdot n$$

式中，S_1 表示单利利息；P 表示本金；i 表示单利利率；n 表示利息周期数。

期末本利和 F_S，计算公式为

$$F_S=P+S_1=P(1+i\cdot n)$$

【例 6-2】 某人有现金 5 000 元，存三年定期，年利率为 14%，试计算三年年末的本利和为多少？

解

$$F_S=P(1+i\cdot n)=5\ 000\times(1+14\%\times 3)=7\ 100\text{（元）}$$

三年年末本利和为 7 100 元。

（2）复利计息。复利计息是指以本金与累计利息为基础计算货币额的利息。它与单利计息的区别在于累计性的利息也参与利息计算。

【例 6-3】 某人有现金 5 000 元，存三年定期，年利率为 14%，试以复利计息计算三年年末的本利和为多少？

解

计算过程如表 6-1 所示。

表 6-1 本利和计息表 单位：元

年限/年	年初金额	年末利息	年末本利和
1	5 000	5 000×14%=700	5 700
2	5 700	5 700×14%=798	6 498
3	6 498	6 498×14%=910	7 408

$$F=P(1+i)^n=5\ 000\times(1+14\%)^3\approx 7\ 408\text{（元）}$$

式中，F 表示复利计算本利和；i 表示年利率；其他符号同前。

从例 6-2 与例 6-3 的计算结果可看出，复利计息比单利计息多 308 元，是复利把先前周期中的利息经由累计性的利息计算所致，即所谓“利滚利”。

复利可以分为间断复利和连续复利。当复利的计息以年利率、季利率、月利率等周期利率计息之所得，即为间断复利；当复利的计息周期趋近于零，按瞬时计息之所得，称为连续复利。在实际工作中，一般采用单数性偿付和单数性计息周期，即采用间断复利计息。

4）名义利率与实际利率

在复利公式计算中，一般每年计息一次，但实际工作中有时会出现按半年一次、每季一次计算。复利计息的频率不同，其结果不同。例如，本金为 1 000 元，年利率为 15%，每年计算一次利息，一年后本利和为 $F=1\ 000\times(1+15\%)=1\ 150$ 元。若每月计算一次利息，一年后本利和为 $F=1\ 000\times(1+15\%/12)^{12}\approx 1\ 160.75$ 元。上例表明每月计息一次的本利和大于一年计息一次的本利和，而且相当于按年利率 16.075%计息一次。

若年利率为 15%，计息周期为年，利率的时间单位与计息周期相同，实际利率与名义利率一致，都是 15%；若年利率为 15%，计息周期由年改为每季一次时，其到期的本利和由 1 150 元增至 1 158.7 元，这时名义利率为 15%，实际利率为（1 158.7−1 000）÷1 000=15.87%，这 0.87%的差额是由计息频率增加而增加的利息的时间价值所产生的。因此，利率的时间单位与计息周期一致时，名义利率等于周期利率与年周期数的乘积，实际利率等于名义利率加上利息的时间价值。其计算公式为

$$r=(1+i/m)^m-1$$

式中，r 表示实际利率；i 表示名义利率；m 表示年中计息周期数。

当 $m=1$ 时，$r=i$，即实际利率等于名义利率。

当 $m>1$ 时，$r>i$，即实际利率大于名义利率。

当 $m\to\infty$时，计息周期大限缩短，r 与 i 的关系为

$$r=\lim_{m\to\infty}\left[(1+i/m)^m-1\right]=\lim_{m\to\infty}\left[(1+i/m)^{m/i}\right]^i-1=e^i-1$$

名义利率为 12%，不同计息周期的实际利率如表 6-2 所示。

表 6-2　计息周期数对实际利率的影响

利率时间变化	一年计息周期数	周期实际利率	年实际利率
年	1	12.000%	12.000%
半年	2	6.000 0%	12.360 0%
季	4	3.000 0%	12.550 9%
月	12	1.000 0%	12.682 5%
周	52	0.230 8%	12.734 1%
天	365	0.032 9%	12.747 5%
连续	∞	—	12.749 7%

【例 6-4】　若年利率为 12%，每月计息一次，试求实际利率为多少？

解

已知 $i=12\%$，$m=12$，则

$$r=(1+i/m)^m-1=(1+12\%/12)^{12}-1\approx 12.68\%$$

实际利率为 12.68%。

【例 6-5】　如果存入银行 20 万元，年利率为 18%，半年复利一次，试求 8 年后的本利和为多少？

解

$$r=(1+18\%/2)^2-1=18.81\%$$

$$F=20\times(1+18.81\%)^8\approx 79.41\text{（万元）}$$

8 年后本利和应为 79.41 万元。

【例 6-6】　某人每年年末去银行存款 10 万元，若年利率 4%，每季计算一次，问 5 年后的本利和为多少？

解

$$\text{季利率}=4\%/4=1\%$$

$$F=10\times\left[(1+1\%)^{16}+(1+1\%)^{12}+(1+1\%)^8+(1+1\%)^4+1\right]\approx 54.24\text{（万元）}$$

或年利率 $r=(1+4\%/4)^4-1\approx 4.06\%$

$$F=10\left[(1+4.06\%)^4+(1+4.06\%)^3+(1+4.06\%)^2+(1+4.06\%)+1\right]\approx 54.24\text{（万元）}$$

5 年后本利和应为 54.24 万元。

6.1.2 现金流量与资金等值

1. 现金流量

1）定义

现金流量是指将投资项目视为一个独立系统时的注入和流出该项目系统的现金活动。若假设现金流入为正现金流量，现金流出为负现金流量，则净现金流量为现金流入与现金流出的代数和。

2）现金流量图示法

在对技术方案进行经济评价时，要对各年实际发生的现金流量做出预测和计算，包括建设期各年内发生的投资支出、投产后销售收入和费用支出及计算其结束时的回收等。为了直观地表示项目系统的现金流入和现金流出情况，采用现金流量图示法。

现金流量图是把项目系统的现金流量用时间坐标表示出来的一种示意图。时间通常以年为单位。在期数表示的地方是该年年末时点，同时也是下一年年初时点。零时点则为第一年开始之时点。如不做特殊说明，一般假设投资发生在年初，销售收入、经营成本等经常性收益与费用发生在年末。现金支出为负值，用向下箭头表示；现金收入为正值，用向上箭头表示；箭头的长短与现金数量呈比例绘制。

【例 6-7】 某工程项目投资现值 P=120 万元，年销售收入 S=100 万元，直线法年折旧费 D=20 万元，计算期 n=6 年，固定资产残值 S_V=0，年经营成本 C=50 万元，该项目所得税税率 r=50%。求年净现金流量并用图示之。

解

令 A 为该项目投产后的年净现金流量，则

$$A=(S-C-D)(1-r)+D$$
$$=(100-50-20)\times(1-50\%)+20=35（万元）$$

现金流量如图 6-1 所示。

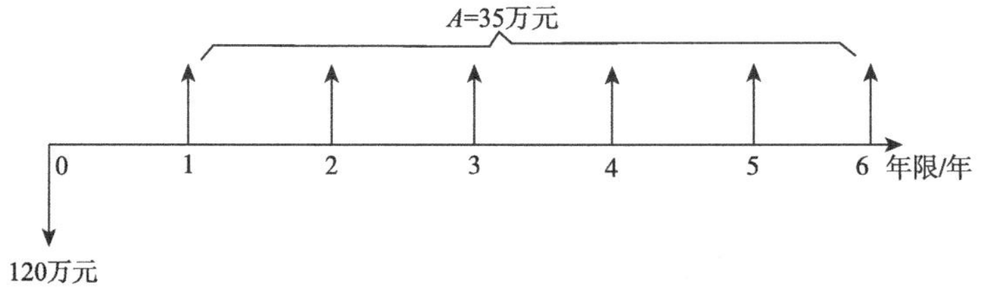

图 6-1 例 6-7 的现金流量图

2. 资金等值

资金等值是指发生在不同时点上的两笔或一系列绝对数额不等的资金额，按资金的时间价值尺度所计算出的价值保持相等。这种按照一定利率，把不同时点上的资金额换算成一次支付或等额支付系列的过程，称为等值计算。

例如，一笔贷款就可采用本利一次偿付、本利等额或不等额分付、每年付息到期偿还本金等方案。只要能把本金连同规定利率应付的利息一起如数偿还，那么任何一笔未

来支付的金额或支付系列，就都与这笔现时金额等值，而且所有能像这样偿还已知的现时资金额的未来支付金额或支付系列的方案，彼此都是等值的。资金等值包括资金额大小、资金发生的时间和衡量标准（利率）大小三个因素。在某一利率下，现在的一笔资金额总是与未来的一笔更大的支付金额相等。这个未来时点上的资金额换算成现在时点上的资金额，称为现值；与现值等价的未来时点上的资金额，称为终值（或将来值）；把未来时点发生的资金用资金时间价值的尺度（如利率 i）折算成现在时点相应资金数额的过程，称为贴现（或折现）。

3. 资金等值计算公式

1）整支整付的情况

（1）一次支付本利和公式。已知本金为 P，利率为 i，以复利计息，求 n 期期末的本利和 F 为多少？其现金流量图如图 6-2 所示，推导过程如表 6-3 所示。

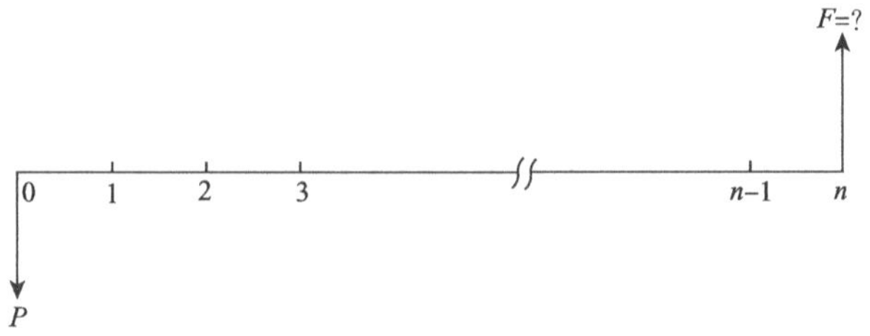

图 6-2　已知 P 求 F 的现金流量图

表 6-3　一次支付本利和公式推导

年限	年末本金	当年利息	本利和
0	P	0	P
1	P	$P \cdot i$	$P(1+i)$
2	$P(1+i)$	$P(1+i) \cdot i$	$P(1+i)^2$
⋮	⋮	⋮	⋮
n	$P(1+i)^{n-1}$	$P(1+i)^{n-1} \cdot i$	$P(1+i)^n$

由表 6-3 可知

$$F=P(1+i)^n \tag{6-1}$$

式中，$(1+i)^n$ 为一次支付终值系数，可用（F/P，i，n）形式表示。式（6-1）还可写成

$$F=P(F/P,\ i,\ n)$$

不同利率 i，不同时期 n 的复利系数，可事先计算得知并制成表，实际运算时只要查复利系数表（见附录）即可。系数（F/P，i，n）可理解为已知 P，i 和 n，求 F，它表示一元钱的复利本利和。

（2）一次支付现值公式。如果已知 F，i 和 n，求现值 P，可由式（6-1）直接求得

$$P=F\cdot\frac{1}{(1+i)^n} \tag{6-2}$$

式中，$1/(1+i)^n$ 为一次支付现值系数，也叫贴现系数，并以（P/F，i，n）表示。

式（6-2）也可写成

$$P=F(P/F,\ i,\ n)$$

【例 6-8】 某企业 5 年后需要一笔 1 000 万元的资金作为职工疗养院的筹款，若利率为 10%，问现在应存入银行多少钱？

解

由式（6-2）可直接求得

$$P=1\,000\times\frac{1}{(1+0.1)^5}\approx 1\,000\times 0.620\ 92=620.92\text{（万元）}$$

也可查复利系数表，得到（P/F，10%，5）=0.620 92

$$P=1\,000\times(P/F,\ 10\%,\ 5)=1\,000\times 0.620\ 92=620.92\text{（万元）}$$

现在应存入现金 620.92 万元。

2）多次支付的情况

在投资决策分析中，有时需要由一系列的期末偿付值 A_t 依复利计息，求 n 次偿付后的未来累计值 F 的计算公式。现金流量图如图 6-3 所示。

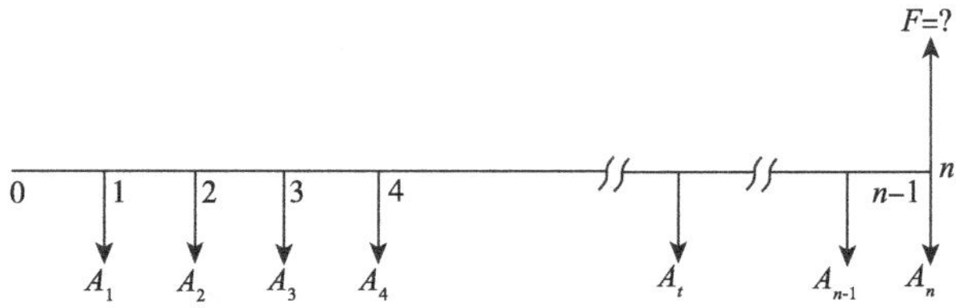

图 6-3 已知 A 求 F 的现金流量图

由图 6-3 可知，在 n 年年末一次支付的总的未来值 F，应等于每次分付值 A_t 的未来值之和，即

$$\begin{aligned}F&=A_n+A_{n-1}(1+i)+A_{n-2}(1+i)^2+\cdots+A_1(1+i)^{n-t}\\&=\sum A_t(1+i)^{n-t}\end{aligned}$$

特例，A_t=常数 A 时，即多次支付为等额系列支付，则

$$F=A\sum(1+i)^{n-t} \tag{6-3}$$

（1）等额分付本利和公式。式（6-3）两边乘 $1+i$ 得

$$F(1+i)=A\left[(1+i)+(1+i)^2+(1+i)^3+\cdots+(1+i)^n\right] \tag{6-4}$$

式（6-4）–式（6-3）得

$$F(1+i)-F=A(1+i)^n-A$$

$$F\cdot i=A\left[(1+i)^n-1\right]$$

$$F=A\cdot\left[(1+i)^n-1\right]/i \tag{6-5}$$

式中，$[(1+i)^n-1]/i$ 为等额分付终值系数，并以（F/A，i，n）表示。则式（6-5）可写成

$$F=A(F/A,\ i,\ n)$$

【例 6-9】 某公司计划于 3 年后更新办公设备，为此于第 1~3 年的每年末存入银行 30 万元，年利率为 5%，问第 3 年末可取出多少钱?

解

现金流量图如图 6-4 所示。

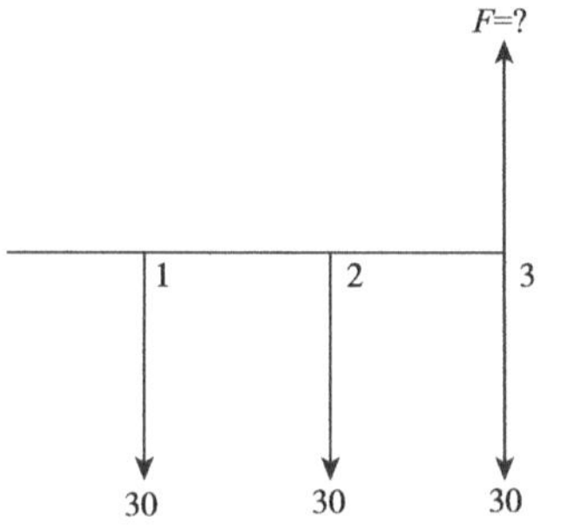

图 6-4　某公司设备更新存款的现金流量图

$$
\begin{aligned}
F &= A\cdot\left[(1+i)^n-1\right]/i \\
&=30\times\left[(1+5\%)^3-1\right]/5\% \\
&\approx 30\times 3.152\,5\approx 94.58(\text{万元})
\end{aligned}
$$

第 3 年末可取出 94.58 万元。

（2）等额分付偿债基金公式。等额分付偿债基金公式可直接由式（6-5）求解 A 导出

$$A=F\cdot i/\left[(1+i)n-1\right] \tag{6-6}$$

式中，$i/\left[(1+i)^n-1\right]$ 即为等额分付偿债基金系数，并以（A/F，i，n）表示。则式（6-6）可写成

$$A=F(A/F，i，n)$$

式（6-6）的现金流量图如图 6-5 所示。

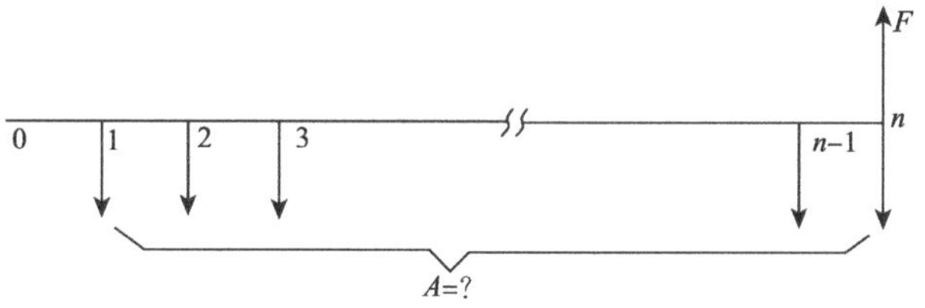

图 6-5　等额分付偿债基金现金流量图

【例 6-10】 某企业自筹资金，计划 10 年后要进行技术改造，预计投资 1 亿元。若年利率为 10%，问每年等额存入银行多少现金?

解

$A=10\,000\times 0.1/\left[(1+0.1)^{10}-1\right]\approx 10\,000\times 0.062\,75=627.5$（万元）

或

$$A=10\,000（A/F，10\%，10）=10\,000\times 0.062\,75=627.5（万元）$$

每年等额存入银行 627.5 万元，10 年后可得本利和为 1 亿元。

（3）等额分付资金回收公式。该公式又称逐年均衡偿还方式还清一次贷款的计算公式。某项工程建设一次贷款现值 P 元，企业建成投产后，用逐年的利润均衡偿还贷款，按协定要在 n 年内全部还清，应如何计算？现金流量图，如图 6-6 所示。已知现值 P、利率 i、利息周期 n，求 A 是多少？

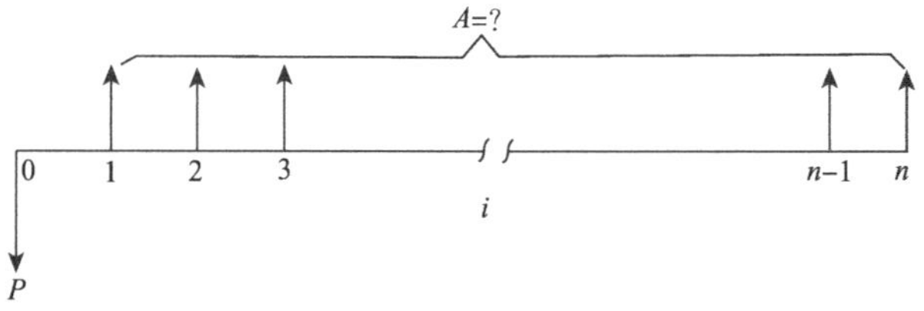

图 6-6 已知 P 求 A 的现金流量图

将式（6-1）代入式（6-6）得

$$\begin{aligned} A &= F \cdot i / \left[(1+i)^n - 1\right] \\ &= P(1+i)^n \cdot i / \left[(1+i)^n - 1\right] \\ &= P \cdot (1+i)^n \cdot i / \left[(1+i)^n - 1\right] \end{aligned} \quad (6\text{-}7)$$

式中，$i(1+i)^n/[(1+i)^n-1]$ 为资金回收系数，并以（A/P，i，n）表示。则式（6-7）可写成

$$A=P(A/P, i, n)$$

【例 6-11】 某项建设工程贷款金额为 10 000 万元，利率为 10%，分 5 年于期末等额偿还，求每期的偿付值 A。

解

$$A=10\,000\times0.1(1+0.1)^5/[(1+0.1)^5-1]$$
$$\approx 10\,000\times0.263\,8=2\,638\text{（万元）}$$

或

$$A=10\,000(A/P, 10\%, 5)=10\,000\times0.263\,8=2\,638\text{（万元）}$$

每期期末偿还 2 638 万元，5 年可将 10 000 万元的贷款连本带利全部还清。

例 6-11 的现金流量图如图 6-7 所示，其偿付过程如表 6-4 所示。

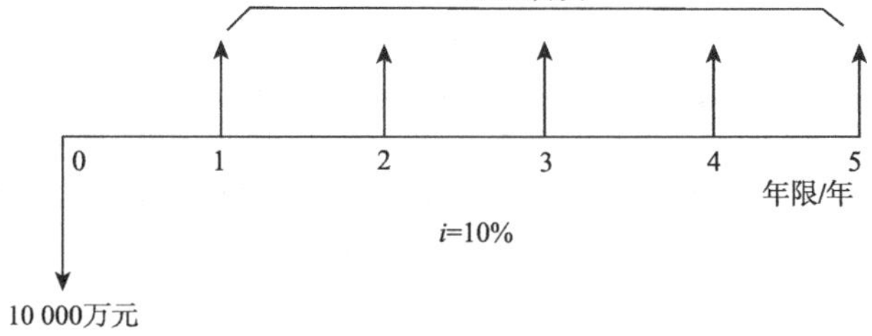

图 6-7 例 6-11 的等额偿付现金流量图

表 6-4　例 6-11 的等额偿付过程　　单位：万元

年限	（1）	（2）	（3）	（4）	（5）	（6）
	年初欠金额	年末欠利息 （1）×i	年末欠本利和 （1）+（2）	年末偿还金额 A	年末偿付后金额 （3）－（4）	资金收回 （4）－（2）
1	10 000	1 000	11 000	2 638	8 362	1 638
2	8 362	836	9 198	2 638	6 560	1 802
3	6 560	656	7 216	2 638	4 578	1 982
4	4 578	458	5 036	2 638	2 398	2 180
5	2 398	240	2 638	2 638	0	2 398
合计		13 190		13 190		10 000

【例 6-12】 张某为女儿上大学筹划资金，从其女儿 5 岁生日开始，每年生日存储 3 000 元，直至 15 岁生日，年利率为 10%。其女儿 18 岁上大学。大学 4 年年初等额提取生活费。试问其女儿每年平均生活费为多少？

解

现金流量图如图 6-8 所示。

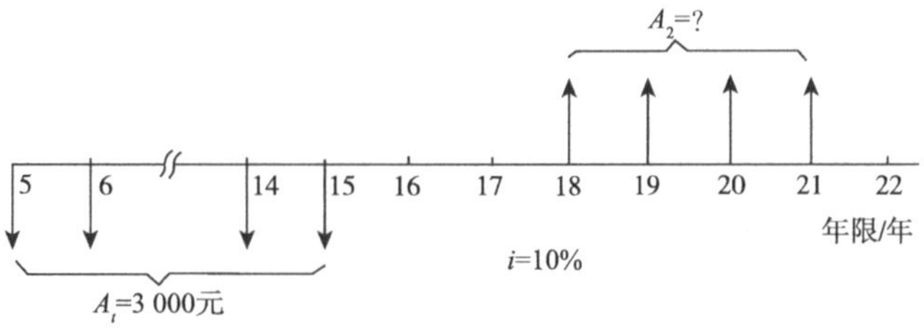

图 6-8　例 6-12 的现金流量图

当 t=15 时，F_{15}=3 000（F/A，10%，11）=3 000×18.531 2=55 593.60（元）;

当 t=17 时，F_{17}=55 593.60（F/P，10%，2）=55 593.60×1.21≈67 268.26（元）;

当 t=18~21 时，A_2=67 268.26（A/P，10%，4）=67 268.26×0.315 5≈21 223.14（元）。

张某的女儿上大学期间，每年取出 21 223.14 元作为生活费，4 年全部用完。

（4）等额分付现值公式。已知 n 年内分期等额贷款额 A、利率 i，求其总额折成现值 P 为多少。这是逐年等额贷款的累计本利和的贴现值的计算，其计算公式为式（6-7）的逆运算。

$$P = A\cdot[(1+i)^n - 1] / i(1+i)^n \tag{6-8}$$

式中，$[(1+i)^n-1]/i(1+i)^n$ 为等额分付现值系数，记为（P/A，i，n），则式（6-8）可写成

$$P=A(P/A,\ i,\ n)$$

$$[(1+i)^n-1]/i(1+i)^n=1/(1+i)^n\cdot[(1+i)^n-1]/i$$

$$=(P/F,\ i,\ n)(F/A,\ i,\ n)$$

等额分付现值系数等于整付现值系数与等额分付复利系数的乘积，是一个复合系数。

【例 6-13】若年利率为 8%时，希望今后 10 年内每年年末收入现金 1 000 万元，现在应投资多少？

解

现金流量图如图 6-9 所示。

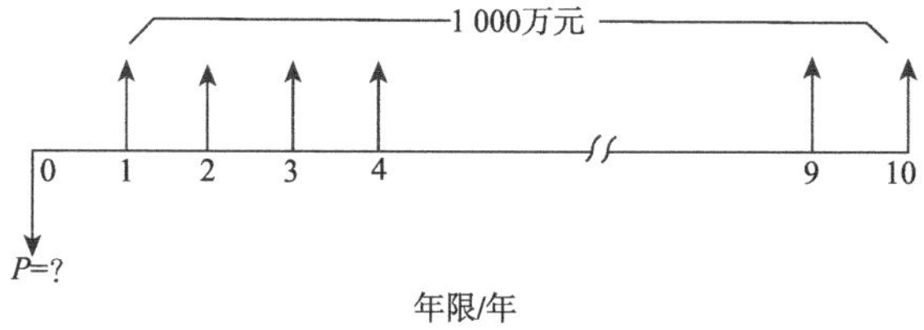

图 6-9　例 6-13 的现金流量图

$$P=1\,000\times[(1+8\%)^{10}-1]/8\%(1+8\%)^{10}$$
$$\approx 1\,000\times 6.710=6\,710\text{（万元）}$$

或

$$P=1\,000(P/A,8\%,10)=1\,000\times 6.710=6\,710\text{（万元）}$$

现在应投资 6 710 万元。

【例 6-14】　某企业根据自己的生产经营特点，在今后 10 年期间，将对租用仓库和自建仓库方案做出抉择。方案甲：租用仓库，租金每年 16 000 元（不付维修保养费），可满足 10 年期间产销发展的需要。方案乙：先以 10 万元自建小仓库，再过 4 年投资 5 万元，加以扩充；在前 4 年，仓库的保养费用、保险、税金等支出，每年为 1 000 元，后 6 年每年为 2 000 元，10 年后该仓库可以 4 万元变价出售，资金的年利率为 6%，试选择最优方案。

解

方案甲的现金流量图如图 6-10 所示。

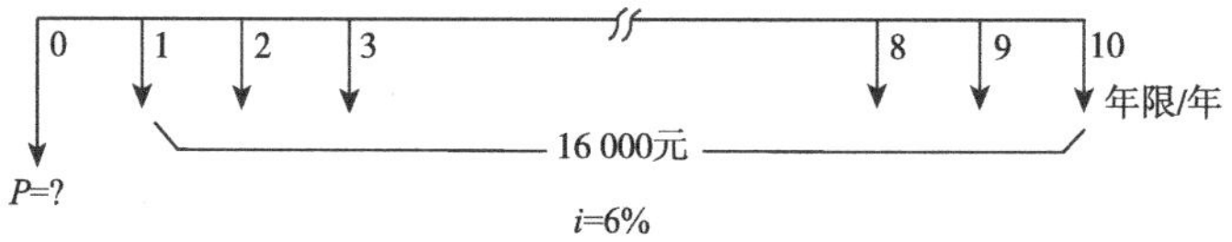

图 6-10　方案甲的现金流量图

$$P_{甲}=16\,000(P/A,6\%,10)=16\,000\times 7.36=117\,760\text{（元）}$$

方案乙的现金流量图如图 6-11 所示。

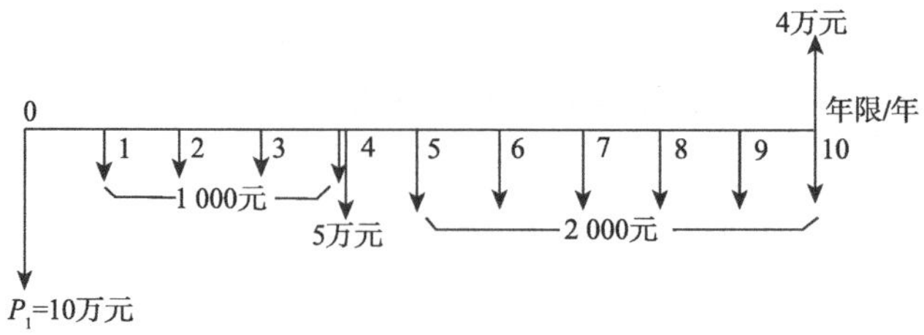

图 6-11　方案乙的现金流量图

P_1=100 000（元）

P_2=50 000（P/F，6%，4）=50 000 × 0.792 1=39 605（元）

P_3=40 000（P/F，6%，10）=40 000 × 0.558 4=22 336（元）

P_4=1 000（P/A，6%，4）=1 000 × 3.465=3 465（元）

P_5=2 000（P/A，6%，6）（P/F，6%，4）

=2 000 × 4.917 × 0.792 1 ≈ 7 789.5（元）

$P_乙=P_1+P_2+P_4+P_5-P_3$

=100 000+39 605+3 465+7 789−22 326=128 533（元）

$$P_甲 < P_乙$$

在物价稳定的条件下，租用比自建更经济些，故应选择方案甲。

3）等差与等比系列情况

（1）等差系列。等差系列是按一个定数增加或减少的现金流量数列。例如，某项费用支出逐年增加一个相等的数额，或收入逐年减少一个相等的数额，均为等差系列。

等差系列往往是在一定基础上逐年增加（或逐年减少）。因此，等差系列开始为第二年年末，等差换算系数就是在这个前提下推导出来的。

第一，等差系列本利和公式。某现金流量为等差数列，设逐期的等差变额为 G，其现金流量图如图 6-12 所示。

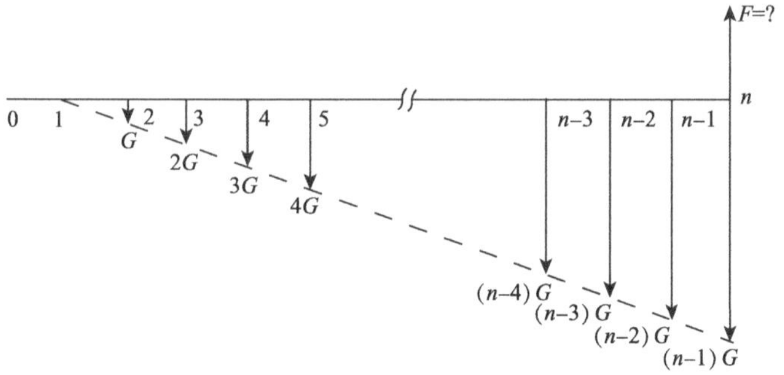

图 6-12　等差系列本利和公式现金流量图

由图 6-12 可知，第 n 年年末与等差系列等值的未来值之和应为

$$F = G(1+i)^{n-2} + 2G(1+i)^{n-3} + 3G(1+i)^{n-4} + \cdots + (n-2)G(1+i) + (n-1)G \tag{6-9}$$

式（6-9）两边乘（1+i）得

$$F(1+i) = G(1+i)^{n-1} + 2G(1+i)^{n-2} + \cdots + (n-2)G(1+i)^2 + (n-1)G(1+i) \tag{6-10}$$

式（6-10）–式（6-9）得

$$F(1+i) - F = G(1+i)^{n-1} + G(1+i)^{n-2} + \cdots + G(1+i) - (n-1)G$$

$$F \cdot i = G[(1+i)^{n-1} + (1+i)^{n-2} (1+i)^{n-3} + \cdots + (1+i) + 1] - nG$$

$$= G[(1+i)^n - 1]/i - nG$$

$$F = G/i \cdot \{[(1+i)^n - 1]/i - n\} \tag{6-11}$$

式中，$1/i\cdot\left\{\left[(1+i)^n-1\right]/i-n\right\}$ 为等差系列本利和系数，记为（F/G，i，n），则式（6-11）可写成

$$F=G\ (F/G,\ i,\ n)$$

第二，等差系列现值公式。将式（6-11）代入式（6-12）中，即得等差系列现值公式

$$P=\frac{G}{i}\left[\frac{(1+i)^n-1}{i(1+i)^n}-\frac{n}{(1+i)^n}\right] \tag{6-12}$$

式中，$1/i\left\{\left[(1+i)^n-1\right]/i(1+i)^n-n/(1+i)^n\right\}$ 为等差系列现值系数，记为（P/G，i，n），则式（6-12）可写成

$$P=G\ (P/G,\ i,\ n)$$

第三，等差系列年度等值公式。将式（6-12）代入式（6-7）即得等差系列现值公式

$$A=\frac{G}{i}\left[1-\frac{i\cdot n}{(1+i)^n-1}\right] \tag{6-13}$$

式中，$1/i\left\{1-i\cdot n/\left[(1+i)^n-1\right]\right\}$ 为等差系列换算系数，记为（A/G，i，n），则式（6-13）可写成

$$A=G\ (A/G,\ i,\ n)$$

【例 6-15】 某机器设备的年收益额，第一年为 4 000 元，此后直至第 10 年，逐年递增 500 元，若投资收益率为 15%，试计算该设备的平均年收益和现值。

解

现金流量图如图 6-13 所示，设 A_1=4 000 元，则

$$A_2=500(A/G,15\%,10)=500\times3.382=1\,691(\text{元})$$

$$A=A_1+A_2=4\,000+1\,691=5\,691\ (\text{元})$$

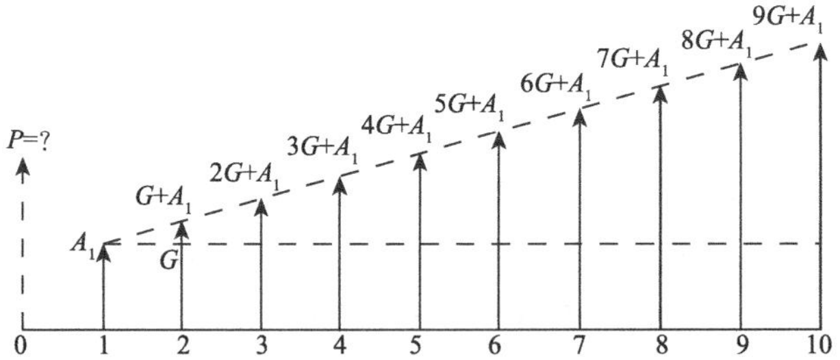

图 6-13 例 6-15 的现金流量图

该设备平均年收益为 5 691 元。

$$P_1=4\,000\ (P/A,\ 15\%,\ 10)=4\,000\times5.018\,8=20\,075.2\ (\text{元})$$

$$P_2=500\ (P/G,\ 15\%,\ 10)=500\times16.98=8\,490\ (\text{元})$$

$$P=P_1+P_2=20\,075.2+8\,490=28\,565.2\ (\text{元})$$

该设备收益现值为 28 565.2 元。

（2）等比系列。等比系列现金流量如图 6-14 所示。

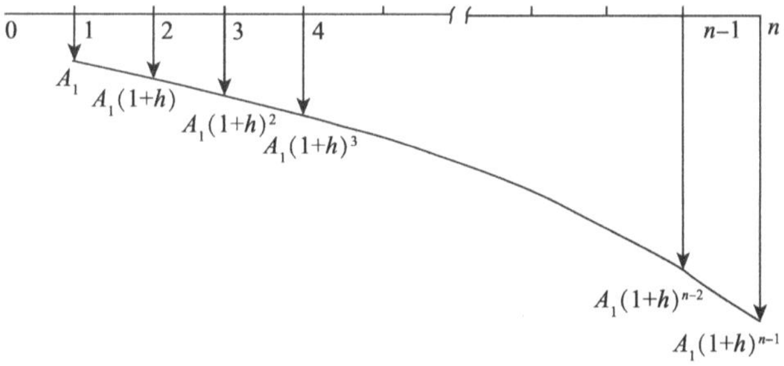

图 6-14　等比系列现金流量图

等比系列现金流量的通用公式为

$$A_t = A_1(1+h)^{t-1}$$

式中，A_t表示第 t 年现金流量；A_1表示定值；h 表示等比系数；t 表示 1，2，…，n。

因此，等比系列现金流量的现值为

$$\begin{aligned} P &= \sum A_1(1+h)^{t-1}(1+i)^{-t} \\ &= A_1/(1+h)\cdot\sum[(1+h)/(1+i)]^t \end{aligned}$$

利用等比级数求和公式可得

$$P=\begin{cases} A_1\{[1-(1+h)^n(1+i)^{-n}]/(i-h)\} & i\neq h \\ nA_1/(1+i) & i=h \end{cases} \tag{6-14}$$

6.2　投资方案的经济评价方法

6.2.1　经济评价指标及指标体系

为了系统而全面地评价一个投资方案，往往需要采用许多个评价指标，从不同的角度、不同的侧面考察方案的经济性。这些既相互关联又相互独立的多个评价指标就构成了投资方案经济评价的指标体系。

投资方案经济评价指标的划分，可以从反映方案经济性的不同侧面来分类。一般来说，有下面几种分类。

按评价指标所反映的经济性质分类，可以分为如下三类：①价值性指标，如净现值、净年值、累计净现金流等；②效率性指标，如内部收益率、投资利润率、资本金利润率等；③时间性指标，如静态投资回收期、动态投资回收期等。

按评价指标所反映的经济内容分类，可以分为以下三类：①反映项目方案营利能力的指标，如净现值、内部收益率等；②反映项目方案清偿能力的指标，如借款偿还期、资产负债率、流动比率、速动比率等；③反映项目方案外汇平衡能力的指标，如外汇净现值、换汇成本、节汇成本等。

按评价指标是否反映资金的时间价值分类，可以分为以下两类：①静态指标，如静态投资回收期、投资利润率、资本金利润率等；②动态指标，如净现值、内部收益率、动态投资回收期等。

以上介绍的指标尽管是从不同的侧面反映项目方案的经济性，但它们之间既有独立性又有相关的联系。从大的系统角度考察，这些指标之间是相互交叉和相互包含的。例如，反映项目营利能力的指标中，既有静态指标又有动态指标，其中静态指标有静态投资回收期、投资利润率、资本金利润率等；动态指标有净现值、内部收益率、动态投资回收期等。下面将从是否反映资金时间价值来介绍静态评价指标和动态评价指标，其中所包含的其他类型的指标将一并介绍。

6.2.2 静态评价指标

1. 静态投资回收期

静态投资回收期（P_t）是指以项目各年的净收益收回全部投资所需要的时间。

其中，年净收益包括利润和折旧；全部投资即为项目总投资，包括项目建设期的固定资产投资、建设期利息和流动资金投资。

投资回收期一般从建设开始年算起，也可以从投产开始年算起，但应予以注明。

投资回收期是反映项目真实清偿能力和营利能力的重要指标，一般是越短越好。其计算公式为

$$\sum_{t=0}^{P_t}(\mathrm{CI}-\mathrm{CO})_t=0 \tag{6-15}$$

式中，P_t表示以年为单位的静态投资回收期；CI 表示现金流入；CO 表示现金流出；$(\mathrm{CI}-\mathrm{CO})_t$表示第 t 年的净现金流量；t 表示年份。

静态投资回收期可用财务现金流量表中累计净现金流量计算求得。其计算公式为

$$\text{静态投资回收期}(P_t)=\text{累计净现金流量开始出现正值的年份数}-1+\frac{\text{上年累计净现金流量的绝对值}}{\text{当年净现金流量}} \tag{6-16}$$

当投资和年净收益具有如图 6-15 所示的形式时，投资回收期的计算公式为

$$P_t=\frac{I}{R} \tag{6-17}$$

式中，I 表示总投资；R 表示年均收益。

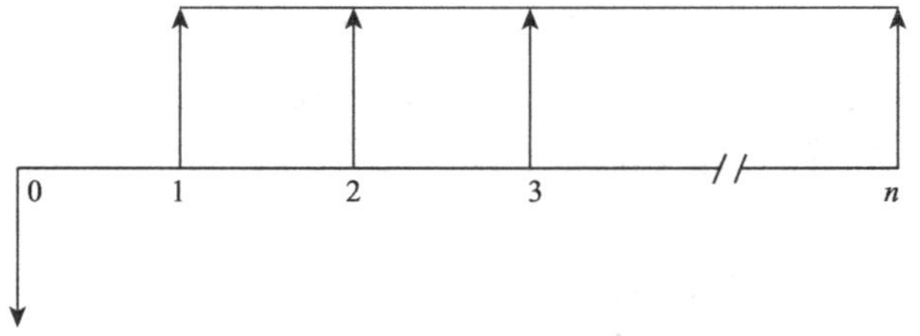

图 6-15 式（6-17）的现金流量图

求得投资项目的静态投资回收期 P_t，要与部门或行业的基准投资回收期 P_c 比较。当

$P_t \leq P_c$时，认为项目在财务上是可以考虑接受的；当 $P_t > P_c$时，认为项目在财务上是不可取的。

P_c是按照国家现行财务、税收、价格等条件，根据各行业有代表性的企业近几年投资项目回收期的统计数据、新项目的可行性研究资料及行业的综合统计资料，按统一方法估计测算，在取值时考虑了国家产业政策、行业技术进步、资源劣化、价格结构等因素后综合研究测定的。

【例 6-16】 某项目建设方案的现金流量如表 6-5 所示，若基准投资回收期为 5 年，试用静态投资回收期法评价该项目的经济性。

表 6-5　某项目建设方案的现金流量　　单位：万元

年限/年	投资	净收益
0	−10 000	
1		1 500
2		3 000
3		3 000
4		3 000

解

计算方案各年净现金流量及累计净现金流量如表 6-6 所示。

表 6-6　例 6-16 各年净现金流量及累计净现金流量　　单位：万元

年限/年	净现金流量	累计净现金流量
0	−10 000	−10 000
1	1 500	−8 500
2	3 000	−5 500
3	3 000	−2 500
4	3 000	500

根据式（6-16）有

$$P_t = 4 - 1 + \frac{2\,500}{3\,000} \approx 3.8\text{（年）}$$

由于该项目静态投资回收期小于基准投资回收期，即 $P_t < P_c$，方案可以考虑接受。

【例 6-17】 某工程项目期初一次性总投资 4 000 万元，当年投产，年净收益相等，4 年共获净收益 6 000 万元。基准投资回收期为 5 年，试用静态投资回收期指标评价该项目。

解

根据式（6-17），计算该项目的投资回收期为

$$P_t = \frac{4\,000}{6\,000/4} \approx 2.7\text{（年）}$$

由于 $P_t < P_c$，该项目可以接受。

静态投资回收期指标的主要优点是反映了项目本身的资金回收能力，经济意义直观，易于理解，便于对技术上更新迅速的项目进行风险分析，且计算简便。其主要缺点是没有考虑项目寿命期的差异，没有考虑投资回收期以后的收益，没有评价项目整个计算期内的总收益及获利能力，同时，没有考虑资金的时间价值。图 6-16 给出了两个方案进行说明。

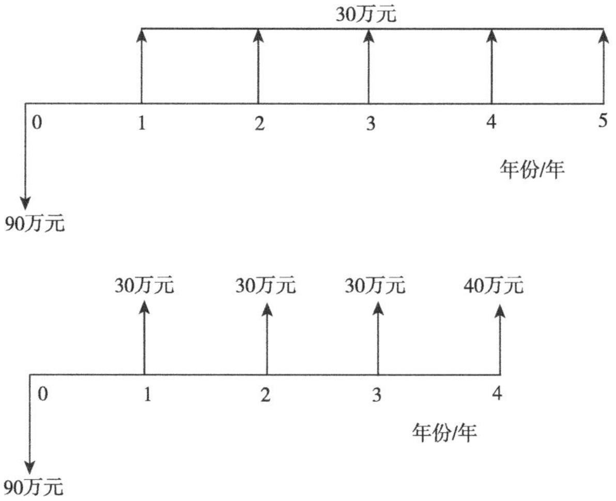

图 6-16　计算期不同的两方案现金流量图

由图 6-16 可知，两个方案的静态投资回收期都是 3 年。但由于投资额回收以后的收益不同，计算期及计算期内收益总量不同，经济效益显然不同。静态投资回收期指标不能反映这种不同。

静态投资回收期优缺点的具体内容如下。

1）优点

静态投资回收期最大优点是概念明确、直观、计算方便，而且它选择方案的标准是资金回收速度越快越好，迎合了一部分怕担风险的投资者的心理，同时在一定程度上反映了投资效果的优劣。因此，静态投资回收期是人们容易接受和乐于使用的一种经济评价指标。

2）缺点与局限性

静态投资回收期只考虑投资回收之前的情况，不能反映投资回收之后的效果，它是一个短期指标，没有考虑项目（方案）在整个计算期内的总收益和盈利水平，因而具有片面性，只适宜进行单一项目评价。事实上，有战略意义的长期投资往往早期效益较低，而中后期效益较高。

静态投资回收期没有考虑资金的时间价值，无法正确识别项目的优劣，难免带来不必要的损失。例如，某项目需 5 年建成，每年需投资 40 亿元，全部为国外贷款，年利率为 11%。项目投产后，每年可回收净现金 15 亿元。项目寿命为 50 年，若不考虑资金的时间价值，用 P_t 指标加以衡量，则 P_t=（40×5）/ 15=13.3 年。由于只用 13.3 年就可以收回全部投资，以后的 36.7 年回收的现金是净赚的钱，共计 550.5 亿元（15×36.7=550.5），不能不说这是一个相当不错的项目。但如果考虑利息因素，情况将大为不同，公式为

$$\text{投产时欠款} = 40 \times \frac{(1+0.11)^5 - 1}{0.11} \approx 249.1\text{（亿元）}$$

$$\text{投产后的每年利息支出} = 249.1 \times 11\% \approx 27.4\text{（亿元）}$$

可见，每年回收的现金 15 亿元只能偿还利息的 55%，另外，45%的利息将变为新的借款。这样一来，借款余额将逐年上升。如果每年不用其他款项偿付余下 45%的利息和部分本金，则该项目终结时的欠款将达几千亿元。显然，这是一个极不可取的项目。

2. 简单收益率

简单收益率是投资利润率、投资利税率、资本金利润率三个指标的统称，是反映项目获利能力的静态指标。

1）投资利润率

投资利润率是指项目达到设计能力后的一个正常生产年份的年利润总额与项目总投资的比率。它表示项目正常生产年份中单位投资每年所创造的利润额。当项目生产期内各年的利润总额变化幅度较大时，应计算项目生产期内年平均利润总额与总投资的比例。其计算公式为

$$\text{投资利润率} = \frac{\text{年利润总额或年平均利润总额}}{\text{总投资}} \times 100\% \tag{6-18}$$

式中，年利润总额=年产品销售收入−年总成本费用−年销售税金及附加；总投资=建设投资+建设期利息+流动资金。

计算出的投资利润率要与行业的标准投资利润率或行业的平均投资利润率进行比较，若大于或等于标准投资利润率或行业平均利润率，则认为项目是可以考虑接受的，否则是不可接受的。

2）投资利税率

投资利税率是指项目达到设计生产能力后的一个正常生产年份的年利税总额或项目生产期的年平均利税总额与项目总投资的比率。其计算公式为

$$\text{投资利税率} = \frac{\text{年利税总额或年平均利税总额}}{\text{总投资}} \times 100\% \tag{6-19}$$

式中，年利税总额=年产品销售收入−年总成本费用。

计算出的投资利税率要与行业的平均投资利税率进行比较，若前者大于或等于后者，则认为项目是可以考虑接受的，否则认为是不可接受的。

需要说明的是，行业平均投资利润率和行业平均投资利税率是根据近几年新项目和老企业的统计数据分析计算得到的，反映了现行财税价格水平下各行业投资项目的利润率和利税率的平均水平。它是衡量项目的投资利润率和投资利税率是否达到或超过本行业平均水平的评判参数，只作为项目财务评价的参考依据，不作为项目投资利润率和投资利税率是否达到本行业最低要求的判别依据。

3）资本金利润率

资本金利润率是指项目达到设计生产能力后的一个正常年份的年利润总额或项目生产期内的年平均利润总额与资本金的比率。其计算公式为

$$资本金利润率 = \frac{年利润总额或年平均利润总额}{资本金} \times 100\% \qquad (6\text{-}20)$$

资本金是指项目的全部注册资金。

计算出的资本金利润率要与行业的平均资本金利润率进行比较，若大于或等于行业的平均资本金利润率，则认为项目是可以考虑接受的，否则予以拒绝。

简单收益率指标计算十分简便、直观，容易理解，这是这类指标的最大优点；其主要缺点是选择正常年份比较困难。另外，没有考虑现金流入和流出在该项目寿命中的时间因素。

6.2.3 动态评价指标体系

动态评价体系是指考虑资金时间价值的投资项目评价指标体系，包括动态投资回收期、净现值、内部收益率等。

投资项目的动态评价指标不仅考虑了资金的时间价值，而且大多数动态评价指标考虑了项目在整个寿命期内流入与流出的全部经济数据。因此，它们是比静态评价指标更科学、更全面的评价指标。

1. 动态投资回收期

在采用投资回收期指标进行项目评价时，为克服静态投资回收期 P_t 未考虑资金的时间价值的缺点，可采用改进指标——动态投资回收期 P_t'。

动态投资回收期是按现值法计算的投资回收期。

动态投资回收期的计算公式为

$$\sum_{t=0}^{P_t'} (\mathrm{CI}-\mathrm{CO})_t (1+i_c)^{-t} = 0 \qquad (6\text{-}21)$$

式中，P_t'表示动态投资回收期；CI 表示现金流入；CO 表示现金流出；$(\mathrm{CI}-\mathrm{CO})_t$ 表示第 t 年的净现金流量；i_c 表示基准收益率或设定的折现率。

动态投资回收期可直接从财务现金流量表中净现金流量现值累计计算求得。其计算公式为

$$动态投资回收期(P_t') = 净现金流量现值累计计算开始出现正值的年份数 - 1 + \left(\frac{上年净现金流量现值累计的绝对值}{当年净现金流量现值}\right) \qquad (6\text{-}22)$$

计算得出的项目动态投资回收期可与项目的寿命 n 进行比较。当 $P_t' \leqslant n$ 时，可以考虑接受该项目；当 $P_t' > n$ 时，则不接受该项目。

【例 6-18】 某项目的现金流量如表 6-7 所示，试计算该项目的动态投资回收期（i_c=10%）。

表 6-7 某项目各年净现金流 单位：万元

时间	0	1	2	3	4	5	6	7	8
净现金流	−100	−150	30	80	80	80	80	80	80

试分别计算该项目的静态投资回收期和动态投资回收期。

解

（1）静态投资回收期的计算。静态投资回收期由于不考虑资金的时间价值，该项目的现金流可这样处理，即项目在第二年年末尚未收回的投资额为 100+150−30=220 万元，从第三年起每年年末有 80 万元的等额净现金流，用这笔净现金流收回 220 万元的投资所用的时间需要

$$t=\frac{220}{80}=2.75\ （年）$$

从投资起点开始算起，该项目的静态投资回收期为

$$P_t=2.75+2=4.75\ （年）$$

（2）动态投资回收期的计算。计算结果如表 6-8 所示。

表 6-8　动态投资回收期计算表　　单位：万元

年限/年	净现金流量	10%的折现系数	净现金流量现值	净现金流量现值累计
0	−100	1.00	−100.00	−100.00
1	−150	0.909	−136.35	−236.35
2	30	0.826	24.78	−211.57
3	80	0.751	60.08	−151.49
4	80	0.683	54.64	−96.85
5	80	0.621	49.68	−47.17
6	80	0.564	45.12	−2.05
7	80	0.513	41.04	38.99
8	80	0.467	37.36	76.35
9	80	0.424	33.92	110.27
10	80	0.386	30.88	141.15

根据表 6-8 的计算结果，利用式（6-22）计算可得

$$P_t'=7-1+\frac{2.05}{41.04}\approx 6.05\ （年）$$

即该项目的动态投资回收期为 6.05 年。

由于该项目中存在一段年金型现金流量，也可利用下面的方法求得动态投资回收期 P_t'。根据表 6-7，可有

$$I=100\times(1+10\%)^2+150\times(1+10\%)-30=256\ （万元）$$

假设投资 I 能在 t 年内回收，则

$$I=80\,(P/A,\ 10\%,\ t)$$

$$256=80\times\frac{(1+10\%)^t-1}{10\%\times(1+10\%)^t}$$

$$256\times 1.1^t=800\times 1.1^t-800$$

$$t=\frac{\log 1.471}{\log 1.1}=4.05\ （年）$$

$$P_t'=2+t=6.05\ （年）$$

与静态投资回收期相比，动态投资回收期的优点是考虑了现金流入与流出的时间因

素，能真正反映资金的回收时间；缺点是计算比较麻烦。在投资回收期不长或折现率不大的情况下，两种投资回收期的差别可能不大，不致影响项目或方案的选择。但在静态投资回收期较长的情况下，两种投资回收期的差别可能较大。

2. 净现值

净现值（net present value，NPV）是反映项目在整个计算期内获利能力的综合性评价指标，是对投资项目进行动态评价的最重要的指标之一。

所谓净现值是指投资项目按基准收益率或设定的折现率（当未制定基准收益率时）将各年的净现金流量折现到投资起点的现值累加值。其表达式为

$$NPV=\sum_{t=0}^{n}(CI-CO)_t\left(1+i_c\right)^{-t} \tag{6-23}$$

式中，NPV 表示净现值；CI 表示现金流入；CO 表示现金流出；$(CI-CO)_t$表示第 t 年的净现金流量；n 表示计算期；i_c表示基准收益率。

根据上述定义，显然净现值的经济意义是：NPV>0 时，表示项目实施后，除可实现预订的收益率外，尚可获得更高的收益。NPV<0 时，表示项目实施后未能达到预订的收益率水平，而不能确定项目已亏损。NPV=0 时，表示项目实施后的投资收益率正好达到所预订的收益率标准，而不是投资项目盈亏平衡。

因此，用净现值指标评价投资项目的标准如下：NPV≥0 时，可以考虑接受该项目；NPV<0 时，可以考虑不接受该项目。

根据净现值的公式、经济含义和投资项目的具体特点，可以看出，净现值的大小是项目是否选择的重要依据，因此，净现值的数据准确性就变得十分重要。这就要求在计算净现值时，首先，要注意项目各年净现金流取值的准确性，因为净现金流的大小直接影响到净现值的大小。其次，还要注意基准折现率的取值，基准折现率也可以理解为某个行业平均折现率水准。

【例 6-19】 某项目各年净现金流量如表 6-9 所示，试用净现值指标判断项目的经济性（i_c=10%）。

表 6-9 某项目净现金流量 单位：万元

项目	年限				
	0	1	2	3	4~10
投资	30	750	150		
收入				675	1 050
其他支出				450	675
净现金流量	−30	−750	−150	225	375

解

根据表 6-9 中各年净现金流量和式（6-23），可计算净现值为

NPV=−30−750（P/F，10%，1）−150（P/F，10%，2）

+225（P/F，10%，3）+375（P/A，10%，7）（P/F，10%，3）

=704.94（万元）

由于 NPV>0，项目在经济上是可以考虑接受的。

净现值指标的主要优点是考虑了资金的时间价值，并全面考察了项目在整个寿命期内的经济状况；另外，直接以货币额表示项目净收益，经济意义明确直观；其主要问题是必须事先确定一个较符合实际的基准收益率，而基准收益率的确定往往是一个比较复杂、困难的问题。基准收益率若定得太高，会失掉一些经济效果好的项目；若定得太低，则可能会接受过多的项目，其中一些项目的经济效益也许并不好。

几个与净现值密切相关问题的讨论如下。

1）基准收益率

基准收益率（i_c）又被称为最低期望收益率或目标收益率。它是评价项目方案经济效益合理性的尺度，是选择方案的决策标准。

基准收益率本质上是预订最低的可接受的折现率水平，如果按 i_c 计算出的某投资项目的净现值为负值，那就表示该方案并没有达到该部门或行业可以达到的最低应达到的经济水平。资金不应投在这个项目上，而应投向能够达到 i_c 水平的其他项目上。因此，基准收益率也可理解为资金的机会成本。

如何恰当地确定基准收益率是一个十分重要且困难的问题，它既取决于某一时期资金成本的高低，又取决于项目在未来期间投资风险的大小和通货膨胀的高低。基准收益率一般是按照国家现行财务、税收、价格等条件，根据各行业有代表性的企业近几年投资项目回收期的统计数据、新项目的可行性研究资料及行业的综合统计资料，按统一方法估计测算，在取值时考虑了国家产业政策、行业技术进步、资源劣化、价格结构等因素后综合研究测定的。

2）净现值函数

所谓净现值函数就是指 NPV 与折现率 i 之间的函数关系。用公式表示为

$$\mathrm{NPV}=f(i)$$

也就是说，对同一项目或方案，如果不是选择一个基准收益率，而是选择一系列折现率，就可以计算出相应的一组净现值，表 6-10 列出了某项目的净现金流量及其净现值随 i 变化而变化的对应关系。

表 6-10　某项目的净现值函数

年限（年末）/年	净现金流量/万元	I	NPV=−3 000+1 200（P/A，i，4）/万元
0	−3 000	0	1 800
1	1 200	10%	804
2	1 200	20%	106
3	1 200	22%	0
4	1 200	30%	−400
5		40%	−781
6		50%	−1 074
n		∞	−3 000

如果以横坐标表示折现率 i，纵坐标表示净现值 NPV，i^*表示使得净现值为零的贴现

率，上述函数关系如图 6-17 所示。

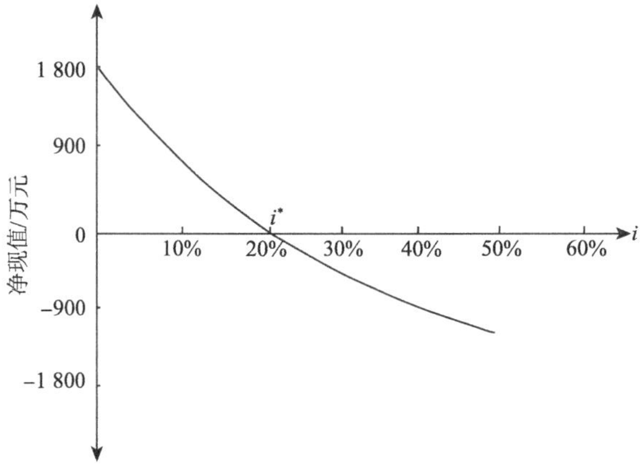

图 6-17　净现值函数曲线

从图 6-17 可以看出净现值函数有以下特点。

第一，假定投资项目的现金流为常规性现金流（期初净现金流为负，项目投产后净现金流为正），那么同一净现金流量的净现值随折现率 i 的增大而减少。由此可以得出结论，基准折现率 i_c 定得越高能被接受的方案越少。

第二，在某一个折现率 i^* 值上（图 6-17 中 i^*=22%），曲线与横坐标相交，此时 NPV=0。当 $i<i^*$，NPV（i）>0；当 $i>i^*$时，NPV（i）<0。i^*是后面将要介绍的一个重要指标。

需要注意的是，图 6-17 所示的净现值函数曲线就是一种常规的较典型的投资项目净现值曲线形式，即具有初始投资并伴有一系列正现金流量。

通过对净现值函数的研究可以得出这样一个结论：如果按净现值最大的原则优选项目方案，由于选择不同的折现率 i，可能会得出不同的方案选择结果。由此可见，在对投资项目进行经济评价时，较为准确地确定基准收益率是十分必要的。

3. 净现值率

用净现值指标评价投资项目或方案时，不考虑投资额的大小，因而不能直接反映资金的利用效率，为此，通常引入净现值率［或净现值指数（net present value rate，NPVR）］作为净现值的辅助指标。

净现值率是指项目方案的净现值与总投资现值之比，即单位投资现值所能带来的净现值。它说明单位投资所获得的超额净利润。如果是进行多方案比较，当被比较的投资方案具有不同的投资要求，而且可用于投资的金额也受到限制时，用净现值率指标可以考察资金的利用效率。其计算公式为

$$\mathrm{NPVR}=\frac{\mathrm{NPV}}{I_P}=\frac{\sum_{t=0}^{n}(\mathrm{CI}-\mathrm{CO})_t(P/F,\ i,\ t)}{\sum_{t=0}^{n}I_t(P/F,\ i,\ t)} \tag{6-24}$$

式中，NPVR 表示项目方案的净现值率；I_P 表示项目方案的总投资现值；I_t 表示第 t 年的投资；$(CI-CO)_t$ 表示第 t 年的净现金流量；其余符号意义同式（6-23）。

用净现值率指标判别投资项目或方案经济效果可行与否时，其判别标准与净现值指标是一样的。当 NPVR≥0 时，可以考虑接受该项目；当 NPVR<0 时，考虑不接受该项目。

【例 6-20】 根据例 6-19 计算该项目方案的净现值率。

解

$$\begin{aligned}\text{NPVR} &= \frac{\text{NPV}}{I_P}\\ &= \frac{704.94}{30+750(P/F,10\%,1)+150(P/F,10\%,2)}\\ &= \frac{704.94}{835.79} \approx 0.84(\text{元})\end{aligned}$$

计算得到该方案净现值率为 0.84。这一结果表明，该方案除了能满足基准收益率 10%的要求外，每一元投资还可以得到 0.84 元的收益现值。

4. 净年值

净年值（net average value，NAV）是把项目各年的净现金流量按照基准收益率折算到建设期初的代数和；同理，把项目各年的净现金流量换算到项目最后一年，其代数和就是净终值。净现值或净终值，经过资金回收系数或基金存储系数的折算，可以得到一个与净现值等效的评价指标，即为净年值。

净年值是通过资金等值计算将项目计算期内各年净现金流量分摊到每一年年末的等额年值。表达式为

$$\text{NPV} = \sum_{t=0}^{n}(\text{CI}-\text{CO})_t(1+i_c)^{-t}(A/P,\ i_c,\ n) \tag{6-25}$$

或

$$\text{NAV} = \sum_{t=0}^{n}(\text{CI}-\text{CO})_t(1+i_c)^{n-t}(A/F,\ i_c,\ n) \tag{6-26}$$

式中，NAV 表示净年值；CI 表示现金流入；CO 表示现金流出；$(CI-CO)_t$ 表示第 t 年的净现金流量；n 表示计算期；i_c 表示基准收益率；$(A/P,\ i_c,\ n)$ 表示资金回收系数；$(A/F,\ i_c,\ n)$ 表示基金存储系数。

判别标准：NAV≥0 时，认为项目在经济上可行；NAV<0 时，可认为项目在经济上不可行。

【例 6-21】 某投资方案的现金流量图如图 6-18 所示，若基准收益率为 10%，要求用净年值指标判断方案可行与否。

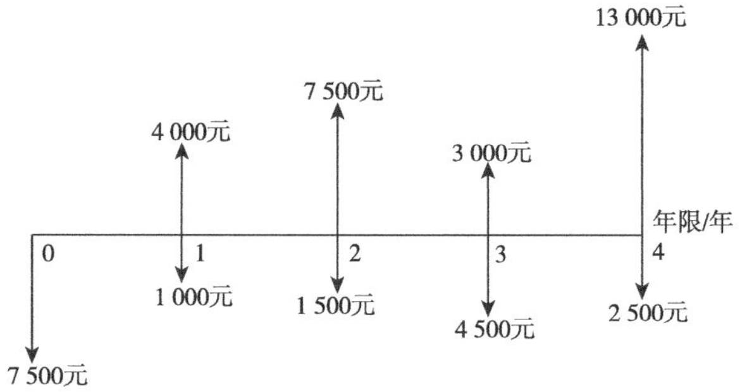

图 6-18 某项目现金流量图

解

$$NAV=[-7\,500+(4\,000-1\,000)(P/F,\ 0.1,\ 1)+(7\,500-1\,500)(P/F,\ 0.1,\ 2)+(3\,000-4\,500)(P/F,\ 0.1,\ 3)+(13\,000-2\,500)(P/F,\ 0.1,\ 4)](A/P,\ 0.1,\ 4)=1\,965.6\text{（元）}$$

或

$$NAV=[-7\,500(F/P,\ 0.1,\ 4)+(4\,000-1\,000)(F/P,\ 0.1,\ 3)+(7\,500-1\,500)(F/P,\ 0.1,\ 2)+(3\,000-4\,500)(F/P,\ 0.1,\ 1)+(13\,000-2\,500)](A/F,\ 0.1,\ 4)=1\,965.6\text{（元）}$$

计算结果为 NAV>0，该方案在经济上是可行的。

5. 内部收益率

在考察项目盈利能力的动态指标中，除净现值外，内部收益率（internal rate of return，IRR）是另一个最重要的评价指标。

从前面讨论过的净现值函数可知，对于常规型投资项目，一般来说，存在唯一使 NPV=0 能够成立的折现率，即项目在计算期内各年净现金流量现值累计等于零时的折现率，这个折现率就称为投资内部收益率。可通过下列方程式求得

$$\sum_{t=0}^{n}(\mathrm{CI}-\mathrm{CO})_t(1+\mathrm{IRR})^{-t}=0 \tag{6-27}$$

式中，IRR 表示内部收益率；CI 表示现金流入量；CO 表示现金流出量；$(\mathrm{CI}-\mathrm{CO})_t$ 表示第 t 年的净现金流量；n 表示计算期。

应用内部收益率对项目进行评价的判别标准是：若 $\mathrm{IRR}\geqslant i_c$，则认为项目在经济上是可以接受的；若 $\mathrm{IRR}<i_c$，则认为项目在经济上应予以拒绝。

因为式（6-27）是一个一元高次方程，不容易直接求解 IRR，故一般采用试算法，其计算步骤如下。

第一步，计算各年的净现金流量。

第二步，确定试算的折现率。通过试算，估计出两个折现率 i_1 和 i_2（$i_1<i_2$），使得折现率为 i_1 时，$\mathrm{NPV}_1>0$，折现率为 i_2 时，$\mathrm{NPV}_2<0$，且 i_1 与 i_2 之差不超过 5 个百分点，

即 $i_2-i_1\leqslant 5\%$。

第三步，用插值法近似求得内部收益率 IRR，公式为

$$IRR = i_1 + \frac{NPV_1}{NPV_1 + |NPV_2|} \times (i_2 - i_1) \tag{6-28}$$

插值法计算式（6-28）证明如下。

从图 6-19 可以看出，假定 $i_2>i_1$，且对应的 $NPV_2<0$，$NPV_1>0$，则直线段 AC 可以近似看作弧线 AC。

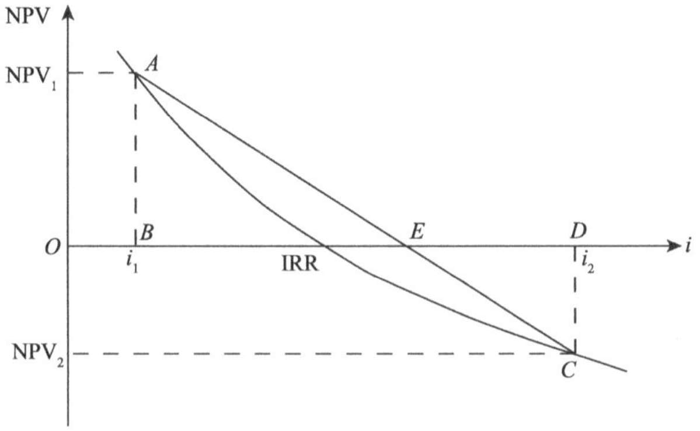

图 6-19　用插值法计算 IRR 图解

$\triangle ABE \sim \triangle CDE$

$AB : CD = BE : ED$

$NPV_1 : NPV_2 = BE : (i_2 - i_1 - BE)$，则

$$IRR = i_1 + BE = i_1 + \frac{NPV_1}{NPV_1 + |NPV_2|} \times (i_2 - i_1)$$

尽管在常规现金流的情况下内部收益率有唯一解，但即使插值法也可能出现多次插值后净现值仍为正或为负的情况。对此，可以采用以下办法进行计算。

【例 6-22】 某厂拟购置一台设备，初始投资 10 000 元，当年投产，每年可节省成本 3 000 元，使用寿命为 8 年，残值为 0，使用 5 年后必须花 5 000 元大修后继续使用。设基准收益率为 10%，试用内部收益率法确定此方案是否可行。

解

第一步，根据题意画出现金流量图。

第二步，用静态收益率作为第一个试算值，公式为

$$i = \frac{\text{正常年份的年净现金流量}}{\text{投资总额}} = \frac{3\,000}{10\,000 + 5\,000} = 0.2 = 20\%$$

第三步，以 i_1=20%代入式（6-23），求 NPV_1 得

$$\begin{aligned} NPV_1 &= -10\,000 - 5\,000(1+i_1)^{-5} + 3\,000 \times \frac{(1+i_1)^8 - 1}{i_1(1+i_1)^8} \\ &= -10\,000 - 5\,000 \times 0.401\,9 + 3\,000 \times 3.837 \\ &= -498.5(\text{元}) \end{aligned}$$

因为 $NPV_1<0$，说明 i_1=20%过大，所以 i 应调小，取 i_2=15%，代入式（6-23）得

$$\begin{aligned}NPV_2 &= -10\,000-5\,000\left(1+i_2\right)^{-5}+\frac{3\,000\times\left(1+i_2\right)^8-1}{i_2\left(1+i_2\right)^8}\\ &= -10\,000-5\,000\times 0.497\,2+3\,000\times 4.487\\ &= 975（元）\end{aligned}$$

第四步，用插值法求 IRR。因为 NPV_1=−498.5 元，NPV_2=975 元，两值符号相反，且两值均不等于 0（或接近于 0），而 i_1-i_2=20%−15%=5%，又在 5%的范围内，根据式（6-27）求 IRR，公式为

$$IRR=0.15+(0.20-0.15)\frac{|975|}{|975|+|-498.5|}\approx 0.183=18.3\%$$

因为 IRR＞i_c，故此方案可行。

内部收益率法的优点是不需要事先确定基准收益率，使用方便；用百分比表示，直观形象，比净现值法更能反映单位投资的效率，但计算比较复杂。

在进行多方案比较时，不能直接用各方案的内部收益率的大小来比较。因为按方案现金流量总额计算的内部收益率最大，但按基准收益率计算的现金流量总额的净现值不一定最大，也就是说，内部收益率并不反映方案的现金流量结构。例如，有两个互斥方案 1 与 2，由于投资规模不同，二者的现金流量结构不同，其净现值函数曲线呈现出不同的形状。一般情况下，当方案的前期净收益大，后期净收益小时，其净收益现值函数的变化率较小，曲线平缓，如图 6-20 中的曲线 1 所示。这类情况是相对于投资规模较小，而后期收益也较小的方案。反之，若方案的前期净收益较小，后期净收益较大，即投资规模较大，后期收益亦较大的方案，其净收益现值函数的变化率较大，曲线较陡，如图 6-20 中的曲线 2 所示。一般情况下，由于投资规模不同，互斥方案的净现值函数曲线之间可能存在着三种相互关系，如图 6-20 中的（a）、（b）、（c）所示。在图 6-20（a）中，曲线 1、2 曲线的交点在标准收益率 i_n 的左侧，此时用净现值法和内部收益率法所得的结论是一致的，即方案 1 优于方案 2。同样，在图 6-20（c）中，两方案曲线的交点在横坐标下，此种情况用净现值法和内部收益率法所得的结论也是一致的，即方案 2 优于方案 1。但在图 6-20（b）中的情况就不同了，曲线 1、2 的交点在 i_n 的右侧，又在横坐标的上方，方案 1 的内部收益率 i_1 大于方案 2 的内部收益率 i_2，故方案 1 优于方案 2。但从净现值的标准来看，$NPV_1<NPV_2$，方案 2 又优于方案 1，这样以两种不同的方法来评价方案，会得出相反的结论。由此可见，如果直接用各方案的内部收益率大小来选择方案，容易得出不合适的结论。所以，对多方案进行比较选优时，如果用内部收益率来选择方案，一定要用增量投资收益率来进行判断，具体方法将在后文介绍。

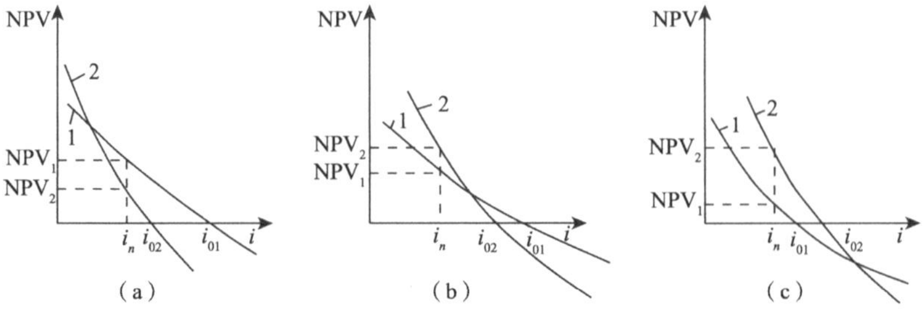

图 6-20　三种情况的净现值函数曲线图

除上述方法外，还有另外一种方法，如例 6-23。

【例 6-23】　某项投资计划的投资额为 5 000 万元，当年投产，预计计算期 10 年中每年可得净收益 600 万元，10 年年末可获得残值 1 000 万元，试求内部收益率。若基准收益率为 5%，判断此项目的经济性。

解

（1）计算各年净现金流量如表 6-11 所示。

表 6-11　拟建项目各年净现金流量　　　　单位：万元

年限	0	1~9	10
净现金流量	−5 000	600	1 600

（2）用 5%试算，即设 i_1=5%求得净现值为

$$\begin{aligned}NPV_1 &= -5\,000+600(P/A,5\%,10)+1\,000(P/F,5\%,10)\\ &=247.10(\text{万元}) > 0\end{aligned}$$

说明折现率 i_1 取低了，再用 6%试算，即设 i_2=6%，求得净现值为

$$\begin{aligned}NPV_2 &= -5\,000+600(P/A,6\%,10)+1\,000(P/F,6\%,10)\\ &=-25.60(\text{万元})0\end{aligned}$$

（3）用插值法求 IRR，公式为

$$\begin{aligned}IRR &= i_1+\frac{NPV_1}{NPV_1+|\,NPV_2|}\times(i_2-i_1)\\ &=5\%+\frac{247.1}{247.1+25.6}\times(6\%-5\%)\\ &\approx 5.91\%\end{aligned}$$

计算得到 IRR>i_c，说明该项目在经济上是合算的，是可以接受的。

在计算内部收益率时，为了使第一次试算时选取的 i 值较为接近 IRR 而少走弯路，一般可将 10 年的年金序列 600 万元×10=6 000 万元，假定它是期末的数值，便可由下式粗略求得近似的 IRR，公式为

$$-500+（600\times 10+1\,000）（P/F，i，10）=0$$

即（P/F，i，10）=0.174。

由复利系数表查得 n=10 时，i=4%的（P/F，i，10）值与 0.174 接近。又因上述简化计算的年金序列未考虑资金的时间价值而使未来的值偏低，因此可先用 5%进行试算。

这样做可以使我们比较迅速地得到需要的结果，少走弯路。

内部收益率指标的主要优点和净现值相似，它既考虑了资金的时间价值，又考虑了项目寿命期内全部的现金流情况。此外，用内部收益率指标评价项目不用事先确定一个基准折现率，只要知道 i_c 的大致幅度即可。因此，内部收益率指标在实际工作中得到了广泛的应用。

内部收益率的经济含义可以这样理解：项目在这样的折现率下，在项目寿命终了时，以每年的净收益恰好把投资全部收回来。也就是说，在项目寿命周期内，项目始终处于"偿付"未被收回投资的状况。因此，内部收益率是指项目对初始投资的偿还能力或项目对贷款利率的最大承受能力。IRR 不是用来计算期初投资收益的，所以，一般不能用内部收益率直接排列两个或多个项目的优劣顺序。

下面简单讨论投资项目为非常规型，内部收益率可能无解或有多个解的情况。

求解内部收益率的式（6-27）是一个 n 次多项式方程，求解 n 次多项方程的根，可能出现无解，也可能出现多解。

（1）内部收益率方程无解的情况。当项目方案随时间变化的现金流量分布都是正值或者都是负值，净现值函数曲线与水平轴不相交，内部收益率无解。这种情况一般很少出现。对于这种非常规项目方案的评价，可不采用内部收益率法而采用其他方法。

（2）内部收益率方程有多个解的情况。当项目方案连续累计的现金流量符号变化超过一次以上时，就会出现一个以上的内部收益率解，如例 6-24。

【例 6-24】 某项目净现金流量如表 6-12 所示。

表 6-12 正负号变化多次的净现金流量序列 单位：万元

年限	0	1	2	3
净现金流量	−100	470	−720	360

解

经计算可知，使该项目净现金流量现值累计为 0 的折现率有 3 个：i_1=20%，i_2=50%，i_3=100%。其净现值曲线如图 6-21 所示。

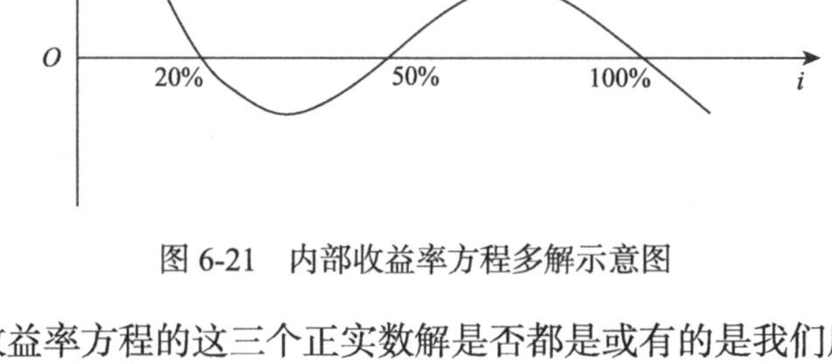

图 6-21 内部收益率方程多解示意图

此项目内部收益率方程的这三个正实数解是否都是或有的是我们所要求的内部收益率呢？这需要通过内部收益率的经济含义加以检验，即在该折现率下，项目寿命期内是否始终存在未被收回的投资且只有在期末才完全收回（表 6-13）。

表 6-13　净现金流量折现值及折现累计计算　　单位：万元

年限		0	1	2	3
净现金流量		−100	470	−720	360
20%	（P/F，20%，n）	1.000 0	0.833 3	0.694 4	0.578 7
	现值	−100	391.65	−499.97	208.33
	现值累计	−100	291.65	−208.32	0（近似值）
50%	（P/F，50%，n）	1.000	0.666 7	0.444 4	0.296 3
	现值	−100	313.35	−319.97	106.67
	现值累计	−100	213.35	−106.62	0（近似值）
100%	（P/F，100%，n）	1.000 0	0.500 0	0.250 0	0.125 0
	现值	−100	235.00	−180.00	45.00
	现值累计	−100	135.00	−45.00	0

从表 6-13 中的现值累计一项可以看出，在 i_1=20%，i_2=50%，i_3=100%三个折现率下，都是初始投资在第一年年末完全收回，且项目有净盈余；第二年年末又有未收回投资，第三年年末即寿命期末又全部收回，根据内部收益率的经济含义可知，i_1=20%，i_2=50%，i_3=100%都不是项目的内部收益率。

对于非常规投资项目，如果其内部收益率方程的实解中能满足内部收益率经济含义的要求（最多一个），则此解为项目的内部收益率；如果内部收益率方程的所有实数解都不满足内部收益率经济含义的要求，则它们都不是项目的内部收益率。若要计算其内部收益率，可采取用基准收益率对项目计算期内部分现金流量进行适当“处理”，使之符合常规投资项目对符号只能变换一次的要求的方法，求出内部收益率，如例 6-25。

【例 6-25】 某投资项目净现金流量如表 6-14 所示，基准收益为 10%，试求项目的内部收益率。

表 6-14　投资项目净现金流量　　单位：万元

年限	−1	0	1	2	3	4
净现金流量	500	−1 000	0	250	250	250

解

经计算得到使该项目净现值为零的两个折现率为

$$i_1=35\%，i_2=65\%$$

经过内部收益率的经济含义检验，很显然，这两个折现率都不是该投资项目的内部收益率。

为了求得该投资项目的内部收益率，可用基准收益率 10%把−1 年的 500 元换算到 0

年，使累计现金流量中的符号变换限制在一次以内。即

$$500\,(F/P,\ 10\%,\ 1)=550\,(\text{元})$$

与 0 年净现金流量合并：550–1 000=–450 元。调整后的现金流量如表 6-15 所示。

表 6-15 “处理”后的投资项目净现金流量 单位：元

年限	0	1	2	3	4
净现金流量	–450	0	250	250	250

从表 6-15 的净现金流量得出的内部收益率为 19%，即可看作此投资项目的内部收益率。

显然，用调整后的现金流量求得的内部收益率与项目原来的现金流量求得的内部收益率会有偏差，其偏差程度，受调整现金流量数额的大小及调整的折现率大小的影响。如果偏差程度较大，最好不使用内部收益率指标考察投资项目的经济效果。

6.3 不确定性分析

投资方案经济评价所采用的各种数据大都来自预测和估算，具有一定程度的不确定性。为了分析各种不确定因素对方案经济效果的影响，有必要在经济评价的基础上，进行不确定性分析，以估计项目可以承担的风险，从而进一步确定项目在经济上的可行性。

不确定性分析的方法有盈亏平衡分析、敏感性分析和概率分析。

6.3.1 盈亏平衡分析

盈亏平衡分析是在一定的市场、生产能力及经营管理条件下，研究项目成本与收益的平衡关系的方法。盈亏平衡分析又称平衡点（临界点、极限点、分界点、分歧点、保本点、两平点、转折点）分析，广泛应用于预测成本、收入、利润、编制利润计划；估计售价、销量、成本水平变动对利润的影响，为各种经营决策提供必要的信息；并可用于投资项目的不确定性分析。

盈亏平衡分析是将成本划分为固定成本和变动成本，假定产销量一致，根据产量、成本、售价和利润四者之间函数关系，进行预测分析的技术方法。

平衡点（极限点）是对某一因素来说的，当其值等于某数值时，恰使方案决策的结果达到临界标准，则称此数值为该因素的盈亏平衡点。这里所说的某一因素就是影响投资项目风险的不确定性因素，它可以是产量，也可以是经济寿命、利率等。从这个意义上说，内部收益率就是项目关于利率这一不确定性因素的动态盈亏平衡点。虽然可以广义地理解盈亏平衡分析，但关于产量、成本、利润的分析的确是盈亏平衡分析的主要内容和出发点。

1. 产品成本、收入与产量的关系

1）成本与产量

图 6-22 表示了产量与成本之间的关系。图 6-22 中 C 为总成本费用，F 为总固定成本，V 为总可变成本，v 为单位可变成本，x 为产量，则

$$C=V+F=v\cdot x+F \tag{6-29}$$

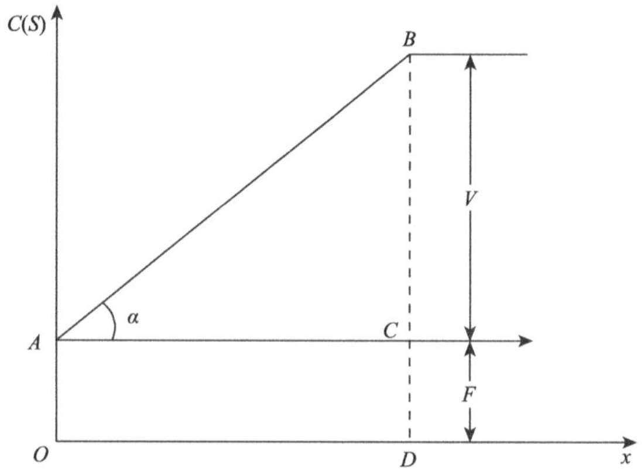

图 6-22　产量与成本关系

2）收入与产量

设销售收入为 S，产品价格为 P，产量（假设为销售量）为 x，则

$$S=P\cdot x \tag{6-30}$$

可见，这里假设产品的销售价格 P 为常数时，销售收入 S 与产量 x 呈线性关系。

2. 盈亏平衡点

1）线性盈亏平衡点

若所分析的不确定性因素为产量（假设产量等于销售量），并且假定项目的总销售收入和总成本均是产量的线性函数，则这种平衡点分析可称为产量的线性盈亏分析。

从图 6-23 可知，A 点为盈亏平衡点，A 点将两条直线所夹的范围分为两个区，A 点左边生产费用线高于销售收入线，为亏损区；A 点右边销售收入线高于生产费用线，为营利区。

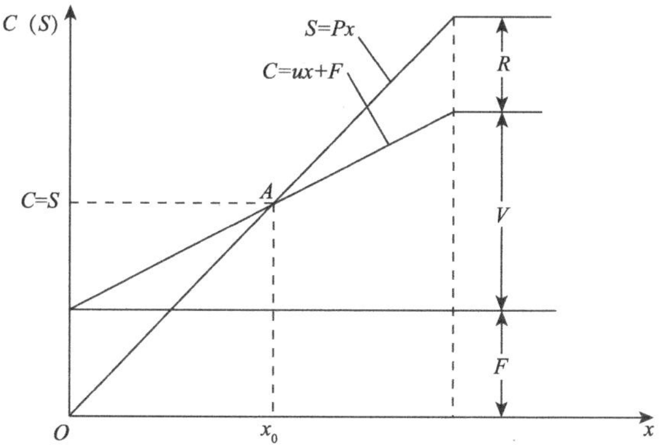

图 6-23　线性盈亏平衡点图

2）非线性盈亏平衡点

在一定条件下，成本与产量、销售收入与销售量呈线性关系，生产成本线与销售收入线的交点为线性盈亏平衡点。一定条件是指：价格不变、固定成本不变、单位变动成本不变、生产量与销售量相等。如果不具备这些条件，就可能不是线性平衡点，而是非线性盈亏平衡点。

当市场处在竞争状态下，销售价格 P 就是一个变量，一般是销售价格降低，促进销售量增大，使销售收入增长，销售收入与销售量呈曲线关系。

当产量处在较小范围内正常变动时，固定总成本是不变的，如果产量处于异常的变动情况下，固定总成本就会发生变化。例如，产量增长是通过加班加点或通过拼设备或搞突击、不顾产品质量等方式达到的，设备的折旧费由于设备提前报废而发生变化。产品废品率提高和因加班而增加工资额，与产量的增长是不成比例的。生产中的动力费、燃料费属于半固定半变动的费用，这些半固定半变动费用与产量呈线性关系，会出现阶梯形的成本与产量关系曲线，如图 6-24 所示。

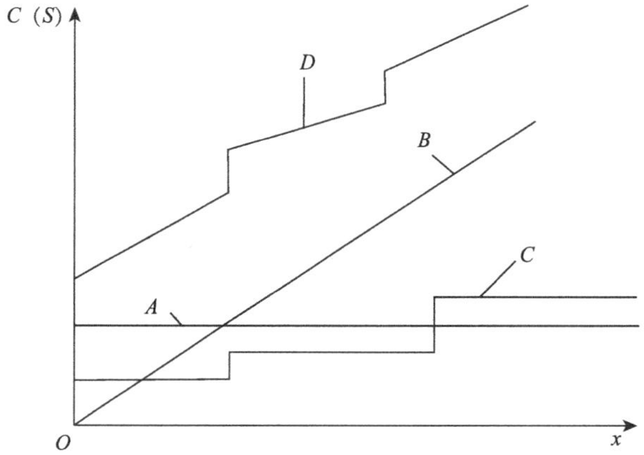

图 6-24 阶梯形成本线图

图 6-24 中的 A 线为与产量无关的固定成本费用；B 线为与产量成比例变化的可变成本费用；C 线为半固定半变动成本费用；D 线为总成本费用线，即 A，B，C 几种费用的合计。

单位产品可变成本有两种情况：一种是随产量变化呈线性相关，如原料、辅助材料费用等；另一种是随产量变化呈曲线相关，如在新产品研制中，开始时产量低费用高，为递减费用，当一种新技术掌握熟练之后，效率提高费用降低，为递减费用。设备利用率高低、电力消耗与产量之间也是递减费用等。类似这种情况在第 3 章已做介绍。对投资项目来说，由于是对项目未来的现金流的估算和分析，进行不确定性分析单位产品可变成本发生非线性的情况很难确定。因此，投资项目的盈亏平衡分析一般是假定成本、产量、销售收入和销售量均呈线性关系。

3. *盈亏平衡点的确定*

设 S 为总销售收入；C 为总成本费用；M 为盈利；x 为产量（或销售量）；P 为产品售价；F 为总固定成本；v 为单位产品变动成本；Q 为设计规模（产量）。根据盈利=总

销售收入－总成本费用，结合式（6-29）和式（6-30），则有

$$M=(P-v)\cdot x-F$$

根据平衡点的定义，决策的临界标准应为盈利等于零。因此，使盈利为零的产量点称为产量盈亏平衡点。

记平衡点产量为 x_0，则由 $(P-v)\cdot x_0-F=0$ 得

$$x_0=F/(P-v) \tag{6-31}$$

因此，若欲使项目盈利，必须满足

$$(P-v)x-F>0,\ 即\ x>F/(P-v)=x_0$$

当项目亏损时

$$(P-v)\cdot x-F<0,\ 即\ x<F/(P-v)=x_0$$

此外，还可求出平衡点销售价格

$$P_0=(F+v\cdot Q)/Q=F/Q+v$$

平衡点生产能力利用率

$$\eta=x_0/Q \tag{6-32}$$

式中，η 表示产量 x_0 时的生产能力利用率。

根据国外的经验，η 若低于 70%，则项目比较安全，或者说可以承受较大的风险。

【例 6-26】 某投资项目设计生产能力 Q=6 000 吨，产品售价为 1 468 元/吨，其固定成本为 143 万元，单位变动成本为 930 元/吨，假定产量、成本、盈利之间的关系均为线性关系，试进行平衡点分析。

解

盈亏平衡点产量为

$$x_0=F/(P-v)=1\,430\,000/(1\,468-930)=2\,658（吨）$$

盈亏平衡点生产能力利用率为

$$\begin{aligned}\eta&=x_0/Q=F\times 100\%/[Q\cdot(P-v)]\\&=1\,430\,000\times 100\%/[(1\,468-930)\times 6\,000]\\&\approx 44.3\%<70\%\end{aligned}$$

$1-\eta$ 又称为经营安全率，经营安全率越大，抗风险能力越强，投资风险越小。一般来说，$1-\eta$ 在 30%以上为安全性好，$1-\eta$ 在 30%以下为安全性差。

6.3.2 敏感性分析

敏感性分析是在投资项目评价和企业其他经营管理决策中常用的一种不确定性分析方法。影响决策目标的诸多因素中的未来状况处于不确定的变化之中。出于决策的需要，测定并分析其中一个或多个因素的变化对目标的影响程度，以判定各个因素的变化对目标的重要性，就是敏感性分析。具体地说，它是在确定性的基础上，重点分析不确定因素变化时，将对项目经济效益评价值影响的程度。例如，当销售量、价格、生产能力、成本等因素发生变动时，将使投资收益率、投资回收期等发生程度不

同的变化。

敏感性是指由于特定因素变动而引起的评价指标的变动幅度或极限变化。如果一种或多种特定因素在相当大的范围内变化，但不对决策产生很大影响，那么可以说拟议中的项目对该种（几种）特定因素是不敏感的；反之，如果有关因素稍有变化就使投资决策发生很大变异，则该项目对这个（些）因素就有高度的敏感性。敏感性强的因素的不确定性将给项目带来更大的风险。因此，在了解给定投资情况下建设项目的一些最不确定的因素，并知道这些因素对该建设项目的影响程度之后，就能在合理的基础上做出建设项目的投资决策。

敏感性分析的目的是：研究影响的变动将引起的经济效益值的变动范围；找出影响投资项目经济生命力的最关键因素,并进一步分析与之有关的可能产生不确定性的根源；通过多方案敏感性大小对比，区别敏感性大或敏感性小的方案，以选敏感性小的方案；通过可能出现的最有利与最不利的经济效果范围分析，用寻找替代方案或对原方案采取某些控制措施的方法，来确定最现实的方案组成。

1. 敏感性分析的步骤和内容

1）确定分析指标

分析指标的选定，与着手进行的任务及其目的有关。在项目的机会研究阶段，各种经济数据不完全，可信程度不高，常使用简单投资收益率和投资回收期指标；在项目的初步可行性研究和详细可行性研究阶段，经济评价指标主要采用净现值和（或）内部收益率，通常辅之以投资回收期指标。敏感性分析应围绕这些指标进行。一般而言，敏感性分析的指标应与经济评价指标一致，不应超出所选用的经济评价指标范围而另立分析指标。当经济评价指标不少于两个时，敏感性分析可以围绕其中最重要的一个或部分指标进行。

2）选定需要分析的不确定性因素及设定这些因素的变动范围

虽然影响项目经济指标的因素通常很多，而且严格来说，凡是影响项目经济效果的因素都具有某种未来不确定性。但没有必要对所有这些因素进行敏感性分析，应当事先仔细选定不确定因素。选定的原则有两条：第一，预计在其可能变动的范围内，其变动将较为强烈地影响经济指标；第二，对其在确定性经济评价中采用的数据的准确性把握不大。选定不确定性因素时应当把这两条原则结合起来进行。

项目敏感性分析中的影响因素通常从以下几方面选定。

（1）项目投资。包括固定资产投资和新增流动资金两部分。在设定因素变化范围时，可将固定资产投资中的设备、建筑安装和其他费用项的可能变化幅度给予分别考虑和设定。流动资金的变化范围可单独设定。在此基础上，可以较为有根据地设定总投资变化幅度。

（2）项目服务寿命年限。此因素一般只与动态经济评价指标（如净现值、内部收益率）有关。所以只有当项目评价采用动态指标时，才有必要考虑选取此项因素。

（3）项目在寿命期末的残值或计算期末折余价值。

（4）经营成本，特别是变动成本。

（5）产品价格。

（6）产销量。

（7）项目建设年限、投产期限和产出水平及达产期限。

（8）基准折现率。

3）计算因素变动导致的经济指标变动数量

首先，对某特定因素设定变动数量或幅度，其他因素固定不变，随之计算经济指标的变动结果。对每一因素的每一变动，均重复以上计算。其次，把因素变动及相应指标变动结果绘图或列表，以便于测定敏感因素。

4）确定敏感因素

敏感性分析的目的在于寻找敏感因素。假定某特定因素，其数值的变化，甚至是微小的变化都会严重影响项目的经济效果（指标），则此特定因素就是该项目的敏感因素；反之，若某个特定因素变化，甚至变化很大，也不能显著影响项目的经济效果，则此特定因素是该项目的非敏感因素。

测定某特定因素敏感与否，一般通过两种方式进行。

第一种方式，假定要分析的因素均从其基本数值开始变动，且各因素每次变动幅度（增或减的百分数）相同，计算每次变动对经济指标的影响效果。由这些计算结果不难看出，在各因素为相同变化率的情况下，对经济效果指标影响大小存在差异，据此可对各因素的敏感性程度进行排序。这是一种相对测定法。

第二种方式，就是使某特定因素朝经济效果不利的方向变动，并设该因素取其很有可能发生的“最坏”的值，然后计算下降的经济指标，看其是否已达到使项目无法接受的程度，如果项目不可以接受，那就表明该因素是项目的敏感因素。项目可否接受的判断依据就是各经济指标的临界点。例如，内部收益率法的基准折现率，净现值法的净现值是否大于或等于零，投资回收期法的基准投资回收期等。此方式的另一变通方式是先设定有关经济指标的临界值，如净现值为零，然后求某特定因素的相应变动幅度，即最大允许变动幅度，并将此变动幅度与可能发生的变动幅度估计值进行比较。若前者小于后者，则项目风险大，项目效果对该因素敏感。第二种方式是敏感因素绝对测定法。此方法本身表明了人们对不确定性带来风险的重视。

2. 单因素变化的敏感性分析法

这种分析法一次分析只改变一个参数值，假定其他参数不变，研究该变化参数对经济效益影响的敏感程度。

【例 6-27】 某一投资方案，用于确定性经济分析的现金流量表如表 6-16 所示，所采用的数据是根据对未来最可能出现的情况的预测估算的。由于对未来影响经济环境的某些因素把握不大，投资额、经营成本和产品价格均可能在 ± 20%的范围内变动。设基准折现率为 10%，不考虑所得税，试分别就上述三个不确定因素做敏感性分析。

表 6-16 某投资方案现金流量表 单位：万元

年限	0	1	2~10	11
投资	15 000			
销售收入			19 800	19 800
经营成本			15 200	15 200
期末资产残值				2 000
净现金流量	−15 000	0	4 600	6 600

解

设投资额为 I，年销售收入为 S，年经营成本为 C，期末资产残值为 L。用净现值指标评价本方案的经济效果，计算公式为

$$\text{NPV}=-I+(S-C)(P/A,\ 10\%,\ 10)(P/F,\ 10\%,\ 1)+L(P/F,\ 10\%,\ 11)$$

按照表 6-16 的数据，得

$$\text{NPV}=-15\,000+4\,600\times 6.144\times 0.909\,1+2\,000\times 0.350\,5\approx 11\,394\text{（万元）}$$

下面用净现值指标分别就投资额、产品价格和经营成本三个不确定因素做敏感性分析。

设投资额变动的百分比为 x，分析投资额变动对方案净现值影响的计算公式为

$$\text{NPV}=-I(1+x)+(S-C)(P/A,\ 10\%,\ 10)\times(P/F,\ 10\%,\ 1)+L(P/F,\ 10\%,\ 11)$$

设经营成本变动的百分比为 y，分析经营成本变动对方案净现值影响的计算公式为

$$\text{NPV}=-I+[S-C(1+y)](P/A,\ 10\%,\ 10)\times(P/F,\ 10\%,\ 1)+L(P/F,\ 10\%,\ 11)$$

设产品价格变动的百分比为 z，产品价格的变动将导致销售收入的变动，销售收入变动的比例与产品价格变动的比例相同，故分析产品价格变动对方案净现值影响的计算公式为

$$\text{NPV}=-I+[S(1+z)-C](P/A,\ 10\%,\ 10)\times(P/F,\ 10\%,\ 1)+L(P/F,\ 10\%,\ 11)$$

按照上述 3 个公式，使用表 6-17 的数据，分别取不同的 x、y、z 值，可以计算出各不确定因素在不同变动幅度下方案的净现值。计算结果如表 6-17 所示。根据表 6-17 中的数据可以绘出敏感性分析图（图 6-25）。

由表 6-17 和图 6-25 可以看出，在同样的变动率下，产品价格的变动对方案净现值的影响最大，经营成本变动的影响次之，投资额变动的影响最小。

表 6-17 不确定因素的变动对净现值的影响 单位：万元

不确定因素	变动率				
	−20%	−15%	−10%	−5%	0
投资额	14 394	13 644	12 894	12 144	11 394
经营成本	28 374	24 129	19 884	15 639	11 394
产品价格	−10 725	−5 195	335	5 864	11 394

不确定因素	变动率			
	+5%	+10%	+15%	+20%
投资额	10 644	9 894	9 144	8 394
经营成本	7 149	2 904	−1 341	−5 586
产品价格	16 924	22 453	27 983	33 513

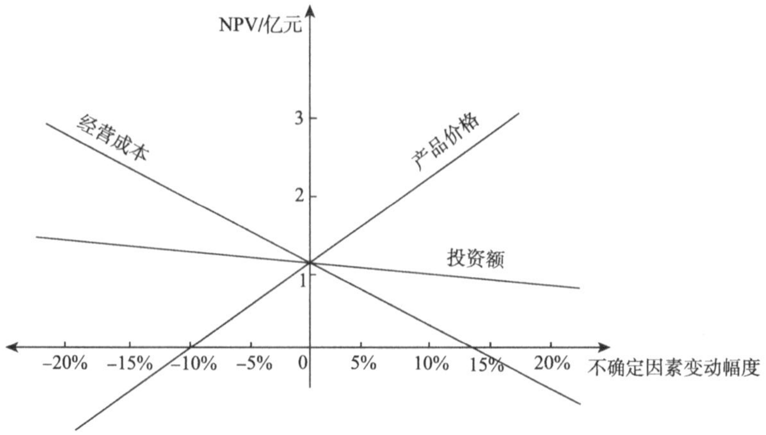

图 6-25 敏感性分析图

分别使用前面的 3 个公式，不难计算出，当 NPV=0 时

$$x=76.0\%，y=13.4\%，z=-10.3\%$$

也就是说，如果投资额与产品价格不变，年经营成本高于预期值 13.4%以上，或者投资额与经营成本不变，产品价格低于预期值 10.3%以上，方案将变得不可接受。而如果经营成本与产品价格不变，投资增加 76.0%以上，才会使方案变得不可接受。

根据上面的分析，对于本投资方案来说，产品价格与经营成本都是敏感因素。在做出是否采用本方案的决策之前，应该对未来的产品价格和经营成本及其可能变动的范围做出更为精确的预测与估算。如果产品价格低于原预期值 10.3%以上或经营成本高于原预期值 13.4%以上的可能性较大，则意味着这笔投资有较大风险。另外，经营成本的变动对方案经济效果有较大影响这一分析结果还提醒我们，如果实施这一方案，严格控制经营成本将是提高项目经济效果的重要途径。至于投资额，显然不是本方案的敏感因素，即使增加 20%甚至更多一些也不会影响决策结论。

一次改变一个参数的敏感性分析，适用于分析最敏感的因素，但它忽略了各参数之间相互作用的可能性。因为多个参数的估计误差一般大于单一参数的估计误差，所以，分析经济效果受多个参数同时变化的影响时，要用多因素变化的敏感性分析。其方法有两种：一是把一次改变一个参数的敏感性分析方法应用到多参数的敏感性分析中；二是采用乐观–悲观分析法。

敏感性分析的另一局限性表现在变量之间的相关性问题上。在敏感性分析中，一般是假定其他因素不变，研究某几个变数的变化对项目经济效果指标的影响。它不能表明所有变量均变化时对经济效果指标所产生的综合净效果，也不能反映所有变量同时发生变化的可能性。

6.3.3 概率分析

敏感性分析只能使决策者了解某种因素变动对经济指标的影响，并不能使人了解发生这种影响的可能性究竟有多大。如果事先能够客观地或主观地（有一定的科学依据）给出各种因素发生某种变动的可能性的大小（概率），无疑将对建设项目决策科学化有所裨益。这种事先给出各因素发生某种变动的概率，并以概率为中介进行的不确定性分析是另一种不确定性分析，即概率分析，或称投资风险分析。投资风险的决策分析方法很多。不论何种方法，均需首先估计项目寿命周期内每年可能的各种现金流量及概率，并计算期望的现金流量。

1. 随机现金流的概率描述

严格说来，影响方案经济效果的大多数因素（如投资、成本、销售量、产品价格、项目寿命期等）都是随机变量。我们可以预测其未来可能的取值范围，估计各种值或值域发生的概率，但不能肯定地预知它们取什么值。投资方案的现金流量序列是由这些因素的取值所决定的。所以，实际上方案的现金流量序列也是随机变量。为了与确定性分析中使用的现金流量概念有所区别，称概率分析中的现金流量为随机现金流量。

要完整地描述一个随机变量，需要确定其概率分布的类型和参数。常见的概率分布类型有均匀分布、二项分布、泊松分布、指数分布和正态分布等。在经济分析与决策中使用最普遍的有均匀分布与正态分布。一般来说，工业投资项目的随机现金流量要受许多种已知的不确定因素的影响，可以看成是多个独立的随机变量之和，在许多情况下近似地服从正态分布。

描述随机变量的主要参数是期望值与方差。期望值是在大量的重复事件中随机变量取值的平均值，换句话说，是随机变量所有可能取值的加权平均值，权重为各种可能取值出现的概率。方差是反映随机变量取值的离散程度的参数。

假定某方案的寿命期为 n 个周期（通常取 1 年为一个周期），净现金流量序列为 y_0，y_1，y_2，…，y_n。周期数 n 和各周期的净现金流 y_t（t=0，1，…，n）都是随机变量。为便于分析，我们假设 n 为常数。从理论上讲，某一特定周期的净现金流量 y_t 可能出现的数值有无限多个，但可以将其简化为若干个离散数值 y_t（1），y_t（2），…，y_t（n）。这些离散数值有的出现的概率要大一些，有的出现的概率要小一些，设与各离散数值对应的发生概率为 P_1，P_2，…，P_n（$\sum P_j=1$），则第 t 周期净现金流量 y_t 的期望值为

$$E(y_t)=\sum_{j=1}^{m}y_t(j)P_j \tag{6-33}$$

第 t 周期净现金流量 y_t 的方差为

$$D(y_t)=\sum_{j=1}^{m}\left[y_t^{(j)}-E(y_t)\right]^2\cdot P_j \tag{6-34}$$

标准差则为

$$\sigma=\sqrt{D(y_t)} \tag{6-35}$$

2. 概率分析的步骤

第一步，任选一个不确定性因素为随机变量，将这个不确定性因素的各种可能结果一一列出，并分别计算各种可能结果的效益。

第二步，分别计算各种可能结果出现的概率，概率的计算一般要在过去的统计资料基础上进行，也可根据项目可行性研究人员的经验得到主观概率。

第三步，根据以上资料，计算在不确定性因素下的效益期望值。

第四步，计算方差和标准差。

第五步，综合期望值、方差和标准差，确定项目的效益水平及获得此效益水平的可能性。一般来说，在正态分布条件下，$E(y_t)\pm\sigma$ 的可能性为 68.3%；$E(y_t)\pm 2\sigma$ 的可能性为 95.4%；$E(y_t)\pm 3\sigma$ 的可能性为 99.7%。

【例 6-28】 假定某投资方案在其寿命期内可能出现的 5 种状态的净现金流量序列及其发生的概率如表 6-18 所示。各年份净现金流量之间互不相关，基准折现率为 10%，求方案净现值的期望值、方差与标准差。

表 6-18　不同状态的发生概率及净现金流量序列　　单位：万元

年限＼状态	概率				
	P_1=0.1	P_2=0.2	P_3=0.4	P_4=0.2	P_5=0.1
	X_1	X_2	X_3	X_4	X_5
0	−15 000	−15 000	−15 000	−16 500	−18 000
1	0	0	0	0	0
2~10	1 630	2 620	4 600	5 060	5 290
11	3 630	4 620	6 600	7 060	7 290

解

对应于状态 X_1

$$\begin{aligned}NPV^{(1)}&=-15\,000+1\,630(P/A,10\%,9)(P/F,10\%,1)\\&\quad+3\,630(P/F,10\%,11)\\&=-5\,194（万元）\end{aligned}$$

对应于状态 X_2

$$\begin{aligned}NPV^{(2)}&=-15\,000+2\,620(P/A,10\%,9)(P/F,10\%,1)\\&\quad+4\,620(P/F,10\%,11)\end{aligned}$$

$$=336\text{（万元）}$$

对应于状态 X_3

$$\begin{aligned}NPV^{(3)}=&-15\,000+4\,600(P/A,10\%,9)(P/F,10\%,1)\\&+6\,600(P/F,10\%,11)\\=&11\,397\text{（万元）}\end{aligned}$$

对应于状态 X_4

$$\begin{aligned}NPV^{(4)}=&-16\,500+5\,060(P/A,10\%,9)(P/F,10\%,1)\\&+7\,060(P/F,10\%,11)\\=&12\,466\text{（万元）}\end{aligned}$$

对应于状态 X_5

$$\begin{aligned}NPV^{(5)}=&-18\,000+5\,290(P/A,10\%,9)(P/F,10\%,1)\\&+7\,290(P/F,10\%,11)\\=&12\,251\text{（万元）}\end{aligned}$$

方案净现值的期望值

$$\begin{aligned}E(NPV)=&NPV^{(1)}\cdot P_1+NPV^{(2)}\cdot P_2+NPV^{(3)}\cdot P_3+NPV^{(4)}\cdot P_4\\&+NPV^{(5)}\cdot P_5\\=&7\,825\text{（万元）}\end{aligned}$$

方案净现值的方差

$$\begin{aligned}D(NPV)=&[NPV^{(1)}-E(NPV)]^2\cdot P_1+[NPV^{(2)}-E(NPV)]^2\cdot P_2\\&+[NPV^{(3)}-E(NPV)]^2\cdot P_3+[NPV^{(4)}-E(NPV)]^2\cdot P_4\\&+[NPV^{(5)}-E(NPV)]^2\cdot P_5\\=&39\,536\,857.7\text{（万元）}\end{aligned}$$

方案净现值的标准差

$$\sigma(NPV)=\sqrt{D(NPV)}=6\,287.8\text{（万元）}$$

思 考 题

1. 简述资金时间价值的含义。
2. 简述资金时间价值的表现形式。
3. 简述资金等值计算的含义及三要素。
4. 某人年初打算存入一笔资金，3 年后一次取出本利和 10 000 元，假定按复利计息，利率为 6%，现在应存入多少钱？
5. 某人考虑在 3 年后还清 20 000 元的债务，从现在起每年应相等地存入一笔多少金额的款项？假定年复利率为 10%。
6. 某企业以 12%的年利率借入资金 500 万元，投资于寿命为 5 年的 A 项目，该企业平均每年至少要收回多少资金才是有利的？

7. 某人现有资金 10 万元，年利率为 10%，若按复利计息，此人存入多少年后，才可使资金增加一倍？
8. 某设备安装施工期为 3 年，从第 4 年起投产，每年可带来收益 10 万元，若按年利率 10%计算，投产后 10 年的总收益现值是多少？
9. 某人拟购房，开发商提出两种方案，一是 5 年后付 120 万元，另一方案是从现在起每年年末付 20 万元，连续 5 年，若目前的银行存款利率是 7%，应如何付款？
10. 下列现金流量图中（图 6-26），A=1 260，F=2 000，i=6%，求 P 是多少？

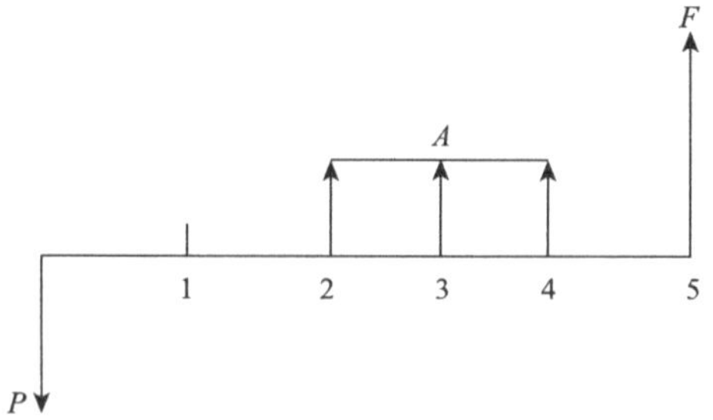

图 6-26　某项目现金流量图 a

11. 下列现金流量图中（图 6-27），A_1=2 000，A_2=4 000，F=20 000，i=10%。求 P 是多少？

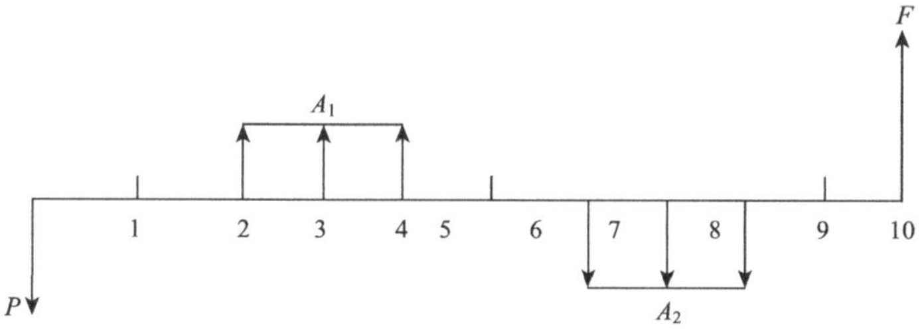

图 6-27　某项目现金流量图 b

12. 某人年初向银行贷款 20 000 元，年利率为 10%，偿还期为 6 年，偿还方式为每年年末等额还本付息（等额摊还法），问：该企业第 2 年年末向银行偿还的利息为多少？
13. 简述静态指标与动态指标的经济含义与优缺点。
14. 为什么要对投资项目进行不确定性分析？
15. 简述敏感性分析的步骤。
16. 确定一笔投资的最低期望收益率，主要考虑哪几方面因素的影响？
17. 如果某工程 2 年建成，第 3 年投产并达产，寿命 10 年（投产后），每年净收益为 10 万元，按 10%的折现率计算，恰好能够在寿命期内把期初投资全部收回。求该工程期初所投入的资金为多少？
18. 某项目建设期为 2 年，第 1 年年初投资 600 万元，第 2 年年初投资 800 万元，第三年开始投产，其现金流入为 700 万元，现金流出为 200 万元；第四年进入达产期，其现金流入为 1 000 万元，现金流出为 300 万元。若基准投资回收期为 6 年，求该项目的静态投资回收期，并讨论该项目的安全性。

19. 某拟建项目，期初投资为 8 000 万元，预计项目每年年末可得净收益为 1 000 万元，项目寿命为 10 年。试计算该项目的净现值和内部收益率，并判断该项目的可行性。

20. 某项目设计规模为 1 000 万吨，正常年份的年固定成本为 30 000 万元，年变动成本为 20 000 万元，年销售收入为 100 000 万元，年销售税金及附加为 4 000 万元。画出该项目的盈亏平衡图并计算盈亏平衡产量。

第7章

项 目 管 理

➢ **本章要点：**

· 项目与项目管理的含义
· 项目生命期与项目利益相关者
· 项目管理组织形式
· 项目进度管理
· 网络计划技术

天士力制药集团股份有限公司（简称天士力公司）是天士力控股集团的核心企业，是中国中药现代化的标志性企业，于 2002 年 8 月在上海证券交易所挂牌上市。上市助推企业快速发展。2012 年年末，公司实现营业收入 93.01 亿元，实现净利润 7.92 亿元，分别为上市前 2001 年实现收入和净利润的 13.58 倍和 7.69 倍。公司 2014 年 1 月市值为 476 亿元，为上市初期的 17 倍。

规模高速扩张后的天士力公司面临着管理复杂性和不确定性的问题。企业按照业务职能将各个部门划分成独立的业务模块，各部门之间协调困难，部门间、分公司间以自身利益为中心的内部博弈损害到了企业整体战略的执行。出现了任务多人负责、最终无人负责的现象，大量的计划被拖延，执行成本增加。

在这样的背景下，天士力公司自 2002 年起开始引入项目管理的理念，推行企业化项目管理的方法，在新建工程、新产品开发、生产制造、市场营销及工艺改造等方面进行项目化管理的探索，实行按项目管理的工作方式。经过多年的实践和持续改进，该公司成功地进行了项目化管理组织变革，建立了一套项目化管理的运作体系。例如，天士力公司对开发中药提取的新技术、新产品的市场调查、客户对公司的满意度以及薪酬改善方案等原来视为管理活动的任务进行汇集、甄选，并确认为项目，按项目的标准和要求进行管理。

具体来说，项目化管理就是采用项目管理的理论和方法，将企业中各种跨部门的管理活动转化为有具体目标、预算、进度和控制的项目；将公司战略分解为项目，并把以部门目标为中心转换为以项目任务为中心，职能经理既是项目负责人又是业务负责人，对部门业务负责的同时也对项目结果负责。公司的项目管理工作由总经理领导下的项目委员会协调各项目组完成，项目经理由职能经理担任，项目组成员由不同的职能部门工作人员担当。项目委员会的主要任务是收集和提出项目建议，甄选和确认项目，审核和控制项目计划，管理相关的文件、报告和信息。项目委员会制定项目信息管理和项目会议制度，设立专门的信息管理员，协助项目经理召开定期和不定期的会议，传达并存档会议纪要。建立独立的项目管理文件体系，规定项目管理的工作程序和具体方法，对立项、关键点、执行状态、突发性事件、变更、进度等方面进行统一的控制。

在2006年的第20届IPMA项目管理全球大会上，天士力公司申报的“企业全面项目化管理项目”一举获得“IPMA国际项目管理大奖”银奖。

7.1 项目与项目管理的含义

7.1.1 项目的含义

从中国的长城到美国的阿波罗登月工程，从意大利斜塔到北京申奥项目，一个技改项目，一栋楼房建设，一次环球旅行等都是项目。在当今社会中，一切都是项目，一切也都将成为项目。重大项目是国力的象征，是人类历史的里程碑。

美国项目管理协会对项目的定义为：项目是为提供某项独特的产品、服务或成果所做的临时性努力。

项目具有以下重要特征。

1. 临时性

临时性是指每一个项目都有明确的开始和结束时间，当项目的目的已经达到，或者人们已经清楚地看到此目的不会或不可能达到，或者该项目的必要性已不复存在并已终止时，该项目即达到了它的终点。临时性不一定意味着时间短，许多项目都要延续好几年。然而，在任何情况下，项目的期限都是有限的，项目不是持续不断的。

2. 独特的产品、服务或成果

项目创造独特的可交付成果，如产品、服务或成果。独特性是项目可交付成果的一种重要特征。例如，办公楼已经建造了成千上万栋，但其中每一栋都是独特的，即每一栋楼都有不同的使用要求、有不同的设计、建于不同的地点等。重复部件的存在并不改变整个项目工作的独特本质。

3. 逐步完善

基于项目的临时性和独特性，项目还具有逐步完善的特性。逐步完善意味着分步、连续的积累。例如，在项目的早期，项目范围说明和进度计划是粗略的；随着项目的进展，团队对目标和可交付成果的理解更加完整和深入，项目的进度和范围就更加具体和详细。

4. 多目标性特征

项目管理的最终结果就是为了实现一定的目标。项目管理的目标就是要在规定的时间内、在批准的预算内达到预期的质量性能要求，即质量、时间与费用目标。

项目的三目标可用如图 7-1 所示的项目三角形来表示，三角形所包含的面积即是项目的工作范围。其中，任何一个因素的变化均会引起其他因素的变化。每个项目都必须受时间、成本、质量和范围的约束，如何同时满足这四个方面的要求，往往成为项目管理人员面临的巨大困难和严峻挑战。

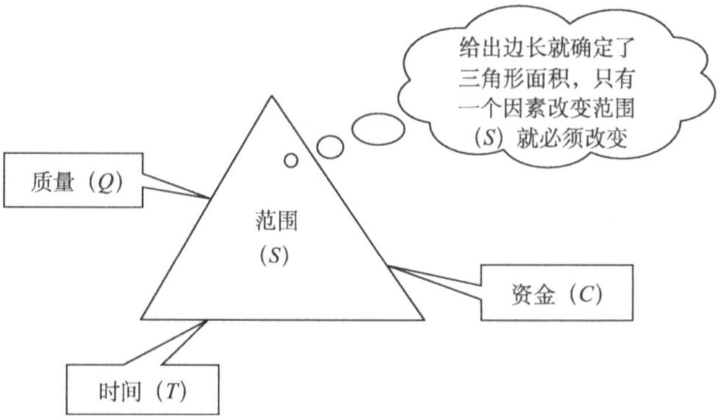

图 7-1 项目三角形

另外，应注意区分日常运作与项目之间的关系：日常运作是持续不断和重复进行的，而项目是临时性的、独特的。项目和日常运作有本质的不同。项目的目的是实现其目标，然后结束项目；而持续进行的日常运作一般是为了维持经营。项目的本质与日常运作大相径庭，当项目的目标实现时，项目就结束了。例如，一种新型轿车的研发是一个项目，而研发之后的生产则是运作。

7.1.2 项目管理的含义

项目管理就是以项目为对象，由项目组织对项目进行高效率的计划、组织、指导和控制，以实现项目目标的过程。项目管理是通过应用和综合启动、规划、实施、监控和收尾等项目管理过程来进行的。项目经理是实现项目目标的负责人。

项目管理的主要内容包括九方面，即范围管理、时间管理、费用管理、质量管理、人力资源管理、风险管理、沟通管理、采购与合同管理、综合管理。

7.2 项目利益相关者与项目生命期

项目和项目管理是在一个大于项目本身的环境中进行的。项目管理团队必须理解这个大于项目的环境，只有这样才能有利于项目的成功，项目的环境包括以下内容。

7.2.1 项目利益相关者

项目利益相关者就是积极参与项目，以及其利益因项目的实施或完成而受到积极或消极影响的个人和组织。他们会对项目的目标和结果施加影响。

现代项目管理以顾客为关注焦点，因此现代项目管理必须以实现项目利益相关者的要求和期望为目标。其既要满足项目的要求与期望，这是项目利益相关者所共同要求和期望的内容，主要涉及项目范围、项目费用、项目时间和项目质量等方面；还要满足项目利益相关者各方不同的要求和期望，由于项目利益相关者所处的地位不同，其对项目的要求和期望也是不同的。项目管理团队必须清楚谁是利益相关者，再识别和理解他们的要求和期望，在项目执行过程中满足这些期望，并对他们的要求和期望进行管理，以确保项目取得成功。

通常，项目利益相关者主要包括以下内容。

（1）项目经理——负责管理项目的个人。

（2）顾客/用户——使用项目产品的个人或组织。顾客可能有多个层次，如新药的顾客可能包括开药方的医生、服药的病人，以及相关的保险公司。

（3）项目实施组织——直接参与项目工作的单位。

（4）项目管理团队——完成项目工作的集体。

（5）项目团队成员——直接参与项目管理活动的团队成员。

（6）赞助方——为项目提供资金或实物财力资源的个人或团体。

7.2.2 项目生命期

1. 项目生命期各阶段的特点

项目从开始到结束可以划分为若干阶段，这些不同的阶段先后衔接起来便构成了项目的生命期。项目生命期一般划分为四个阶段，它们是启动阶段（或概念阶段）、规划阶段、实施阶段和收尾阶段。因为项目种类繁多，所以项目生命期的长短和具体阶段的划分会有差异。小项目的生命期只有几小时或几天，而大型项目的生命期可能要几年或十几年；小型项目的前两个阶段可合并为“构思阶段”，而大型复杂项目可划分为六七个甚至十几个阶段。

项目生命期不同阶段的资源投入变化如图 7-2 所示，具有如下特征：

（1）项目资源投入。项目开始时费用和人力的投入少，以后逐渐增加，在项目的实施、控制阶段达到最高峰，此后又逐渐下降，直至项目终止。

（2）项目面临的风险程度。项目开始时风险和不确定性最高，随着项目任务一项项地完成，不确定性逐渐减少，项目成功的概率大大增加。

（3）外界因素对项目的影响程度。随着项目进展，项目利益相关者对项目的影响由大到小逐步降低。项目利益相关者对项目的影响主要表现在对项目实施时所发生的偏差的调整，如因项目变更和纠正错误而增加所需费用或延长工期。

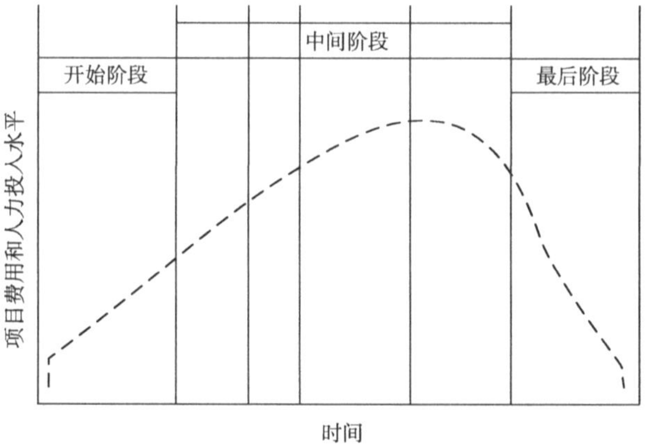

图 7-2 项目费用与人力投入水平在项目生命期中的典型分布

2. 项目生命期各阶段的主要内容

不同项目所划分的阶段不同，但通常划分为四个阶段。

1）启动阶段

（1）项目发起。项目选定后，还要有一个发起的过程，才能使项目行动起来。所谓发起就是让与项目有切身利益的各方承认项目的必要性，并根据各自的义务投入相应的人力、物力、财力、信息。项目建议书就是一种项目发起文件。

（2）项目核准。项目选定后，特别是大型项目，如由政府投资的公益性和基础性项目，必须经过核准才可将项目所需的全部权力交给项目管理班子，而一些小型项目则无须经过核准。

（3）项目启动。项目启动就是项目管理班子开始项目或项目某阶段的具体工作。有些项目提交了项目建议书，并得到批准后，项目即可启动；有些项目则必须在项目建议书批准后编写项目可行性研究报告，待可行性研究报告被批准后，项目才可启动。项目正式开始有两个明确的标志：一是任命项目经理，建立项目管理班子；二是颁发项目许可证，该文件由项目主管部门颁发，此时即赋予项目经理将资源用于项目活动的权力。

（4）项目立项。项目立项意味着一个新项目被正式认可并开始启动。项目特别是大中型项目，经过项目实施组织决策者和政府有关部门的批准，需要列入政府和经济发展计划或实施组织计划的过程称为立项。

2）规划阶段

编制项目计划的过程叫作项目规划。项目规划是预测未来、确定任务、估计可能遇到的问题的过程，通常包括以下内容。

（1）确定项目目标。

（2）范围规划，即确定项目范围并编写项目范围说明书。项目范围说明书阐明为什么要进行这个项目，明确项目目标和主要的可交付成果，是项目实施的重要基础。

（3）项目分解。为了便于制订项目整体规划和各部分具体计划，利用工作分解结构（work breakdown structure，WBS）将项目及其主要可交付成果划分成一些较小的、更易于管理的部分，以便使这些部分的费用、时间和其他资源更容易确定。

（4）进度规划，即编制项目时间进度计划。通过进度规划确定项目各项工作之间的逻辑顺序，估算各项工作所需的时间和资源，进而编制项目进度计划。

（5）费用规划。费用规划包括资源规划、费用估算和编制费用计划。

（6）质量管理规划，即确定项目应采用的质量标准以及如何达到这些标准。

（7）组织规划，即确定项目经理、项目班子及项目成员的责任，以及内外部通报和报告关系。

（8）风险管理规划。风险管理规划包括风险识别、风险分析和风险应对计划。

3）实施阶段

实施阶段主要是具体实施项目计划。此阶段管理的重点是跟踪实施过程并进行过程控制，以使项目按照计划有序、协调地进行。当出现偏离预定目标情况时，分析原因，采取纠偏措施予以控制。

（1）项目计划执行。在项目计划执行过程中，事先应建立工作核准系统，该系统包括：必要的审批制度、人员权限及其他有关资料。该系统能保证各项工作的时间和顺序不出问题。

（2）项目跟踪。项目跟踪的基础是建立项目管理信息系统，在项目实施全过程中保证对项目进展情况跟踪的及时性、准确性、连续性和系统性。

（3）项目控制。为保证项目成功和各项目标的实现，必须对项目实施中出现的偏离采取措施给予纠正的过程即为项目控制。项目控制贯穿项目实施全过程，而且是一个动态的过程。

4）收尾阶段

（1）合同收尾。合同收尾是指完成和终结一个项目或项目各阶段的合同，结清账款，解决未了事项。

（2）管理收尾。当项目完成或项目阶段因故中止时，都必须做好管理收尾。

3. 项目管理的过程组

为了更好地完成项目实施过程中每个阶段的各项工作和活动，需要开展一系列有关项目计划、决策、组织、沟通、协调和控制等方面的管理活动，这一系列管理活动便构成了项目管理过程。项目管理过程一般由启动过程、计划过程、执行过程、控制过程和结束过程构成。

项目生命期是一次性的过程，项目管理过程则不然。项目管理的五个过程贯穿于项目生命期中的每一个阶段，并按一定的顺序进行，其工作强度也有所变化。

7.3 项目管理组织形式的类型

项目组织是为一次性独特任务设立的，是一种临时性的组织。通常依据项目目标、项目所能获得的资源和项目所处的环境等来确定项目组织的结构。

7.3.1　职能式

职能式是一个层次化的结构，每个成员有一个明确的上级。项目由组织中现有的职能部门作为承担任务的主体，一个项目可能由某一个职能部门完成，也可能由多个职能部门完成。项目由总经理全权负责，项目执行时，没有指定的项目经理，而是由职能部门负责人作为项目协调人。职能式组织结构如图 7-3 所示（图中黑框代表了参与项目活动的员工）。

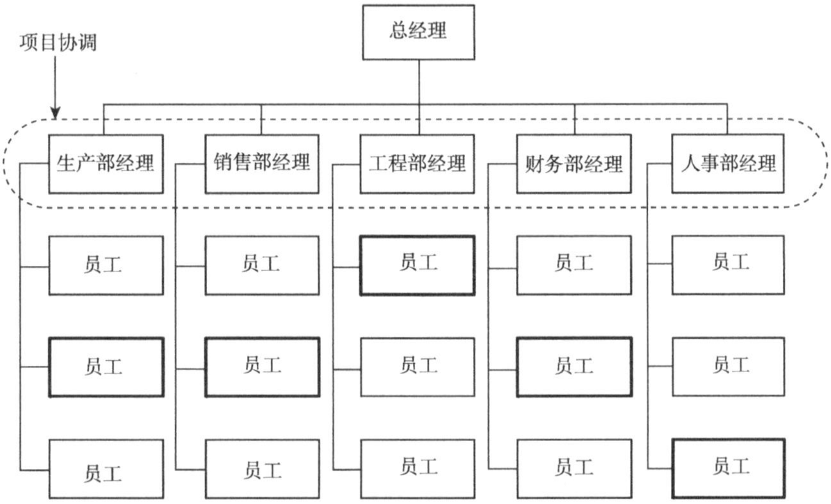

图 7-3　职能式组织结构

（1）优点：有利于充分发挥资源集中的优势；同一部门的专业人员在一起易于交流知识和经验；可以为专业人员提供一条正常的升迁途径。

（2）缺点：职能部门更多考虑的是自己的日常工作，而不是项目和客户的利益；职能部门的工作方式是面向本部门的活动，而项目要成功，必须综合考虑项目的时间、质量和成本；由于在项目和客户之间存在多个管理层次，容易造成对客户的响应迟缓。

职能式组织结构比较适合小型项目的管理。

7.3.2　项目式

项目式是从公司组织中分离出来的，是一种单目标的垂直组织方式，每个项目都任命了专职的项目经理。项目式组织结构如图 7-4 所示（图中黑框代表了参与项目活动的员工）。

（1）优点：项目经理对项目全权负责，享有较大的自主权，可以调用整个组织内外的资源；命令单一，决策速度快；对客户的响应较快；组织结构简单灵活，易于操作。

（2）缺点：每个项目都有自己独立的组织，资源不能共享，会造成一定程度的资源浪费；项目一旦结束，项目成员的工作没有保障，不利于员工的职业发展。

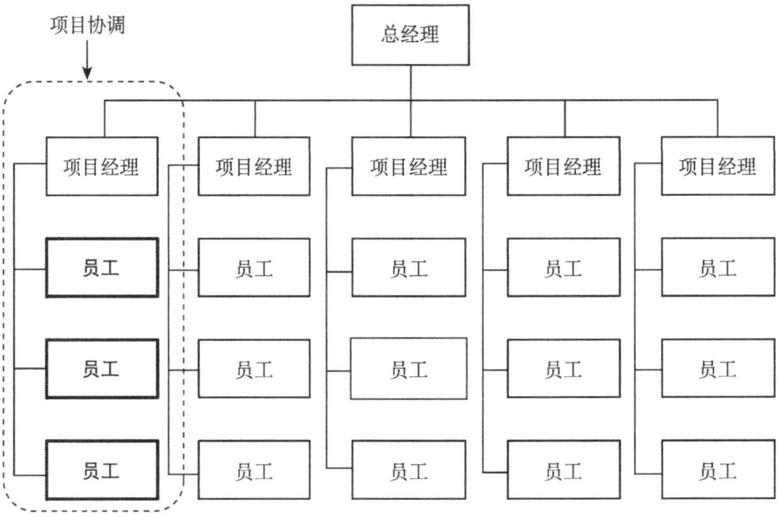

图 7-4　项目式组织结构

项目式组织结构适用于大型、长期、复杂项目的管理。

7.3.3　矩阵式

矩阵式是在职能式组织的垂直层次上，叠加了项目式组织的水平结构。矩阵式组织结构又分为强矩阵式、弱矩阵式、平衡式三种。这里主要介绍强矩阵式组织结构，如图7-5所示（图中黑框代表了参与项目活动的员工）。强矩阵式组织类似于项目式组织，特性也相似。这种组织中有正式的项目团队，团队的大多数成员是专职从事项目工作的，项目经理也是专职的，项目经理可以实施对项目的有效控制。

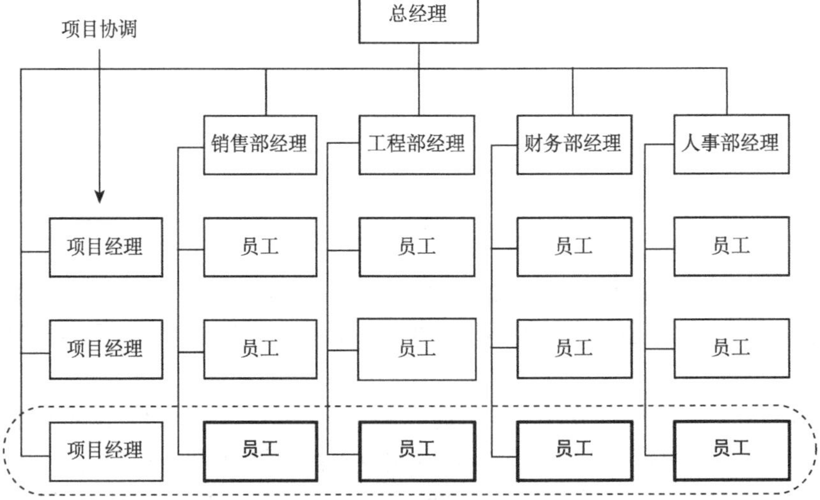

图 7-5　强矩阵式组织结构

（1）优点：能以尽可能少的人力，实现多个项目管理的高效率；有利于人才的全面培养；对客户的要求响应较快。

（2）缺点：项目成员接受双重领导，容易产生矛盾，使其无所适从；由于组织形式复杂，易造成沟通障碍；项目经理与职能经理职责不清，互相推诿，争功夺利；如果管理人员身兼多职管理多个项目，容易出现顾此失彼的情况。

矩阵式组织结构适用于企业的多项目管理。

7.4 项目进度管理与网络计划技术

7.4.1 项目进度计划的表现形式

项目时间管理，又称进度管理，是指在项目实施过程中，对各阶段的进展程度和项目最终完成的期限所进行的管理。项目时间管理的主要过程如下。

（1）工作界定——为完成各种项目的可交付成果确定必须进行的各项具体活动。

（2）工作排序——识别项目工作清单中各项活动的相互关联与依赖关系，并据此对项目各项工作的先后顺序进行安排。

（3）工作持续时间的估算——对项目确定的各项工作的时间长短进行估算。

（4）编制进度计划——根据项目工作顺序、工作时间和所需资源来编制项目进度计划。

（5）进度计划控制——对项目进度计划实施与项目进度计划变更所进行的控制工作。

项目进度计划的表现形式，除了表格的形式外，大多采用多种形式的图形方式加以描述，图形描述常常直观易懂。

1. 里程碑图

这种方法在管理层中用的最多，它主要是列出项目关键节点及这些节点的完成或开始时间。如图 7-6 所示，其中行代表时间，列代表里程碑事件，行列交叉处的三角给出了该里程碑事件发生的时间。

事件	1月	2月	3月	4月	5月	6月	7月	8月
签署分包合同			△					
技术要求书明书定稿				△				
系统审查					△			
子系统测试						△		
第一个单元支付							△	
生产计划完成								△

图 7-6 里程碑图

2. 横道图

横道图又叫甘特图或条形图，项目活动时间在横轴上列出，项目活动在纵轴上列出。如图 7-7 所示，图中的横道线表示某项工作从开始到结束跨越的时间段。

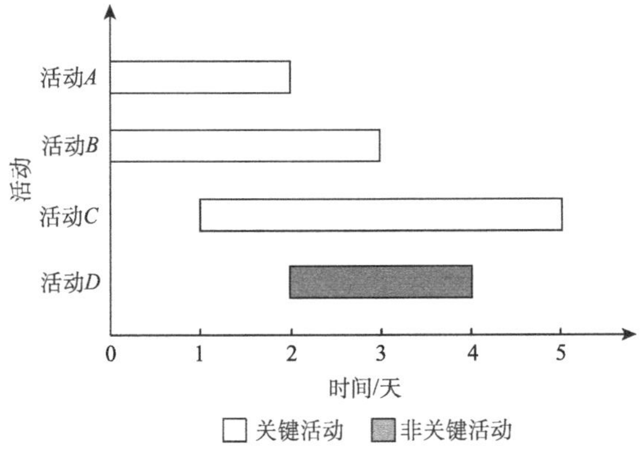

图 7-7 横道图

3. 网络计划图

网络计划图是描述进度计划最主要的方式，下面详细描述网络计划的相关内容。

7.4.2 网络计划技术的基本原理

网络计划技术是 20 世纪 50 年代后期出现的最为有效和方便的计划技术之一，它最初是作为大型研发项目的计划管理方法而被开发出来的。1965 年，著名数学家华罗庚教授首先在我国推广和应用了这些新的计划管理方法，他把这种网络计划技术称为“统筹法”。网络计划技术的主要类型为关键线路法（critical path method，CPM），关键线路法的主要目的就是确定项目中的关键工作，以保证实施过程中能重点关照，保证项目按期完成。关键线路法通过对时间参数的计算，分析每一工作相对时间紧迫程度及工作的重要程度，并将机动时间为零的工作称为关键工作。关键线路法的特点是：所有工作都必须按既定的逻辑关系全部完成，且对每项工作只估计一个肯定的持续时间的网络计划技术。

1. 基本术语

网络图是用来表示工作流程的有向、有序的网状图形，由箭线和节点组成。网络图有多种表示方式，最常见的有双代号网络图和单代号网络图。单代号网络图又名节点式网络图，是以节点或该节点编号表示工作的网络图。

活动（activity）——活动是项目需要时间完成的一个组成部分，它可能需要也可能不需要资源。

事件（event）——活动开始或完成的时间点，它不消耗时间。

紧前工作——紧排在本工作之前的工作。

紧后工作——紧排在本工作之后的工作。

在网络图中，当几项工作相互衔接时，对其中某项工作（称为本工作）而言，顺箭头方向，与其紧密相连的工作就称为本工作的紧后工作，即表示与其相连的工作只有在本工作完成之后才能开始进行。反之，逆箭头方向，与该工作紧密相连的工作就称为紧前工作，即表示本工作只有在与其相连的工作完成之后才能开始进行，如图 7-8 所示。

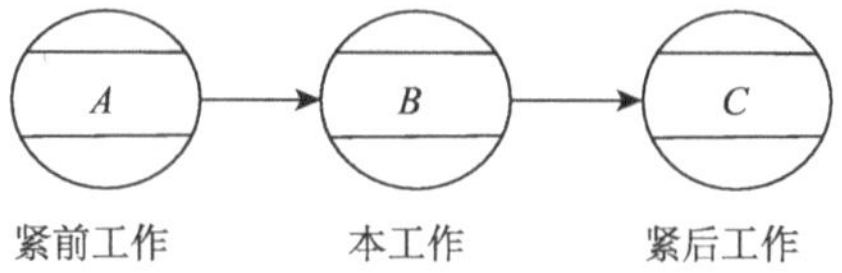

(a) 单代号网络图关系

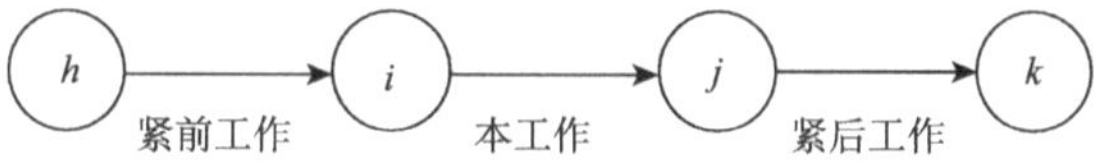

(b) 双代号网络图关系

图 7-8　网络图中的关系

虚工作（dummy activity）——虚工作是虚拟的、实际并不存在的工作，它不占用时间、也不消耗资源，是为了正确表示双代号网络图中各工作间的逻辑关系而人为设置的。

在图 7-9（a）中，*k* 与 *j* 活动是并行活动，由于网络图中不能用同样的编码表示不同的活动，所以左边图示画法不正确，而应该为右边的两个画法。在图 7-9（b）中，为了表示活动之间的关系，活动 *n* 与 *r* 之间要有虚工作。

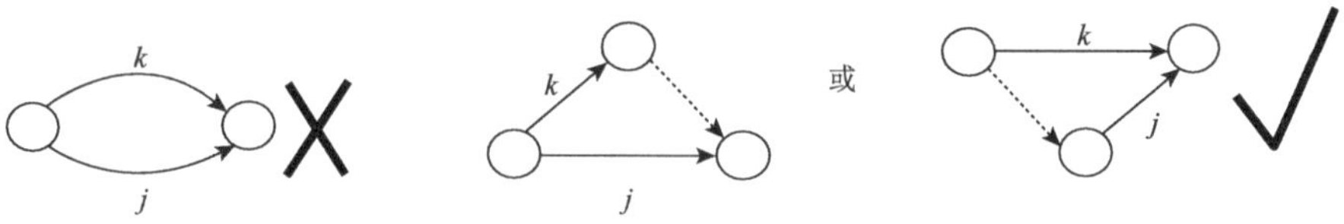

(a)

活动	紧前活动
m	—
n	—
r	*m*, *n*
s	*n*

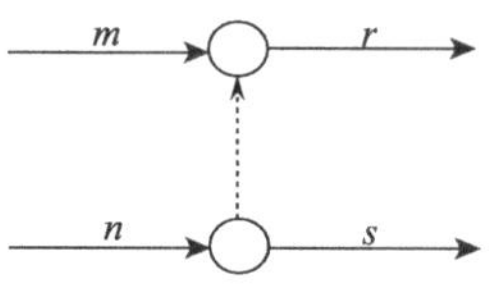

(b)

图 7-9　虚工作示意图

路线——从起始节点开始沿箭线方向顺序通过一系列箭线与节点，最终到达终止节点的活动序列。

关键路线——关键路线是决定项目持续时间长短的计划活动序列，如果这一路线上的活动被延迟，则整个项目会被延迟相同数量的时间。

2. 绘制网络图的基本规则

(1)网络图的主方向是从起始节点到终点节点的方向，在绘制网络图时应优先选择由左至右的水平走向，箭线方向必须优先选择与主方向相应的走向。

(2)必须按工作的逻辑关系画图，只有紧前的相关活动已经完成后紧后活动才能开始。

(3)工作或事件的字母代号或数字编号，在同一网络图中不允许重复使用，每条箭头节点的编号（j）必须大于其箭尾节点的编号（i）。

(4)网络图中只允许有一个起始节点和一个终点节点。

(5)除起始节点和终点节点外，其他所有节点前后都要用箭线或虚箭线连接起来。

(6)网络图是有向的，图中不允许出现封闭循环回路。

(7)绘制网络图时，应尽量避免箭线的交叉。

3. 关键线路

对一个项目而言，只有项目网络图中最长的或耗时最多的活动路线完成之后，项目才能结束，这条最长的活动路线叫作关键线路。关键线路的特征有：①从网络图起点开始到终点为止，工期最长的线路即为关键线路；②从网络图起点开始到终点工作总时差为零或为最小值的关键工作串联起来，即为关键线路；③关键线路的长度为完成项目所需的最短时间。关键路线上的工作即为关键工作。

通常，计算出项目所有的线路所需工作量较大，为此，可以计算所有活动的总时差，总时差最小（通常为零）的活动组成的线路即为关键线路。

7.4.3 网络图时间参数的计算

1. 网络计划的时间参数

(1)工作持续时间（duration time），用 D 表示，即对一项工作规定的从开始到完成的时间。在双代号网络计划中，工作 i-j 的持续时间记为 $D_{i\text{-}j}$；在单代号网络计划中，工作 i 的持续时间记为 D_i。

(2)工期（project duration），用 T_p 表示，泛指完成项目所需的时间。

(3)节点最早时间（earliest time），用 ET 表示，即双代号网络计划中，该节点后各工作的最早开始时间，节点 i 的最早时间记为 ET_i。

(4)节点最迟时间（latest time），用 LT 表示，即双代号网络计划中，该节点前各工作的最迟完成时间，节点 j 的最迟时间记为 LT_j。

(5)工作最早开始时间（earliest start time），用 ES 表示，指各紧前工作全部完成以后，本工作有可能开始的最早时刻。在双代号网络计划中，工作 i-j 的最早开始时间记为 $ES_{i\text{-}j}$，显然 $ES_{i\text{-}j}=ET_i$；在单代号网络计划中，工作 i 的最早开始时间记为 ES_i。

（6）工作最早完成时间（earliest finish time），用 EF 表示，指各紧前工作全部完成后，完成本工作的最早可能时刻。在双代号网络计划中，工作 i-j 的最早完成时间记为 $EF_{i\text{-}j}$；在单代号网络计划中，工作 i 的最早完成时间记为 EF_i。

（7）工作最迟开始时间（latest start time），用 LS 表示，指在不影响整个项目按期完成的条件下，本工作最迟必须开始的时刻。在双代号网络计划中，工作 i-j 的最迟开始时间记为 $LS_{i\text{-}j}$；在单代号网络计划中，工作 i 的最迟开始时间记为 LS_i。

（8）工作最迟完成时间（latest finish time），用 LF 表示，指在不影响整个项目按期完成的条件下，本工作最迟必须完成的时刻。在双代号网络计划中，工作 i-j 的最迟完成时间记为 $LF_{i\text{-}j}$，显然 $LF_{i\text{-}j}=LT_j$；在单代号网络计划中，工作 i 的最迟完成时间记为 LF_i。

（9）工作的总时差（total float），用 TF 表示，指在不影响整个项目完成总工期的前提下，本工作所具有的机动时间。在双代号网络计划中，工作 i-j 的总时差用 $TF_{i\text{-}j}$ 表示；在单代号网络计划中，工作 i 的总时差用 TF_i 表示。

（10）工作的自由时差（free float），用 FF 表示，指在不影响紧后工作最早开始时间的前提下，本工作所具有的机动时间。在双代号网络计划中，工作 i-j 的自由时差用 $FF_{i\text{-}j}$ 表示；在单代号网络计划中，工作 i 的自由时差用 FF_i 表示。

各时间参数在网络图中的表示方法如图 7-10 和图 7-11 所示。

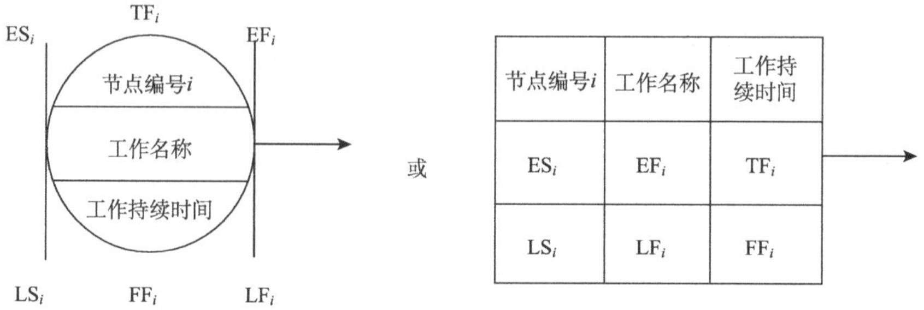

图 7-10　单代号网络图时间参数标注方法

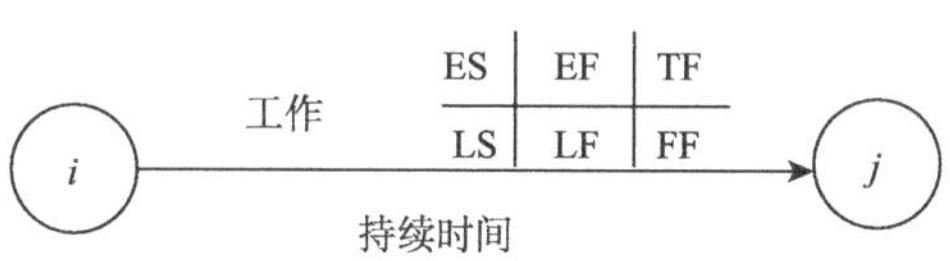

图 7-11　双代号网络图时间参数标注方法

2. 时间参数的计算过程

时间参数计算的一般步骤如下。

第一步，计算活动的最早时间。

正向计算：从网络图始端向终端计算。

方法：根据逻辑关系，首先计算活动的最早开始时间 ES。

当一个活动有多个紧前任务时

$$该活动的\ ES=\max[紧前工作的\ EF]$$

其次，计算最早结束时间 EF

该活动的 EF=该任务的 ES+工作延续时间 D

第二步，确定网络计划的计划工期 T_p。

第三步，计算活动的最迟时间。

反向计算：从网络图终端向始端计算。

方法：根据逻辑关系，首先计算活动的最迟结束时间 LF。

当有多个后续任务存在时

该活动的 LF=min[紧后活动的 LS]

其次，计算最迟开始时间 LS

该活动的 LS=该活动的 LF−工作延续时间 D

第四步，计算各项活动的总时差 TF。

活动的总时差 TF=LS−ES=LF−EF

第五步，计算各项活动的自由时差 FF。

当有多个后续任务存在时

活动的自由时差 FF=min[紧后活动的 ES]−该活动的 EF

3. 单代号网络图时间参数的计算

单代号网络图是一种用节点表示工作，箭线表示工作关系的网络图。它是用一个节点编号表示一个工作，因此称为单代号网络图。

【例 7-1】 试计算如图 7-12 所示的单代号网络计划的各项时间参数。

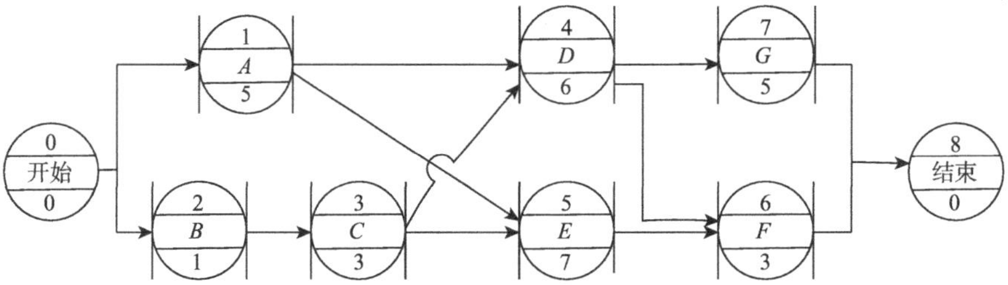

图 7-12 例 7-1 单代号网络图

解

（1）计算各项工作的最早开始时间 ES_i 和最早完成时间 EF。

$ES_0=0$，$EF_0=0$；

$ES_1=0$，$EF_1=5$；$ES_2=0$，$EF_2=1$；

$ES_3=EF_2=1$，$EF_3=ES_3+3=4$；

$ES_4=\max[EF_1, EF_3]=\max[5, 4]=5$，$EF_4=ES_4+6=11$；

$ES_5=\max[EF_1, EF_3]=\max[5, 4]=5$，$EF_5=ES_5+7=12$；

$ES_6=\max[EF_4, EF_5]=\max[11, 12]=12$，$EF_6=ES_6+3=15$；

$ES_7=EF_4=11$，$EF_7=ES_7+5=16$；

$ES_8=\max[EF_6, EF_7]=\max[15, 16]=16$，$EF_8=ES_8+0=16$。

（2）确定网络计划的计划工期 T_p。

该网络计划的计算工期 $T_c=EF_8=16$，一般情况下，令计划工期 $T_p=T_c=16$。

（3）计算各项工作的最迟完成时间 LF_i 和最迟开始时间 LS_i。

$LF_8=Tp=16$，$LS_8=16-0=16$；

$LF_7=LS_8=16$，$LS_7=LF_7-5=11$；

$LF_6=LS_8=16$，$LS_6=LF_6-3=13$；

$LF_5=LS_6=13$，$LS_5=LF_5-7=6$；

$LF_4=\min[LS_6, LS_7]=\min[13, 11]=11$，$LS_4=LF_4-6=5$；

$LF_3=\min[LS_5, LS_4]=\min[6, 5]=5$，$LS_3=LF_3-3=2$；

$LF_2=LS_3=2$，$LS_2=LF_2-1=1$；

$LF_1=\min[LS_5, LS_4]=\min[6, 5]=5$，$LS_1=LF_1-5=0$；

$LF_0=LS_0=0$。

（4）计算各项工作的总时差 TF_i。

$TF_1=LS_1-ES_1=0-0=0$；$TF_2=LS_2-ES_2=1-0=1$；

$TF_3=LS_3-ES_3=2-1=1$；$TF_4=LS_4-ES_4=5-5=0$；

$TF_5=LS_5-ES_5=6-5=1$；$TF_6=LS_6-ES_6=13-12=1$；

$TF_7=LS_7-ES_7=11-11=0$。

（5）计算各项工作的自由（单）时差 FF_i。

$FF_1=\min[ES_4-EF_1, ES_5-EF_1]=\min[5-5, 5-5]=0$；

$FF_2=ES_3-EF_2=1-1=0$；

$FF_3=\min[ES_4-EF_3, ES_5-EF_3]=\min[5-4, 5-4]=1$；

$FF_4=\min[ES_6-EF_4, ES_7-EF_4]=\min[12-11, 11-11]=0$；

$FF_5=ES_6-EF_5=12-12=0$；

$FF_6=ES_8-EF_6=16-15=1$；

$FF_7=ES_8-EF_7=16-16=0$。

计算出的各时间参数标注在图 7-13 所示的网络图上。

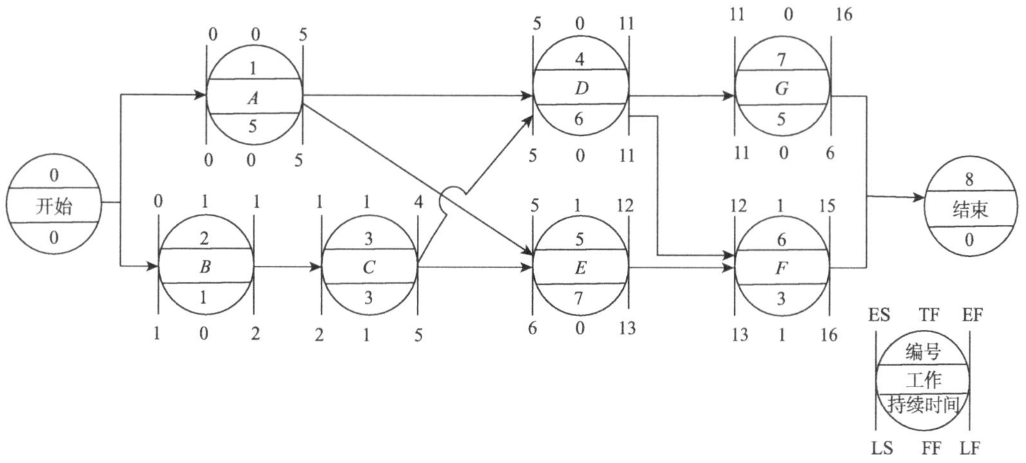

图 7-13 例 7-1 单代号网络图时间参数

【例 7-2】 表 7-1 给出了一个项目各项工作之间的关系及工作持续时间。

表 7-1 活动之间的逻辑关系和持续时间 a

工作	持续时间/天	紧后工作
A	3	*C*，*D*
B	4	*D*
		E
C	7	*F*
D	2	*F*
E	9	*F*，*G*
F	5	—
G	2	—

要求：①绘制单代号网络图；②用图上计算法计算时间参数；③用粗线标明关键线路，并注明总工期。

解

例 7-2 的单代号网络图、各时间参数和关键线路见图 7-14。项目的总工期为 18 天。

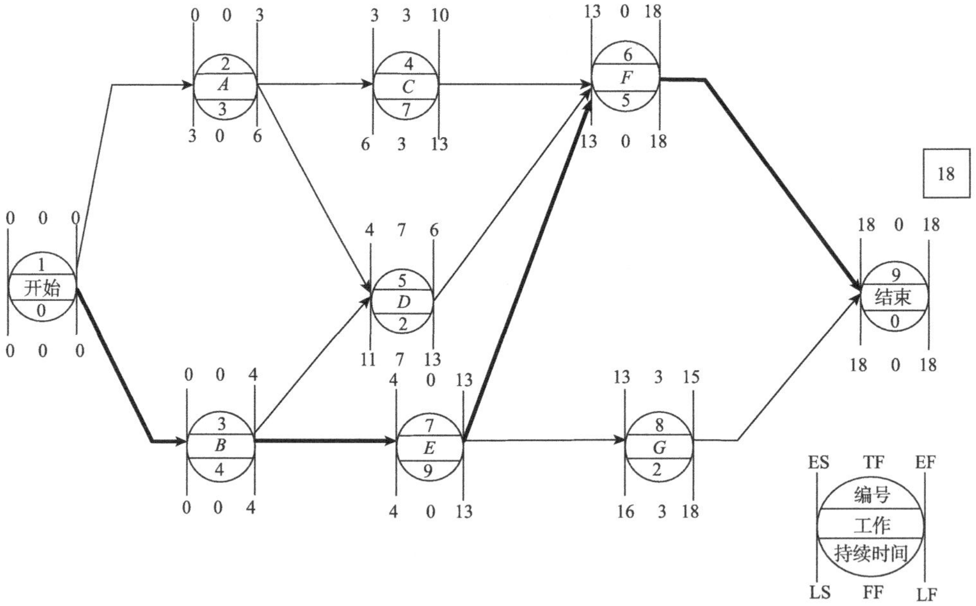

图 7-14 例 7-2 单代号网络图时间参数

4. 双代号网络图时间参数的计算

这是一种用节点表示某事项（件），如任务、活动或工作的开始或结束，箭线表示工作任务或工作的网络图方法。它是用两个节点的编号表示一个工作，因此称为双代号网络图。

【例 7-3】 某双代号网络计划如图 7-15 所示，各工作持续时间标注在相应箭线下（时间单位：天），试计算该双代号网络计划的各项时间参数。

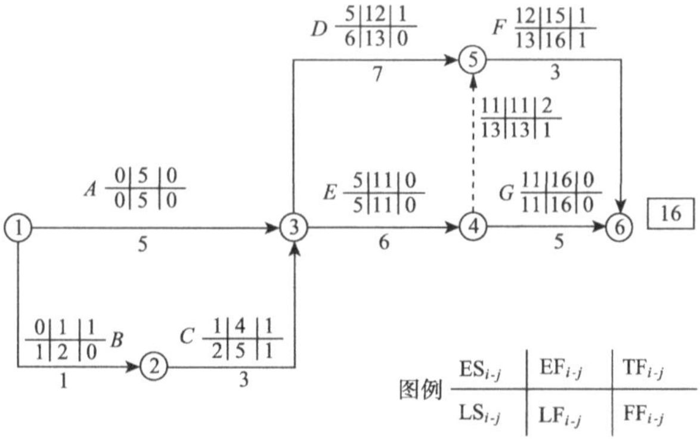

图 7-15　例 7-3 双代号网络图

解

（1）计算各项工作的最早开始时间 $ES_{i\text{-}j}$ 和最早完成时间 $EF_{i\text{-}j}$。

$ES_{1\text{-}2}=0$，$EF_{1\text{-}2}=ES_{1\text{-}2}+1=0+1=1$；

$ES_{1\text{-}3}=0$，$EF_{1\text{-}3}=ES_{1\text{-}3}+5=5$；

$ES_{2\text{-}3}=EF_{1\text{-}2}=1$，$EF_{2\text{-}3}=ES_{2\text{-}3}+3=1+3=4$；

$ES_{3\text{-}4}=\max[EF_{1\text{-}3},\ EF_{2\text{-}3}]=\max[5,\ 4]=5$，

$EF_{3\text{-}4}=ES_{3\text{-}4}+6=5+6=11$；

$ES_{3\text{-}5}=\max[EF_{1\text{-}3},\ EF_{2\text{-}3}]=\max[5,\ 4]=5$，

$EF_{3\text{-}5}=ES_{3\text{-}5}+7=5+7=12$；

$ES_{4\text{-}5}=EF_{3\text{-}4}=11$，$EF_{4\text{-}5}=EF_{3\text{-}4}+0=11+0=11$；

$ES_{4\text{-}6}=EF_{3\text{-}4}=11$，$EF_{4\text{-}6}=ES_{4\text{-}6}+5=11+5=16$；

$ES_{5\text{-}6}=\max[EF_{4\text{-}5},\ EF_{3\text{-}5}]=\max[11,\ 12]=12$，$EF_{5\text{-}6}=ES_{5\text{-}6}+3=15$。

（2）确定网络计划的计划工期 T_p。

该网络计划的计算工期 $T_c=\max[EF_{4\text{-}6},\ EF_{5\text{-}6}]=\max[16,\ 15]=16$，一般情况下，取计划工期 $T_p=T_c=16$。

（3）计算各项工作的最迟完成时间 $LF_{i\text{-}j}$ 和最迟开始时间 $LS_{i\text{-}j}$。

$LF_{5\text{-}6}=T_p=16$，$LS_{5\text{-}6}=LF_{5\text{-}6}-3=16-3=13$；

$LF_{4\text{-}6}=T_p=16$；$LS_{4\text{-}6}=LF_{4\text{-}6}-5=11$；

$LF_{4\text{-}5}=LS_{5\text{-}6}=13$，$LS_{4\text{-}5}=LF_{4\text{-}5}-0=13-0=13$；

$LF_{3\text{-}4}=\min[LS_{4\text{-}5},\ LS_{4\text{-}6}]=\min[11,\ 13]=11$，$LS_{3\text{-}4}=LF_{3\text{-}4}-6=5$；

$LF_{3\text{-}5}=LS_{5\text{-}6}=13$，$LS_{3\text{-}5}=LF_{3\text{-}5}-7=6$；

$LF_{2\text{-}3}=\min[LS_{3\text{-}5},\ LS_{3\text{-}4}]=\min[6,\ 5]=5$，$LS_{2\text{-}3}=LF_{2\text{-}3}-3=2$；

$LF_{1\text{-}3}=\min[LS_{3\text{-}5},\ LS_{3\text{-}4}]=\min[6,\ 5]=5$，$LS_{1\text{-}3}=LF_{1\text{-}3}-5=0$；

$LF_{1\text{-}2}=LS_{2\text{-}3}=2$，$LS_{1\text{-}2}=LF_{1\text{-}2}-1=2-1=1$。

（4）计算各项工作的总时差 $TF_{i\text{-}j}$。

$TF_{1\text{-}2}=LS_{1\text{-}2}-ES_{1\text{-}2}=1-0=1$；$TF_{2\text{-}3}=LS_{2\text{-}3}-ES_{2\text{-}3}=2-1=1$；

$TF_{1\text{-}3}=LS_{1\text{-}3}-ES_{1\text{-}3}=0-0=0$；$TF_{3\text{-}4}=LS_{3\text{-}4}-ES_{3\text{-}4}=5-5=0$；

$TF_{3\text{-}5}=LS_{3\text{-}5}-ES_{3\text{-}5}=6-5=1$；$TF_{5\text{-}6}=LS_{5\text{-}6}-ES_{5\text{-}6}=13-12=1$；

$TF_{4-5}=LS_{4-5}-ES_{4-5}=13-11=2$；

$TF_{4-6}=LS_{4-6}-ES_{4-6}=11-11=0$。

（5）计算各项工作的自由（单）时差 FF_{i-j}。

$FF_{1-2}=ES_{2-3}-EF_{1-2}=1-1=0$；

$FF_{2-3}=\min[ES_{3-4}-EF_{1-2}, ES_{3-5}-EF_{1-2}]=\min[5-4, 5-4]=1$；

$FF_{1-3}=\min[ES_{3-4}-EF_{1-3}, ES_{3-5}-EF_{1-3}]=\min[5-5, 5-5]=0$；

$FF_{3-4}=\min[ES_{4-5}-EF_{3-4}, ES_{4-6}-EF_{3-4}]=\min[11-11, 11-11]=0$；

$FF_{3-5}=ES_{5-6}-EF_{3-5}=12-12=0$；

$FF_{4-5}=ES_{5-6}-EF_{4-5}=12-11=1$；

$FF_{4-6}=T_p-EF_{4-6}=0$，$FF_{5-6}=T_p-EF_{5-6}=16-15=1$。

计算出的各时间参数应标注在网络图上。

【例 7-4】 表 7-2 给出了一个项目各项工作之间的关系及工作持续时间。

表 7-2 活动之间的逻辑关系和持续时间 b

工作	持续时间/天	紧前工作
A	6	—
B	30	—
C	12	*A*
D	18	*A*
E	36	*B*，*D*
F	30	*B*，*D*
G	30	*C*，*E*
H	18	*F*

要求：①绘制双代号网络图；②用图上计算法计算时间参数；③用粗线标明关键线路，并注明总工期。

解

网络图及时间参数如图 7-16 所示。其中粗线表示关键路线，工期为 96 天。

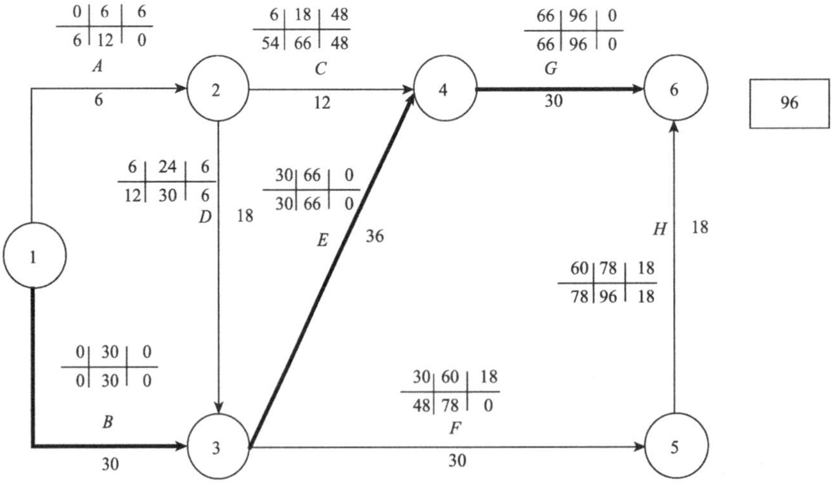

图 7-16 例 7-4 双代号网络图

7.4.4 进度计划的优化

由以上方法计算得到的网络图并非是最优的，还需对它们进行优化以满足一定的约束条件。网络计划优化就是利用作业的总时差不断改善网络计划的最初方案，使之获得最佳工期、最低费用并最有效地利用资源。进度优化的主要方法有以下内容。

1. 网络图的成本优化——赶工

1）项目实施费用与工期的关系

一项工程的总成本可分为直接费用与间接费用两大类。直接费用是指能够直接计入成本的费用，包括材料费、人工费、设备购置与使用费等。间接费用是指与维持项目正常进行有关的费用，包括日常管理费用、资源的机会成本，以及在有合同约束下的罚款和奖励支出。

一般情况下，项目费用与工期的关系如图 7-17 所示，其间接费用与项目工期大致成正比关系，它将随工期的延长而递增；其直接费用与工期呈反比关系，通常情况下，它会随工期的缩短而增加（但工期不正常延长时，其费用也会增加）。因此，对于一项工程来说，存在着一个总费用最少的最优工期（最优进度），即最佳工期-费用组合。

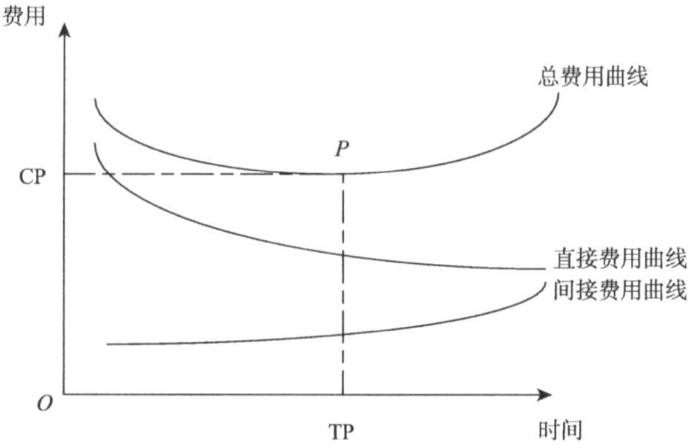

图 7-17 项目费用与工期的关系

2）赶工优化的步骤

赶工就是如何以最小的直接成本的提高取得最大的持续时间压缩。赶工常导致直接成本的增加，只有对关键路径的工作进行赶工才能压缩项目工期。赶工的步骤如下。

（1）确定关键线路并计算总工期。

（2）求出正常工作时间条件下的总费用，并计算各项工作的直接费用增加率（简称费用率），它是指一项工作每缩短一个单位时间所增加的直接费。可表示为

$$费用率=\frac{赶工费用-正常费用}{正常时间-赶工时间}$$

（3）确定缩短持续时间的关键工作，取费用率（或组合费用率）最低的一项关键工作（或一组关键工作）作为缩短持续时间的对象。

（4）确定持续时间的缩短值，在缩短时间后该工作不得变为非关键工作。

（5）计算缩短持续时间的费用增加值。

（6）重复上述（3）、（4）、（5）步骤，直至总费用可不再降低为止。

应注意：压缩工期的工作必须是关键工作；被压缩对象的顺序是从费用率最低的工作开始；当有多条关键路线时，应优先考虑缩短它们的共同活动的工作时间。

【例 7-5】 某产品各工作的时间及费用数据如表 7-3 所示，间接费用为每缩短一天节约 1 000 元，求总费用最小的工程总工期。

表 7-3 赶工数据

活动代号	紧前活动	工时/天		直接费用/元		赶工成本/元	可能压缩工期/天	直接费用增加率/（元/天）
		正常	赶工	正常	赶工			
A	—	8	6	4 000	5 000	1 000	2	500
B	*A*	4	3	2 000	2 800	800	1	800
C	*A*	10	6	6 000	6 600	600	4	150
D	*C*	2	2	500	500	0	0	0
E	*B*	6	5	5 000	5 200	200	1	200
F	*C*	4	2	3 000	3 200	200	2	100
G	*D*	4	3	1 000	1 700	700	1	700
H	*E*，*F*	7	4	8 000	11 600	3 600	3	1 200
I	*G*，*H*	5	4	5 000	5 800	800	1	800

解

第一步，绘出网络图，如图 7-18 所示，按正常工作时间计算网络时间，确定关键路线（见图中粗线）和总工期。总工期为 34 天。

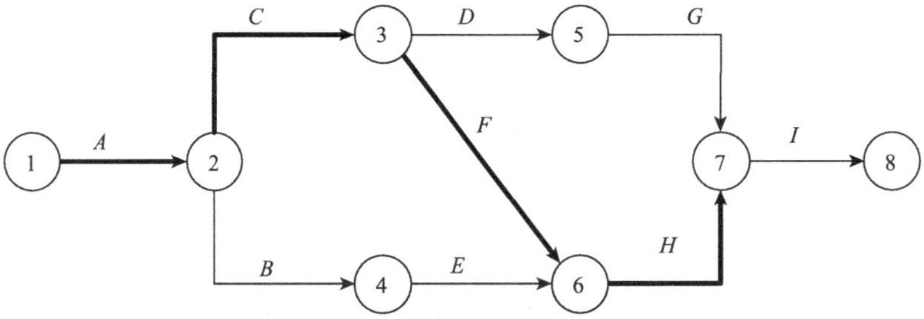

图 7-18 双代号网络图

第二步，求出正常工作时间条件下的总费用，并计算各项工作的费用率。

$$总费用=\sum 各项工作直接费用+间接费用$$

$$总成本=3.45+34\times0.1=6.85（万元）$$

第三步，选择被压缩的工作，计算压缩后的工期及成本节约额。

（1）先压缩费用率最低的 *F* 活动 2 天，依费用率由低到高，再压缩 *C* 活动 2 天，*A* 活动 2 天，*I* 活动 1 天。此时，总工期缩短 7 天（2+2+2+1），引起费用的节约额为 1 000×7−（100×2+150×2+500×2+800×1）=4 700（元）。

（2）*A* 和 *I* 活动已不能压缩，考虑成对关键线路②③⑥和②④⑥。②③⑥线路图中，

F 活动费用最低，不能再压缩，只能压缩 *C* 活动。*C* 活动的费用率为 150 元/天。②④⑥线路中，*E* 活动的费用率比 *B* 活动费用率低，*C* 和 *E* 两活动费用率之和为 350 元，比工程每天的间接费用 1 000 元低。因此，成对地压缩 *C* 和 *E* 活动各 1 天，此时工程总工期缩短 1 天，工程费用节约额为

$$1 \times 1\,000-（150+200）\times 1=650（元）$$

（3）*C* 活动还有 1 天可以压缩，*B* 活动也可压缩 1 天，成对压缩 *C* 和 *B* 活动的费用率之和为 950 元（150+800），低于工程的间接费用，因此，成对压缩 *C* 和 *B* 活动各 1 天，工程总工期又缩短 1 天，工程费用又可节约，节约额为 1×1 000−（150+800）×1=50（元）。

由于工程项目中，进一步成对压缩关键活动的费用率均大于 1 000 元，即总工程压缩 1 天，直接费用的增加额将大于工程提前 1 天完工间接费用的节约额，因此，优化过程到此结束。

所以最佳工期为 34−（7+1+1）=25（天），总工期压缩后的工程总费用为

$$\begin{aligned}工程总费用&=赶工前的工程总费用-工程费用节约额\\&=68\,500-（4\,700+650+50）=63\,100（元）\end{aligned}$$

2. 网络图的资源优化

这里主要讨论“工期固定-资源均衡”优化问题。

对于一个项目的进度计划，如果安排得不合理，就会在计划工期内的某些时段出现资源需求的“高峰”，而在另一些时段，则会出现资源要求的“低谷”。这样，在资源限制的情况下，当计划的某些时段内资源需求量超过最大可供应量时，势必造成资源的突击供应或推迟工作开工时间；而在出现资源需求低谷时，又造成资源的大量积压。

在可用资源数量不受限制和保持工期不变的情况下，用调整各项非关键工作进度的办法，使资源的需要量随时间的变化趋于平整，这一过程即“削峰填谷”的过程，这是一种启发式的优化方法。下面通过示例说明其具体步骤。

【例 7-6】 某工程的各工作所需工作天数及人员数如表 7-4 所示。

表 7-4 各工作计划表

工作名称	工作		工作工时/天	人员数	紧前工作
	i	*j*			
A	①	⑥	4	9	—
B	①	④	2	3	—
C	①	②	2	6	—
D	①	③	2	4	—
E	④	⑤	3	8	*B*
F	②	③	2	7	*C*
G	③	⑤	3	2	*D*，*F*
H	⑤	⑥	4	1	*E*，*G*

解

第一步，绘制网络图如图 7-19 所示（图中字母后数字分别表示活动的工作工期和人员数，即时间–人数），并计算各工作时差和关键线路。

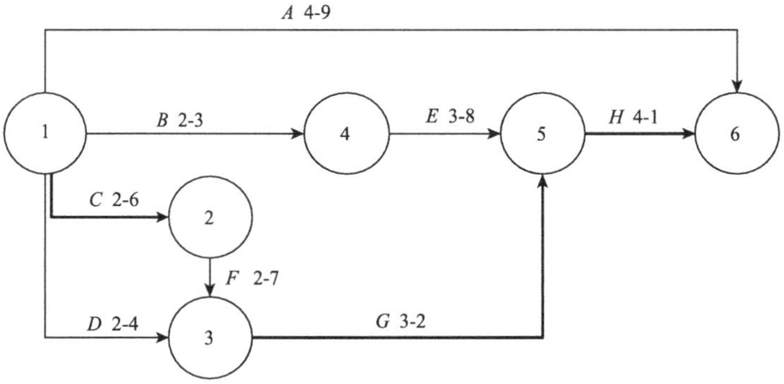

图 7-19 网络网

第一位数字表示工作工期；第二位数字表示该工作人员数

第二步，将各工作的预计最早开工时间列出其日程，如图 7-20 所示。统计出每一天资源占用的数量。从日程中可以看出，每天的人员需用量是不均匀的，其中，第 1 天和第 2 天需要的人员数量是 22 人，第 3 天和第 4 天需要的人员数量是 24 人，而第 8 天至第 11 天只需要 1 人。为了使人力负荷均匀，充分发挥作用，故必须进行网络计划的调整。

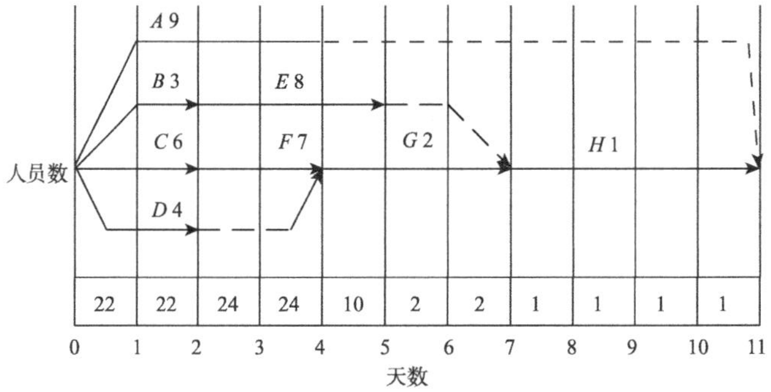

图 7-20 按照最早开始时间绘制的网络图

第三步，利用时差，削峰填谷，进行人力资源的平衡，进行第一次优化。将 *A* 工作按预计最迟必须开工时间安排，如图 7-21 所示，人力资源的负荷最大为 15 人，最小为 2 人。

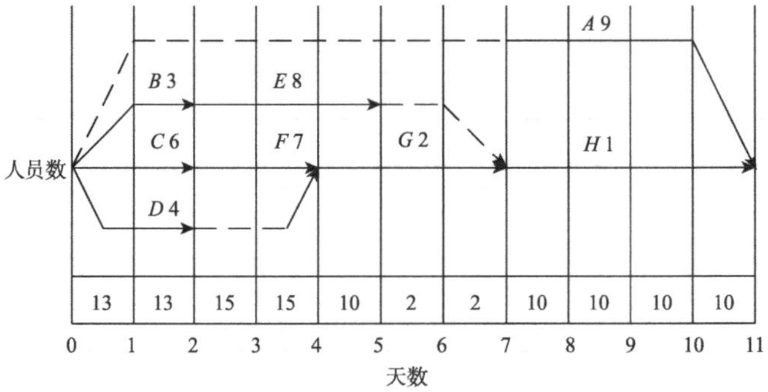

图 7-21 第一次优化网络图

第四步，进行第二次优化。将 E 工作按预计最迟必须开工时间安排，如图 7-22 所示。这时，最多需要每日 13 人，最少 7 人，仍不是最优的，继续优化。

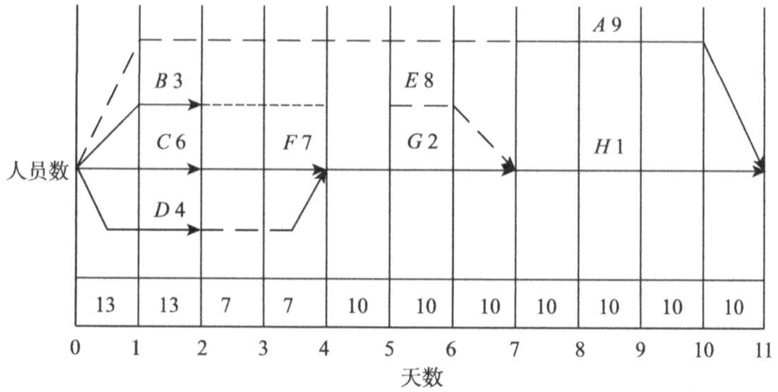

图 7-22　第二次优化网络图

第五步，进行第三次优化。将 B 工作按预计最迟必须开工时间安排，如图 7-23 所示，人员的使用已达到基本平衡的要求，实现了资源的优化。

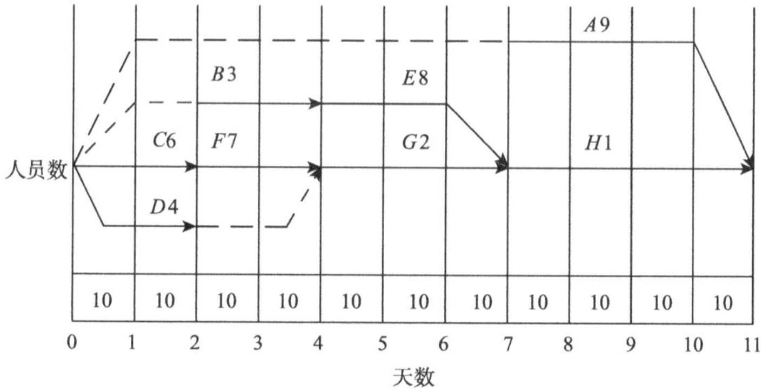

图 7-23　第三次优化网络图

思 考 题

1. 什么是项目？项目有何特点？
2. 项目管理的目标是什么？项目管理主要包括哪些内容？
3. 项目的生命期通常包括哪些阶段？各阶段的主要内容有哪些？
4. 什么是项目的时间管理？它通常包括哪几个过程？
5. 网络计划技术的基本原理是什么？绘制网络图应遵循哪些基本原则？
6. 表 7-5 给出了一个项目各项工作之间的关系及工作持续时间。

表 7-5 工作时间和逻辑关系（一）

工作	持续时间	紧前工作
A	3	—
B	8	*A*
C	4	*A*
D	7	*A*
E	5	*C*，*D*

求：①绘制单代号或双代号网络图；②用图上计算法计算时间参数；③用粗线标明关键线路，并注明总工期。

7. 表 7-6 给出了一个项目各项工作之间的关系及工作持续时间。

表 7-6 工作时间和逻辑关系（二）

工作	持续时间	紧后工作
A	4	*D*
B	6	*D*，*E*，*F*
C	3	*F*
D	5	*G*、*H*
E	1	*H*
F	2	*H*
G	4	*I*
H	3	*I*
I	2	—

求：①绘制双代号网络图；②用图上计算法计算时间参数；③用粗线标明关键线路，并注明总工期。

8. 设有以下工作的时序表，如表 7-7 所示。

表 7-7 工作时行表

作业	*A*	*B*	*C*	*D*	*E*	*F*	*G*	*H*
紧后作业	*D*	*E*，*F*	*H*	*G*	*G*	—	—	—
作业时间/天	4	1	4	2	1	2	3	3
需要人数/人	12	8	8	4	8	8	7	13

求：①分别绘制单代号网络图和双代号网络图；②在 9 天总工期内，对 20 名劳动力进行平衡。

9. 某项目双代号施工网络计划图（图 7-24），该进度计划已经监理工程师审核批准，合同工期为 23 个月。

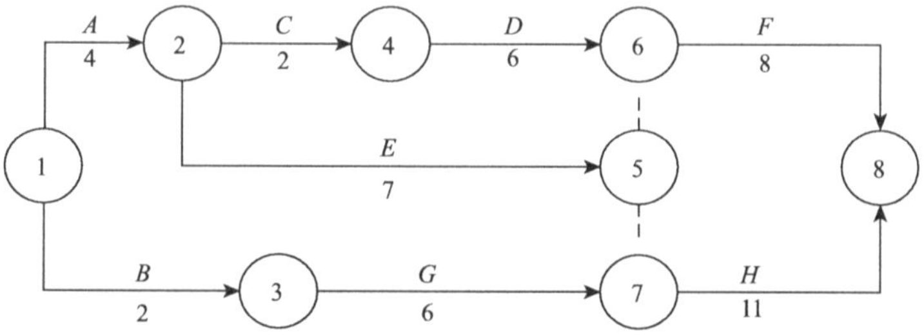

图 7-24　双代号网络计划图

求：①计算该网络的时间参数，确定工期和关键线路；②如果工作 C 和工作 G 需共用一台施工机械且只能按先后顺序施工（工作 C 和工作 G 不能同时施工），该施工网络进度计划应如何调整较合理？

参 考 文 献

戴淑芬. 2013. 管理学教程（第 4 版）. 北京：北京大学出版社.

高鸿业. 2018. 西方经济学（第 7 版）. 北京：中国人民大学出版社.

何俊德. 2015. 项目评估理论与方法. 武汉：华中科技大学出版社.

卢西尔 R N. 2007. 管理学基础——概念、应用与技能提高. 第 2 版. 高俊山，戴淑芬译. 北京：北京大学出版社.

路君平. 2013. 项目评估与管理. 北京：中国人民大学出版社.

罗宾斯 S P，德森佐 D A，库尔特 M. 2016. 管理学原理（第 9 版）. 北京：中国人民大学出版社.

马风才. 2014. 运营管理（第 3 版）. 北京：机械工业出版社.

麦圭根 J R，莫耶 R C，哈里斯 F H B. 2012. 管理经济学（原书第 12 版）. 李国津译. 北京：机械工业出版社.

曼昆 N G. 2015. 经济学原理（第 7 版）. 梁小民译. 北京：北京大学出版社.

邱菀华. 2017. 现代项目管理学（第四版）. 北京：科学出版社.

沈悦. 2013. 项目评估. 北京：北京师范大学出版社.

史蒂文森 W J. 2015. 运营管理（原书第 12 版）. 张群，张杰译. 北京：机械工业出版社.

宋维佳，王立国，王红岩. 2015. 可行性研究与项目评估. 大连：东北财经大学出版社.

汤谷良，韩慧博，祝继高. 2017. 财务管理案例. 第 3 版. 北京：北京大学出版社.

唐少清. 2015. 项目评估与管理. 北京：中国人民大学出版社.

托马斯 C R，莫瑞斯 S C. 2018. 管理经济学（原书第 12 版）. 陈章武，杨晓丽译. 北京：机械工业出版社.

王立国. 2016. 项目评估理论与实务. 北京：首都经济贸易大学出版社.

席酉民. 2007. 经济管理基础（第二版）. 北京：高等教育出版社.

肖蕊，南芳. 2016. 财务管理. 北京：清华大学出版社.

杨青. 2014. 工程项目质量管理（第 2 版）. 北京：机械工业出版社.

余炳文. 2017. 项目评估. 大连：东北财经大学出版社.

Park C S. 2007. Contemporary Engineering Economics. New Jersey：Pearson Prentice Hall.

附　　录

附表 1　复利系数表（i=1%）

年限 n/年	一次支付终值系数 $(1+i)^n$ (F/P, i, n)	一次支付现值系数 $\frac{1}{(1+i)^n}$ (P/F, i, n)	等额系列终值系数 $\frac{(1+i)^n-1}{i}$ (F/A, i, n)	偿债基金系数 $\frac{i}{(1+i)^n-1}$ (A/F, i, n)	资金回收系数 $\frac{i(1+i)^n}{(1+i)^n-1}$ (A/P, i, n)	等额系列现值系数 $\frac{(1+i)^n-1}{i(1+i)^n}$ (P/A, i, n)
1	1.010 0	0.990 1	1.000 0	1.000 0	1.001 0	0.990 1
2	1.020 1	0.980 3	2.010 0	0.497 5	0.507 5	1.970 4
3	1.030 3	0.970 6	3.030 1	0.330 0	0.340 0	2.941 0
4	1.040 6	0.961 0	4.060 4	0.246 3	0.256 3	3.902 0
5	1.051 0	0.951 5	5.101 0	0.196 0	0.206 0	4.853 4
6	1.061 5	0.942 0	6.152 0	0.162 5	0.172 5	5.795 5
7	1.072 1	0.932 7	7.213 5	0.138 6	0.148 6	6.728 2
8	1.082 9	0.923 5	8.285 7	0.120 7	0.130 7	7.651 7
9	1.093 7	0.914 3	9.368 5	0.106 7	0.116 7	8.566 0
10	1.104 6	0.905 3	10.462 2	0.095 6	0.105 6	9.471 3
11	1.115 7	0.896 3	11.566 8	0.086 5	0.096 5	10.367 6
12	1.126 8	0.887 4	12.682 5	0.078 8	0.088 8	11.255 1
13	1.138 1	0.878 7	13.809 3	0.072 4	0.082 4	12.133 7
14	1.149 5	0.870 0	14.947 4	0.066 9	0.076 9	13.003 7
15	1.161 0	0.861 3	16.096 9	0.062 1	0.072 1	13.865 1
16	1.172 6	0.852 8	17.257 9	0.057 9	0.067 9	14.717 9
17	1.184 3	0.844 4	18.430 4	0.054 3	0.064 3	15.562 3
18	1.196 1	0.836 0	19.614 7	0.051 0	0.061 0	16.398 3
19	1.208 1	0.827 7	20.810 9	0.048 1	0.058 1	17.226 0
20	1.220 2	0.819 5	22.019 0	0.045 4	0.055 4	18.045 6
21	1.232 4	0.811 4	23.239 2	0.043 0	0.053 0	18.857 0
22	1.244 7	0.803 4	24.471 6	0.040 9	0.050 9	19.660 4
23	1.257 2	0.795 4	25.716 3	0.038 9	0.048 9	20.455 8
24	1.269 7	0.787 6	26.973 5	0.037 1	0.047 1	21.243 4
25	1.282 4	0.779 8	28.243 2	0.035 4	0.045 4	22.023 2
26	1.295 3	0.772 0	29.525 6	0.033 9	0.043 9	22.795 2
27	1.308 2	0.764 4	30.820 9	0.032 4	0.042 4	23.559 6
28	1.321 3	0.756 8	32.129 1	0.031 1	0.041 1	24.316 4
29	1.334 5	0.749 3	33.450 4	0.029 9	0.039 9	25.065 8
30	1.347 8	0.741 9	34.784 9	0.028 7	0.038 7	25.807 7

附表 2 复利系数表（i=2%）

年限 n/年	一次支付终值系数 $(1+i)^n$ (F/P, i, n)	一次支付现值系数 $\frac{1}{(1+i)^n}$ (P/F, i, n)	等额系列终值系数 $\frac{(1+i)^n-1}{i}$ (F/A, i, n)	偿债基金系数 $\frac{i}{(1+i)^n-1}$ (A/F, i, n)	资金回收系数 $\frac{i(1+i)^n}{(1+i)^n-1}$ (A/P, i, n)	等额系列现值系数 $\frac{(1+i)^n-1}{i(1+i)^n}$ (P/A, i, n)
1	1.020 0	0.980 4	1.000 0	1.000 0	1.020 0	0.980 4
2	1.040 4	0.961 2	2.020 0	0.495 0	0.515 0	1.941 6
3	1.061 2	0.942 3	3.060 4	0.326 8	0.346 8	2.883 9
4	1.082 4	0.923 8	4.121 6	0.242 6	0.262 6	3.807 7
5	1.104 1	0.905 7	5.204 0	0.192 2	0.212 2	4.713 5
6	1.126 2	0.888 0	6.308 1	0.158 5	0.178 5	5.601 4
7	1.148 7	0.870 6	7.434 3	0.134 5	0.154 5	6.472 0
8	1.171 7	0.853 5	8.583 0	0.116 5	0.136 5	7.325 5
9	1.195 1	0.836 8	9.754 6	0.102 5	0.122 5	8.162 2
10	1.219 0	0.820 3	10.949 7	0.091 3	0.111 3	8.982 6
11	1.243 4	0.804 3	12.168 7	0.082 2	0.102 2	9.786 8
12	1.268 2	0.788 5	13.412 1	0.074 6	0.094 6	10.575 3
13	1.293 6	0.773 0	14.680 3	0.068 1	0.088 1	11.348 4
14	1.319 5	0.757 9	15.973 9	0.062 6	0.082 6	12.106 2
15	1.345 9	0.743 0	17.293 4	0.057 8	0.077 8	12.849 3
16	1.372 8	0.728 4	18.639 3	0.053 7	0.073 7	13.577 7
17	1.400 2	0.714 2	20.012 1	0.050 0	0.070 0	14.291 9
18	1.428 2	0.700 2	21.412 3	0.046 7	0.066 7	14.992 0
19	1.456 8	0.686 4	22.840 6	0.043 8	0.063 8	15.678 5
20	1.485 9	0.673 0	24.297 4	0.041 2	0.061 2	16.351 4
21	1.515 7	0.659 8	25.783 3	0.038 8	0.058 8	17.011 2
22	1.546 0	0.646 8	27.299 0	0.036 6	0.056 6	17.658 0
23	1.576 9	0.634 2	28.845 0	0.034 7	0.054 7	18.292 2
24	1.608 4	0.621 7	30.421 9	0.032 9	0.052 9	18.913 9
25	1.640 6	0.609 5	32.030 3	0.031 2	0.051 2	19.523 5
26	1.673 4	0.597 6	33.670 9	0.029 7	0.049 7	20.121 0
27	1.706 9	0.585 9	35.344 3	0.028 3	0.048 3	20.706 9
28	1.741 0	0.574 4	37.051 2	0.027 0	0.047 0	21.281 3
29	1.775 8	0.563 1	38.792 2	0.025 8	0.045 8	21.844 4
30	1.811 4	0.552 1	40.568 1	0.024 6	0.044 6	22.396 5

附表 3　复利系数 表（i=3%）

年限 n/年	一次支付终值系数 $(1+i)^n$ $(F/P, i, n)$	一次支付现值系数 $\frac{1}{(1+i)^n}$ $(P/F, i, n)$	等额系列终值系数 $\frac{(1+i)^n-1}{i}$ $(F/A, i, n)$	偿债基金系数 $\frac{i}{(1+i)^n-1}$ $(A/F, i, n)$	资金回收系数 $\frac{i(1+i)^n}{(1+i)^n-1}$ $(A/P, i, n)$	等额系列现值系数 $\frac{(1+i)^n-1}{i(1+i)^n}$ $(P/A, i, n)$
1	1.030 0	0.970 9	1.000 0	1.000 0	1.030 0	0.970 9
2	1.060 9	0.942 6	2.030 0	0.492 6	0.522 6	1.913 5
3	1.092 7	0.915 1	3.090 9	0.323 5	0.353 5	2.828 6
4	1.125 5	0.888 5	4.183 6	0.239 0	0.269 0	3.717 1
5	1.159 3	0.862 6	5.309 1	0.188 4	0.218 4	4.579 7
6	1.194 1	0.837 5	6.468 4	0.154 6	0.184 6	5.417 2
7	1.229 9	0.813 1	7.662 5	0.130 5	0.160 5	6.230 3
8	1.266 8	0.789 4	8.892 3	0.112 5	0.142 5	7.019 7
9	1.304 8	0.766 4	10.159 1	0.098 4	0.128 4	7.786 1
10	1.343 9	0.744 1	11.463 9	0.087 2	0.117 2	8.530 2
11	1.384 2	0.722 4	12.807 8	0.078 1	0.108 1	9.252 6
12	1.425 8	0.701 4	14.192 0	0.070 5	0.100 5	9.954 0
13	1.468 5	0.681 0	15.617 8	0.064 0	0.094 0	10.635 0
14	1.512 6	0.661 1	17.086 3	0.058 5	0.088 5	11.296 1
15	1.558 0	0.641 9	18.598 9	0.053 8	0.083 8	11.937 9
16	1.604 7	0.623 2	20.156 9	0.049 6	0.079 6	12.561 1
17	1.652 8	0.605 0	21.761 6	0.046 0	0.076 0	13.166 1
18	1.702 4	0.587 4	23.414 4	0.042 7	0.072 7	13.753 5
19	1.753 5	0.570 3	25.116 9	0.039 8	0.069 8	14.323 8
20	1.806 1	0.553 7	26.870 4	0.037 2	0.067 2	14.877 5
21	1.860 3	0.537 5	28.676 5	0.034 9	0.064 9	15.415 0
22	1.916 1	0.521 9	30.536 8	0.032 7	0.062 7	15.936 9
23	1.973 6	0.506 7	32.452 9	0.030 8	0.060 8	16.443 6
24	2.032 8	0.491 9	34.426 5	0.029 0	0.059 0	16.935 5
25	2.093 8	0.477 6	36.459 3	0.027 4	0.057 4	17.413 1
26	2.156 6	0.463 7	38.553 0	0.025 9	0.055 9	17.876 8
27	2.221 3	0.450 2	40.709 6	0.024 6	0.054 6	18.327 0
28	2.287 9	0.437 1	42.930 9	0.023 3	0.053 3	18.764 1
29	2.356 6	0.424 3	45.218 9	0.022 1	0.052 1	19.188 5
30	2.427 3	0.412 0	47.575 4	0.021 0	0.051 0	19.600 4

附表 4 复利系数表（i=4%）

年限 n/年	一次支付终值系数 $(1+i)^n$ （F/P, i, n）	一次支付现值系数 $\frac{1}{(1+i)^n}$ （P/F, i, n）	等额系列终值系数 $\frac{(1+i)^n-1}{i}$ （F/A, i, n）	偿债基金系数 $\frac{i}{(1+i)^n-1}$ （A/F, i, n）	资金回收系数 $\frac{i(1+i)^n}{(1+i)^n-1}$ （A/P, i, n）	等额系列现值系数 $\frac{(1+i)^n-1}{i(1+i)^n}$ （P/A, i, n）
1	1.040 0	0.961 5	1.000 0	1.000 0	1.040 0	0.961 5
2	1.081 6	0.924 6	2.040 0	0.490 2	0.530 2	1.886 1
3	1.124 9	0.889 0	3.121 6	0.320 3	0.360 3	2.775 1
4	1.169 9	0.854 8	4.246 5	0.235 5	0.275 5	3.629 9
5	1.216 7	0.821 9	5.416 3	0.184 6	0.224 6	4.451 8
6	1.265 3	0.790 3	6.633 0	0.150 8	0.190 8	5.242 1
7	1.315 9	0.759 9	7.898 3	0.126 6	0.166 6	6.002 1
8	1.368 6	0.730 7	9.214 2	0.108 5	0.148 5	6.732 7
9	1.423 3	0.702 6	10.582 8	0.094 5	0.134 5	7.435 3
10	1.480 2	0.675 6	12.006 1	0.083 3	0.123 3	8.110 9
11	1.539 5	0.649 6	13.486 4	0.074 1	0.114 1	8.760 5
12	1.601 0	0.624 6	15.025 8	0.066 6	0.106 6	9.385 1
13	1.665 1	0.600 6	16.626 8	0.060 1	0.100 1	9.985 6
14	1.731 7	0.577 5	18.291 9	0.054 7	0.094 7	10.563 1
15	1.800 9	0.555 3	20.023 6	0.049 9	0.089 9	11.118 4
16	1.873 0	0.533 9	21.824 5	0.045 8	0.085 8	11.652 3
17	1.947 9	0.513 4	23.697 5	0.042 2	0.082 2	12.165 7
18	2.025 8	0.493 6	25.645 4	0.039 0	0.079 0	12.659 3
19	2.106 8	0.474 6	27.671 2	0.036 1	0.076 1	13.133 9
20	2.191 1	0.456 4	29.778 1	0.033 6	0.073 6	13.590 3
21	2.278 8	0.438 8	31.969 2	0.031 3	0.071 3	14.029 2
22	2.369 9	0.422 0	34.248 0	0.029 2	0.069 2	14.451 1
23	2.464 7	0.405 7	36.617 9	0.027 3	0.067 3	14.856 8
24	2.563 3	0.390 1	39.082 6	0.025 6	0.065 6	15.247 0
25	2.665 8	0.375 1	41.645 9	0.024 0	0.064 0	15.622 1
26	2.772 5	0.360 7	44.311 7	0.022 6	0.062 6	15.982 8
27	2.883 4	0.346 8	47.084 2	0.021 2	0.061 2	16.329 6
28	2.998 7	0.333 5	49.967 6	0.020 0	0.060 0	16.663 1
29	3.118 7	0.320 7	52.966 3	0.018 9	0.058 9	16.983 7
30	3.243 4	0.308 3	56.084 9	0.017 8	0.057 8	17.292 0

附表 5　复利系数表（i=5%）

年限 n/年	一次支付终值系数 $(1+i)^n$ $(F/P, i, n)$	一次支付现值系数 $\frac{1}{(1+i)^n}$ $(P/F, i, n)$	等额系列终值系数 $\frac{(1+i)^n-1}{i}$ $(F/A, i, n)$	偿债基金系数 $\frac{i}{(1+i)^n-1}$ $(A/F, i, n)$	资金回收系数 $\frac{i(1+i)^n}{(1+i)^n-1}$ $(A/P, i, n)$	等额系列现值系数 $\frac{(1+i)^n-1}{i(1+i)^n}$ $(P/A, i, n)$
1	1.050 0	0.952 4	1.000 0	1.000 0	1.050 0	0.952 4
2	1.102 5	0.907 0	2.050 0	0.487 8	0.537 8	1.859 4
3	1.157 6	0.863 8	3.152 5	0.317 2	0.367 2	2.723 2
4	1.215 5	0.822 7	4.310 1	0.232 0	0.282 0	3.546 0
5	1.276 3	0.783 5	5.525 6	0.181 0	0.231 0	4.329 5
6	1.340 1	0.746 2	6.801 9	0.147 0	0.197 0	5.075 7
7	1.407 1	0.710 7	8.142 0	0.122 8	0.172 8	5.786 4
8	1.477 5	0.676 8	9.549 1	0.104 7	0.154 7	6.463 2
9	1.551 3	0.644 6	11.026 6	0.090 7	0.140 7	7.107 8
10	1.628 9	0.613 9	12.577 9	0.079 5	0.129 5	7.721 7
11	1.710 3	0.584 7	14.206 8	0.070 4	0.120 4	8.306 4
12	1.795 9	0.556 8	15.917 1	0.062 8	0.112 8	8.863 3
13	1.885 6	0.530 3	17.713 0	0.056 5	0.106 5	9.393 6
14	1.979 9	0.505 1	19.598 6	0.051 0	0.101 0	9.898 6
15	2.078 9	0.481 0	21.578 6	0.046 3	0.096 3	10.379 7
16	2.182 9	0.458 1	23.657 5	0.042 3	0.092 3	10.837 8
17	2.292 0	0.436 3	25.840 4	0.038 7	0.088 7	11.274 1
18	2.406 6	0.415 5	28.132 4	0.035 5	0.085 5	11.689 6
19	2.527 0	0.395 7	30.539 0	0.032 7	0.082 7	12.085 3
20	2.653 3	0.376 9	33.066 0	0.030 2	0.080 2	12.462 2
21	2.786 0	0.358 9	35.719 3	0.028 0	0.078 0	12.821 2
22	2.925 3	0.341 8	38.505 2	0.026 0	0.076 0	13.163 0
23	3.071 5	0.325 6	41.430 5	0.024 1	0.074 1	13.488 6
24	3.225 1	0.310 1	44.502 0	0.022 5	0.072 5	13.798 6
25	3.386 4	0.295 3	47.727 1	0.021 0	0.071 0	14.093 9
26	3.555 7	0.281 2	51.113 5	0.019 6	0.069 6	14.375 2
27	3.733 5	0.267 8	54.669 1	0.018 3	0.068 3	14.643 0
28	3.920 1	0.255 1	58.402 6	0.017 1	0.067 1	14.898 1
29	4.116 1	0.242 9	62.322 7	0.016 0	0.066 0	15.141 1
30	4.321 9	0.231 4	66.438 8	0.015 1	0.065 1	15.372 5

附表 6　复利系数表（i=6%）

年限 n/年	一次支付终值系数 $(1+i)^n$ $(F/P, i, n)$	一次支付现值系数 $\frac{1}{(1+i)^n}$ $(P/F, i, n)$	等额系列终值系数 $\frac{(1+i)^n-1}{i}$ $(F/A, i, n)$	偿债基金系数 $\frac{i}{(1+i)^n-1}$ $(A/F, i, n)$	资金回收系数 $\frac{i(1+i)^n}{(1+i)^n-1}$ $(A/P, i, n)$	等额系列现值系数 $\frac{(1+i)^n-1}{i(1+i)^n}$ $(P/A, i, n)$
1	1.060 0	0.943 4	1.000 0	1.000 0	1.060 0	0.943 4
2	1.123 6	0.890 0	2.060 0	0.485 4	0.545 4	1.833 4
3	1.191 0	0.839 6	3.183 6	0.314 1	0.374 1	2.673 0
4	1.262 5	0.792 1	4.374 6	0.228 6	0.288 6	3.465 1
5	1.338 2	0.747 3	5.637 1	0.177 4	0.237 4	4.212 4
6	1.418 5	0.705 0	6.975 3	0.143 4	0.203 4	4.917 3
7	1.503 6	0.665 1	8.393 8	0.119 1	0.179 1	5.582 4
8	1.593 8	0.627 4	9.897 5	0.101 0	0.161 0	6.209 8
9	1.689 5	0.591 9	11.491 3	0.087 0	0.147 0	6.801 7
10	1.790 8	0.558 4	13.180 8	0.075 9	0.135 9	7.360 1
11	1.898 3	0.526 8	14.971 6	0.066 8	0.126 8	7.886 9
12	2.012 2	0.497 0	16.869 9	0.059 3	0.119 3	8.383 8
13	2.132 9	0.468 8	18.882 1	0.053 0	0.113 0	8.852 7
14	2.260 9	0.442 3	21.015 1	0.047 6	0.107 6	9.295 0
15	2.396 6	0.417 3	23.276 0	0.043 0	0.103 0	9.712 2
16	2.540 4	0.393 6	25.672 5	0.039 0	0.099 0	10.105 9
17	2.692 8	0.371 4	28.212 9	0.035 4	0.095 4	10.477 3
18	2.854 3	0.350 3	30.905 7	0.032 4	0.092 4	10.827 6
19	3.025 6	0.330 5	33.760 0	0.029 6	0.089 6	11.158 1
20	3.207 1	0.311 8	36.785 6	0.027 2	0.087 2	11.469 9
21	3.399 6	0.294 2	39.992 7	0.025 0	0.085 0	11.764 1
22	3.603 5	0.277 5	43.392 3	0.023 0	0.083 0	12.041 6
23	3.819 7	0.261 8	46.995 8	0.021 3	0.081 3	12.303 4
24	4.048 9	0.247 0	50.815 6	0.019 7	0.079 7	12.550 4
25	4.291 9	0.233 0	54.864 5	0.018 2	0.078 2	12.783 4
26	4.549 4	0.219 8	59.156 4	0.016 9	0.076 9	13.003 2
27	4.822 3	0.207 4	63.705 8	0.015 7	0.075 7	13.210 5
28	5.111 7	0.195 6	68.528 1	0.014 6	0.074 6	13.406 2
29	5.418 4	0.184 6	73.639 8	0.013 6	0.073 6	13.590 7
30	5.743 5	0.174 1	79.058 2	0.012 6	0.072 6	13.764 8

附表 7　复利系数表（i=7%）

年限 n/年	一次支付终值系数 $(1+i)^n$ （F/P, i, n）	一次支付现值系数 $\frac{1}{(1+i)^n}$ （P/F, i, n）	等额系列终值系数 $\frac{(1+i)^n-1}{i}$ （F/A, i, n）	偿债基金系数 $\frac{i}{(1+i)^n-1}$ （A/F, i, n）	资金回收系数 $\frac{i(1+i)^n}{(1+i)^n-1}$ （A/P, i, n）	等额系列现值系数 $\frac{(1+i)^n-1}{i(1+i)^n}$ （P/A, i, n）
1	1.070 0	0.934 6	1.000 0	1.000 0	1.070 0	0.934 6
2	1.144 9	0.873 4	2.070 0	0.483 1	0.553 1	1.808 0
3	1.225 0	0.816 3	3.214 9	0.311 1	0.381 1	2.624 3
4	1.310 8	0.762 9	4.439 9	0.225 2	0.295 2	3.387 2
5	1.402 6	0.713 0	5.750 7	0.173 9	0.243 9	4.100 2
6	1.500 7	0.666 3	7.153 3	0.139 8	0.209 8	4.766 5
7	1.605 8	0.622 7	8.654 0	0.115 6	0.185 6	5.389 3
8	1.718 2	0.582 0	10.259 8	0.097 5	0.167 5	5.971 3
9	1.838 5	0.543 9	11.978 0	0.083 5	0.153 5	6.515 2
10	1.967 2	0.508 3	13.816 4	0.072 4	0.142 4	7.023 6
11	2.104 9	0.475 1	15.783 6	0.063 4	0.133 4	7.498 7
12	2.252 2	0.444 0	17.888 5	0.055 9	0.125 9	7.942 7
13	2.409 8	0.415 0	20.140 6	0.049 7	0.119 7	8.357 7
14	2.578 5	0.387 8	22.550 5	0.044 3	0.114 3	8.745 5
15	2.759 0	0.362 4	25.129 0	0.039 8	0.109 8	9.107 9
16	2.952 2	0.338 7	27.888 1	0.035 9	0.105 9	9.446 6
17	3.158 8	0.316 6	30.840 2	0.032 4	0.102 4	9.763 2
18	3.379 9	0.295 9	33.999 0	0.029 4	0.099 4	10.059 1
19	3.616 5	0.276 5	37.379 0	0.026 8	0.096 8	10.335 6
20	3.869 7	0.258 4	40.995 5	0.024 4	0.094 4	10.594 0
21	4.140 6	0.241 5	44.865 2	0.022 3	0.092 3	10.835 5
22	4.430 4	0.225 7	49.005 7	0.020 4	0.090 4	11.061 2
23	4.740 5	0.210 9	53.436 1	0.018 7	0.088 7	11.272 2
24	5.072 4	0.197 1	58.176 7	0.017 2	0.087 2	11.469 3
25	5.427 4	0.184 2	63.249 0	0.015 8	0.085 8	11.653 6
26	5.807 4	0.172 2	68.676 5	0.014 6	0.084 6	11.825 8
27	6.213 9	0.160 9	74.483 8	0.013 4	0.083 4	11.986 7
28	6.648 8	0.150 4	80.697 7	0.012 4	0.082 4	12.137 1
29	7.114 3	0.140 6	87.346 5	0.011 4	0.081 4	12.277 7
30	7.612 3	0.131 4	94.460 8	0.010 6	0.080 6	12.409 0

附表 8　复利系数表（i=8%）

年限 n/年	一次支付终值系数 $(1+i)^n$ （$F/P, i, n$）	一次支付现值系数 $\frac{1}{(1+i)^n}$ （$P/F, i, n$）	等额系列终值系数 $\frac{(1+i)^n-1}{i}$ （$F/A, i, n$）	偿债基金系数 $\frac{i}{(1+i)^n-1}$ （$A/F, i, n$）	资金回收系数 $\frac{i(1+i)^n}{(1+i)^n-1}$ （$A/P, i, n$）	等额系列现值系数 $\frac{(1+i)^n-1}{i(1+i)^n}$ （$P/A, i, n$）
1	1.080 0	0.925 9	1.000 0	1.000 0	1.080 0	0.925 9
2	1.166 4	0.857 3	2.080 0	0.480 8	0.560 8	1.783 3
3	1.259 7	0.793 8	3.246 4	0.308 0	0.388 0	2.577 1
4	1.360 5	0.735 0	4.506 1	0.221 9	0.301 9	3.312 1
5	1.469 3	0.680 6	5.866 6	0.170 5	0.250 5	3.992 7
6	1.586 9	0.630 2	7.335 9	0.136 3	0.216 3	4.622 9
7	1.713 8	0.583 5	8.922 8	0.112 1	0.192 1	5.206 4
8	1.850 9	0.540 3	10.636 6	0.094 0	0.174 0	5.746 6
9	1.999 0	0.500 2	12.487 6	0.080 1	0.160 1	6.246 9
10	2.158 9	0.463 2	14.486 6	0.069 0	0.149 0	6.710 1
11	2.331 6	0.428 9	16.645 5	0.060 1	0.140 1	7.139 0
12	2.518 2	0.397 1	18.977 1	0.052 7	0.132 7	7.536 1
13	2.719 6	0.367 7	21.495 3	0.046 5	0.126 5	7.903 8
14	2.937 2	0.340 5	24.214 9	0.041 3	0.121 3	8.244 2
15	3.172 2	0.315 2	27.152 1	0.036 8	0.116 8	8.559 5
16	3.425 9	0.291 9	30.324 3	0.033 0	0.113 0	8.851 4
17	3.700 0	0.270 3	33.750 2	0.029 6	0.109 6	9.121 6
18	3.996 0	0.250 2	37.450 2	0.026 7	0.106 7	9.371 9
19	4.315 7	0.231 7	41.446 3	0.024 1	0.104 1	9.603 6
20	4.661 0	0.214 5	45.762 0	0.021 9	0.101 9	9.818 1
21	5.033 8	0.198 7	50.422 9	0.019 8	0.099 8	10.016 8
22	5.436 5	0.183 9	55.456 8	0.018 0	0.098 0	10.200 7
23	5.871 5	0.170 3	60.893 3	0.016 4	0.096 4	10.371 1
24	6.341 2	0.157 7	66.764 8	0.015 0	0.095 0	10.528 8
25	6.848 5	0.146 0	73.105 9	0.013 7	0.093 7	10.674 8
26	7.396 4	0.135 2	79.954 4	0.012 5	0.092 5	10.810 0
27	7.988 1	0.125 2	87.350 8	0.011 4	0.091 4	10.935 2
28	8.627 1	0.115 9	95.338 8	0.010 5	0.090 5	11.051 1
29	9.317 3	0.107 3	103.965 9	0.009 6	0.089 6	11.158 4
30	10.062 7	0.099 4	113.283 2	0.008 8	0.088 8	11.257 8

附表 9　复利系数表（i=9%）

年限 n/年	一次支付终值系数 $(1+i)^n$ $(F/P,\ i,\ n)$	一次支付现值系数 $\frac{1}{(1+i)^n}$ $(P/F,\ i,\ n)$	等额系列终值系数 $\frac{(1+i)^n-1}{i}$ $(F/A,\ i,\ n)$	偿债基金系数 $\frac{i}{(1+i)^n-1}$ $(A/F,\ i,\ n)$	资金回收系数 $\frac{i(1+i)^n}{(1+i)^n-1}$ $(A/P,\ i,\ n)$	等额系列现值系数 $\frac{(1+i)^n-1}{i(1+i)^n}$ $(P/A,\ i,\ n)$
1	1.090 0	0.917 4	1.000 0	1.000 0	1.090 0	0.917 4
2	1.188 1	0.841 7	2.090 0	0.478 5	0.568 5	1.759 1
3	1.295 0	0.772 2	3.278 1	0.305 1	0.395 1	2.531 3
4	1.411 6	0.708 4	4.573 1	0.218 7	0.308 7	3.239 7
5	1.538 6	0.649 9	5.984 7	0.167 1	0.257 1	3.889 7
6	1.677 1	0.596 3	7.523 3	0.132 9	0.222 9	4.485 9
7	1.828 0	0.547 0	9.200 4	0.108 7	0.198 7	5.033 0
8	1.992 6	0.501 9	11.028 5	0.090 7	0.180 7	5.534 8
9	2.171 9	0.460 4	13.021 0	0.076 8	0.166 8	5.995 2
10	2.367 4	0.422 4	15.192 9	0.065 8	0.155 8	6.417 7
11	2.580 4	0.387 5	17.560 3	0.056 9	0.146 9	6.805 2
12	2.812 7	0.355 5	20.140 7	0.049 7	0.139 7	7.160 7
13	3.065 8	0.326 2	22.953 4	0.043 6	0.133 6	7.486 9
14	3.341 7	0.299 2	26.019 2	0.038 4	0.128 4	7.786 2
15	3.642 5	0.274 5	29.360 9	0.034 1	0.124 1	8.060 7
16	3.970 3	0.251 9	33.003 4	0.030 3	0.120 3	8.312 6
17	4.327 6	0.231 1	36.973 7	0.027 0	0.117 0	8.543 6
18	4.717 1	0.212 0	41.301 3	0.024 2	0.114 2	8.755 6
19	5.141 7	0.194 5	46.018 5	0.021 7	0.111 7	8.950 1
20	5.604 4	0.178 4	51.160 1	0.019 5	0.109 5	9.128 5
21	6.108 8	0.163 7	56.764 5	0.017 6	0.107 6	9.292 2
22	6.658 6	0.150 2	62.873 3	0.015 9	0.105 9	9.442 4
23	7.257 9	0.137 8	69.531 9	0.014 4	0.104 4	9.580 2
24	7.911 1	0.126 4	76.789 8	0.013 0	0.103 0	9.706 6
25	8.623 1	0.116 0	84.700 9	0.011 8	0.101 8	9.822 6
26	9.399 2	0.106 4	93.324 0	0.010 7	0.100 7	9.929 0
27	10.245 1	0.097 6	102.723 1	0.009 7	0.099 7	10.026 6
28	11.167 1	0.089 5	112.968 2	0.008 9	0.098 9	10.116 1
29	12.172 2	0.082 2	124.135 4	0.008 1	0.098 1	10.198 3
30	13.267 7	0.075 4	136.307 5	0.007 3	0.097 3	10.273 7

附表 10 复利系数表（i=10%）

年限 n/年	一次支付终值系数 $(1+i)^n$ (F/P, i, n)	一次支付现值系数 $\frac{1}{(1+i)^n}$ (P/F, i, n)	等额系列终值系数 $\frac{(1+i)^n-1}{i}$ (F/A, i, n)	偿债基金系数 $\frac{i}{(1+i)^n-1}$ (A/F, i, n)	资金回收系数 $\frac{i(1+i)^n}{(1+i)^n-1}$ (A/P, i, n)	等额系列现值系数 $\frac{(1+i)^n-1}{i(1+i)^n}$ (P/A, i, n)
1	1.100 0	0.909 1	1.000 0	1.000 0	1.100 0	0.909 1
2	1.210 0	0.826 4	2.100 0	0.476 2	0.576 2	1.735 5
3	1.331 0	0.751 3	3.310 0	0.302 1	0.402 1	2.486 9
4	1.464 1	0.683 0	4.641 0	0.215 5	0.315 5	3.169 9
5	1.610 5	0.620 9	6.105 1	0.163 8	0.263 8	3.790 8
6	1.771 6	0.564 5	7.715 6	0.129 6	0.229 6	4.355 3
7	1.948 7	0.513 2	9.487 2	0.105 4	0.205 4	4.868 4
8	2.143 6	0.466 5	11.435 9	0.087 4	0.187 4	5.334 9
9	2.357 9	0.424 1	13.579 5	0.073 6	0.173 6	5.759 0
10	2.593 7	0.385 5	15.937 4	0.062 7	0.162 7	6.144 6
11	2.853 1	0.350 5	18.531 2	0.054 0	0.154 0	6.495 1
12	3.138 4	0.318 6	21.384 3	0.046 8	0.146 8	6.813 7
13	3.452 3	0.289 7	24.522 7	0.040 8	0.140 8	7.103 4
14	3.797 5	0.263 3	27.975 0	0.035 7	0.135 7	7.366 7
15	4.177 2	0.239 4	31.772 5	0.031 5	0.131 5	7.606 1
16	4.595 0	0.217 6	35.949 7	0.027 8	0.127 8	7.823 7
17	5.054 5	0.197 8	40.544 7	0.024 7	0.124 7	8.021 6
18	5.559 9	0.179 9	45.599 2	0.021 9	0.121 9	8.201 4
19	6.115 9	0.163 5	51.159 1	0.019 5	0.119 5	8.364 9
20	6.727 5	0.148 6	57.275 0	0.017 5	0.117 5	8.513 6
21	7.400 2	0.135 1	64.002 5	0.015 6	0.115 6	8.648 7
22	8.140 3	0.122 8	71.402 7	0.014 0	0.114 0	8.771 5
23	8.954 3	0.111 7	79.543 0	0.012 6	0.112 6	8.883 2
24	9.849 7	0.101 5	88.497 3	0.011 3	0.111 3	8.984 7
25	10.834 7	0.092 3	98.347 1	0.010 2	0.110 2	9.077 0
26	11.918 2	0.083 9	109.181 8	0.009 2	0.109 2	9.160 9
27	13.110 0	0.076 3	121.099 9	0.008 3	0.108 3	9.237 2
28	14.421 0	0.069 3	134.209 9	0.007 5	0.107 5	9.306 6
29	15.863 1	0.063 0	148.630 9	0.006 7	0.106 7	9.369 6
30	17.449 4	0.057 3	164.494 0	0.006 1	0.106 1	9.426 9

附表 11　复利系数表（i=12%）

年限 n/年	一次支付终值系数 $(1+i)^n$ $(F/P,\ i,\ n)$	一次支付现值系数 $\frac{1}{(1+i)^n}$ $(P/F,\ i,\ n)$	等额系列终值系数 $\frac{(1+i)^n-1}{i}$ $(F/A,\ i,\ n)$	偿债基金系数 $\frac{i}{(1+i)^n-1}$ $(A/F,\ i,\ n)$	资金回收系数 $\frac{i(1+i)^n}{(1+i)^n-1}$ $(A/P,\ i,\ n)$	等额系列现值系数 $\frac{(1+i)^n-1}{i(1+i)^n}$ $(P/A,\ i,\ n)$
1	1.120 0	0.892 9	1.000 0	1.000 0	1.120 0	0.892 9
2	1.254 4	0.797 2	2.120 0	0.471 7	0.591 7	1.690 1
3	1.404 9	0.711 8	3.374 4	0.296 3	0.416 3	2.401 8
4	1.573 5	0.635 5	4.779 3	0.209 2	0.329 2	3.037 3
5	1.762 3	0.567 4	6.352 8	0.157 4	0.277 4	3.604 8
6	1.973 8	0.506 6	8.115 2	0.123 2	0.243 2	4.111 4
7	2.210 7	0.452 3	10.089 0	0.099 1	0.219 1	4.563 8
8	2.476 0	0.403 9	12.299 7	0.081 3	0.201 3	4.967 6
9	2.773 1	0.360 6	14.775 7	0.067 7	0.187 7	5.328 2
10	3.105 8	0.322 0	17.548 7	0.057 0	0.177 0	5.650 2
11	3.478 5	0.287 5	20.654 6	0.048 4	0.168 4	5.937 7
12	3.896 0	0.256 7	24.133 1	0.041 4	0.161 4	6.194 4
13	4.363 5	0.229 2	28.029 1	0.035 7	0.155 7	6.423 5
14	4.887 1	0.204 6	32.392 6	0.030 9	0.150 9	6.628 2
15	5.473 6	0.182 7	37.279 7	0.026 8	0.146 8	6.810 9
16	6.130 4	0.163 1	42.753 3	0.023 4	0.143 4	6.974 0
17	6.866 0	0.145 6	48.883 7	0.020 5	0.140 5	7.119 6
18	7.690 0	0.130 0	55.749 7	0.017 9	0.137 9	7.249 7
19	8.612 8	0.116 1	63.439 7	0.015 8	0.135 8	7.365 8
20	9.646 3	0.103 7	72.052 4	0.013 9	0.133 9	7.469 4
21	10.803 8	0.092 6	81.698 7	0.012 2	0.132 2	7.562 0
22	12.100 3	0.082 6	92.502 6	0.010 8	0.130 8	7.644 6
23	13.552 3	0.073 8	104.602 9	0.009 6	0.129 6	7.718 4
24	15.178 6	0.065 9	118.155 2	0.008 5	0.128 5	7.784 3
25	17.000 1	0.058 8	133.333 9	0.007 5	0.127 5	7.843 1
26	19.040 1	0.052 5	150.333 9	0.006 7	0.126 7	7.895 7
27	21.324 9	0.046 9	169.374 0	0.005 9	0.125 9	7.942 6
28	23.883 9	0.041 9	190.698 9	0.005 2	0.125 2	7.984 4
29	26.749 9	0.037 4	214.582 8	0.004 7	0.124 7	8.021 8
30	29.959 9	0.033 4	241.332 7	0.004 1	0.124 1	8.055 2

附表 12 复利系数表（i=15%）

年限 n/年	一次支付终值系数 $(1+i)^n$ （F/P，i，n）	一次支付现值系数 $\frac{1}{(1+i)^n}$ （P/F，i，n）	等额系列终值系数 $\frac{(1+i)^n-1}{i}$ （F/A，i，n）	偿债基金系数 $\frac{i}{(1+i)^n-1}$ （A/F，i，n）	资金回收系数 $\frac{i(1+i)^n}{(1+i)^n-1}$ （A/P，i，n）	等额系列现值系数 $\frac{(1+i)^n-1}{i(1+i)^n}$ （P/A，i，n）
1	1.150 0	0.869 6	1.000 0	1.000 0	1.150 0	0.869 6
2	1.322 5	0.756 1	2.150 0	0.465 1	0.615 1	1.625 7
3	1.520 9	0.657 5	3.472 5	0.288 0	0.438 0	2.283 2
4	1.749 0	0.571 8	4.993 4	0.200 3	0.350 3	2.855 0
5	2.011 4	0.497 2	6.742 4	0.148 3	0.298 3	3.352 2
6	2.313 1	0.432 3	8.753 7	0.114 2	0.264 2	3.784 5
7	2.660 0	0.375 9	11.066 8	0.090 4	0.240 4	4.160 4
8	3.059 0	0.326 9	13.726 8	0.072 9	0.222 9	4.487 3
9	3.517 9	0.284 3	16.785 8	0.059 6	0.209 6	4.771 6
10	4.045 6	0.247 2	20.303 7	0.049 3	0.199 3	5.018 8
11	4.652 4	0.214 9	24.349 3	0.041 1	0.191 1	5.233 7
12	5.350 3	0.186 9	29.001 7	0.034 5	0.184 5	5.420 6
13	6.152 8	0.162 5	34.351 9	0.029 1	0.179 1	5.583 1
14	7.075 7	0.141 3	40.504 7	0.024 7	0.174 7	5.724 5
15	8.137 1	0.122 9	47.580 4	0.021 0	0.171 0	5.847 4
16	9.357 6	0.106 9	55.717 5	0.017 9	0.167 9	5.954 2
17	10.761 3	0.092 9	65.075 1	0.015 4	0.165 4	6.047 2
18	12.375 5	0.080 8	75.836 4	0.013 2	0.163 2	6.128 0
19	14.231 8	0.070 3	88.211 8	0.011 3	0.161 3	6.198 2
20	16.366 5	0.061 1	102.443 6	0.009 8	0.159 8	6.259 3
21	18.821 5	0.053 1	118.810 1	0.008 4	0.158 4	6.312 5
22	21.644 7	0.046 2	137.631 6	0.007 3	0.157 3	6.358 7
23	24.891 5	0.040 2	159.276 4	0.006 3	0.156 3	6.398 8
242	28.625 2	0.034 9	184.167 8	0.005 4	0.155 4	6.433 8
25	32.919 0	0.030 4	212.793 0	0.004 7	0.154 7	6.464 1
26	37.856 8	0.026 4	245.712 0	0.004 1	0.154 1	6.490 6
27	43.535 3	0.023 0	283.568 8	0.003 5	0.153 5	6.513 5
28	50.065 6	0.020 0	327.104 1	0.003 1	0.153 1	6.533 5
29	57.575 5	0.017 4	377.169 7	0.002 7	0.152 7	6.550 9
30	66.211 8	0.015 1	434.745 1	0.002 3	0.152 3	6.566 0

附表 13　复利系数表（i=20%）

年限 n/年	一次支付终值系数 $(1+i)^n$ $(F/P,\ i,\ n)$	一次支付现值系数 $\frac{1}{(1+i)^n}$ $(P/F,\ i,\ n)$	等额系列终值系数 $\frac{(1+i)^n-1}{i}$ $(F/A,\ i,\ n)$	偿债基金系数 $\frac{i}{(1+i)^n-1}$ $(A/F,\ i,\ n)$	资金回收系数 $\frac{i(1+i)^n}{(1+i)^n-1}$ $(A/P,\ i,\ n)$	等额系列现值系数 $\frac{(1+i)^n-1}{i(1+i)^n}$ $(P/A,\ i,\ n)$
1	1.200 0	0.833 3	1.000 0	1.000 0	1.200 0	0.833 3
2	1.440 0	0.694 4	2.200 0	0.454 5	0.654 5	1.527 8
3	1.728 0	0.578 7	3.640 0	0.274 7	0.474 7	2.106 5
4	2.073 6	0.482 3	5.368 0	0.186 3	0.386 3	2.588 7
5	2.488 3	0.401 9	7.441 6	0.134 4	0.334 4	2.990 6
6	2.986 0	0.334 9	9.929 9	0.100 7	0.300 7	3.325 5
7	3.583 2	0.279 1	12.915 9	0.077 4	0.277 4	3.604 6
8	4.299 8	0.232 6	16.499 1	0.060 6	0.260 6	3.837 2
9	5.159 8	0.193 8	20.798 9	0.048 1	0.248 1	4.031 0
10	6.191 7	0.161 5	25.958 7	0.038 5	0.238 5	4.192 5
11	7.430 1	0.134 6	32.150 4	0.031 1	0.231 1	4.327 1
12	8.916 1	0.112 2	39.580 5	0.025 3	0.225 3	4.439 2
13	10.699 3	0.093 5	48.496 6	0.020 6	0.220 6	4.532 7
14	12.839 2	0.077 9	59.195 9	0.016 9	0.216 9	4.610 6
15	15.407 0	0.064 9	72.035 1	0.013 9	0.213 9	4.675 5
16	18.488 4	0.054 1	87.442 1	0.011 4	0.211 4	4.729 6
17	22.186 1	0.045 1	105.930 6	0.009 4	0.209 4	4.774 6
18	26.623 3	0.037 6	128.116 7	0.007 8	0.207 8	4.812 2
19	31.948 0	0.031 3	154.740 0	0.006 5	0.206 5	4.843 5
20	38.337 6	0.026 1	186.688 0	0.005 4	0.205 4	4.869 6
21	46.005 1	0.021 7	225.025 6	0.004 4	0.204 4	4.891 3
22	55.206 1	0.018 1	271.030 7	0.003 7	0.203 7	4.909 4
23	66.247 4	0.015 1	326.236 9	0.003 1	0.203 1	4.924 5
24	79.496 8	0.012 6	392.484 2	0.002 5	0.202 5	4.937 1
25	95.396 2	0.010 5	471.981 1	0.002 1	0.202 1	4.947 6
26	114.475 5	0.008 7	567.377 3	0.001 8	0.201 8	4.956 3
27	137.370 6	0.007 3	681.852 8	0.001 5	0.201 5	4.963 6
28	164.844 7	0.006 1	819.223 3	0.001 2	0.201 2	4.969 7
29	197.813 6	0.005 1	984.068 0	0.001 0	0.201 0	4.974 7
30	237.376 3	0.004 2	1 181.881 6	0.000 8	0.200 8	4.978 9

附表 14　复利系数表（i=30%）

年限 n/年	一次支付终值系数 $(1+i)^n$ $(F/P, i, n)$	一次支付现值系数 $\frac{1}{(1+i)^n}$ $(P/F, i, n)$	等额系列终值系数 $\frac{(1+i)^n-1}{i}$ $(F/A, i, n)$	偿债基金系数 $\frac{i}{(1+i)^n-1}$ $(A/F, i, n)$	资金回收系数 $\frac{i(1+i)^n}{(1+i)^n-1}$ $(A/P, i, n)$	等额系列现值系数 $\frac{(1+i)^n-1}{i(1+i)^n}$ $(P/A, i, n)$
1	1.300 0	0.769 2	1.000 0	1.000 0	1.300 0	0.769 2
2	1.690 0	0.591 7	2.300 0	0.434 8	0.734 8	1.360 9
3	2.197 0	0.455 2	3.990 0	0.250 6	0.550 6	1.816 1
4	2.856 1	0.350 1	6.187 0	0.161 6	0.461 6	2.166 2
5	3.712 9	0.269 3	9.043 1	0.110 6	0.410 6	2.435 6
6	4.826 8	0.207 2	12.756 0	0.078 4	0.378 4	2.642 7
7	6.274 9	0.159 4	17.582 8	0.056 9	0.356 9	2.802 1
8	8.157 3	0.122 6	23.857 7	0.041 9	0.341 9	2.924 7
9	10.604 5	0.094 3	32.015 0	0.031 2	0.331 2	3.019 0
10	13.785 8	0.072 5	42.619 5	0.023 5	0.323 5	3.091 5
11	17.921 6	0.055 8	56.405 3	0.017 7	0.317 7	3.147 3
12	23.298 1	0.042 9	74.327 0	0.013 5	0.313 5	3.190 3
13	30.287 5	0.033 0	97.625 0	0.010 2	0.310 2	3.223 3
14	39.373 8	0.025 4	127.912 5	0.007 8	0.307 8	3.248 7
15	51.185 9	0.019 5	167.286 3	0.006 0	0.306 0	3.268 2
16	66.541 7	0.015 0	218.472 2	0.004 6	0.304 6	3.283 2
17	86.504 2	0.011 6	285.013 9	0.003 5	0.303 5	3.294 8
18	112.455 4	0.008 9	371.518 0	0.002 7	0.302 7	3.303 7
19	146.192 0	0.006 8	483.973 4	0.002 1	0.302 1	3.310 5
20	190.049 6	0.005 3	630.165 5	0.0016	0.301 6	3.315 8
21	247.064 5	0.004 0	820.215 1	0.001 2	0.301 2	3.319 8
22	321.183 9	0.003 1	1 067.279 6	0.000 9	0.300 9	3.323 0
23	417.539 1	0.002 4	1 388.463 5	0.000 7	0.300 7	3.325 4
24	542.800 8	0.001 8	1 806.002 6	0.000 6	0.300 6	3.327 2
25	705.641 0	0.001 4	2 348.803 3	0.000 4	0.300 4	3.328 6
26	917.333 3	0.001 1	3 054.444 3	0.000 3	0.300 3	3.329 7
27	1 192.533 3	0.000 8	3 971.777 6	0.000 3	0.300 3	3.330 5
28	1 550.293 3	0.000 6	5 164.310 9	0.000 2	0.300 2	3.331 2
29	2 015.381 3	0.000 5	6 714.604 2	0.000 1	0.300 1	3.331 7
30	2 619.995 6	0.000 4	8 729.985 5	0.000 1	0.300 1	3.332 1

附表 15　复利系数表（i=40%）

年限 n/年	一次支付终值系数 $(1+i)^n$ (F/P, i, n)	一次支付现值系数 $\frac{1}{(1+i)^n}$ (P/F, i, n)	等额系列终值系数 $\frac{(1+i)^n-1}{i}$ (F/A, i, n)	偿债基金系数 $\frac{i}{(1+i)^n-1}$ (A/F, i, n)	资金回收系数 $\frac{i(1+i)^n}{(1+i)^n-1}$ (A/P, i, n)	等额系列现值系数 $\frac{(1+i)^n-1}{i(1+i)^n}$ (P/A, i, n)
1	1.400 0	0.714 3	1.000 0	1.000 0	1.400 0	0.714 3
2	1.960 0	0.510 2	2.400 0	0.416 7	0.816 7	1.224 5
3	2.744 0	0.364 4	4.360 0	0.229 4	0.629 4	1.588 9
4	3.841 6	0.260 3	7.104 0	0.140 8	0.540 8	1.849 2
5	5.378 2	0.185 9	10.945 6	0.091 4	0.491 4	2.035 2
6	7.529 5	0.132 8	16.323 8	0.061 3	0.461 3	2.168 0
7	10.541 4	0.094 9	23.853 4	0.041 9	0.441 9	2.262 8
8	14.757 9	0.067 8	34.394 7	0.029 1	0.429 1	2.330 6
9	20.661 0	0.048 4	49.152 6	0.020 3	0.420 3	2.379 0
10	28.925 5	0.034 6	69.813 7	0.014 3	0.414 3	2.413 6
11	40.495 7	0.024 7	98.739 1	0.010 1	0.410 1	2.438 3
12	56.693 9	0.017 6	139.234 8	0.007 2	0.407 2	2.455 9
13	79.371 5	0.012 6	195.928 7	0.005 1	0.405 1	2.468 5
14	111.120 1	0.009 0	275.300 2	0.003 6	0.403 6	2.477 5
15	155.568 1	0.006 4	386.420 2	0.002 6	0.402 6	2.483 9
16	217.795 3	0.004 6	541.988 3	0.001 8	0.401 8	2.488 5
17	304.913 5	0.003 3	759.783 7	0.001 3	0.401 3	2.491 8
18	426.878 9	0.002 3	1 064.697 1	0.000 9	0.400 9	2.494 1
19	597.630 4	0.001 7	1 491.576 0	0.000 7	0.400 7	2.495 8
20	836.682 6	0.000 1	2 089.206 4	0.000 5	0.400 5	2.497 0
21	1 171.355 6	0.000 9	2 925.888 9	0.000 3	0.400 3	2.497 9
22	1 639.897 8	0.000 6	4 097.244 5	0.000 2	0.400 2	2.498 5
23	2 295.856 9	0.000 4	5 737.142 3	0.000 2	0.400 2	2.498 9
24	3 214.199 7	0.000 3	8 032.999 3	0.000 1	0.400 1	2.499 2
25	4 499.879 6	0.000 2	11 247.199 0	0.000 1	0.400 1	2.499 4
26	6 299.831 4	0.000 2	15 747.078 5	0.000 1	0.400 1	2.499 6
27	8 819.764 0	0.000 1	22 046.909 9	0.000 0	0.400 0	2.499 7
28	12 347.669 6	0.000 1	30 866.673 9	0.000 0	0.400 0	2.499 8
29	17 286.737 4	0.000 1	43 214.343 5	0.000 0	0.400 0	2.499 9
30	24 201.432 4	0.000 0	60 501.080 9	0.000 0	0.400 0	2.499 9